**기독교문서선교회**(Christian Literature Center: 약칭 CLC)는 1941년 영국 콜체스터에서 켄 아담스에 의해 시작되었으며 국제 본부는 미국 필라델피아에 있습니다. 국제 CLC는 59개 나라에서 180개의 본부를 두고, 약 650여 명의 선교사들이 이동도서차량 40대를 이용하여 문서 보급에 힘쓰고 있으며 이메일 주문을 통해 130여 국으로 책을 공급하고 있습니다. 한국 CLC는 청교도적 복음주의 신학과 신앙서적을 출판하는 문서선교기관으로서, 한 영혼이라도 구원되길 소망하면서 주님이 오시는 그날까지 최선을 다할 것입니다.

## 추천사

**박흥용 박사**
**호남신학대학교 신학과 신약학 교수**

 단순하지만 풍성하고, 고요하지만 생동감이 넘치며, 직관적이지만 사색으로 이끄는 신비의 향연! 자료적 풍성함에도 불구하고 허무한, 강력한 비판과 외침에도 불구하고 변화를 이끌지 못하는, 귀와 눈을 사로잡을 만큼 화려하지만 정작 사색거리가 없는 설교들에 경종을 울리며, '이렇게 설교하라!'고 채근하는 신비주의 설교의 정수! 말씀 사이 눈에 보이지 않는 촘촘한 틈들에 알알이 박혀 있는 신앙의 신비를 드러내어 풍성한 사색으로 인도하고 싶다면 반드시 읽어야만 하는 책이다. 또한 번역자는 중세 기독교 신비주의자인 마이스터 에크하르트에 정통한 학자답게 의미의 명료함과 동시에 고도의 사색으로 이끄는 신비를 잃지 않는 멋진 번역을 선사한다.

**권진호 박사**
**목원대학교 신학과 교회사 교수**

 오늘날 한국교회에 시대적으로 중요시되고 요청되는 것은 영성이다. 기독교 교회의 역사에서 영성의 모델을 찾는다면 정화, 조명, 합일의 길을 주장한 신비주의이며, 중세교회의 대표적인 신비주의자는 베르나르, 에크하르트와 더불어 타울러이다. 이 타울러의 대표적인 작품인 설교가 번역돼 나오게 돼 진심으로 환영하는 바이다.
 잘 알려진 것처럼 신비주의는 당시 스콜라 신학 및 가톨릭교회와 대립된 것이 아니라 오히려 서로 밀접한 관계에 있었다. 정확히 말하면, 신비주의는 내용을 받아들이는 믿음(*fides quae creditur*, 객관적 믿음)보다는 인격적으로 수용(신뢰)하는 믿음(*fides qua creditur*, 주관적 믿음)에 좀 더 강조점을 두었다고 할 수 있다.

타울러의 신비주의는 하나님이 인간 영혼의 근저에 영속적으로 계시며 인간의 영혼 근저에서 만날 수 있다는 사실을 전제로 한다. 또한 이러한 하나님 경험은 끝없는 자기 인식을 위한 노력에 달려 있다고 주장했다. 타울러는 자기 인식과 자기 성찰 등을 통하여 하나님과의 만남에 방해가 되는 장애물들을 제거하고 내면을 향하고 떠남(Gelassenheit)을 유지하게 하는 신비주의를 중요시했다. 그와 동시에 일상의 삶을 소홀히 하지 않고 일상의 생활에 주어진 일과 직업들을 영성의 요소로 높이 평가하기도 했다.

신비주의자 타울러는 동시대뿐만 아니라 종교개혁 시대를 거쳐 경건주의, 더 나아가 근대까지 계속 영향을 끼쳤다. 종교개혁자 루터가 타울러에 큰 관심을 가졌고 또한 많은 영향을 받았다는 것은 널리 알려진 사실이다. 루터는 하나님 앞에서 인간이 겸허하게 되는 과정과 하나님에 의해 가능하게 된 하나님으로의 회귀 과정에 관심을 가지면서 타울러의 신학에 흥미를 갖게 됐다. 그래서 그는 1516년에 타울러의 작품으로 여겨진 『독일 신학』(Theologia Deutsch)이라는 책을 편집과 출판하였고 타울러의 작품들을 꾸준히 연구한 결과들이 1517년 10월 31일 '95개 논제'에 큰 영향을 끼쳤다.

이렇게 역사적으로 중요하면서도 중세 신비주의의 전형을 보여주는 타울러의 신학과 영성이 잘 드러나 있는 타울러의 설교가, 중세 신비주의 전문가인 이준섭 박사에 의해 번역됐다. 이 책은 학문적인 특징을 갖춘 동시에 일반인들의 신앙과 영성을 쌓는 데 많은 유익을 주리라고 여겨진다. 또한 목회자와 신학생은 이 책에서 절기에 따른 설교와 신비주의적인 영성을 배울 수 있다.

영성의 중요성이 강조되고 있는 이 시대에 타울러의 설교는 그리스도인의 삶에 대한 숙고와 실천에 유익한 도움이 될 것이다. 실천적인 영성의 삶을 추구하고 사모하는 모든 이들에게 타울러의 설교를 읽기를 적극적으로 추천하는 바이다.

# 영혼아! 성령의 외침을 들으라!:
## 요한네스 타울러의 영성 설교 I

*Predigten Band 1*
Written by Johannes Tauler
Edited by Georg Hofman
Translated by Yi Jun seop

Mit Kirchlicher Druckererlaubnis
Alle Rechte vorbehalten ⓒ Johannes Verlag Einsiedeln, Freiburg 5.
unveränderte Auflage 2011
Druck: Hubert & Co, Göttingen

Originally published in German under the title
*Predigten Band 1* by Johannes Verlag Einsiedeln

All rights reserved.
Translated and printed by permission of Johannes Verlag Einsiedeln
Korean Edition Copyright © 2020 by Christian Literature Center, Seoul, Korea.

**영혼아! 성령의 외침을 들으라!**: 요한네스 타울러의 영성 설교 Ⅰ

2020년 5월 30일 초판 발행

| | |
|---|---|
| 지은이 | 요한네스 타울러 |
| 옮긴이 | 이준섭 |
| | |
| 편집 | 고윤석 |
| 디자인 | 김진영, 김현진 |
| 펴낸곳 | (사)기독교문서선교회 |
| 등록 | 제16-25호(1980.1.18.) |
| 주소 | 서울특별시 서초구 방배로 68 |
| 전화 | 02-586-8761~3(본사) 031-942-8761(영업부) |
| 팩스 | 02-523-0131(본사) 031-942-8763(영업부) |
| 이메일 | clckor@gmail.com |
| 홈페이지 | www.clcbook.com |
| 송금계좌 | 기업은행 073-000308-04-020 (사)기독교문서선교회 |

ISBN 978-89-341-2093-3 (94230)
ISBN 978-89-341-2092-6 (SET)

이 도서의 국립중앙도서관 출판예정도서목록(CIP)은
서지정보유통지원시스템 홈페이지 (http://seoji.nl.go.kr)와 국가자료공동목록시스템
(http://www.nl.go.kr/kolisnet)에서 이용하실 수 있습니다(CIP제어번호: CIP2020004285).
이 한국어판 저작권은 Johannes Verlag Einsiedeln과 독점 계약한 (사)기독교문서선교회가 소유합니다.
신저작권법에 의하여 한국 내에서 보호를 받는 저작물이므로 무단 전재와 무단 복제를 금합니다.

요한네스 타울러의 영성설교 **I**

# 영혼아
## 성령의 외침을 들으라

요한네스 타울러  이 준 섭
지음　　　　　옮김

*Johannes Tauler*

**CLC**

## 목차

추천사     1
  박 흥 용 박사 | 호남신학대학교 신학과 신약학 교수
  권 진 호 박사 | 목원대학교 신학과 교회사 교수

역자 서문     10
요한네스 타울러의 생애와 작품     13
제3판 서문     44
머리말

1 성탄절 설교(1): 한 아기가 우리에게 났고     50
2 성탄절 설교(2): 이스라엘 땅으로 가라!     64
3 성탄절 설교(3): 유대인의 왕으로 나신 이     74
4 성탄절 설교(4): 예루살렘아! 일어나라 빛을 발하라!     88
5 사순절 전 주일 설교: 나의 멍에를 메고 내게 배우라     97
6 사순절 주일 설교: 포도원 품꾼 비유     106
7 사순절 주일 후 금요일 설교: 유월절에 예루살렘으로 오르신 예수님     118
8 사순절 두 번째 금식 주일 설교: 두로와 시돈으로 들어가신 예수님     132
9 종려주일 밤이 되기 전 토요일 설교: 나는 세상의 빛이니     150
10 종려주일 전 월요일 설교: 목마르거든 내게로 와서 마시라!     160
11 종려주일 전 화요일 설교: 예수님의 때, 너희의 때     175

| | | |
|---|---|---|
| 12 | 종려주일 전 수요일 설교: 내 양은 내 음성을 들으며 | 185 |
| 13 | 종려주일 전 금요일 설교: 한 사람의 백성을 위한 죽음 | 198 |
| 14 | 종려주일 전날 밤 설교: 아버지여! 당신의 아들을 영화롭게 하소서! | 205 |
| 15 | 부활절 설교: 제자를 부르심 | 212 |
| 16 | 부활절 후 네 번째 주일 설교: 내가 너희에게 성령을 보내리니 | 218 |
| 17 | 그리스도의 승천 전 월요일 설교: 한밤중 친구의 간구 | 229 |
| 18 | 그리스도의 승천 설교(1): 불신앙과 완악한 마음의 질책 | 246 |
| 19 | 그리스도의 승천 설교(2): 다섯 가지 구속 | 264 |
| 20 | 그리스도의 승천 설교(3): 제자의 가르침과 승천 | 275 |
| 21 | 그리스도의 승천 설교(4): 그대로 오실 예수의 증인이 되라 | 285 |
| 22 | 그리스도의 승천 설교(5): 하나님 앞에 작은 제자 | 295 |
| 23 | 그리스도의 승천 후 주일 설교: 너희는 정신을 차리고 근신하여 기도하라 | 301 |
| 24 | 오순절 전 설교: 너희는 정신을 차리고 근신하여 기도하라 | 315 |
| 25 | 오순절 설교(1): 그들이 다 성령의 충만함을 받고 | 329 |
| 26 | 오순절 설교(2): 그들이 다 성령의 충만함을 받고 | 344 |
| 27 | 오순절 설교(3): 양의 문이신 예수 그리스도 | 361 |
| 28 | 성 삼위일체 설교(1): 예수 그리스도의 증인들 | 371 |
| 29 | 성 삼위일체 설교(2): 예수 그리스도의 증인들 | 382 |
| 30 | 성만찬 설교(1): 예수님의 살과 피 | 397 |

31  성만찬 설교(2): 내 살을 먹고 내 피를 마시는 자는  413
32  성만찬 설교(3): 참된 양식, 참된 음료  431
33  성만찬 설교(4): 주님의 만찬에 참여  447
34  삼위일체 축제 후 두 번째 주일 설교: 세 종류의 잔치 초대자들  464
35  삼위일체 축제 후 세 번째 주일 설교(1): 하나님의 능하신 손 아래에서 겸손하라!  474
36  삼위일체 축제 후 세 번째 주일 설교(2): 예수께로 가까이 나아온 세리와 죄인들  491
37  삼위일체 축제 후 세 번째 주일 설교(3): 한 드라크마를 잃은 여인  510
38  삼위일체 축제 후 네 번째 주일(1): 아버지의 자비로우심을 닮으라!  523
39  삼위일체 축제 후 네 번째 주일(2): 아버지와 같이 자비로워라!  540
40  삼위일체 축제 후 다섯 번째 주일: 너희는 한마음을 가져라!  553

# 역자 서문

**이 준 섭 박사**
호남신학대학교 신학과 역사신학 교수

현대 사회는 우리가 생각한 것보다 훨씬 더 많은 양의 지식이 홍수처럼 빠르게 전달되고 있습니다. 이러한 사회적 현상은 지식을 누구나 공유할 수 있다는 이점이 있지만 무엇이 지식으로서 가치가 있는지 판단하고 선택해야 하는 어려움을 초래합니다. 현대인들은 거짓이 진실로, 진실이 거짓으로 왜곡되는 세상에서 올바른 지식을 가려낼 수 있는 정신적인 기준틀이 필요한 때입니다.

최근에는 지식의 흐름이 인문 고전으로 회귀하는 경향을 보입니다. 이것은 인문 고전에 담긴 진리가 세월이 흘러도 퇴색되지 않고 현대를 살아가는 우리에게 여전히 이야기하고 있기 때문입니다. 동서고금을 막론하고 인문 고전은 사람들에게 영감을 불어 넣어 주었고, 시대에 따라 재해석을 통해 미래 정신으로 발전해 왔습니다.

지식이 홍수처럼 범람하는 사회적 현상은 기독교 안에서도 발생하고 있습니다. 넘쳐나는 지식 정보는 그리스도인들의 신앙을 혼잡하게 하고 있습니다. 이러한 현상 속에서 기독교 역시 신앙적인 혼란을 극복하기 위한 대안으로 기독교 역사의 정신적인 산물들인 고전을 찾아 나서고 있습니다. 그러나 그리스도인들에게 익히 들어봄직한 고전들 외에는 아직도 국내에 소개되지 않은 많은 고전들이 많습니다. 사실 이 분야에 연구하는 사람들 말고는 기독교 고전에 관한 정보가 없을 뿐만 아니라, 좋은 고전과의 만남 사이에 있는 언어의 장벽 때문에 쉽게 접하기 어려운 점이 있습니다.

본 역자는 이런 장벽들을 생각하면서 요한네스 타울러(Johannes Tauler)의 설교집을 번역했습니다. 그의 사상은 루터에게 영향을 준 종교개혁의 발화점이 되었고, 심지어 후대의 신학 사상에 적지 않은 영향을 미쳐왔습니다. 게다가 그는 변화와 격동의 시대인 중세 말엽에 활동했음에도 그의 사상은 현대 그리스도인들의 신앙과 정신적인 문제에 응답해 줄 수 있는 사상적인 유산을 함의합니다. 여기에는 그리스도인이 어떻게 살아야 하고, 무엇을 고민해야 하는가를 다룹니다. 그리고 궁극적으로 혼란스러운 세상에서 그리스도인이 바른 신앙생활을 할 수 있도록 영성의 작은 길잡이 역할을 할 수 있을 것입니다.

이 설교들에 담긴 타울러의 외침들 속에서 물질문명의 한계를 극복하고 진정한 영적인 삶을 추구할 수 있는 자양분을 만날 수 있기를 바랍니다. 더 나아가 타울러의 영성 설교를 번역하며 맺은 결실들로 말미암아 개혁교회의 신학을 가르치는 신학자들에게 종교개혁의 발화점이 된 타울러의 사상을 들여볼 수 있으며 중세 후기 신학과 종교개혁 신학과의 상관성을 연구하는 데 도움이 되기를 바랍니다.

끝으로, 이 책의 출판을 기꺼이 승낙해준 기독교문서선교회(CLC)의 박영호 사장님과 직원분들께 깊은 감사를 드립니다. 또한 늘 제 편에서 응원을 아끼지 않는 사랑하는 아내 이주연과 세 아들(희찬, 희성, 희준) 그리고 독일에서 외로운 유학길에 친구가 되었던 블라미르 도르코프(Vladimir Dorkhov)에게 감사의 마음을 전합니다. 본 책이 출판되기까지 심혈을 기울여 원고를 교정해준 김승연 목사님과 최양임 목사님과 전남대학교에서 철학 박사 학위 과정을 공부하고 있는 정화영 선생님, 호남신학대학교 교회사 조교로 일하고 있는 모진원 전도사님께도 감사의 마음을 전합니다.

광주 양림골에서

# 요한네스 타울러의 생애와 작품

알로이스 하스(Alois M. Haas)

요한네스 타울러(Johannes Tauler, 대략 1300-1361)는 마이스터 에크하르트(Meister Eckhart, 대략 1260-1327/28)와 하인리히 소이제(Heinrich Seuse, 대략 1293-1366)와 함께 독일 신비주의를 대표하는 세 명 중 한 사람이다. 그들 중 타울러는 근대까지 계속 영향을 미쳐온 가장 영향력 있는 인물이다.

특히 타울러의 영향은 마틴 루터(Martin Luther)의 타울러에 대한 지대한 관심 때문에 확장되기 시작했으며 종교개혁 시대를 넘어 경건주의의 영성에까지 미쳤다. 또한, 타울러는 근대에 들어서면서 그의 사상적인 수용과 함께 에큐메니칼적인 인물로 부각되었고 대중에게까지 폭넓은 관심을 받고 있다.

이러한 상황에서 독특한 타울러의 영성만이 지시해 주고 촉진하는 인간 안에/ 인간 위에 하나님의 현존을 경험할 수 있는 자각(Innewerden)의 문제가 매우 중요하다. 하지만, 경험적 자각에서 영적인 하부 구조를 제대로 이해하지 못한 채, 동양의 묵상 방법을 손쉽게 도입하고 접목하는 일은 정통 기독교 신앙은 물론이고 동양 종교들까지도 무의미하게 만들고 왜곡시킬 수 있다.

하지만,―지금도 여전히 계속해서 주목할 수 있는―종교적인 구원을 특별한 인간의 열망으로, 동양 종교의 영적인 삶에 관한 관심과 진지한 노력은 부득이하게 받아들여져야 하는 현실이다. 반면에 이런 흐름과는 달리 때때로 그리스도인들은 구체적인 상황과 상관없이 기독교의 신비주의적인 전통 안에서의 신앙 체험을 강조하는 동시에, 진정한 가능성으로 제시하고자 했다.

따라서 이들은 이전보다 더욱 깊이 있게―단순히 학문적인 관심의 대상으로서가 아니라―기독교 신비주의에 나타난 신앙 체험을 강조했다. 이런 움직임은 신비주의 전통의 역동성이 영성 생활을 선택하는 생산적인 동인이 되도록 했다.

그러나 서방이나 동방의 '마이스터'(Meister)가 형성한 신비적 사상은 무시한 채 신비주의들의 방법과 형태만을 서둘러 빌려 적용하는 일은 어떤 종교라도 그 품격을 저하하는 일이 된다. 그러므로 동양의 신비주의들에 관한 명확하지 않은 지식을 가지고 형태의 유사점만을 찾아내어 그것을 적용하려는 노력은 지양해야 한다.

마찬가지로 우리가 힌두교나 불교에서의 종교 체험들을 그리스도인들의 이상적인 체험과 같은 것으로 인식하려는 시도 또한 다양한 영적인 체험들을 통합하려는 진지하고 고상한 에큐메니칼적인 노력까지도 신뢰를 잃게 할 수 있다. 그렇지만 이 같은 시도가 전혀 불필요한 일이 아니라, 다만 부차적인 일 정도로 여기면 좋을 것 같다.

요한네스 타울러의 설교집은 이 같은 상황과 요구에서 기독교적인 삶을 선택하는 데 깊이 있는 숙고를, 동시에 많은 기회를 제공한다. 타울러의 설교는 '에크하르트'의 설교보다 덜 사변적이기 때문에 부담스럽지 않고, 자서전으로 부담을 주었던 '소이제'의 작품보다 전기적으로 단순한 내용을 다룬다.

또한, 타울러의 설교는 하나님을 향한 세상에서의 오랜 순례 여정의 표상이 내세와 연계되는 기독교의 강조점을 실용적인 인간론으로 제시한다. 여기에서 타울러는 인간의 수준에 따른 기독교적인 삶의 요구를 말하지 않는다.

타울러는 인간의 독창적이고 구체적인 삶의 형태에서 공통으로 드러나는 기독교가 함의하고 있는 일반적인 체험의 현존을 중요하게 여긴다. 그러므로 항상 지속적으로 유지돼 온 기독교의 체험(bevinden)은 타울러에게 중요한 질문이다.

타울러의 설교 안에 지속적으로 거듭 증언되고 특히 루터를 매혹시켰던 이 체험의 연계성은 물론 그리스도인의 삶을 위한 개별적인 진지함 진지함으로 첨가된 것이 아니라—'실존과 함께 하는 몸부림'이라는 '키에르케고르'적인 의미에서 자서전적인 '자아'(Ich)의 이러한 표상에 타울러와 동시대를 살았던 소이제를 끼워 넣을 수 있을지는 의문스러운 일이긴 하다!—기독교적인 정신 안에 인간론과 '삶의 가르침의 구상'으로 체계적이지 못하게 첨가된 것이다.

타울러의 일상생활의 가르침의 모범이 마이스트 에크하르트의 신비주의의 사변에 대한 다른 표현이었는지, 아니면 하인리히 소이제의 신비적인 삶의 독특한 형태인 자서전적인 실례보다 더 우선적인 것으로 제시하고 있는지를 설명하는 것은 그리 간단할 일이 아니다.

하지만, 그의 설교는 영성 생활에서 인간의 난처한 상황과 위기의 상황을 고려한 심리적인 상태를 뚜렷하게 제시한다. 이것은 분명히 영성 생활의 권고와 위로를 말했던 마이스터 에크하르트와 소이제를 훨씬 뛰어넘는 것이다.

그러므로 그리스도인의 실존적인 삶에서 보면 그 세 사람 가운데 타울러가 스승이다. 그는 설교에서 기독교에서의 회심을 고유한 영혼의 근저로 내려오는 겸손으로, 이를테면 회심을 심령의 모든 완고함을 깨뜨리고 돌파하는 겸손의 한 형식으로 이해한다.

역사적으로 오류가 있다고 하더라도 타울러가—1521년 이후 모든 타울러 작품의 인쇄본에 함께 제공된 부록에 '존경하는 박사 요한네스 타울러의 이야기'—개종 사건의 영웅이 된 일은 상징적으로는 매우 정확한 사실에 속한다. 회심 사건의 기록에 따르면 1346년 타울러는 자기 자신을 무명의 어떤 평신도(오버란트의 사랑스러운 하나님의 친구, liben gottes frunt in Oberlant)에게 위탁했고, 그의 권고로 2년 동안 설교를 중단하면서 그의 하나님의 친구에게 겸손히 순종했다.

영성 훈련을 마치고 난 후 그는 9년 동안 큰 성과를 거두는 설교를 할 수 있었고, 가난한 '하나님의 친구들'에게 둘러싸여 매우 경이로운 죽음을 맞이했다. 이 외에도 뛰어난 '마이스터의 책'에서는 타울러의 일상적인 행동, 영혼을 돌보는 설교, 영성 생활에서 타울러의 다양한 설명이 덧붙여졌다.

때때로 전환의 순간이었던 중년 생활을 전기적으로 진술하고 있다. 이때 '마이스터의 책'에서의 타울러의 중년기 (40세와 50세 사이)의 전환은 일반적인 그리스도인의 삶에서 은총으로 제공된 변화와 별반 다르지 않다는 것을 거듭 강조하면서 설명된다.

타울러의 비석은—1879년 도미니크 수도원에 소속된 교회에서 불타 소멸하였던 것을 스트라스부르크(Straßburg)에 개신교 '새교회'(Neue Kirche)로 옮겨와 복원된 것으로 그가 균형 잡힌 도미니코 수도원 수사였다는 것을 보여 준다. 그곳에는 도미니쿠스(Dominikus)가 그의 제자들에게 설교적 직무를 목적으로 요구한 몸짓이 새겨져 있는데, 타울러가 오른손으로 하나님의 양을 가리키고, 왼손에는 한 권의 책과 부활의 깃발(banner)을 들고 승리의 자세를 취한다.

이것은 실재보다 본질적인 그 무엇이 존재하는 것처럼 보인다. 그러나 그것은 극히 일부의 사실만을 정확히 알려 줄 뿐이고 어떠한 사변이나 특별한 의미를 부여하지 않았다. 그러므로 그에 관한 전설만이 우리의 마음을 사로잡을 수 있을 뿐이다.

## 1. 요한네스 타울러의 생애

타울러는 약 1300년경 매우 부요한 시민 계급 가문의 아들로 스트라스부르크에서 태어났다. 그는 비교적 일찍, 적어도 14세에 자발적으로 도미니코 수도회에 입문했다.[1] 얼마 후, 타울러는 이 종단의 일반 교육 과정을 거쳤다. 그는 1년의 수련 기간, 3년의 논리학 공부, 2년의 자연학(아마도 논리학과 자연학 과정은 스트라스부르크가 아닌 다른 곳일 것이다), 그리고 최종적으로 1년을 다시 스트라스부르크에서 명제집(신학)을 개인적으로 연구했다.

타울러는 신학 공부를 계속하기 위해 쾰른(Köln)의 일반 교양학부에 입학했고, 그곳에서 마기스터 학위를 취득했을 것이라는 추측은 개연성 있는 일이다. '마이스터 에크하르트'와 타울러의 만남은 어디에서인가 이뤄졌을 것이나, 정확한 장소는 알려진 바 없다.

타울러 자신 역시 어디에서도 자신이 '마이스트 에크하르트'의 선생이나 청자였다는 사실을 밝히고 있지 않다. 실제로 신학 공부를 시작하기에 앞서 25세 이전 사제 서품을 받은 타울러는 그의 설교적 직무를 위한 준비에만 집중했을 뿐이다.

타울러가 신비적인 설교를 행하는 데 지속해서 영향을 받은 장소는 스트라스부르크(Strassburg)였다. 그는 그곳에서 수많은 베긴회에 소속된 수녀원들과 일곱 개의 도미니코 수도원들과 함께했고, 그의

---

[1] 타울러의 삶에 대해선 다음을 비교해 보라! Scheeben (Bibl. Nr. 5).

영향은 그곳에 사는 동안 지속했다. 하지만, 이들만이 타울러의 돌봄의 설교의 유일한 청자들은 아니었을 것이다.

타울러의 설교는 항상 자국어 설교였기 때문이다. 타울러의 주변 동료들 역시 그의 청자였다는 사실은 뇌르딩겐의 '하인리히'(Heinrich von Nördingen)와 교환 서신이 이를 입증해 준다. 이 경우에 존경하는 사제인 타울러의 가르침과 그의 실제적 삶 사이에 차이가 없었다는 수많은 진술은 타울러의 영적인 수준을 미뤄 짐작할 수 있게 해 준다.

"그가 진리를 가르치고, 내가 가르치듯 너희가 그렇게 살면 그는 또한 일상적으로 커다란 고통 중에 있다."

뇌르딩겐의 하인리히는 1347/48년[2] 메딩겐(Medingen)의 '마가렛타 에브네'(Margaretha Ebner)에게 쓴 서신에서 내용을 진술하고 있는데, 이때가 바로 타울러 활동의 전성기였을 것이다. 확실히 타울러가 쓴 것으로 보이는 일부 서신은 이런 메모를 기록하기 얼마 전의 (카니발 축제 전 얼마 남지 않은) 날짜를 통해서 1346년 중에 이뤄졌을 것이라는 추정이 가능하다.[3]

---

[2] Ph. Strauch (Hrsg.). *Margartha Ebner und Heinrich von Nördingen, Ein Beitrag zur Geschichte der Deutschen Mystik,* Freiburg I. Br./Tübingen 1882, Neudruck: Amsterdam 1966, 263, 85 ff.

[3] Ph. Strauch (Hrsg.). *Margartha Ebner und Heinrich von Nördingen, Ein Beitrag zur Geschichte der Deutschen Mystik,* Freiburg I. Br./Tübingen 1882, Neudruck: Amsterdam 1966, 270 f; cf, W. Oehl, *Deutsche Mystikerbriefe des Mittelalters 110-1550,* Darmstadt 1972, S. 353.

그는 마가렛타 에브네와 메딩겐 수도원의 수녀회 원장인 '엘리자벳 쉐파흐'(Elsbeth Scheppach)에게 편지를 썼다. 그는 수녀들이 선물로 보낸 네 개의 치즈에 대한 감사의 편지를 동봉하여 보냈다. 나중의 자료들은 에브네와 뇌르딩겐의 하인리히와의 친분 관계를 밝혀 주고 있고, 특히 이것은 타울러가 '하나님의 친구들'의 그룹을 폭넓게 알고 있었다는 것이다.

두 사람 마가렛타 에브네와 뇌르딩겐의 하인리히는 '하나님의 친구들'과 매우 깊은 관계를 맺고는, 그 그룹의 대표자들로 활동했기 때문이다. 특히 마가렛 에브네는 자전적인 계시들과 주기도문의 석의의 저자로서 저술가의 재능을 발휘했다.[4] 이 그룹은 라인 주 지역에서 강한 결속력을 유지하면서, 신비적인 기독교의 형태를 실험했던 자들이다.

타울러는 1339년 이전에 이미 메딩겐에 있는 에브네를 방문했고, 또다시 1347년 말이나 1348년 초에 방문했다.

1339-1343년 타울러는 바젤(Basel)에서 머물렀을 것이다. 이런 추론은 하나의 정치적인 이유에 근거한다. 바이에른의 루드비히(Ludwig von Bayern)와 교황 요한네스 22세(Johannes XXII) 사이의 싸움에 스트라스부르크 도시는 루드비히의 편을 들었고, 그곳에 정주하는 도미

---

[4] cf, M. Weitlauff, *Verfasserlexikon 2* (1979), Sp. 303-306; 그리고 Augustan. *Videlicorum seu Ordinis Praedicatorum Confirmationis Cultus ab Immemorabili Tempore Praestiti Servae Dei Margaritae Ebner Moniali Professae Ordnis S. Dominici 'Beatae' Nuncupatae († 1351), Positio super Casu Excepto ex Officio Compilata*, Rom (Vatikanstadt) 1963 (Sacra Ritum Congregatio, Sectio Historica, n. 120).

니코 수도회 수사들은 처음에는 주저하다가 아우구스티누스 수도회 수사들과 함께 결국 교황의 편을 들었다.

따라서 그들은 도시에서 추방을 당했고 바젤로 이동했다. 타울러는 어쩔 수 없이 이 추방에 동행하거나, 1339년의 몇 개월 동안 쾰른으로 여행을 떠나야 했다. 타울러의 긴 여행의 목적은 알려지지 않았으나, 아마도 그것은 그에게 마이스트 에크하르트의 저술들과 사상을 더 집중적으로 파악하려는 동기 때문이었을 것이다.

타울러가 독일 신비주의의 저작과 관련된다는 것은 뇌르딩겐의 하인리히의 한 편지에 암시되고 있는데, 그것에 따르면 타울러는 하인리히 소이제의 '지혜의 시계'(Horologium sapientiae)를 카이저스하임(Kaisersheim)의 수도원 원장에게 보냈거나 복사본으로 빌려줬다.[5]

타울러가 설교를 위해서 선행적으로 한 일은 에크하르트의 작품들을 연구하는 일로 생각된다. 타울러는 1343년부터 다시 스트라스부르크에 머무르면서 성 게르트루드(St. Gertrud) 수도원에서 많은 설교를 했고, 선한 의도를 가지고 1346년 쾰른으로 다시 여행을 떠났다.

타울러는 뚜렷한 목적 없이 벨기에(Belgien) 그로엔엔다엘(Groenendael)을 향해 뤼이스부르크(Ruusbroec)를 방문하거나 (보다 더 추론적으로는) 담바흐의 '요한네스'(Johannes von Dambach)와 함께 파리에 있는

---

[5] cf, Ph. Strauch (Hrsg.). *Margartha Ebner und Heinrich von Nördingen, Ein Beitrag zur Geschichte der Deutschen Mystik,* Freiburg I. Br./Tübingen 1882, Neudruck: Amsterdam 1966, 239, 83 ff.

도미니코 수도회에 소속 수녀회 성 자크(Saint-Jacques)를 방문에 이르기까지 그의 여행은 지속한다.

우리가 받아들일 수 있는 사실은 이런 여행들이 도대체 일어났거나 일어나지 않았거나 타울러 한 사람이 동행했다는 것이다. 그는 같은 장소에서 비교적 안락한 생활을 취할 수 있었는데도, 당시 신앙인들의 영성 생활을 공개적으로 비판했다. 그는 단순히 탁상공론적으로는 헛된 지식을 추구하는 것을 신중하게, 공개적으론 '이교도적,'[6] 예컨대 프로클로스(Proklos)의 고대 후기 신비주의를 신랄하게 비판했다.

타울러는 1361년 6월에 스트라스부르크에서 죽음을 맞이했다. 그의 남겨진 설교들은 그의 영향력과 영광스러운 생애를 볼 수 있는 유일한 도구가 되고, 그렇지만 그의 설교들은—물론 필사본으로 전래된 것을 후대에 인쇄하여 전해져 내려온 것—후대에 어려운 과정을 거치면서 전해진 유산이다.

---

6  A. Auer, *Johannes von Dambach und die Trostbücher vom 11. bis zum 16. Jahrhundert*, Münster I. W. 1928 (Beitrag z. Gesch. d. Phil. und Tehol. d. MA's, Bd. XXVII, H. I/2), S. 22.

## 2. 요한네스 타울러의 작품

타울러는 아우스부르크의 '다윗'(David von Ausburg), 에크하르트와 '소이제'와는 다르게 라틴어 작품을 전혀 남기지 않았다. 만일 그가 이런 작품들을 남겼으면 라틴어 작품들은 분명히 후대에 전승되었을 것이다. 이 때문에 타울러는 신학 교육을 받은 마기스터(Magister)가 아니라 삶의 스승—확실한 스콜라적인 지식을 가진—이었다는 추측이 가능하다. 삶의 스승은 신비적으로 깊은 인상을 남긴 설교자적 사명을 위임 받아 행하면서, 동시에 부차적으로 영혼을 돌보는 일(cura animarum)을 담당해야 했다.

타울러의 저술은 약 80개 독일어 설교 전집으로 이뤄졌고, 그 전집은 텍스트를 묶어놓은 하나의 묶음으로—예를 들면 1359년의 '엥겔베르거'(Engelberger) Hs. 124—'마이스터 에크하르트'와 '스트로이굿트'(Streugut)보다 더 적은 양이 우리에게 전해진다. 이 전집은 라이프치히(Leipzig) 1498년, 바젤(Basel) 1521년,[1] 쾰른 1543년의 후대 타울러 작품 인쇄의 근간을 이룬다.

물론 이런 전집 속에는 특히 에크하르트의 설교들이 부가적으로 포함된다. 변화된 편집술의 발전으로 고대에 형성된 텍스트 역시 '크고 작은 타울러'의 원고에 들어가 있었다. 이런 전래 과정의 유익한

---

[1] 그로써 거의 일치하는 출판 바젤 1522년은 재인쇄 안에 제시된다. Frankfurt a. M. 1966.

점은 비교적 폭 넓은 진정성을 설교 전집에서 보증해 준다는 것이다.

설교 전집 역시 타울러의 가르침에 관해 신뢰할 수 있는 진술들로 인정을 받는다. 타울러가 쓴 상당한 수의 작품들―『그리스도의 생애와 고난을 따르는 경건 훈련』(Exercitia piissima super vitam et passionem Christi), 『제도집』(Institutiones), 『영적인 가난의 서』, 적은 양의 위작, 그 예외도 타울러에게 속해 있는 시들―텍스트의 판본으로 형성시키기 위해서는 지금도 여전히 논의가 필요하다. 그것은 후대에 『영혼의 정수』(Medulla animae)라는 제목 아래 여러 번 부분적으로 편집되었고, 상호 진정성을 확보하지 못한 저술들이라는 한계에도 불구하고 타울러의 명성이 17세기와 19세기까지 계속되도록 했다.

## 3. 요한네스 타울러의 가르침

타울러의 가르침—그의 가르침은 설교 형식에서 체계적으로 진술되지 않았기 때문에—을 진술하는 일은 그리 쉽지 않다. 하지만 그의 가르침은 뚜렷한 중심점(Gravitationspunkte)을 가진다. 그의 설교는 갱신이 이뤄지길 바라는 실제적인 상황 속에서—종종 본질적인 그림을 연상케 하는 시리즈—핵심적인 요소들을 다룬다. 타울러의 설교의 몇 가지 핵심 내용을 다뤄 보도록 하자!

**1) 먼저 우리는 그의 설교에서 자기 인식에 관한 외침을 반복적으로 들을 수 있다.**

타울러는 자아 인식이 신적인 '무'(Nichts)와는 반대로 자기 자신의 자아나 신성한 자아의 사변적인 탐구가 아닌 고유하게 창조된 무성(Nichtigkeit)의 금욕적인 탐구라는 것을 뚜렷하게 제시한다.[1] 타울러에 따르면 인간은 그의 자신의 것에 속한 것이라도 자발적으로 무엇도 소유할 수 없다.

결국, 이런 무(Nichts)는 인간에게 고유한 것이므로 인간의 죄의 생성(Verfaßtheit)과 모든 제한된 관계—또는 존재론과 유비론은 에크하르트보다 훨씬 제한적으로 뒷받침되고 있고—와 이로써 그리스도의

---

1    V 176, 4(Hoffmann <H와 페이지 수로서 다음에서>, S. 314).

고난과 관계를 맺고, 그리스도의 고난 속에서 죄로 인해 일어난 쓸모없는 무의 타락을 교정했다.

그러므로 타울러에 따르면 자기 인식은 능동적 겸손과 금욕적 자기 비하의 형식이다. 하지만 이것은 그 자체로 이미 은총에 속하는 일이다. 그런즉, 인간의 자아 상실은 신적인 근저로 자기 자신을 위임하는 것을 뜻한다.

인간의 창조된 근저는 겸손한 자기 비하(vernutuung)로 비준되었고, 하나님의 근저 안으로 침몰해 들어가는 동기가 됐다. 때문에, 자기 비하는 하나님의 근저로 흘러 들어가 인간과 하나님 사이에 '유일한 일치'를 유도하고, 인간의 영을 오로지 신적인 영에게 위임케 한다.[2]

**2) 타울러의 사상은 근본적인 겸손의 가르침과 자기 인식의 가르침 위에 토대를 두고 있다.**

타울러는 인간과 하나님과의 연합을 인간 영혼의 심연의 관상과 근본적으로 조화시킨다. 그는 인간 영혼의 심연을 인간의 영혼의 불꽃(vünklein)이라는 마이스트 에크하르트(Meister Eckhart)의 가르침을 따르는데도, 아우구스티누스의 『영혼의 심연』(abditum mentis)과 관련된 용어를 근저(grund)와 심령(gemuete)을 이용한다. 타울러는 특히 두

---

2  V 201,1ff. (H 394 f.).

개념을 동의어로 사용하지만³, 또한, 다양한 관점에서 다룬다.

타울러에 의하면 심령은 "모든 영혼들의 능력의 일치점과 영혼의 실체"다. 때문에, 그것은 "하나님과 인간 가운데 은혜로운 관계를 재진술하고 있는" 근저에 관한 "인간 이해의 부수적인 산물"⁴에 지나지 않는다. 심령이 스스로 회귀하려는 본능을 지닌 인간은 예전부터 항상 자기 자신과 관련됐다. 이 때문에 심령은 영혼의 근저(grund)에 정향됐다.

그런고로, 그것은 지속적인 갱신을 받아들인다. 이런 심령 안에서 … 어떤 장소인 근저로 다시 유도되고 난 후에야⁵, 은총은 '심령'에게 비로소 형상을 초월케 하여 무한하시고 영원하신 하나님을 관상(kaffen)하고선, 다시 신과 같은 형상으로 바뀔 수 있다.⁶ 하지만 '심령'과 '근저'에 대한 이와 같은 비유(Gleichheit)는 존재론적 소유가 아니라 하나님으로부터 나온 은혜로운 '고통'과 '형상의 초월'과 '하나 됨'을 의미한다.

이때 영혼은 거룩하고 경건하며 초월적이 되고, 나아가 은총으로 신적인 본질에 속하게 된다. 여기서 타울러는 마이스트 에크하르트와 초대 교부들의 전승을 폭넓게 논거로 삼는다.⁷

---

3  cf, Wyser (Bibl. Nr. 6), S. 232 ff. ; V 155,5 (H 297, 여기서 번역되길: "그의 근저와 영의 눈빛 … ").
4  Mieth (bibl. Nr. 6), S. 251, 284.
5  V 262,24f. (H 538).
6  V 350,16 (H 411).
7  V 146,21 f. (H 277).

### 3) 하나님께 기원하는 모든 피조적인 것의 일차적 움직임에서 하나님 안으로 회귀가 이뤄질 때 인간은 아담의 죄에서 벗어날 수 있다.

이때 비로소 창조된 무는 창조되지 않은 신적 무(이것은 모든 지시적인 것을 제한하는 규정을 일탈하는 것으로, 개념상 무로서 정의된다)와 견줘 볼 때 존재론적일 뿐만 아니라, 죄를 짊어진 무로서 구원사적인 것에도 예속된 것처럼 보인다. 그런즉, 인간은 이기적인 본성 안에서 독으로 가득 찬 회귀(vergiftige widerboeigung)[8]를 한다.

인간이 근본적인 귀환, 이를테면 "모든 우연한 일이 없는 근저에서 하나님의 영으로 영의 내적인 도피"[9]와 어떠한 다른 근거를 가지지 않고 오로지 하나님을 의도하는 귀환[10]을 취하길 바란다면[11], 영과 본성 안의 잘못된 근저[12]는 제거돼야 할 문제이다.

이런 귀환은 "(하나님의) 현존의 방법과 형태가 없는 내적인 감정 안에서, 모든 존재의 저편에서 창조된 영이 하나님의 창조되지 않은 영으로 전의(Hineintragen) 될 때"[13] 이뤄지고, 또한 하나님께 자기 자신을 은혜롭게 내주는 것이다.

유감스럽게도 인간은 이런 귀환 안에 머무를 수 있는 것이 아니기

---

[8] V 94,19 (H 157).
[9] V 169,7f. (H 331).
[10] V 169,14 f. (H 332).
[11] V 169,10 (H 331).
[12] V 94,18 (H 157).
[13] V 169,16 ff. (H 332).

때문에 영원을 위해 언제나 새롭게 시작하여 미리 예견된 것을 세속적인 순례 여정의 상태, 예컨대 시공간적으로 전환을 해야 한다.

**4) 그러므로 타울러에 의하면 시공간의 범주들은 시간과 공간을 위해서 창조되지 않은 것의 실제적인 전환의 역할을 한다.**

이것은 하나님을 본질적으로 보는 것(visio essentialis Dei)이다. 그때 실제로 시련(Anfechtung)과 죄와 고난의 영역—그리스도의 구원사적인 구원의 행위 안에 축적된 것—은 죄와 고난 속에서 그리스도의 인간적인 생산(Verfaßtheit)과 죄의 지속적인 긴장 상태에서 은총의 영속성 가운데 정화해야 하는 사람을 위한 가장 실제적인 문제이다.

여기서 그는 가장 빈번한 상황에서 여전히 성과 없이 사랑하는 것을 의미하는 아리스토텔레스적 범주로서 공로 개념을 그 자신과 이웃의 구원을 위한 노력에 포함시킨다.[14] 슬픔, 쓰라림, 두려움, 아픔, 압박, 고난, 고통, 그리고 걱정은 전혀 통제할 수 없는 여정의 동반현상[15]이다.

하나님의 친구는 그것들에게로 인도될 것이다. 밤의 불안과 시험으로 인해 하나님과 멀어짐, 고통과 어둠은 하나님의 친구를 위협하지만, 그는 전 생애 동안 힘들어 하면서도 신적인 도움을 받아 병과

---

[14] V 30,25 ff. (H 47 f.).
[15] V 161,8ff. (H 304 f.).

불안, 불행과 고통에서 벗어나려 한다.[16]

이것은 한평생 동안—40세 혹은 50세 이전 겨우 만족하거나 전혀 그렇지 않은—하나님의 체험을 통해 완성되듯이[17], 내려놓기(Gelassenheit)와 순결과 단순함과 신비적인 죽음을 필요로 한다.[18]

어떤 윤리적이고 심리적인 전제 조건에 대한 관심—특히 심리학적인 소여의 제한된 발전!—은 타울러의 인간론의 전제 조건, 예컨대 인간상을 보여 준다. 이것은 이원론을 넘어서는 문제 제기이거나 세 인간의 모델을 지향하는 '내적인 인간과 외적인 인간'[19]에 관한 바울의 대조적 역동성이다. 이를 테면 이것은 감각적, 이성적 인간 그리고 심령이다.

이 세 모델이 하나의 인간을 형성한다는[20] 정의는 다분히 플로티누스적(plotinische)이라고 할 수 있으나, 이것은 모든 기독교적인 신비주의 안에 수용된 삼분법을 반영한 것이다. 타울러는 그것을 유지하지 않고도 그와 비슷하게 영적인 삶과 중요한 모델들의 방법적 특징(활동하는 삶과 관상하는 삶, 위 디오니시우스의 세 가지 길, 기도의 단계와 등급)[21]을 잘 이용한다.

또한 그는 여기서 떠남과 관련된 영성의 모든 문제들에서 자신의

---

[16] cf. 그것에 대해서 Pleuser (Bibl. Nr. 6), S. 199 f.
[17] cf. 이를 위해 Weilner (Bibl. Nr. 6).
[18] V 71,19 ff. (H 107).
[19] V 42,28 ff. (H 63).
[20] V 348,22 ff.; 357,16 ff. (H 409,457).
[21] cf. Haas, *Sermo mysticus* (Bibl. Nr. 6), S. 175 ff.

고유한 입장을 명확히 제시한다. 다른 한편으로 타울러는 근저까지 도달하지 못했다[22]고 인정했다. 그렇지만 그는 인간과 하나님과의 연합을 위한 황홀경적 방법들을 수용하여 신플라톤주의자 프로클로스(Proklos)의 진술로써 하나님과의 연합을 대담하게 진술한다.[23]

5) 타울러는 반복하여 인간이 도저히 넘어 설 수 없는 모든 신비적인 시도들의 선결 조건을 특별히 강조한다.

하지만 이것은 간단하고 단순하게 존재해야만 하는 신앙이다.[24] 그에 의하면 모든 종교적인 체험, 특히 신비 체험은 신앙과 관련된 신적인 진리의 신앙고백에 결정적으로 머물러 있다.[25]

그리스도의 모방을 핵심 사상으로 가지고 있는 논리 정연한 문헌 신비주의는 계시의 목적에 주체적인 체험을 접합하여 유래된 것이 명백하다.[26] 예컨대 영이 되신 그리스도의 초현실주의적 신비주의의 편에서 항상 반복적으로 위협을 받아온 모든 유혹들의 모든 신비주의와 다르게, 완전히 구체적이다.

이를테면 그리스도의 삶에서의 모든 고난을 벗겨내려는 영지주의적 정신의 체계 방향으로 부활되는 것은 구원사를 전혀 반영하지 않

---

[22] V 175,3 ff. (H 313).
[23] V 350,20 ff. (H 411 f.).
[24] V 122,25 ff. (H 231); V 256,11ff. (H 498).
[25] V 62,19 ff. (H 92).
[26] V 243,23 ff. (H 507).

고 있는데도 구원의 대상에게는 하나님의 육신을 입으신 것이 항상 매우 중요하다.

마찬가지로 타울러는 하나님의 육신을 입으신 형태에서 벗어나지 않은 그리스도의 상을 유지한다. 이를테면 모든 영적인 경향과 다르게 본다.

"그렇지 않습니다! 그 누구도 우리 주 예수 그리스도의 모범을 넘어설 수는 없습니다."[27]

모든 영성 생활의 그리스도론적인 근거로 그리스도의 삶을 고찰하려는 요구는 그때에 이르러 비로소 높아질 것이다.[28] 실제로 이것은 바리새인과 같은 자기 자신의 도취의 형식이 아닌 사랑스러운 그리스도로서 그의 삶과 죽음은 "라인강 아래로 배가 완만하게 흘러내리는 것과 같이 영혼을 통한 욕망이나 눈물로" 이뤄진다.[29]

---

[27] V 71,7 f. (H 105).
[28] V 70,17 ff. (H 105).
[29] V 247,15 ff. (H 397).

## 6) 타울러의 하나님의 상(象)은 에크하르트의 하나님의 상을 이어 받은 것이다.

에크하르트는 디오니시우스적인 관점에 따라 그의 부정신학을 수용했다. 하나님은 "방법, 본질, 선을 초월하시고" 아무튼 하나님을 표현할 수 있는 것은 어떤 것도 없으신 분이다.[30]

타울러는 광범위한 사변을 바탕으로 하는 끝없는 초월성이 아니라 진리 안에 존재하는 인간을 "순수한 무"로 제시한다.

그런즉, "당신을 낮추고 아래로 침몰해 들어가 당신의 앎이나 바람을 유지하지 말라!"[31]는 명령은 겸손의 명령이다. 그러므로 하나님은 이름도 없고, 방법도 없으며, 창조되지 않은 무(無)이시고[32], 이것은 오로지 우리의 죄의 무를 은총으로 받아들이게 한다.

따라서 타울러는 거의 모든 신앙의 조항을 마음에서 활동하는 겸손과 도피와 참회의 동기로 인식한다. 타울러에게는 교회론이 부족하다. 하지만 그는 성만찬과 교회의 모든 은총의 수단들을 반박하지 않고서도 그것들의 역할을 명백하게 제시했다.

이와는 다르게 타울러에게도—에크하르트처럼—암시되고 있는 것은 결코 부족하지 않으나, 하나님의 선험적인 개념과 적지 않게 체험할 수 있는 실재성과 반대로 인간의 의로운 행위에 관한 매우 협소

---

[30] V 204,6 ff. (H 397).
[31] V 204,21 (H 420).
[32] V 176,40 (H 314).

한 입장은 이 암시를 상대화하고 있을 뿐이다.

**7) 타울러는 수도원 방문자들 앞에서 설교했을 뿐만 아니라, 아마 도시 시민 계급들 앞에서도 설교했을 것이다.**

직능상 윤리의 특별한 강조와 수공업의 높은 평가가 그것에 어울리는 일이었다. 이로써 평신도와 뛰어난 문헌 안에 폭 넓게 퍼져 있는 하나님의 친구의 신비주의와 신비적 운동과의 관계는 실제적으로 에크하르트에게서보다 타울러에게서 훨씬 더 명백하게 제공돼졌고, 이런 신비적인 운동과 관계는 도미니코 수도회 수녀의 돌봄(*cura monialium*)의 결과로 얻어졌다. 특히 이 운동에 타울러를 연관시키려는 가설과 신비화하려는 '마이스트의 책'은 신비적 운동과 관계를 명백히 한다. 타울러의 설교의 표현은 근본적으로 마이스트 에크하르트보다 사변적이지도 지성적이지도 못하다.[33]

그는 윤리적인 요청 안에서 대화로 접근하는 설교 형식을 통해 어떤 것을 양보하지 않고서도 항상 대중과 그의 반론들과 취소들에 가깝다. 반면에 신비적인 연합의 비평과 서술 안에서 타울러의 설교가 길을 잃어버린 바로 그곳에서, 그는 질서를 유지한 최초의 사람이다. 타울러의 언어는 생동적이기에 대체로 접근하기 쉽다.

에크하르트와 마찬가지로 타울러에게도 구원사의 인식의 소개가

---

[33] cf, Ruh, *Dizionario critico* (Bibl. Nr. 1), S. 1150 f.

중요하고 영적인 체험의 가능성의 문제가 중요하더라도, 타울러의 설교의 내용과 형태는 여전히 알레고리적인 저술 해석의 기법을 포함한다. 이것은 타울러의 고도의 직관성 안에서 발생하고, 또한 "신비적인 사유 능력을 … 굳어진 상들과 상의 대열에서의 이해는 우리가 그에게 접근할 수 있게 할 것이다."

타울러는 몇 개의 우의적인 해석들을 폭 넓게 수행하고(Hirschjagd, V Nr. 11; Brautlauf, V Nr. 74), 다른 우의적인 해석들에서 구성(*dispositio*)을 발전시키고 있다(Pfennigallegorie, V Nr. 37). 여기에 14세기 후반과 15세기의 신비적인 설교 방식에 대한 근본적인 부가물들이 들어 있고, 이런 설교 방식은 어떤 다른 설교가보다 타울러에게 의무적인 일이었다(Engelberger Prediger, Marquard von Lindau).

궁극적으로 독일어로 된 바젤과 쾰른 인쇄본의 신비적인 설교들이 전집으로 묶이기 위해서는 다수의 사람들이 소유하고 있는 많은 것들이 타울러의 설교 작품에 포함돼야 할 것이고, 또 그것이 목적에 부합하는 일일 것이다. 하지만 애석하게도 "그의 독일어는 오늘날 우리의 독일어와 동일하지 않다"(Kurt Ruh).

\* \* \*

1961년 프라부르크(Freiburg I. Br.)에 있는 출판사 헤르더(Herder)에서 타울러 설교의 새로운 출판이 '게오르크 호프만'(Georg Hoffmann)의 완역으로 이뤄졌다. 호프만은 이용 가능한(즉 인쇄된) 전래된 텍스트를 근거로 하여 새로운 번역을 최초로 시도했다. 그것은 중세 표준 독일어 원텍스트보다—어쩔 수 없이—불분명하긴 하나 그의 번역은 이해할 수 있도록 돼 있어 원래의 텍스트를 신뢰할 수 있다.

중세 표준 독일어에서 근대 표준 독일어로 번역할 때 생기는 문제와 같이 이것 역시 약점을 지닌다. 이 부족한 점은 앞서서 제공된 원텍스트를 완전히 엄격하게 정리하려는 데 근거한다. 그것을 이해하기 위해 우리는 원래의 텍스트에 많은 비용을 치러야 했다. 근대 표준 독일어에 가깝지만 여전히 그것과 거리가 있는 중세 표준 독일어를 번역해야 했던 자는 이 같은 번역의 문제가 근본적으로 해결될 수 없다는 것을 잘 알고 있다.

중세 표준 독일어 번역의 가장 훌륭한 경우는 응급처치를 하는 것일 뿐, 그 이상은 결코 아닐 것이다! 이것은 그럴싸한 일이다. 중세 표준 독일어의 어휘들은 이성화 과정을 통해서 의미론적으로 제한된 근대 표준 독일어 어휘들보다 근본적으로 더 폭넓은 의미론을 가진다.

이를 테면, 중세 표준 독일어와 근대 표준 독일어가 동일하게 언어 규칙을 사용하고 있지 않으므로, 이러한 사실 때문에 근본적으로 중세에 사용되었던 단어가 근대 표준 독일어로 일치하는 것으로 재진술돼서는 안 된다.[34]

---

[34] 호프만이 grunt와 gemut을 예로 "근저"와 "심령"으로 재진술한다면 아마도 어떤 것을 매우 풍부하도록 부합한 한 가지 요구(위의 각주 10번을 보라)이다. 원칙적으로 그는—상황적인 번역의 의미에서—옳다. 그가 그것 안에서 매우 폭

어떤 시도도 당연한 이유로 일반화할 수 없다. 비슷한 것은 구문론과는 어울리는 일이다. 그러므로 중세 표준 독일어에서 근대 표준 독일어로 텍스트의 모든 번역은 모든 경우 타협이다. 호프만이 반론을 제기한다고 해도 호프만의 경우는 우리의 의견들에 따라 대체로 가능하고 훌륭한 타협이다.

---

넓게 진행하는 한 그렇다. 그러나 그는 또한 확실히 올바르게 비판을 받는다. cf, Champollion, *Sixcentieme anniversaire* (Bibl. Nr. 6), S. 45, 그리고 *Sudbrack* (Bibl. Nr. 6), S. 181, 각주 6을 참조.

영혼아! 성령의 외침을 들으라!

## 4. 요한네스 타울러에 대한 선별 참고 문헌

### 1) Lexika-Artikel. Bibliographie. Forschungsgeschichte

G. Fischer, *Geschichte der Entdeckung der deutschen Mystiker Eckhart, Tauler und Seuse im XIX. Jh.*, Diss. Freiburg/Schweiz 1931.

P. Pourrat, *Dictionnaire de Théologie Catholique XV, I* (1946), Sp. 66-79.

E. Krebs, *Die deutsche Literatur des Mittelalters. Verfasserlexikon IV* (1953), Sp. 375-386.

G. Hofmann, *Literaturgeschichtliche Grundlagen zur Tauler-Forschung*, in: *Gedenkschrift zum 600. Todestag*, 1961, S. 436-479.

K. Ruh, *Dizionario Critico della Letteratura Tedesca*, hrsg. von S. Lupi, 2. Bd., Turin 1976, S. 1147-1150.

K. Ruh, *Geistliche Prosa, in Europäisches Spätmittelalter*, hrsg. von W. Erzgräber, Wiesbaden 1978, S. 595.

### 2) Sammelbände

E. Filthaut O.P.(Hrsg.), *Johannes Tauler. Ein deutscher Mystiker. Gedenkschrift zum 600. Todestag*, Essen 1961 (im folgenden zitiert als: Gedenkschrift).

*La mystique rhénane*, Colloque de Strasbourg 16-19 mai 1961, Paris 1963 (im folgenden zitiert als: La mystique rhénane).

K. Ruh (Hrsg), *Altdeutsche und altniederländische Mystik*, Darmstadt 1964 (im folgenden zitiert als: Adt. u. altniederl. Mystik).

## 3) Ausgaben

F. Vetter, *Die Predigten Taulers*, Berlin 1910 (Deutsche Texte des Mittelalters XI) (zitiert als V mit Seiten- und Zeilenzahl)

L. Naumann, *Ausgewählte Predigten Johann Taulers*, Berlin 1914, ²1933 (Lietzmanns Kleine Texte für Vorlesungen und Übungen 127).

A. L. Corin, *Sermons de J. Tauler et autres écrits mystiques. I. Le Codex Vindobonensis 2744. II. Le Codex Vindobonensis 2739*, Paris 1924/1929 (Bibliothèque de la Faculté de Philosophie et Lettres de l'université de Liège XXXIII/XLII).

J. Quint, *Textbuch zur Mystik des deutschen Mittelalters*, Halle 1952, Tübingen ³1978, S. 68-133.

## Übersetzungen

W. Lehmann, *J. T. Predigten, 2 Bände*, Jena 1923.

W. Elliot, *The Sermons and Conferences of J. Tauler, First Complete English Translation*, Washington 1910.

E. Hugueny/G. Théry/A. L. Corin, *Sermons de Tauler, 3 vol.*, Paris 1927/35 (Editions de la, Vie Spirituelle').

E.-Pierre Noël, O. P., *(Euvres Complètes de Jean Tauler, Traduction littérale de la version latine du Chartreux Surius (Köln 1552), 8 vol.*, Paris 1911-13.

B. de Blasio, *Beato Giovanni Tauler op., Opere*, Alba 1977.

## 4) Überlieferung und Textkritik

A. Spamer, *Über die Zersetzung und Vererbung in den deutschen Mystikertexten*,

Diss. Gießen 1910, bes. S. 84-119.

L. Naumann, *Untersuchungen zu Johann Taulers deutschen Predigten*, Diss. Rostock, Halle 1911.

D. Helander, *Johann Tauler als Prediger. Studien*, Diss. Lund 1923, S. 79-133; 346-361.

St. Axters, in: *Bijdragen tot een bibliographie nederlandsch dominikaansche vroomheit II., Ons Geestelijk Erf* 6 (1932), 137-152.

G. I. Lieftinck, *De middelnederlandsche Tauler-handschriften*, Groningen 1936 (Academisch proefschrift Amsterdam).

## 5) Leben und Wirkung

St. Axters O. P., *Joannes Tauler in de Nederlanden*, Gedenkschrift, S. 348-370.

H. S. Denifle, *Taulers Bekehrung kritisch untersucht*, Straßburg 1879 (Qu. u. F. 36).

G. Gieraths O. P., *Johannes Tauler und die Frömmigkeitshaltung des Is. Jhdts.*, Gedenkschrift, S. 422-434.

U. Horst O. P., *Beiträge zum Einfluß Taulers auf das Deutschordensland Preußen*, Gedenkschrift, S. 408-421.

B. Moeller, *Tauler und Luther*, in: *La mystique rhénane*, S. 157-168.

Ch. Scheeben, *Zur Biographie Johann Taulers, Gedenkschrift*, S. 19-36.

Ders., *Der Konvent der Predigerbrüder in Straßburg - Die religiöse Heimat Taulers, Gedenkschrift*, S. 37-74.

G. Théry, *Esquisse d'une vie de Tauler, La Vie Spirituelle 15, Suppl.* Mars 1927, S. 111-167.

A. M. Walz O. P., *Tauler im italienischen Sprachraum, Gedenkschrift*, S. 371-395.

Ders., *Tauler presso i Cappuccini dal secolo XVI al secolo XVIII, Miscellanea Melchior de Pobladura II*, Roma 1964, S. 171-188.

A. Winkelhofer, *Tauler und die spanische Mystik, Gedenkschrift*, S. 396 bis 407.

## 6) Lehre und Terminologie

J. A. Bizct, *Tauler, autcur mystique?*, in: *La mystique rhénane 1963*, S. 169-178.

Ders., *Jean Tauler de Strasbourg*, Paris 1968.

D. Blamires, *Eckhart und Tauler, A Comparison of their Sermons on „Homo quidam fecit cenam magnam*, MLR 66 (1971), 608-27.

C. Champollion, *La place des termes ‚gemüete' et ‚grunt' dans le vocabulaire de Tauler, La mystique rhénane*, S. 179-192.

Dies., *Sixcentième anniversaire de la mort de Tauler*, in: *Etudes germaniques 20* (1965), 44-51.

S. Dussart-Debèfve: *Die Sprache der Predigten Joh. Taulers nach der Wiener Handschrift Nr. 2744*, Marburg 1969 (Diss. Lüttich).

H. S. Denifle O. P., *Die deutschen Mystiker des 14. Jhdts., Beitrag zur Deutung ihrer Lehre, Aus dem literarischen Nachlaß* hrsg. von O. Spieß O. P., Freiburg/ Schweiz 1951 (Studia Friburgensia N. F. 4).

M. de Gandillac, *Valeur du temps dans la pédagogie spirituelle de Jean Tauler*, Montréal-Paris 1956.

L. Gnädinger, *Das Altväterzitat im Predigtwerk Joh. Taulers*, in: *FS H. Stirnimann*, Freiburg/Schweiz 1980.

Dies., *Der Abgrund ruft dem Abgrund, Taulers Predigt Beati oculi (V 45)*, in: *Das „einig Ein", Studien zu Theorie und Sprache der deutschen Mystik*, Freiburg/ Schweiz 1980 (Dokimion 5).

K. Grunewald, *Studien zu J. Taulers Frömmigkeit*, Leipzig/Berlin 1930, Neudruck: Hildesheim 1972.

A. M. Haas, *Nim din selbes war, Studien zur Lehre von der Selbsterkenntnis bei Meister Eckhart, Joh. Tauler und Heinrich Seuse*, Freiburg/Schweiz 1971 (Dokimion 3).

Ders., *Sermo mysticus, Studien zu Theologie und Sprache der deutschen Mystik*, Freiburg/Schweiz 1979 (Dokimion 4).

Ders., *Transzendenzerfahrung in der Auffassung der Deutschen Mystik*, in: G. Oberhammer (Hrsg.), *Transzendenzerfahrung, Vollzugshorizont des Heils, Das Problem in indischer und christlicher Tradition*, Wien 1978, S. 175-205.

M. Hausen, *Der Aufbau der mittelalterlichen Predigt unter besonderer Berücksichtigung der Mystiker Eckhart und Tauler*, Diss. Hamburg 1972.

C. Kirmßc, *Die Terminologie des Mystikers Johannes Tauler*, Diss. Leipzig 1930.

P. Michel, *Agamemnon' unter den Gottesfreunden, Editionsprobleme der germanistischen Mediävistik anhand einiger Beispiele bei Joh. Tauler*, in: Fimfchustim, *Festschrift für St. Sonderegger zum so. Geburtstag am 28. Juni 1977*, Bayreuth 1978, S. 137-184.

D. Mieth, *Die Einheit von vita activa und vita contemplativa in den dcutschen Predigten und Traktaten Meister Eckharts und bei Johannes Tauler*, Regensburg 1969.

B. Moeller, *Die Anfechtung bei J. Taulcr*, Diss. (masch.), Mainz 1956.

St. E. Ozment, *Homo Spiritualis, A Comparative Study of the Anthropology of Johannes Tauler, Jean Gerson and Martin Luther (1509-16) in the Context of their Theological Thought*, Leiden 1969.

Ch. Pleuser, *Die Benennung und der Begriff des Leides bei J. Tauler*, Berlin 1967 (Philol, Studien u. Quellen 38).

L. Reypens S. J., *De ‚Gulden Penning' bij Tauler en Ruusbroec, Ons Geestelijk Erf 24* (1950), S. 7o-78; ins Deutsche übertragen: *Altdeutsche und altniederländische Mystik*, S. 353-362.

K. Schmidt, *Joh. Tauler von Straßburg*, Hamburg 1841. Neudruck: Aalen 1972.

R. Schmitt-Fiack: *Wise und wisheit bei Eckhart, Tauler, Seuse und Ruusbroec*, Meisenheim am Glan 1972.

Ch. Schrupp, *Das Werden des „gotformigen" Menschen bei Tauler, Studien zum sprachlichen Ausdruck für den seelischen Bewegungsvorgang in der Mystik*, Diss. Mainz 1961.

G. Siedel, *Die Mystik Taulers nebst einer Erörterung über den Begriff der Mystik*, Leipzig 1911.

J. Sudbrack, *Gotteserfahrung und Selbsterfahrung, Kommentar und Übertragung einer Tauler-Predigt, Geist und Leben 49* (1976), 178 bis 191.

A. Vogt-Terhorst, *Der bildliche Ausdruck in den Predigten J. Taulers*, Breslau 1920 (Germanist. Abh. 51).

I. Weilner, *Johannes Taulers Bekehrungsweg, Die Erfahrungsgrundlagen seiner Mystik*, Regensburg 1961.

G. Wrede, *Unio mystica, Probleme der Erfahrung bei Joh. Tauler*, Uppsala 1974 (Acta Universitatis Ups. 14)

P. Wyser, *Der „Seelengrund" in Taulers Predigten, in: Lebendiges Mittelalter, Festgabe für W. Stammler*, Freiburg/Schweiz 1958, S. 204 bis 311) (S. 216-242 auch in: Adt. u. altniederl. Mystik, S. 324-352).

F.-W. Wentzlaff-Eggebert, *Studien zur Lebenslehre Taulers*, Berlin 1940.

A. M. Züllig, *Konjunktionen und konjunktionelle Adverbien in den Predigten J. Taulers*, Diss. Zürich 1951.

## 7) Pseudotaulerische Schriften

H. S. Denifle (Hrsg.), *Das Buch von geistlicher Armuth, bisher bekannt als Johann Taulers Nachfolgung des armen Leben Christi*, München 1877 (engl. Übersetzung von C. F. Kelley, London 1955).

A. Ampe S. J., *Den Wijngaert der sielen' van Jacob Roecx als diets origineel van Tauler's „Exercitia' en zijn verhouding tot Frans Vervoort, Ons Geestelijk Erf 34* (1960), S-52, 271-306.

Ders., *Een kritisch onderzoek van de „Institutiones Taulerianae", Ons Geestelijk Erf 40* (1966), 167-240.

Ders., *Kritische beschouwingen bij „Die Naervolghinghe des armen leven Christi*, Handelingen XX (1966) van de Koninklijke Zuidnederlandse Maatschappij voor Taal- en Letterkunde en Geschiedenis, S. 15-37.

# 제3판 서문

발트 호프만(Walter Hofmann)

명확하지 않은 앞선 시대에서와 마찬가지로 이것—1933/34년—은 게오르게 호프만 박사(Dr. Georg Hofmann, 1893-1976)가 성 도미니쿠스(Dominikus)의 설교단 형제들의 사상과 삶을 더듬어 보려고 한 흔적이다. 이것은 바르부르크 수도원(Warburg, 베스트팔렌)에 대한 생생한 연대가 튼튼한 기반을 이룬다.

이 정신적 발전 단계 동안 호프만의 펜에서 『성 도미니쿠스의 내적 생활의 증거들』[1]이라는 소책자가 출판됐다.

그는 제3의 공동체 입문으로 종단들과의 연대와 아퀴나스의 저술들을 기본적으로 알고 있다고 표현하기 위해 "형제 토마스"라는 명칭을 언급하여 보존시켰는데, 이런 의도는 무엇보다 초기 형성기에 이뤄졌다.

---

[1] Albertus Magnus Verlag(Vechta, 1935)에서 번역돼 출판됐다. in: 도미니쿠스의 영성 생활. 도미니쿠스 수도회 종단의 종교적인 이념 세계의 개론, Bd. 10.

40년 동안 호프만은 중세 신비주의 연구들에 전념했다. 그의 연구는 마이스트 에크하르트, 요한네스 타울러, 하인리히 소이제[2] 기타 등등이다. 특히 그의 관심은 후자의 두 사람에게 맞춰져 있었다. 중세 표준 독일어로 쓰여 있는 설교자 요한네스 타울러의 영적인 진술을 우리 시대의 언어로 번역하는 일은 많은 시간을 요구했다.

그 이후 1961년 헤르더출판사(Herder Verlag)에서 요한네스 타울러의 설교들의 완판 출간이 이뤄졌다.

이러한 새로운 출판본은 나에게 매우 감사한 일이다. 사제와 종교 지도자로서 나는 기술화된 세상의 모든 종교적 불확실성과 다양한 각성들 가운데서도 오늘날의 젊은 사람들이 자신들의 안녕을 위해 하나님을 찾고 갈망할 때, 그들은 기꺼이 그들의 피난처를 과거의 신비주의로 삼는다는 것을 항상 확인할 수 있어서이다.

특히 요한네스 타울러의 새로운 판본은 다소 위험성을 안고 있다. 그러므로 나는 내가 이 책을 출판할 수 있도록 용기를 북돋워 준 나의 형제들에게 감사를 표한다.

---

[2] Heinrich Seuse, *Deutsche Mystik—Zweitauglage mit einer Hinführung* von P. Emmanue Jungelaussen OSB—Patmos-Verlag, Düsseldorf, 1986.

영혼아! 성령의 외침을 들으라!

    또한 나는 나의 아버지의 가치가 인정돼 여러 해에 걸쳐 그의 이름으로 완숙된 작품이 나온 것을 깊이 감사드린다. 그의 축복이 새로운 출판과 영원히 함께하고 기쁨이 넘치는 심령들 안에서 이뤄지기를 비는 바이다.

1361년 요한네스 타울러의 사망일을 기념해서

1987년 6월 16일<br>Künzell-Bachrain

## 머리말

　황제와 교회, 로마와 아비뇽(Avignon) 사이의 갈등이 심히 고조된 시기에 국가와 교회에 관한 책을 출간하는 것은 결코 쉬운 일이 아니었다. 그런데 타울러는 이 시기에 경고와 간절한 목소리를 높인 인물이었다. 특히 도미니쿠스의 종단이 우수한 설교자들에게 많은 여성 수도원의 영혼을 돌보는 일을 맡긴 이후, 설교를 담당한 뛰어난 수사들은 사방에 퍼져 있는 여성 수도원으로 옮겨 다녔다.

　그러면서 그들의 설교와 권고는 피상적인 자들(Oberflächlichen)을 깨우치며 깊은 내적 성찰을 하는 자들(Innerlichen)을 지원하고 결단성이 부족한 자들에게 결단을 촉구했다. 이것은 하나님의 탄생이 인간 안에서 일어나는 장소, 예컨대 영혼의 근저 안에서 모든 사람의 눈을 뜨게 해주며, 창조되지 않은 영 안으로 창조된 영의 침몰(Einsinken)을 가르쳐 준다.

　이를테면 창조된 영의 비창조적인 영 안으로 녹아짐은 간단하지만 매우 의미 있는 용어로 고대 신비주의를 "신성화"(Vergottung)로 진술하고, 이는 모든 사람에게 시선을 위로 향하도록 한다.

　'소이제'처럼 알레만인의 자손이지만 성격은 전혀 다른 스트라스부르크의 유복한 시민계급인 타울러는 그의 "존경하는 스승"인 에크하르트의 운명에서 깊은 인상을 받아 그를 닮으려고 했다. 하지만 그 시대의 언어의 창조자였던 에크하르트의 매우 예리하고 궤변적인 표현은 얼마 되지 않아 그를 그의 "의지와는 다르게 이단"으로 내몰리게 했다. 그런데 독일 신비주의의 "입"이라 불리는 타울러가 존경하는 스승으로부터 많은 것을 받아들였을 것으로 생각된다.

하지만, 타울러는 자신의 고유한 사상의 결함이 있거나 결점과 심문 앞에서 두려움을 느껴서가 아니라, 단순히 교회와 종단에 순종하면서 에크하르트의 급진성을 "완화하여" 그의 탈선을 토마스 아퀴나스(Thomas von Aquinas)의 기본 가르침으로 환원한다.

그런데도 그의 설교는 에크하르트의 수준에 미치지 못했다. 다른 무엇이 그를 움직였을 것이다.

타울러의 여성 청자들에게 수준 높은 사상이 필요한 것이 아니라―아무리 몇몇 사람들이 "무, 고유한 사막, 하나님의 근저"에 관한 표현을 경청하려고 했다 하더라도―일상의 삶에 놓여 있는 존엄함과 일상의 활발한 활동에서 지속될 수 있는 도움들과 지침들을 필요로 했을 것이다.

그들은 숙고한 끝에 사변적인 차이를 생각해 내고, 나아가 그것을 뽐내려는 인간 이성에 대한 그의 관심을 철저히 경계했다. 이와는 다르게 행동의 부덕함, 수다스러움, 부족한 예배, 옷과 장신구의 치장, 게으름에서 벗어나려는 일상의 투쟁 역시 수도원 안에서 중요한 일이었다.

타울러의 청자들 중에서 대중의 눈과 주목을 끄는 사람들, 예컨대 "영적인 사람들"보다 오히려 농부나 수공업자, 또는 결혼한 여성이 더 하나님의 뜻에 감사하며 겸손히 실천으로 옮기고, 그들의 영혼 근저 안에서 하나님의 탄생에 더 가까이 다가가는 성도들이다.

하지만, 영적인 사람들은 외적인 것에만 관심을 보이며, 그들의 근저 안에는 어떠한 생수도 솟아나지 않았다.

거의 우리의 시대의 종교심리학처럼 그들은 기도와 숙고, 항의와 참회, 내외적인 기도에 관해 잘 알지 못하고 흩어져 있는 여성 청자들을 신중하게 신비적인 경험으로 인도하려고 힘쓰지만, 그곳에서 사람들에게 전해진 언어는 서술적인 의미를 넘어선다.

아마도 타울러는 이러한 한계에 대해서 괴로워했을 것이다. 그의 말은 유창하고 감동적이며 명확하고 이해하기 쉬우며 관상적인 것에 대한 절박함으로 가득 차 있기 때문이다.

라인강 강변에 시골 사람, 포도를 따는 농부, 사냥꾼, 바다 사람, 은 채굴자의 삶에서 나온 그림들은 타울러가 무엇을 둘러봤고 얼마나 잘 살폈는지를 보여 주는 일면이다.

설교하는 타울러는 끈기 있게 영혼을 돌보려는 의지기 있는 수사로서 우리 앞에 서 있고, 자기 자신과 자기의 내면을 알고 있으므로 약함과 연약함은 그의 기세를 막지는 못했다. 사색적인 일과 감정에 반응할 능력과 의지의 강인함은 그를 주목할 만한 본질의 균형으로 인도했다. 이것이 타울러를 마이스터 에크하르트와 같은 공격수, 소이제처럼 더 유약한 심령의 남성과 차별화를 드러내 준다.

# 1

## 성탄절 설교(1):
## 한 아기가 우리에게 났고[1]

(*Puer natus est nobis et filius datus est nobis*, 사 9:5)

> 이는 한 아기가 우리에게 났고 한 아들을 우리에게 주신 바 되었는데 그의 어깨에는 정사를 메었고 그의 이름은 기묘자라, 모사라, 전능하신 하나님이라, 영존하시는 아버지라, 평강의 왕이라 할 것임이라(사 9:6).

오늘 거룩한 기독교는 세 가지 탄생을 기념하게 될 것입니다. 세 가지 탄생은 매우 기쁘고 즐거운 일입니다. 그 때문에 모든 그리스도인은 누구를 막론하고 환희와 사랑으로, 감사와 내적 즐거움(Wonne)으로 기뻐 뛰어야 할 것입니다. 하지만, 심히 염려스러운 일은 이와 같은 충동을 스스로 느끼지 못한 사람이 있습니다.

---

[1] 세 가지 탄생에 관한 타울러의 성탄절 설교는 고귀한 축제를 위해서 이뤄진 세 번의 거룩한 미사에서 행해졌고, 어떻게 우리가 영혼의 세 가지 능력들을 통합해야 하고 영혼의 모든 고유한 바람과 갈망과 활동을 포기해야 하는지를 가르쳐 준다.

① 가장 고귀한 탄생은 독생자가 태어난 일입니다.
이것은 하늘 아버지의 신적인 본질 안에서 일어나는 일이지만, 위격의 구분 속에서 이뤄진 일입니다.
② 우리가 오늘 기념하는 예수의 탄생은 진정한 순결 안에 있는 동정녀의 정결함에게 주어진 어머니의 처녀성(Fruchtbarkeit)에서 발생합니다.
③ 예수의 탄생은 하나님이 매순간 마다 영적이고 진실로 선한 영혼 안에서 은총과 사랑으로 발생하는 일입니다.

우리는 바로 지금 세 가지 탄생을 세 번의 미사와 함께 기념하려고 합니다.
첫 번째 미사를 거행할 것입니다.
우리는 자정 시간에 다음과 같은 구송말씀으로 시작합니다.

주님이 저에게 말하노니,
'너는 내 아들이라, 오늘날 내가 너를 낳았도다!'

하지만, 이 미사는 드러나지 않고 알려지지 않은 신성의 어둠에서 일어났던 숨겨져 있는 탄생을 목적으로 하고 있습니다.
두 번째 미사는 다음과 같은 구송말씀을 시작으로 거행될 것입니다.

오늘 한 빛이 우리 위에 비추었으니!

하지만, 이 미사는 신성화된 인성의 빛난 영광을 뜻합니다. 이 미사는 밤의 어둠에서 시작하여 새벽 미명(Helle)에 끝납니다. 그래서 이 탄생의 일부는 알려지고, 일부는 알려지지 않습니다.

세 번째 미사는 다음의 구송말씀을 시작으로 정오에 드립니다.

한 아이가 우리에게 나셨고, 한 아들은 우리에게 보내졌느니라!

영혼이 인식하는 일이나 사랑하는 일을 탄생에 집중시키면, 이 예배는 매일 매 순간 모든 선한 거룩한 영혼 안에서 일어나며 육신적인 탄생을 상징화한 것입니다. 결국, 영혼은 이런 탄생을 스스로 느끼고 깨달으며, 탄생은 모든 영혼의 능력의 자기 성찰(Einkehr)과 돌아섬(Umkehr)과 함께 일어납니다.

하나님은 이 아기 탄생 안에서 영혼을 매우 강하게 점령하시는데, 영혼이 획득했던 모든 소유에서 발생한 것보다 오히려 더 내적으로 영혼에 자기 자신을 제공하십니다.

성서는 말씀합니다.

한 아이가 우리에게 낳으셨으니 한 아들이 우리에게 보내졌느니라!

이 말이 의미하는 것은 그가 우리의 것, 특히 우리의 소유라는 것입니다. 하나님은 이전보다 한층 더 자기의 것으로 생각하는 모든 것을 우리 안에 시간마다 끊임없이 낳으십니다. 이제 세 가지 미사 중 마지막 미사가 지향하는 이런 육신의 탄생에 관해서 다뤄 보도록 합시다.

우리는 이런 고귀한 탄생이 품위 있고 유익하게 발생하도록 어떻게 우리 안에서 이뤄지는지를 아들의 탄생에서 최초로 배워야 합니다. 이처럼 아버지는 그의 아들을 영원 안에 낳으십니다. 그의 충만한 선과 모든 인간 존재를 훨씬 넘어선 신적인 선이 흘러넘침의 결과로, 아버지는 자기 자신을 가두지 않고 쏟아부으시면서 자신을 전달하십니다.

'보에티우스'(Boethius)와 '아우구스티누스'(Augustinus)가 말한 것처럼, 하나님의 본성과 방식은 자기 자신을 쏟아부으시고 전달하시기 때문입니다. 다시 말해서 아버지는 자기 자신을 신적인 위격들의 출구로 삼아 쏟아부으시고, 더 나아가 인류(Geschöpfe)에게도 쏟아부으셨습니다.

그러므로 아우구스티누스가 말하기를, 하나님은 선하시기 때문에 우리는 하나님 때문에 존재합니다. 인류가 선에서 소유한 모든 것은 하나님의 본질적인 선에서만 옵니다.

우리가 독생자의 탄생에서 생각하며 인지해야 하는 것은 도대체 무엇일까요?

자신의 고유한 본질 안에 계시는 아버지는 신적인 인식력(Erkenntniskraft)을 가지고 자기 자신 안으로 회귀하시며, 명백한 인식(Einsicht)

을 가지고 아버지의 영원한 존재의 본질적인 심연으로 침투해 들어가십니다.

또한, 그는 자기 자신만의 순수한 이해의 결과로 오로지 자기 자신만을 말씀하셨는데, 그 말씀은 그의 아들이십니다. 그러므로 아버지의 인식은 영원 안에서 아들의 탄생입니다. 그는 본질적인 일치에서 자기 자신 안에 머무르며 위격의 구분 안에서 자기 자신을 발현하십니다.

따라서 아버지는 내적으로 자기 자신만을 인식하시되, 자기 자신을 인식하는 동시에 이해했던 (그의 아들로) 형상(Bild)을 낳으시며 자기 자신을 발현하십니다. 또한, 그는 그 자신의 온전한 충만함을 가지고 자기 자신 안으로 다시 회귀하십니다. 이런 충만은 형용할 수 없는 사랑으로 넘쳐흐르는데, 이것은 곧 성령을 말합니다.

하나님은 자기 자신 안에 머무르나 넘쳐흘러 다시 자기 자신 안으로 회귀하십니다. 이를테면 모든 시작은 회귀를 위한 것입니다. 그러므로 천국을 향한 과정은 가장 고귀하고 가장 완전합니다.

하나님은 근본적으로 다시 그가 출발했던 그의 근원이자 시작으로 회귀하시는 분이기 때문입니다. 따라서 인간이 본성 안에 있는 그의 근원으로 다시 회귀하면 인간의 삶의 과정 역시 가장 고귀하고 완전한 일입니다.

하늘 아버지가 머무름(Einkehr)과 근원에서 행하시는 고유한 특성(Eigenart)을 인간 역시 소유해야 합니다. 인간은 영혼 안에서 이런 신성한 탄생의 영적인 어머니가 되기 원하기 때문입니다. 인간은 오로지 자기 자신을 향해야 하고, 또한 자기 자신을 시작의 근거로 삼아야 합니다.

그것은 어떻게 가능할까요?

영혼은 세 가지 고귀한 능력들을 갖추고 있습니다. 영혼은 성 삼위일체의 참된 모상(Abbild)입니다. 이것은 기억과 인식력과 자유 의지입니다. 영혼은 이것들의 도움으로 하나님을 이해할 수 있으나, 그것 중에서 일부만 영혼의 것이 될 수 있습니다.

그 결과 영혼은 하나님으로 존재하는 모든 것과 하나님이 소유하고 제공하실 수 있는 모든 것을 수용할 수 있게 됩니다. 그것으로 인해 영혼은 영원 안을 살필 수 있습니다. 영혼은 시간과 영원 사이에서 창조되었기 때문입니다. 가장 고귀한 영역과 함께 하는 영혼은 영원에 속하고, 가장 낮은 영역, 예컨대 감각적이고 동물적인 능력들과 함께 하는 영혼은 시간에 속합니다.

실제로 가장 고귀하고 가장 낮은 능력을 갖춘 영혼은 친밀감을 위해 시간과 시간적인 것들로 향하는데, 가장 고귀한 능력은 가장 낮은 능력들과 친밀감을 가집니다. 따라서 진행은 매우 가볍게 이뤄져 그것은 영혼에 감각적인 것들에 빠져들도록 합니다. 영혼은 감각적인 것들 안에서 흘러 들어가 사라지는 경향이 있습니다. 그러므로 영혼은 영원성을 상실합니다.

그런데 회귀가 일어나야만 모든 탄생이 실현될 수 있습니다. 가장 고귀한 능력으로서 분명한(entschieden) 머무름과 맞아줌(Einholen)은 흩어져 있는 가장 낮은 능력들을 내적으로 연합하여 질서를 유지하기 때문에, 개별적인 모든 것들은 훨씬 강하게 연합됩니다.

그것은 목표에 정확하게 도달하기를 바라는 척후병처럼, 하나의 눈으로 더욱 정확하게 보기 위해서 다른 쪽의 눈은 감아야 하는 상황과 같습니다. 어떤 사물을 정확하게 인식하기를 원하는 자는 모든 자신의 감각을 그것에 전적으로 집중하고, 유출했던 영혼 안에 있는 모든 것을 정리해야 합니다.

한 나무의 모든 가지가 한 줄기에서 발아하듯이, 영혼의 모든 능력, 감각의 능력들, 감정의 능력들, 결단의 능력들[2]은 가장 고귀한 능력들, 즉 영혼의 근저(Seelengrund) 안에서 정리되고 머물러야 합니다.

이때 자기 자신 밖으로 그리고 자기 자신을 넘어서 발현하는 것, 이를테면 상승이 발생합니다. 그렇다면 우리는 모든 고유한 바람, 갈망과 활동을 포기하고 순수한 하나님의 뜻(Gottmeinen)만을 가진 채, 어떤 고유한 존재가 되거나 성취에 속하지 않아야 합니다.

우리에게는 오로지 하나님께 속하는 일(Ihm-Gehören)과 가장 고귀한 것과 가장 낮은 것에 공간을 제공하는 일밖에 없습니다. 하나님의 사역이 당신 안에서 번성하고 그분의 탄생이 이뤄지는 데 방해를 받지 않도록 말입니다. 두 개가 하나가 되기 위해서는 괴롭더라도 하나는 다른 하나가 활동을 할 수 있도록 절제를 해야 하기 때문입니다.

---

[2] 이 장소에서 "gevuelichen und beweglichen"을 가지고 있는 Hs. Ge 1을 따른 것이다. s. Corin, Sermons I, 168, 각주 1을 참조.

나의 눈이 벽에 걸려 있는 그림이나 그 밖의 다른 사물을 보려면, 이 일은 자기 자신 안에 있는 모든 형상으로부터 독립적이어야 합니다. 자기 자신 안에 있는 그림이 어떠한 색깔을 지닌다면 그는 더 이상 다른 색깔을 볼 수 없습니다. 그것은 귀가 어떤 소리를 들었을 때 다른 소리를 들을 수 없는 일과 마찬가지입니다. 그러므로 사물이 무엇을 받아들여야 한다는 것은 항상 모든 사물을 비우고 독립적이며 떠나 있어야 합니다.

아우구스티누스가 그에 관해서 말합니다.

"당신이 완성될 수 있으려면 쏟아부으라! 당신이 들어갈 수 있으려면 나오라!"

또한, 그는 다른 곳에서 말합니다.

> 고귀한 영혼이자 고결한 피조자여! 당신은 모든 진리와 스스로 숨기고 계시는데 당신 밖에서 무엇을 찾고, 신적인 본질에 참여했는데도 왜 모든 피조물과 관계하시나이까?

인간이 거주지인 근저(Grund)를 준비한다면, 천국의 가득 참과 비움이 이뤄지기 전에 하나님은 근저를 완전히 채우십니다. 이것은 그분의 본질과 정의로움과 상당히 대치되지만, 하나님은 사물로부터 멀어지지 않으실 것입니다.

그러므로 당신은 침묵하십시오!

그러면 이 탄생의 말씀은 당신 안에서 울려 퍼질 수도 들릴 수도 있습니다. 어쨌든 당신이 말하기를 원하면 하나님은 침묵하십니다. 우리의 침묵과 경청만이 말씀에 집중할 수 있도록 합니다.

당신이 하나님께 당신의 영혼을 오로지 허락하면, 이것은 틀림없이 당신을 완전히 가득 채울 것입니다. 당신이 하나님께 공간을 내준 그만큼 그의 본질에 속하는 것은 당신에게로 쏟아져 들어갈 것입니다. 그것은 그 이상도 그 이하도 아닙니다.

창세기에 있는 한 비유가 우리에게 출발점(Ausgang)을 제시해 줍니다. 하나님이 아브라함에게 본토와 아비의 집을 떠나라고 명령하셨습니다. 하나님은 그에게 모든 선한 것을 보여 주기를 바라셨기 때문입니다. "모든 선한 것"은 거룩한 탄생입니다. 거룩한 탄생은 자기 자신 안에 모든 선한 것만을 포함합니다. 그가 떠나야만 하는 본토와 땅은 모든 세속적인 만족들과 구속 안에 있는 육신입니다.

우리는 대체로 유사관계(Verwandtschaft)를 가지고 감각적인 능력의 경향과 사람을 끌어당겨 어렵게 전달되는 데서 그것들의 형태를 이해합니다. 이것들 역시 육신과 고난, 기쁨과 슬픔, 갈망과 공포, 근심과 경솔함을 불러일으킵니다. 이런 경향들은 우리와 매우 유사한 것들입니다. 우리는 유사한 것들을 세심히 관찰해야 합니다. 진리 안에서 선한 것이 태어나야 하면 우리는 존재하고 있는 모든 유사한 것들에서 완전히 등을 돌려야 합니다.

한 속담이 있습니다.

집에서 태어난 아이는 바깥의 소와 같다.

인간적인 애착으로 고향을 떠나지 않았던 인간들은 인간 본성과 감각들이 인간들에게 일어나는 일, 예컨대 보는 것과 듣는 것과 움직이는 것을 넘어서지 못했습니다. 그런즉, 이 속담의 의미는 어느 정도 사실입니다. 그들은 감각적인 고향과 자연적인 것들의 모든 장소를 떠나지도 못하고 또는 그것들을 초월하여 나아가지도 못하면서 소와 송아지처럼 신적인 것들과 정면으로 대치합니다.

이들의 내적인 근저는 철로 만들어진 산에 비유될 수 있고, 철의 내부에 있는 광선은 사라지지 않았습니다. 이것은 감각적인 성질이 인간들과 형태들과 형상들을 압박해도 인간의 지식과 감정으로 끝날 것입니다. 인간들은 결코 자기 자신에게서 벗어나지 못했고, 그 결과 그들은 모든 탄생을 경험하지 못합니다. 이에 관해 그리스도가 말씀하십니다.

> 나를 위하여 아비와 어미와 소유를 버리는 자는 그것을 대신하여 백 배를 받을 것이고 영원한 생명을 얻게 될 것이니라.

우리는 지금까지 첫 번째와 마지막 탄생을 다른 사람들에게 어떻게 가르쳐야 하는지를 이야기했습니다. 오늘 밤 하나님의 아들이 어머니에 의해서 태어났고 우리의 형제가 됐다는 사실을 가르치는 두 번째 탄생을 이제 다뤄 보려고 합니다. 아우구스티누스가 말합니다.

> 마리아는 육체적인 방식으로보다 하나님이 영적인 방식으로 그녀의

영혼 안에 낳으셨다는 것을 매우 기뻐했습니다.

마리아의 영혼 안에서처럼 이 탄생이 그의 영혼 안에서도 고귀하고 영적으로 일어나기를 원하는 자는 육체적인 방식으로든 영적인 방식으로든 어미로서 마리아가 소유했던 속성을 숙고해야 합니다. 천사가 그녀를 찾아 왔을 때, 그녀는 순결한 처녀, 즉 동정녀였고, 정혼한 여인이었습니다. 또한, 그녀는 심히 근심했으나, 모든 외적인 것에서 떠나 있었습니다.

마리아는 순결하고 정결한 처녀였습니다. 그녀가 언젠가 순결함을 잃어버렸으면, 그녀는 순결함을 회복해야 합니다. 그러면 그녀는 다시 정결하고 순결하게 될 것입니다. 그녀는 동정녀여야 합니다. 이것이 의미하는 것은 외부로는 열매를 맺지 못하나 내적으로는 많은 열매를 소유할 수 있다는 뜻입니다. 동정녀는 외적인 것들에 대한 그녀의 사랑을 멈추고, 그것들과 교제를 하거나 열매를 맺어서도 안 됩니다.

마리아는 신적인 것들에 관해서만 관심을 가졌습니다. 하지만 한 동정녀는 내적으로 많은 열매를 맺을 수 있습니다.

"왕의 딸의 모든 장식품은 내적인 것입니다."

따라서 한 동정녀는 모든 외적인 것에 벗어나되, 관습, 감각, 행동, 이 모든 것들이 내적이어야 합니다. 그러면 그녀는 훨씬 많은 위대한 열매를 맺습니다. 심지어 하나님 자신, 하나님의 아들, 모든 것을 포함하여 자기 자신을 낳으신 하나님의 말씀까지도 열매를 맺을 것입니다.

마리아는 정혼한 동정녀였습니다. 그리고 모든 동정녀는 바울의 가르침에 따라 정혼해야 합니다. 당신의 나약함을 극복하기 위해서 당신은 유동적인 의지를 신적이고 부동의 의지로 깊이 침몰해 들어가기를 바랍니다.

또한, 마리아는 심히 근심했습니다. 따라서 실제로 하나님 아들의 탄생을 자기 자신 안에 경험하기를 원하는 하나님께 속한 모든 여인은 손상을 입히는 일시적인 오락(Zerstreuungen)이나 그들의 덕행에 대한 감각적 판단을 포기해야 하며, 또한 근심해야 합니다.

마리아는 자기의 내부에서 정지와 침묵을 유지하고 자기 자신 스스로를 감춰야 하며, 자기의 영 안에 있는 감각들을 숨기며 감춰야 합니다. 또한, 마리아는 감각적인 것에서 벗어나 침묵과 내적인 휴식의 장소를 자기 자신 안에 마련해야 합니다.

우리는 다음 주일에 예배가 시작할 때 이처럼 노래할 것입니다.

> 모든 것이 깊은 침묵 안에 있었고 밤이 돼 경주가 끝났으니, 한밤중 침묵 가운데 있고, 바로 그때 주님이시여!
> 당신의 전능한 말씀이 왕의 자리에서 내려와 영원한 말씀은 아버지의 마음에서 내려오시옵소서.

모든 것들이 깊은 침묵에 머무르고 완전한 고요함이 다스리는 이 한밤중, 바로 이 시간에 우리는 진실로 하나님의 말씀을 듣습니다.

이때 하나님은 말씀하십니다.

당신은 침묵하십시오!

그러면 하나님은 들어가실 것입니다. 모든 것들은 하나님이 들어가실 수 있도록 공간을 내줘야 합니다.

우리 주님이 애굽에 가셨을 때, 그 땅에 있었던 모든 신은 엎드려 절했습니다. 이것은 당신의 우상들입니다. 이것은 선하고 거룩한 것처럼 보일 수도 있습니다. 이 모든 것은 내적인 것임에도 불구하고 이 영원한 탄생이 직접 이뤄지는 것을 방해할 것입니다. 우리 주 예수가 말씀하십니다.

> 칼을 가져와서 인간에게 속해 있는 것, 이를테면 어미, 누이, 형제 모두를 베어내려고 내가 왔느니라!"[3]

당신이 믿었던 관계를 유지한다는 것은 당신에게 적대적이기 때문입니다. 이런 내적인 정지를 당신에게서 내버리지 않은 한, 당신 안에서 많은 형상이 이 탄생을 방해하고, 이 말씀을 당신 안에서 숙고하면서 숨어 버리기 때문입니다.

내적인 정지가 매시간 당신 안에 현존할 수 없지만, 그래도 이것은 당신에게 하나님의 아들 탄생을 위한 영적인 어미여야 합니다.

당신은 자주 이러한 깊은 침묵을 당신 안에 가지고, 침묵이 당신

---

[3] 마 10:34의 매우 자유로운 인용.

안에서 습관이 되도록 하십시오. 그 결과 침묵은 습관을 통해서 당신 안에서 빠르게 소유될 것입니다. 이를테면 아무것도 아닌 것처럼 훈련된 사람에게 나타난 현상은 훈련을 받지 못한 사람에게 불가능한 것으로 간주합니다. 습관은 숙달을 낳습니다.

우리가 모두 이러한 고귀한 아기 탄생을 위해 우리 자신 안에서 한 장소를 마련하면, 이때 우리는 진실로 영적인 어미가 될 것입니다.

이를 위해 하나님께서 우리를 도우실 것입니다!

아멘!

# 2

## 성탄절 설교(2):
## 이스라엘 땅으로 가라![1]

(*Accipe puerum et matrem eius et vade in terram Israel* … , 마 2:19)

> 일어나 아기와 그의 어머니를 데리고 이스라엘 땅으로 가라 아기의 목숨을 찾던 자들이 죽었느니라 하시니(마 2:20).

복음서의 거룩하고 환희에 찬 말씀을 수천 번씩 읽고 설교하고 얼마나 숙고해 봤습니까?!

그러는데도 계속해서 사람들이 전혀 발견하지 못했던 새로운 진리를 발견해 오지 않았습니까?!

---

[1] 요셉의 도피와 아르켈라우스(Archelaus)의 죽음의 성탄절 시기인 12번째 밤에 이뤄진 마태복음의 설교는 우선 모든 일의 결말을 신중하게 숙고하도록 우리에게 가르치고, 또한 우리의 영혼을 뒤쫓고 있는 세 가지 원수들을 조심하라고 경고한다.

## 2 성탄절 설교(2): 이스라엘 땅으로 가라!

아이의 영혼을 추적했던 자들이 죽었으므로, 아이와 그 어미를 데리고 이스라엘 땅으로 되돌아가라!

어떤 새로운 존재와 선한 것들을 향한 갈망이 인간들 안에 일어난다면, 이 새로운[2] 탄생과 더불어 대담하고 용감하게 그들의 갈망을 따르려는 사람들이 곳곳에 존재하게 됩니다.

그러나 그들은 자신들의 본성이 갈망에 따라 성장하는지도 모르고, 자기 자신들 안에 있는 하나님의 크나큰 은총이 세상 끝날 때까지 영향을 미친다는 것을 미처 생각조차 할 수 없는 자들입니다.

인간은 새로운 경건 훈련[3]에 열중하는 것보다 앞서 종말을 숙고해 보는 것이 좋을 것입니다. 그는 도망쳐서(fliehen) (영적인) 각성의 새로움을 하나님께 그리고 위에 내려둬야 할 것입니다. 하지만 인간들은 그것에서 서둘러 벗어나 많은 새로운 방법을 마련하고, 자기 자신의 능력[4]을 높이 사서 무모하게 행동함으로 심히 망가져 버립니다.

'요셉'은 자기 아들과 어머니와 함께 도망쳤을 때 헤롯이 그를 죽이려 하고, 헤롯의 아들 '아르켈라우스'가 그 땅을 다스릴 것이라는

---

2 Vetter 12,27과 13,4는 "innekeit"이다. 내가 보기엔 Hs. Ge 1의 이해가 더 적절하게 여겨진다. "iuncheit" = "Neuheit." cf, Corin, Sermons, 176, 각주 2번과 Hs. Wi 2의 S. 1,9에 대한 App. (2).
3 중세 표준 독일어 텍스트 안에서 매우 빈번하지만, 의미에서는 사라지게 된 단어는 "wise"를 여기서 그리고 더 빈번하게 재진술할 것이다.
4 Vetter 13,6는 "gemach"가 있다. 여기서 Hs. Wi 2, S. 2,7[Corin]의 이해와 Hs. Ge 1의 이해가 선행될 수 있다. "macht."

천사의 말을 꿈에서 들었습니다. 그는 아이가 죽임을 당할 것이고 아이를 죽일 것이라는 사실에 심히 두려워했습니다. 이때 헤롯은 세상을 뜻합니다. 세상은 틀림없이 하나님의 아들을 죽이려 하므로 세상으로부터 하나님의 아들을 보호하려면, 그곳은 반드시 도망쳐서 벗어나야 할 장소입니다.

하지만, 세상을 외적으로 생각하여 도망쳐서 수도사의 방이나 수도원으로 이동한다고 하더라도, 아르켈라우스는 칭송을 받으며 모든 것을 다스릴 것입니다. 실제로 온 세상은 당신 안에 있고, 당신은 많은 경건 훈련과 열정과 하나님의 도우심 없이 세상을 극복할 수 없습니다. 당신은 극복할 수 없는 매우 악한 원수를 당신 스스로 어떻게든 극복해야 합니다.

세상은 당신이 알고 있는 당신의 의복과 삶의 방식과 다른 사람으로부터 관심과 칭송을 받는 고상한 말씨와 행동과 유식함, 그리고 친구나 친척들의 소유와 명예와 같은 것들에게서 만족을 느끼는 영적인 교만에 당신이 빠지도록 괴롭힐 것입니다.

원수는 당신의 육신입니다. 이것은 모든 사람이 죄 안에 있고 감각적인 즐거움을 향유하듯이 영적인 불결함으로 어떻게든 당신을 괴롭힙니다.

그러나 모든 사람은 감각들과 감각적인 것들 안에서 죄가 모든 사람을 위협하는 곳으로 자신의 시야를 돌립니다. 그는 그렇게 죄를 지으며 자신의 정결함을 상실합니다. 이것은 어떤 종류의 피조물이든 피조물로 향하게 하면서 일어날 수 있는 일인데, 이 애착은 자유 의지에 따라 밤낮으로 마음속에 품게 됩니다.

또한, 세속적인 본성이 불결함으로 육신을 유혹하듯이, 그와 마찬가지로 내적인 불결함은 영의 고귀하고 순수한 정결함을 전도시킵니다. 또한, 육신보다 영이 훨씬 더 고귀한 것처럼 (영의) 죄 역시 육신의 죄보다 훨씬 더 수치스럽고 염려스러운 일입니다.[5]

또 다른 원수는 사악함, 인생의 쓴 기억들, 분노, 악한 판단, 미움과 복수심으로 당신을 괴롭힙니다. 당신은 말합니다.

"어떤 사람이 그때 저에게 이것을 행했고 저것을 말했습니다."

여러분이 화난 눈빛과 슬픈 표정을 드러내고 심한 말을 듣게 되며, 당신을 병들게 했던 사람들에게 말과 행동으로 이것을 정당화하려 한다는 것을 알아두십시오!

이 모든 일은 틀림없이 원수의 씨앗이자 그의 공로(Werk)입니다.

당신이 언젠가 하나님께 귀중한 존재가 되기 위해서, 당신은 모든 것에서 도망치십시오!

이것은 바로 아르켈라우스, 즉 악입니다.

두려워하고 주의하십시오!

이것은 당신에게 아이를 죽도록 할 것입니다.

그런데 요셉은 아이의 생명을 노리는 사람이 아직 남아 있는지를 꼼꼼히 살폈습니다. 그러므로 이 두려움을 진실로 극복하려고 한다

---

[5] AT와 KT [Corin, Wi 2 S. 4,7에 대한 수기 원본]은 부분의 삽입을 통해서 또 다른 의미를 부여한다. 번역은 수기 원본의 원용 아래 선행된다.

면, 당신은 아직도 수천 겹으로 묶여 있는 끈(Stricke)이 있다는 것을 명심하고 이것들을 끊어 없애야 합니다. 하지만 자기 자신을 향하고 자기 자신 안으로 전향했던 사람 외에는 누구도 이것을 전혀 알 수 없습니다.

'요셉'이란 정성을 다한 거룩한 삶 안에서의 성장[6]과 멈추지 않는[7] 성장을 뜻합니다. 실제로 이것은 아이와 그의 어미에 대한 배려를 말합니다.

천사는 이 요셉을 움직였고 그를 이스라엘 땅으로 다시 불러들였습니다. 이스라엘은 신적인 관상(göttliches Schauens)의 땅을 뜻합니다. 하나님 자신이 이들을 풀어 주시고 천사가 이들을 해방해 움직이기 전에, 영원을 선택한 것처럼 보이는 몇몇 사람은 겹겹이 묶여 있는 끈을 끊어 내려고 죽을 힘을 다해 애를 씁니다.

그러나 일부 사람들은 치명적인 실수를 범할 수 있습니다. 하나님이 그들을 해방해 주시기 전에 그들은 익숙한 이성의 도움을 받아 자기 자신을 자유롭게 하고, 찬사의 말과 고귀한 것들에서 삼위일체에 관해 숙고하며 논할 수 있기를 원합니다. 거기서 어떤 탄식과 실수가 발생하기도 했고, 그 일이 현재도 매일 일어나고 있다는 것은 심히 가슴 아픈 일입니다.

"애굽"은 "어둠"을 의미하는데, 이들은 애굽의 어두운 감옥에 묶

---

[6] Corin, Wi 2에게서 수기 원본에 따른 교정 이후 S. 6,2에 대한 App. (1).
[7] 베테의 독서 방식과는 상반된 LT, AT, KT의 수기 원본. cf, Corin, Wi2, S. 6,2에 대한 App. (2).

여 있는 끈을 견딜 수 없습니다. 여러분은 하나님만이 생명으로 모든 피조물들을 부르셨다는 것을 알아야 할 것입니다. 그러므로 피조물들은 여러분이 해방되도록 도울 수 없고, 오직 하나님만이 그것을 하실 수 있습니다.

여러분은 온 세상을 넘어 통과해 자세히 살피고 뛰어 넘어서 십시오!

그러면 당신은 하나님 이외에 어느 누구에게도 이런 도움을 구할 수 없다는 것을 알게 될 것입니다. 하나님은 천사든 사람이든 누구든 도구로 삼아 이 일을 행하실 수 있고 이 일을 행하도록 하시되, 하나님 이외에 그 누구도 그렇게 해서는 안 됩니다.

그런 까닭에 천사가 당신을 데리고 올라올 때까지 당신은 근저 안에 있는 내적인 것에서 그것을 구하고, 외부에서 당신이 의존하는 것과 구하는 것을 멈추며 오로지 인내하고 자신을 떠나 어둠의 애굽 땅, 바로 그곳에 머무르십시오!

요셉은 잠이 들었습니다. 인간이 예전에 원인을 제공하지 않았고 악이 그에게 감각에 다가왔다면, 잠자는 자는 죄를 짓거나 죄를 지으려고 하지도 않았을 것입니다. 따라서 정말 잠이 든 인간은 그에게 다가올 수 있는 모든 외적인 고통이나 시험에 맞서야 할 것입니다.

마치 잠이 든 것처럼 인간은 하나님의 지도로 내려놓은 인내(gelassener Geduld)로 자기를 겸손히 낮추고 견디면서 그것에 관여하지 마십시오!

당신은 자신을 포기하고 끝날 때까지 그것을 견뎌 내십시오!

그러면 당신은 하나님의 것에서 벗어날 수 없을 것입니다.

또한, 당신은 죄 없이 머무르십시오!

잠들어 있는 당신을 끌어올리실 것이로되, 이것은 요셉에게 일어나듯이 그렇게 진실로 버림과 인내에서만 오로지 일어납니다.

거룩한 교회의 고위 성직자들은 요셉[8]과 같아야 합니다. 성직자들은 교황과 주교들, 수도원 원장들, 수도원 분원 남성 원장들과 여성 원장들, 그리고 모든 고해신부들입니다. 인간에게 종속된 것이 유익하듯이 인간 각자가 아직 어리면 고위 성직자들은 모든 인간들의 수호자가 돼야 합니다. 우리는 물론 많은 수호자들과 많은 선임자들(Vorgesetzte)을 알고 있습니다.

나는 한 수도원의 분원장, 관구장, 선생, 교황, 주교를 알고 있는데, 이들은 모두 나의 선임자들입니다. 그들 모두가 이리들에게 나를 곧바로 내줘 나를 악하게 대한다고 하더라도, 나는 진실한 떠남 안에서 순종하고 견뎌낼 것입니다. 그들이 나에게 친절하고 선하게 대한다면 나는 또한 그것을 받아들일 것입니다. 그러나 그들이 나에게 수백 번 손해를 입혀도 나는 그것을 견디며 떠남 안에서 받아들여야 합니다.

천사가 요셉에게 말했을 때, 요셉은 아이의 영혼을 뒤쫓는 자들이 아이를 죽일 것 같아 두려웠습니다. 그래서 그는 나라를 다스리는 자

---

[8]  Corin, Wi 2, S. 8,9.에 따라 만들어진 "이러한 수호자."

2 성탄절 설교(2): 이스라엘 땅으로 가라!

를 열심히 조사했습니다. 거기에 실제로 몇몇[9] 사람들은 실수하기도 하고 모든 공포에서 벗어나려고 합니다. 그러나 이 땅에 사는 한, 당신의 두려움은 결코 사라질 수 없습니다.

> 주님의 두려움은 세상이 끝날 때까지 영원하니라(Timor sanctus permanet in saeculum saeculi).

천사가 당신에게 말했다고 하더라도 당신은 두려움에 빠져 당신 안에 다스리고 있는 것을 열정을 다해 시험하려 할 것입니다. 그리고 바로 그때 아르켈라우스는 어느 곳에서 힘을 쓸 수 있는지 검증하려 할 것입니다.

실제로 요셉은 아이와 그의 어미를 데려왔습니다. 여기서 아이는 온전한 순수함을 의미합니다. 인간은 모든 사라질 것들[10]에 의해 더 럽혀지지 않은 상태를 유지하되, 낮아지는 겸손 안에서 또한 작아져야 합니다. 어미는 하나님에 대한 진정한 사랑을 뜻합니다. 사랑은 진정한 정결함 안에서 하나님의 의지에 복종하도록 하는 순수한 겸손, 즉 인간의 비하(Verkleinerung)의 어미이기 때문입니다. 그래도 인간은 아직 어리기 때문에 관상의 땅을 마음대로 들어가서는 안 됩니

---

[9] LT, AT, KT의 표현들에 따르면: "etliche." Corin, Wi2, S. 9,11와 Vetter 15,15에 서있는 "sulche, soliche"는 실수하도록 동기를 부여한다. 그것은 직접으로 이전에 언급한 요셉과 관련돼 있지 않다.
[10] LT, AT, KT 혹은 LT, At의 표현들의 수기 원본에 따라. Corin, Wi 2에서 S 10,7에 대한 수기 원본을 보라.

다. 어쩌면 그는 그곳에서 용서를 발견하고 곧바로 애굽 땅으로 다시 되돌아갈 수도 있기 때문입니다.

한참 어리고 우리 주 예수 그리스도의 무기를 통해 완전한 성인(Manne)으로 성숙하지 못한 인간은 계속해서 그곳에 머무르는 것을 좋아할 것입니다. 예수 그리스도는 우리에게 자신의 삶 안에 있는 모든 것들을 잘 가르쳐 주었습니다.

그러나 이것은 우리가 하나님의 말씀을 잘 듣지 못하면서도, 한편으로 하나님의 삶 안에서 모든 것을 발견할 수 있다고 하는 것과 같은 일입니다.

예수는 12살 때 예루살렘으로 왔으나 그곳에 머무르지 않았습니다. 그는 아직 충분히 성장하지 못했기에 도망쳤습니다. 그는 성인이 될 때까지 도망쳤습니다. 30살이 돼서야 그는 비로소 매일 예루살렘으로 올라가 유대인들의 잘못을 꾸짖고 그들을 가르치기 위한 영광스러운 진리를 설교했습니다.

또한, 예수는 그들을 가르치기 위해 그 땅에 살았고 그가 머무르기를 원했던 가버나움(Kapharnaum), 갈릴리, 나사렛, 온 유대에서 이적과 표적을 행하셨습니다.

인간 역시 이와 같이 행해야 합니다. 그는 고귀한 땅, 주님의 땅 안에서 정지해 머물러서는 안 됩니다. 그가 아직 완전하게 성장하지 못하고 아직 어려서 완성되지 못했다면, 그는 그곳을 벗어나야 하고, 도망쳐야 합니다. 그러나 그가 목적에 도달하고 성인이 됐다면 그는 유대 땅으로 들어가야 합니다.

유대란 말은 하나님에 대한 신앙고백을 의미합니다. 더욱이 당신은 진정한 평화 안에서 예루살렘에서 배우거나 꾸짖을 수 있으며, 갈릴리로 이동할 수도 있습니다. 이것은 도항(Überfahrt)입니다.

여기서 모든 것들은 극복되고, 모든 한계는 좌초됩니다. 그러면 당신은 진정한 정원이 있는 나사렛으로 가게 됩니다. 영원한 생명의 꽃봉오리가 올라오는 그곳에서 당신은 영원한 생명의 진실하고 확실한 예감(Vorgefühl)을 가질 것입니다. 그곳에는 확실한 안전함과 말할 수 없는 평화와 형용할 수 없는 기쁨과 안식이 있을 것입니다.

그러나 하나님이 그들을 계속 인도하실 때까지만이라도 그곳에 들어온 자들은 자기 자신을 떠나 인내하고 견디며 자신들의 갈망 안에서 매우 오랫동안 자기 자신을 다스려야 합니다. 그러나 이들은 또한 자기 자신의 의지에 따라 성급히 시작해서도 안 됩니다. 그러면 이들은 비로소 평화에 들어가고 나사렛의 정원으로 내려가 영원히 향유할 수 있는 것들을 발견할 것입니다.

이것은 우리 모두에게 주어질 것입니다. 이를 위해 사랑의 하나님이 우리를 도우실 것입니다.

아멘.

# 3

## 성탄절 설교(3):
## 유대인의 왕으로 나신 이[1]

(*Ubi est qui natus rex Iudaeorum?*, 마 2:2)

> 유대인의 왕으로 나신 이가 어디 계시냐 우리가 동방에서 그의 별을 보고 그에게 경배하러 왔노라 하니(마 2:2).

유대인들의 새로 태어난 왕이 어디에 계시냐?

우리는 그에게 엎드려 절하고 몰약과 향유와 황금을 드려 그를 경배하고자 하노라.

영혼은 하나님이 존재하신다는 것을 무엇보다 이성의 본성적인 빛

---

[1] (성탄절)의 12일째에 이뤄진 마태복음에서 세 왕에 관한 이 설교는 하나님의 탄생을 우리가 (영혼 안에서) 어떻게 구해야 하고, 어떻게 지속적인 갈망을 통해서 본성적인 빛을 없애며, 거룩한 은총의 빛 안에서 하나님의 탄생을 어떻게 발견해야 하는지를 가르쳐 준다.

으로 알고 있을 것이지만, 영혼에게 하나님이 누구신지 혹은 어디에 계시는지는 전혀 알려지지 않고 숨겨져 있습니다. 그러므로 영혼은 하나님을 전혀 알 수 없습니다.

그러나 그때 사랑으로 가득 찬 갈망이 영혼 안에서 일어나 그 영혼이 부지런히 구하고 질문을 던지면 그것은 깊숙하게 은폐되고 숨겨져 있는 하나님을 알아가고 매우 즐거워야 할 것입니다.

이런 주의 깊은 노력으로 한 별, 즉 신적인 은총의 섬광과 광채와 신적인 빛이 영혼에 떠오를 것입니다.

빛이 말합니다.

> 보라! 이 사람은 지금 태어나셨고 하나님의 탄생 장소를 영혼으로 지정하였노라!

어떤 본성적인 빛도 그가 계신 곳으로 인도하지 못하기 때문입니다.

이때 일부 사람들은 본성적인 이성의 빛을 가지고 이 탄생을 밝히려고 하는데, 이들은 모든 희망이나 기대를 포기하고 버려야 합니다.

그들의 노력으로는 무엇도 이룰 수 없습니다. 그들은 이 탄생조차 발견할 수 없습니다. 이 탄생을 알려주는 본성적인 빛이 탄생이 이뤄지는 장소와 탄생의 종류를 설명하기 때문입니다.

물론 어리석은 자들은 빛이 그들을 비출 때까지 마냥 기다리기만 하는 것이 아니라, 외부를 향해서 자기 자신을 쏟아 부으면서 그들의 본성적인 빛의 능력을 통해 이 탄생을 발견해 보려고 합니다. 그렇지만 이것은 불가능한 일입니다. 그들은 때를 기다려야 합니다. 하지만 아직 때가 이르지 않았습니다.

그런데 갈망은 그들에게 아무런 휴식도 허락하지 않은 채, 일부 사람들 안에서 매우 강력하게 육체와 피 속까지, 심지어 뼛속까지 파고들 것입니다. 본성이 행할 수 있는 것은 위로 향하는 일뿐이기 때문에, 갈망하는 것을 멈추면 당신은 이 탄생을 진실로 발견할 수 있을 것입니다. 당신이 이 탄생을 발견하게 만드는 것은 본성적인 빛으로만 이룰 수 있는 일은 아닙니다.

여기서 세 가지 일(Dinge)을 주의해 보도록 합시다!

① 구하는 것은 갈망입니다.
② 구하는 방식입니다.
③ 탄생의 발견입니다.

우리는 사람 안에서 세 가지 것을 구분해야 합니다.

① 육신의 감각과 갈망처럼 육신과 피에서도 본성을 따릅니다.
② 이성을 따릅니다.
③ 혼합되지 않은 순수한 영혼의 실체입니다.[2]

---

2   실제로 "Seelengrund"가 Wyser처럼 다른 곳 S. 211를 여전히 첨가시킨다.

이 모든 것은 서로 동일하지 않고 똑같이 받아들이지도 않기 때문에, 각각 자기의 방식대로 받아들입니다. 태양 빛은 그것 자체적으로는 단순합니다. 하지만 태양 빛은 다양한 색깔을 가진 유리들 안에서 다양하게 수용됩니다.

**첫째**, 유리는 검은색입니다.
**둘째**, 유리는 노란색입니다.
**셋째**, 유리는 흰색입니다.

검은 유리는 감각의 기호(Vermögen)를, 노란 유리는 이성을, 흰색 유리는 순수한 영을 생각합니다. 이때 감각의 기호가 이성에게 거룩함을 가져오고 이성이 영을 데려오고 나서야 비로소 검은 유리는 노란색이 되고 노란 유리는 흰색이 되는데, 이것이 순수한 단순성(Einfachheit)을 발생시킵니다.

빛은 이 단순성 안에서만 빛나며 그 외에 다른 곳에서는 빛나지 않습니다. 우리가 이 빛을 올바르게 진실로 받아들인다면, 모든 형상으로서의 형태와 비유는 사라지고 빛은 탄생만을 진실로 드러냅니다.

그러므로 하늘은 본성적인 어둠을 드러낼 뿐입니다. 이때 하늘이 순수하고 명백한 태양 빛으로 바꿔 놓을 수만 있다면, 또 다른 형태를 가진 어떤 것도 태양의 광채 때문에 전혀 인지될 수 없었을 것입니다.

이런 광채가 영혼 안에 비치기 위해서 모든 형상과 형태는 사라져야 합니다. 그리고 이런 신적인 빛이 드러나야 하는 곳에서는 자연의 빛은 소멸하고 사라져야 합니다. 왕들에게 탄생을 가르쳐 주었던 별은 다른 별처럼 자연의 별이 아니었기 때문입니다. 이 별은 다른 별과 마찬가지로 하늘에 떠 있는 것이 자연스럽지 않았습니다.

감각은 자연물의 모사를 받아들이기는 하지만, 감각 안에서의 자연물은 사물이 자체로 존재하는 것보다 훨씬 더 고귀합니다. 검은 유리는 감각을 뜻합니다. 이어서 이성이 다가와 감각적인 형상으로 만들어진 것의 감각적인 형상을 벗겨내고 이성의 단계에서 감각적인 형상을 찬양합니다.

그러면 유리는 노랗게 됩니다. 이성이 고유한 본성을 잃어버리고 부정돼 순수한 영으로 이동하고 나서야 비로소 유리는 흰색이 되며, 오로지 이 별만이 빛날 것입니다. 일반적으로 모든 사람의 삶은 이것을 목적으로 삼는데, 이 세 단계는 동방박사들이 별을 보고 그것을 따라서 드리려 했던 세 개의 예물로 비유될 수 있습니다.

동방박사들로서 왕들은 몰약과 향유와 황금을 예물로 드렸습니다.

**첫째, 몰약에 관해서 생각해 보도록 합시다!**

몰약이 뜻하는 것은 쓰라림(Bitterkeit)입니다. 쓰라림은 하나님이 모든 환락과 자기만족을 추방하시기 전에 인간이 세상을 떠나 하나님에게 이동하고 하나님을 발견하기 위해서 반드시 필요한 것입니다. 왜냐하면, 인간은 환락을 통해 소유한 모든 것을 밖으로 몰아내야 하기 때문입니다.

3 성탄절 설교(3): 유대인의 왕으로 나신 이

이것은 무엇보다도 심히 쓰라리고 힘든 일입니다. 환락이 그것을 소유했던 것과 마찬가지로 모든 일은 당신을 쓰라리게 할 것입니다. 이것은 항상 그럴 수밖에 없습니다. 높은 가치와 커다란 열정은 여기에 있습니다. 환락이 커지면 커질수록 몰약 또한 더욱 쓸 것입니다. 물론 몰약 자체도 씁니다.

이 경우에 누군가는 이렇게 말할 수 있습니다.

인간이 이 땅에 사는 동안 인간은 자기의 욕구의 만족함 없이 어떻게 존재할 수 있습니까?

나는 배가 고플 때 음식을 먹고 목이 마르면 음료를 마시며 피곤하면 잠을 잡니다. 또한, 내가 추울 때는 내 몸을 따뜻하게 합니다. 만약 내가 견디기 힘든 일로서 본성의 만족함 없이 머물러야 한다면, 이것은 나에게 일어날 수 없습니다. 본성이 본성인 한, 나는 이것을 성취하지 못합니다.

하지만 이 만족함은 당신의 내적인 것으로 침투하지 못하도록 하되, 그곳에 아무런 장소를 가져서는 안 됩니다. 이것은 행동을 수반해야 하고, 아무런 장소를 가지지 않아야 합니다. 그곳에서 갈망은 탐욕이 되는 것이 아니라 한결같이 신속하게 흘러내려 만족스럽거나 즐겁게 얻은 쉼을 자신의 소유와 바꿔서는 안 됩니다. 물론 그래서는 안 됩니다.

당신은 세상과 피조물들과 어울리는 모든 경향을 스스로 신속하게 제거하십시오!

즉, 이것은 본성을 통해서 본성을 죽이고 극복하는 것입니다. 그래서 당신은 하나님의 친구들, 선한 사람들과 교제로 만족을 느끼고, 이 모든 것을 통해서 당신이 매혹적으로 느끼고 있는 것을 극복해야 합니다.

그렇다면 우리는 언제까지 그렇게 해야 할까요?

그것은 바로 아주 오랫동안 아이의 영혼을 뒤쫓은 헤롯과 그의 부하들이 당신 안에서 진실로 죽임을 당할 때까지입니다.

그러므로 당신 자신을 속이지 마십시오!

지금 당신의 상황이 어떤지 조심스럽게 살피십시오!

지나치게 방종하지 마십시오!

하지만 우리에게는 또 다른 몰약이 있는데, 이 몰약의 쓰라림은 첫 번째 몰약의 쓰라림보다 훨씬 더 심합니다. 이것은 하나님이 주신 몰약으로서 내적 고통이든 외적인 고통이든 모든 종류의 고통을 포함하는 고통일 것입니다.

오! 그러나 사랑 안에 있는 몰약과 근저에서 하나님에게서 나오는 몰약을 받아들일 자는 누구입니까?

또한, 이 사람은 어떤 영광스러운 삶을 꽃피울 것입니까?

이 얼마나 기쁨과 평화와 고귀한 일입니까!

실제로 하나님이 오래전에 그의 말할 수 없는 사랑과 더불어 당신에게 보냈던 크고 작은 모든 고통은 가장 고귀하고 훌륭한 선물과 같은 그의 사랑이기 때문에 하나님은 당신에게 이 고통을 제공하십니다.

그래서 당신이 이 고통을 받아들일 수만 있다면, 이것은 당신에게 매우 유익한 일입니다. 물론 우리는 모든 고통, 즉 머리에서 가장 짧은 머리털이 빠지는 것에 별 관심을 가지지 않지만, 우리 주님은 짧은 머리털까지도 센다고 말씀하셨습니다.

하나님은 당신에게 속해 있는 아주 작은 고통이라도 모든 고통을 영원 안에서 살피시고 좋아하시며 가치를 부여하시기 때문에, 당신에게 고통을 보내셨습니다.

당신의 손가락이나 머리가 아프거나 또는 당신이 추위나 배고픔, 갈증을 느끼고 어떤 다른 사람이 당신을 말로든 행동으로든 슬프게 만들거나 당신을 불쾌하게 하여 고통스럽게 한다면,[3] 이 모든 것은 당신에게 영향을 미치는 당신의 고귀하고 즐거움이 가득 찬 본질 형성(Wesensgestaltung)에 쓰일 것입니다.

하나님은 이 모든 것을 당신에게 필요한 만큼만 측량하여 무게를 재고 계산하시고 허락하셨습니다. 그러니까 이것은 보다 적은 것으로도 다른 어떤 것으로도 존재할 수 없습니다. 따라서 하나님, 예컨대 하늘 아버지는 내가 머리에 눈을 가지도록 영원부터 미리 예정하셨습니다.

내가 그것을 상실한 채, 맹인과 벙어리가 된다면 이 역시 그렇게 이뤄져야 한다는 것을 하늘 아버지는 영원부터 미리 예정하셨고 영원히 결정하셨습니다.

---

[3] Hs. Wi 2(Corin의 판본)에 따라 "gewerren"을 가지고 있는 S. 23,2과 LT에 대한 각주 1번.

그러므로 내가 어떻게 내적인 눈과 귀를 열지 않고, 또한 나에게 행하신 하나님의 영원한 충고에 감사하지 않을 수 있겠습니까?

이것이 어떻게 나에게 감히 고통일 수 있겠습니까?

이것은 나에게 오히려 심히 커다란 감사의 동기일 뿐입니다. 따라서 이것은 친구들과 소유와 명예의 상실을 동반할 수 있고, 또한 하나님이 항상 당신에게 보내실 수 있는 일입니다. 당신이 그것을 단지 그렇게 받아들일 수만 있다면 이 모든 일은 당신을 주조하고 당신에게 진실한 평화를 선사할 것입니다. 일부 사람들이 말합니다.

"주여! 나에게 좋지 못한 일입니다. 나는 심히 괴롭나이다."

이럴 때 나는 그들에게 좋은 일이 될 것이라고 말합니다. 그들이 반문합니다.

그렇지 않습니다!

오 주여!

내가 그것을 벌었던가요.

제가 죄 많은 생각(Vorstellung)을 제 안에 갖고 있었던가요.


사랑하는 아들아!

고통이 하나님에게서 온 것이라면 벌을 받든지 받지 않든지 당신은 괴로워하지 말고, 오직 그에게 감사하십시오!

그것을 받아들여 하나님의 거룩한 뜻에 당신을 위임하십시오!

하나님이 인간들에게 지불하시고 주신 모든 몰약은 올바른 것입니다. 하나님은 고통을 통해 몰약을 위대한 일로 유도하시기 때문입니다. 따라서 그는 인간에게 일어날 수 있는 모든 일을 고난에 두셨습니다. 옥수수와 마찬가지로 하나님은 빵을 직접 잘 만들어 내실 수 있는 분이십니다.

다만 인간은 모든 면에서 훈련을 받아야 합니다. 그는 각각의 사건을 영원한 통찰에 따라 그렇게 정돈하셨고 미리 예정하셨습니다. 따라서 화가는 모든 사선을 그림에 길게 할지 짧게 할지, 아니면 넓게 할지 좁게 할지, 그리고 어떻게 표기해야 할지, 그 밖에 또 무엇이 필요할지 등을 결코 미리 정하지 않습니다.

그림은 화가가 붉거나 파란색을 이용하는 곳에서만 전문성을 가져야 하고, 하나님이 이것을 행하시듯이, 인간이 이 선물과 몰약을 단지 올바르게 받아들이는 한, 하나님은 자신이 가장 마음에 드는 바로 그 형태를 통해 고통이라는 색깔을 칠하면서 인간을 얻으려는 생각을 수천 번 이상 거듭하십니다.

그러나 일부 사람은 하나님이 그들에게 주신 몰약에 만족하지 못한 채, 매우 커다란 쓰라림에 자기 자신을 맡기려고 합니다. 따라서 그들은 골치 아프고 사사로운 일에 관심을 둬 오랫동안 심히 고통스러워하기 때문에 일들을 적절히 처리하지 못합니다. 그리하여 그것에서 매우 작은 은총이 발생하여, 그들은 앞으로 나아가지 못합니다. 그들은 참회의 훈련이든 금식이든 기도든 예배든 자기 자신의 고유한 의미만을 고집하기 때문입니다. 그들이 그들의 것을 행할 때까지 항상 하나님은 그들의 자발성만을 기다려야 하십니다. 그것에서는 아무 일도 일어나지 않습니다.

　하나님은 그 자신의 고유한 사역만으로 보답할 수 있는 것을 깊이 생각했습니다. 천국에서 그는 당신의 것들이 아닌 자신의 사역들만으로 장식합니다. 그는 하나님이 당신 안에서 영향을 미치시지 않은 것에 관해서 아무것도 유지하지 못할 것입니다.

　또한, 하나님이 대가를 치르신 훨씬 더 쓴 몰약이 있습니다. 이것은 내적인 고통과 어둠입니다. 이것은 그것을 맛보고 감수하는 자에 의해서 피와 육체와 본성을 소진하고, 외적인 훈련들 이상으로 그 자신의 모습을 바꿔 놓을 것입니다. 하나님은 엄청난 유혹과 어떠한 사람도 경험해 보지 못했고 알지 못했던 독특하고 고유한 방식으로 다가오시는 분이시기 때문입니다.

　우리는 종종 그런 사람들에게서 놀라운 고통과 엄청난 쓰라림을 발견할 수 있고, 어느 누구도 그것과 더불어 올바른 길을 찾아낼 수 없을 것입니다. 그러나 하나님은 그들과 함께 어떻게 밖으로 나가야 하는지를 잘 알고 계십니다.[4]

　그래서 하나님이 어떤 사랑에서 나에게 쓰라림을 보낸 것인지 전혀 인지하지 못하는 것은 정말 안타까운 일입니다. 그것에서 일어났던 손상에 대해 그 누구도 충분하게 애도를 표할 수 없습니다. 만약 이 고통이 게으름과 나태함에 빠져 그것 안에서 아무것도 성취되지

---

[4] 스트라우흐(Strauch)의 제안에 따르면 Hs. Be 11에 따르고, 다른 곳에선 베터의 편집본, S. 19,11.

않는다면, 사람들은 다음과 같이 말합니다.

"오 주여! 저는 내적인 것에서 매우 메마르고 대단히 어둡습니다."

사랑하는 아들아!

그에게 순종하십시오!

그렇게 한다면 당신은 메마름과 어둠 안에서 마치 당신 스스로 많은 것을 느낄 수 있는 것보다 훨씬 더 좋을 것입니다.

이 몰약은 두 가지 면으로 비유됩니다.[5] 이것은 감각적인 면과 이성적인 면입니다. 아주 영리하여 자신들의 지혜로 고통에서 빠져나올 수 있을 것이라는 망상에 빠져 있는 사람들의 감각은 외적인 쓰라림을 거부합니다. 그리고 그들은 외적인 운명을 행복과 불행으로 진술하고, 언제나 고통에서 자신을 지킬 수 있다고 생각합니다.

그것이 가능하다면 얼마나 좋은 일이겠습니까!

그때 우리는 고통을 막을 수 있기 때문입니다. 하지만 그들은 하나님보다 더 영악해지기 위해 그를 알려고 하고 지배하려고 할 뿐, 사물을 하나님으로부터 수용하는 것으로 이해하려고 하지는 않습니다. 그들은 거기서 매우 어려운 고통을 겪으며, 그들에게 몰약은 훨씬 더 쓰게 느껴질 것입니다.

또 다른 사람들은 내적인 고통에 맞서 자연적으로 능란한 방식, 즉 이러한 압박에서 벗어나는 것으로 대처하는데, 그것은 그들의 이성적 이해를 통해 더욱 상세히 이뤄집니다.

---

[5] 코른 제안에 따르면 Hs. Wi 2의 편집본, 각주 1번, S. 28,6.

단순하고 순박한 사람들은 종종 매우 이성적인 것을 가진 자들보다 더 빠르게 앞서 나갑니다. 단순한 사람들은 간소한 방법으로 하나님을 따르기 때문입니다. 그들은 그 외의 다른 어떤 것도 인지하지 않습니다. 이성적인 사람들이 하나님을 진실로 따르고 하나님께 자신들을 오로지 위임한다면, 그들은 훨씬 거룩하고 환희에 차서 하나님께로 다가설 수 있을 것입니다.

왜냐하면, 그들은 모든 것들에 비해서 자신들의 영리함을 훨씬 더 영광스럽게 적용하기 때문입니다.

아! 오로지 하나님에게 자기 자신을 위임하는 자여!

피 한 방울조차 사소하지 않듯이, 하나님에게 도달하는 데 특히 유익하지 않은 것이 어디 있겠습니까!

거기서 고귀한 작은 식물이 나오고, 작은 나뭇가지는 향의 작은 밀알(Körnlein des Weihrauchs)에서 나옵니다. 향은 좋은 냄새를 가진 향기입니다. 그러므로 불이 작은 밀알을 태운다면 그것은 오로지 향기를 숨긴 채 밀알에서 그것을 찾아내고, 밀알 안에 감금된 자를 해방해 그에게 자유를 주며, 나아가 그곳에서 고상한 향기가 발생하도록 할 것입니다. 이 불은 오로지 기도 안에 있는 하나님을 향한 불타는 사랑을 의미할 뿐입니다.

그러나 향은 거룩한 예배의 좋은 향기를 진정으로 내뿜습니다. 그것은 다음과 같이 기록돼 있기 때문입니다.

3 성탄절 설교(3): 유대인의 왕으로 나신 이

기도란 오직 하나님을 향한 인간의 영의 상승입니다.[6]

당신이 휴식을 취하려는 곳에서 침대를 만들지 않듯이 짚은 근본적으로 밀알을 위해서만 그곳에 존재하고, 계속해서 어떠한 것도 무가치하듯이 외적인 기도는 사람들을 고상한 예배로 유도하며, 고귀한 향기가 그곳에서 발생하는 만큼 외적인 기도 역시 딱 그 정도만 유익합니다.

그가 자신을 인정하는 것에 따라 구송기도를 담대하게 진행하십시오!

그때 저는 거룩한 교회의 계명에 따라 의무로 기도하는 자들을 예외로 생각할 것입니다.

아멘.

---

[6] 타울러는 … "gemüt"를 대신하여 공시적으로 "mens"(영)로 이해했고, 그것은 'νους'를 대신한 라틴어 표현이다(다른 장소에서 Wyser, S. 232 f.).

## 4

## 성탄절 설교(4):
## 예루살렘아! 일어나라 빛을 발하라![1]

(*Surge et illuminare, Ierusalem* …, 사 60:1)

> 일어나라 빛을 발하라 이는 네 빛이 이르렀고 여호와의 영광이
> 네 위에 임하였음이니라(사 60:1).

예루살렘아! 일어나 빛을 발하라!

하나님이 온 세상에 바라시고 유일하게 필요로 하는 한 가지 일이 있습니다.

온 정성을 다해 하나님이 오직 바라시는 열망은 인간의 고귀한 영 안에 놓여 있던 고귀한 근저를 비우고, 그곳에서 하나님의 사역을 성

---

[1] 서간체(사 51:17; 52:2)에서 (성탄절)의 12번째 날의 설교는 하나님이 어떻게 인간의 근저를 준비시키고, 또한 그의 사역이 인간에게 영향을 미치도록 인간이 어떻게 자신과 모든 피조물에서 벗어나야 하는지를 가르쳐 준다.

## 4 성탄절 설교(4): 예루살렘아! 일어나라 빛을 발하라!

취하도록 준비하는 것입니다.

하나님은 하늘과 땅에 모든 통치권을 가지고 계시는 분입니다. 하나님이 인간의 의지 작용으로 그의 가장 아끼는 사역을 인간 안에서 행할 수 있다는 것은 그 자체만으로는 왠지 하나님에게 부족한 일입니다.

하나님이 이 자랑스러운 근저를 빛나도록 하고 그 근저에 작용할 수 있게 하기 위해 인간은 도대체 무슨 일을 해야 합니까?

인간은 일어나야 합니다. "서지"(Surge)라는 단어는 "일어나라"라는 뜻입니다. 우리는 이 단어를 마치[2] 모든 인간은 서로 협력해야 한다고 뜻하는 것으로 생각할 수 있습니다. 인간은 하나님으로 존재하지 않는 모든 것, 즉 자기 자신과 피조물들에서 벗어나 일어나야 합니다.

인간이 하나님으로부터 멀어지게[3] 하는 모든 것에서 벗어나 자유로움을 누리려는 애절한 열망은 이렇게 일어나므로 근저에서 발생합니다. 또한, 모든 열망은 이것을 벗어나면[4] 벗어날수록 더욱더 높아져, 자기 자신을 넘어 피와 살과 골수를 통과해 순수한 근저에 접근하도록 종종 압박할 것입니다.

그렇지만 이런 접근과 반대로 서로 다르게 행동하는 두 종류의 인간이 있습니다.

---

2  원 텍스트 안에는 불명확하다. 번역가들은 대체로 도움을 받아야 했다.
3  Corin, Sermons II, 58. 각주 58 안에서 아우구스티누스의 『고백록』 VII, 10에 대한 암시를 이용하는 것.
4  Corin에 따르면, Wi 2, S. 34,2에 대한 각주 (3)과 S. 33,6에 대한 각주 (2).

첫째 부류는 본성적인 재능과 이성적인 이해와 상층의 것을 가지고 다가서는 사람들입니다. 그렇게 해서 이들은 이 근저를 흔들어 놓습니다. 그리고 그들은 이러한 생각을 듣고 이해하는 대로 이 갈망을 멈추기 때문에 커다란 평화를 얻으며, 이성적인 이해 안에서 "한 예루살렘"이 있다는 것과 평화를 소유할 것으로 생각합니다.

둘째 부류는 자기 자신의 의도(Vorsatz)와 자기 자신의 방법에 따라, 즉 기도에서나 관상(Betrachtung)에서나 그 외의 모든 다른 방법을 통해 근저를 준비하려고 하는 사람들입니다. 그들은 마치 그것 자체를 계획해 다른 사람들이 그것을 행할 수 있고 평화를 소유할 수 있는 것처럼 생각합니다.

이 경우에 그들은 전적으로 "예루살렘"이 됐다고 생각하고, 이러한 방식과 작용으로 커다란 평화를 가지며, 그들의 고유한 방식과 고유한 활동에서만 오직 무엇인가를 소유합니다.

그들은 오만에서든 육과 육신의 욕망에서든 감각적인 만족에서든 피조물의 의존에서든 혹은 판단에 있어서 그릇된 추측에서든, 이것이 그들의 결핍 안에 있다는 사실로부터 잘못된 평화라는 사실을 인지할 수 있습니다. 그리고 그들에게 어떠한 것을 행하도록 한다면, 비하나 욕설, 미움이나 불친절함과 같은 많은 동일한 부덕들이 곧바로 그들 안에서 일어나[5] 자유로운 파편들로 그들에게 남아 있을 것입니다.

---

[5] Corin에 따르면, Wi 2, S. 35,2 ff.와 수기 원본.

## 4 성탄절 설교(4): 예루살렘아! 일어나라 빛을 발하라!

바로 그때 그들은 이 근저를 준비해 그 안에서 활동하려고 하기에, 우리는 하나님이 그들의 근저를 준비시키실 수 없다는 것을 알 수 있습니다. 그러므로 그들의 평화는 잘못된 것이고, 그들은 진실로 일어날 수 없습니다.

이 사람들은 "예루살렘"이 있는 것으로 감히 생각하거나 그것을 그들 자신의 진정한 평화로 여길 것이 아니라, 자신들의 부족함을 극복하기 위해 심히 괴로워해야 하고, 우리 주 예수 그리스도의 모범에 따라 사랑과 겸손의 사역에서 훈련받아야 할 것이며, 모든 일들 안에서 자신들의 기질(Eigenheiten)을 죽이고 일어나는 것을 배워야 합니다.

그러나 다른 사람들은 고귀한 사람들이고, 진실로 일어나 진리가 그들을 빛나도록 합니다. 그들은 하나님을 위해 그들의 근저를 준비해 자기 자신을 오직 하나님에게 위임하고 모든 사물 안에서 그들의 것을 벗겨낼 것입니다. 그들은 어떠한 물질이나 활동, 예배의 방식들, 행동, 떠남 안에서 또는 기쁠 때나 슬플 때조차 아무것도 그들의 소유로 삼지 않을 것입니다.

그들은 겸손한 경외감 안에서 하나님으로부터 모든 사물을 받아들이고, 그들의 자아의 순수한 겸손과 의지의 내려놓음(Gelassenheit) 안에서 그것들을 다시 하나님을 향해 전적으로 위로 올리며, 겸손하게 신적인 의지에 굴복합니다.

하나님이 이것을 모든 사물 안에서 원하듯이, 그들은 평화로울 때든 불안할 때든 그것에 만족할 것입니다. 그때 그들은 오직 하나님의 선하고 원하는 의지만을 바라봅니다. 주님의 제자들이 예루살렘을 향해 절기를 지내려 할 때, 주님이 자기의 제자들에게 말하려고 했던 것은 이 사람들에 관한 것이었습니다.

너희는 올라가라!
너희의 때가 이르렀으나 나의 때는 아직 이르지 않았느니라!

이 사람들의 때는 그들이 인내하고 하나님에게 위임하는 바로 그 때입니다. 이때는 영구적입니다. 그러나 주님의 때는 아직 이르지 않았습니다. 하나님이 활동하거나 빛나야 하기를 원하시는 때, 그들의 일은 내려놓고 인내하면서 동시에 하나님의 신적인 의지에 이것을 위임하는 일입니다.

이 사람들과 첫 번째 사람들 가운데 차이는 그들 자체가 하나님을 위해 그들의 근저를 준비하지도 않고, 또 그것을 행하려고 하지도 않는다는 것입니다. 따라서 이들은 아마도 첫 번째 괴로움과 자극의 존재를 가집니다. 어느 사람도 그것들로부터 자유롭지 못할 것입니다.

그러나 그들은 그들의 결함, 즉 오만, 육신의 욕망 혹은 일시적인 것들에 대한 의존, 화, 증오를 꾸짖을 때마다 혹은 그 외의 것으로 괴롭힘을 당하거나 그들 자신을 심히 불쾌하고 힘들게 만드는 것을 마주할 때마다 첫 번째 자극에 따라 자기 자신을 겸손히 하나님에게 위임하고, 그의 의지에 위탁해 고난을 겪으며 자기 자신을 떠납니다. 이런 인간들은 진리 안에 있는 자들입니다.

그들은 자기 자신을 넘어 모든 사물에 도달하기 때문입니다. 이 사람들은 진정한 예루살렘이 진실로 되고, 불안 속에서 평화를 찾으며 고통 속에서도 사랑을 가집니다. 그들은 모든 사물 안에서 하나님의 의지와 함께 만족하고, 그러므로 온 세상은 사물에게서 평화를 얻을 수 없습니다.

모든 마귀와 모든 사람이 그것을 약속한들, 그들은 평화를 얻을 수 없습니다. 이런 사람들은 유일하게 하나님만을 바라고 다른 어떤 것을 바라지 않습니다. 그리고 그들은 진리 안에서 빛나게 될 것입니다.

하나님은 그들 안에서 빛나고, 모든 사물 안에서 매우 단순하게 빛나며, 사유의 깊은 어둠 속에서보다 빛나는 빛 안에서 진실로 훨씬 더 빛날 것입니다.

아! 이들이 바로 사랑스러운 사람들이자 초월적이고 거룩한 인간들입니다.

그들은 하나님이 없이는 아무런 활동도 하지 않습니다. 그리고 그것을 그렇게 말하도록 허락하는 경우, 그들은 절대 일하지 않고 하나님이 그들 안에서 일하실 것입니다.

아! 이 사랑스러운 사람들은 온 세상을 짊어질 세상의 고귀한 기둥들입니다.

누가 거기서 올바르게 서 있을 수 있을까요?

이것은 축복되고 가치 있는 일일 것입니다.

이 두 종류의 사람들의 차이는 다음과 같습니다. 하나님이 근저를 준비하는데 자기 자신을 하나님에게 위임하지 않는 첫 번째 사람들은 스스로 근저를 준비합니다. 하지만 이들은 자신들의 재능 때문에 자신들의 결함에 사로잡혀 버려서 그곳에서 해방되지 못합니다. 그들은 그곳에 만족해 머무르면서 자기 자신의 것, 즉 자기 자신의 의지를 지켜냅니다.

그러나 자기 자신을 하나님의 의지에 위탁하는 일부 고귀한 사람들, 즉 고귀하고 복이 있으며 떠나는 사람들은 자기 자신보다 더 높이 상승하게 됩니다.

그들은 약함으로 유혹을 받는 것을 통해 약함을 알게 되고, 그렇게 해서 곧바로 하나님을 향해 달려갑니다. 이때 그것은 더 이상 약한 것이 아닙니다. 그들은 신적인 자유 안에 있기 때문입니다. 이 사람들은 하나님이 그들의 근저를 준비해주실 것이라고 바라지 않습니다.

그들이 외적인 사역을 하는데 이것은 결코 적절하지 아닙니다. 맞습니다! 이것은 전혀 필요치 않은 일입니다.

그러므로 여러분은 "surge"라는 단어를 생각하면서 그들에게 일어나라고 말하십시오!

물론 이것은 항상 한 가지 사역입니다. 사실 한 사역이란 그들에게 속하는 일이고, 그들이 살아가면서 언제나 끊임없이 행해야 하는 일입니다. 만약 인간이 언제든 일어나려 하고 자신의 영을 하나님에게 상승하기를 원하면, 그렇다면 그는 근저의 내적 자유 없이는 결코 완덕에 이룰 수 없습니다.

## 4 성탄절 설교(4): 예루살렘아! 일어나라 빛을 발하라!

태어난 그 이가 어디에 있느냐?(마 2:2)

우리는 이 질문을 겸손하게 경외감을 가지고서, 내적인 것의 인지 속에서 던져야 합니다.

하나님이 인간에게서 원하신 것은 그가 이미 충분히 행하셨습니다.

하나님이 이 사람에게 고통을 보내시면, 그들은 고통을 겪게 됩니다. 그가 그들을 움직이시면 그들은 움직일 것입니다. 그가 그들을 바라보거나 향유한다면, 그들은 향유할 것입니다. 그들은 하나님이 근저를 준비시키고 정화한 증거를 자기 자신 안에서 부여할 것입니다. 하나님만이 이 근저를 소유하려 하시는데, 그는 피조물이 그곳에 가까이 가는 것을 원치 않습니다.

하나님은 이 근저에서 첫 번째 사람들에게 간접적으로 영향을 미치나, 다른 고귀하고 복이 있는 사람들에게는 직접 영향을 미칩니다. 그러나 그가 이들 안에서 접근된 근저에서만 직접 활동했다는 것을 누구도 말할 수 있거나 혹은 어떤 사람이 다른 사람에게 그것을 말해 줄 수 있는 것이 아니라, 그것을 알고 있는 자만이 그것을 인지할 뿐, 하나님 역시 그것을 당신에게 말해주지 않습니다.

하나님이 이 근저를 진실로 소유한다면 모든 외적인 사역들은 곧바로 사람에게서 축소될 것입니다. 그러나 하나님의 이런 내적인 인지는 인간 안에서 증가할 것입니다. 그리고 인간이 대단한 열정과 하나님의 은총을 통해서 다가설 수 있는 가장 고귀한 것에 다가선다면,

우리 주님이 말했듯이, 인간은 자기 자신을 전적으로 부인합니다.

> 너희가 너희 능력 안에서 있었던 모든 것을 행했다고 하더라도 너희는 무익한 종이니라(눅 17:10).

결코, 완전해질 수 없는 인간이 겸손한 경외감 안에서 어떻게 살지 않는다는 말입니까?

그러나 그는 가장 고귀한 장소에서 계속해서 말하고 생각해야 합니다.

> 오 주여! 당신의 뜻이 이뤄지게 하소서!(*fiat voluntas tua*).

그리고 인간이 어떤 사물에 의존하는지, 나아가 인간은 하나님의 고귀하고 직접적인 사역을 방해하는 어떤 것을 왜 스스로 발견하지 못하는지를 조심스럽게 고려해 봐야 합니다. 따라서 우리 모두는 하나님이 그의 사역을 우리 안에서 행하시도록 합니다.

"일어나야 할 것입니다."

이것을 위해 사랑의 하나님이 우리를 도우실 것입니다.

아멘.

## 5

## 사순절 전 주일 설교:
## 나의 멍에를 메고 내게 배우라[1]

(*Iugum enim meum suave et onus meum leve*, 마 11:29 f.)

> 나는 마음이 온유하고 겸손하니 나의 멍에를 메고 내게 배우라
> 그리하면 너희 마음이 쉼을 얻으리니(마 11:29).

영원한 진리이신 우리 주님 예수 그리스도는 말씀하셨습니다.

내 멍에는 달콤하고, 내 짐은 가벼우니라.

그리스도는 그들이 본성을 따르기 때문에 하나님의 멍에를 쓰라리게 느끼고 그의 짐을 무겁게 여긴다고 말합니다. 인간의 본성상 생각

---

[1] 사순절 전 주일 마태복음의 설교는 영혼이 시간과 영원 사이에서 어떻게 서 있는지를 가르쳐 준다. 그리고 영혼이 모든 세속적인 형상들로부터 분리된다면, 영혼은 달콤한 멍에를 메고 외적인 사람은 가벼운 짐을 질 것이다.

을 품는 모든 자는 주님의 말씀에 이의를 제기합니다. 하지만, 모든 말씀은 진실해야 합니다. 영원한 진리는 언제나 그것을 말합니다.

여기서 질질 끌려가거나 옮겨지는 사물이 멍에라고 불립니다. 짐은 매우 부담을 주거나 무겁게 내리누르는 것을 칭합니다. 멍에는 내적인 사람을, 짐은 외적이고 예스러우며 세속적인[2] 사람을 가리키는 것으로 생각할 수 있습니다.

내적이고 고귀한 사람은 신성의 고귀한 근저에서 나왔고, 고귀하고 순수한 하나님에 의해 형성되며, 다시 그곳으로 초대받아 안으로 이끌려 갑니다. 그는 본성의 고귀한 유쾌한 근저를 소유하고 있는 모든 선에 관여합니다.

영혼은 신적인 은총을 통해서 이곳에 도달할 수 있습니다. 하나님이 내적인 영혼의 근저 안에서 근저를 두었고, 은폐돼 숨겨진 그곳에 머무르신 것처럼 이것을 인지하고 인식하며 고찰할 수 있는 자는 틀림없이 복을 받을 것입니다. 물론 인간 역시 자신의 시선을 외부로 돌려 미궁에 빠지게 된다면, 그는 영원의 유혹(Locken)에 대한 애착을 느낄 것입니다.

그러나 그가 그것들에서 벗어난다고 하더라도[3], 그는 어떤 휴식도 찾지 못할 것입니다. 모든 다른 사물은 실제로 하늘의 선을 외면하기 때문에 그에게 만족스러울 수 없습니다. 하늘의 선은 그의 앎 없이

---

[2] Corin에 따르면, Wi 2, S. 40,11에 대한 App. (3).
[3] Corin에 따르면 Wi 2, S. 41,7에 대한 App. (3). 하나의 가능한 견해이지 완전히 안전한 견해는 아니다.

그를 계속해서 가장 고귀한 것으로 옮기고 인도합니다.

모든 사물이 목표하는 것에서 안식을 취한다는 것은 바로 선을 지향하는 것입니다. 돌이 땅으로 끌어 당겨지고 불이 공기에서 타오르듯이, 하늘의 선은 영혼을 하나님에게 이끌어 당깁니다.

이와 같은 멍에를 지고 가는 것과 끌어 당기는 것은 도대체 어떤 사람들에게 달콤할 수 있을까요?

이것은 외모와 마음이 내적으로[4] 향하고 모든 피조물에서 벗어나 있는 사람들에게 가능한 일입니다. 따라서 영혼은 시간과 영원 가운데 똑바로 서 있습니다. 영혼이 시간 안에서 행한다면, 영혼은 영원을 망각할 것입니다. 그리고 우리가 사물을 멀리서 보면 작게 보이고 가까이서 보면 크게 보이는 것처럼, 영원에서 꽤 멀리 벗어난 사물은 작을 것이고, 가까이에 있는 사물은 클 것입니다.

눈과 사물 사이의 방해물은 작기 때문입니다. 예를 들면, 태양이 지구보다 6배나 크지만 작게 보이는 것과 같습니다. 그러나 태양이 하늘 높이 떠 있는 여름철에 물로 채워진 대야를 이용하는 사람과 작은 거울을 걸어 둔 사람에 의해서 태양은 거울에 비칠 만큼 작고, 작은 바닥재보다 크지 않게 보일 것입니다.

작은 거울과 커다란 태양 사이에 다가오는 방해물이 비록 작다고 하더라도, 그것은 거울에서 커다란 태양의 형상을 완전히 사라지게

---

4  Corin에 따르면 Wi 2, S. 41,13에 대한 App. (3). 코린의 이해 "inwert"는 베테의 26,2보다 선용된다.

할 수도 있습니다.

이것은 방해물을 설치한 사람에게도 마찬가지로 동일한 일입니다. 그것이 무엇으로 존재하든 혹은 그것의 크기와 상관없이 그는 이 근저 안에서 전혀 볼 수 없습니다. 위대한 선으로서 하나님이 영혼의 거울 안에서 비유적으로 설명할 수 있다는 것은 틀림없이 하나님을 방해할 것입니다.

오! 고귀하고 순수하지만, 세속적인 모든 형상은 모든 형태(Form)를 벗어나 있는 하나님의 형상(Bild)에게 방해물입니다.

영혼은 그 자신 안에 태양을 드러내기 위해 모든 형상으로부터 자유롭고 독립적이어야 합니다. 영혼은 하나의 형상이 거울 안에 드러난 곳에서 하나님의 형상을 받아들일 수 없습니다.

세속적인 형상들로부터 해방되기 위해서 애를 쓰지 않는 모든 자는 숨겨져 있는 근저를 제시할 수도 없고 비유적으로 설명할 수 없습니다. 이들은 모두 하찮은 일을 하는 여성들이며, 멍에는 그녀들에게 쓰라린 것입니다. 그리고 오리게네스(Origenes)가 말하듯이, 이것은 이런 근저를 관찰하거나 경험하지 못한 자들에 대한 공개적인 표식(Zeichen)입니다.

그는 그것을 결코 자신의 것으로 생각하거나 향유해서는 안 됩니다. 일상의 삶에서 최소한 한 번 이상 자신의 능력을 통해 근저로 향하려고 하지 않는 사람은 확실히 그리스도처럼 사는 것이 아닙니다.

그러나 하나님의 빛(Sonne)은 세속적인 형상을 버리는 자들의 근저를 정화하고, 그들의 근저 안에서 노닐며 근저로 흘러 들어가게 할 수 있습니다. 그 결과 그들에게 하나님의 멍에는 꿀보다도 달고 모든 맛의 달콤함 이상으로 달콤합니다.

하지만 그렇게 존재하지 않은 모든 것은 그들에게 맛없고 쓰라린 것입니다. 이것을 맛본 모든 사람에게 세상은 쓴 쓸개즙과 같습니다.

이 고귀한 근저가 향유되었던 곳에서 멍에는 매우 심한 압박이 가해져 움직여지기 때문입니다. 물론 멍에는 뼈에서 골수를, 혈관에서 피를 잡아당길 것입니다. 그리고 이 형상을 진리 안에서 비유적으로 소개했던 곳에서는 모든 형상이 소멸하고 근저로부터 떠나 구분됩니다.[5]

그런즉, 어떤 일이 되었든 사물은 당신을 방해하는 원인이 됩니다. 당신은 사물을 통해서 당신의 고유한 것에 붙들리기 때문입니다. 만약 당신이 모든 형상과 자기의 의지에서 벗어난다면 당신은 왕국을 소유할 수 있는데, 이 일은 당신에게 결코 나쁜 일이 아닙니다.

사물에 대한 익숙함에서 자유롭고 (세속적인) 형상들에서 벗어나십시오!

그러면 당신은 항상 모든 사물에서 필요한 것을 소유할 수 있을 것입니다. 교부 중 한 사람은 이렇게 말합니다. 인간은 모든 세속적인 형상들에서 벗어나 있으므로, 그 어떤 것도 그에게 가까이 다가설 수 없었습니다.

---

[5] Vetter 26,33: "in schedelicher wisen." Corin, Wi 2의 S. 44 App. (3)은 "in scheidelicher wisen"으로 제안한다. 나는 코린의 제안을 받아들여 번역한다.

언젠가 어떤 사람이 그의 문을 두드려 무엇인가를 청했습니다. 문을 두드린 자는 그가 그것을 그에게 가져오기를 청한다고 말했습니다. 그러나 그는 집에서 그것을 잃어버렸습니다. 그 사람이 또다시 문을 두드리자, 그는 "당신이 원하는 것이 무엇이냐"고 물었습니다.

이 사람은 두 번째로 청했습니다.

그는 그것을 가져오기를 바랐다고 그에게 말했습니다.

그리고 그는 그것을 두 번째로 잃어버렸습니다.

세 번째로 그 사람이 문을 두드렸습니다. 교부가 말합니다.

"와서 당신이 그것을 받아 가십시오!"

나는 이 형상을 그리 오래 유지할 수 없습니다. 그런즉, 나의 영은 모든 세속적인 형상에게서 벗어난 것입니다.

신적인 빛은 세속적인 형상들에서 자유로운 사람들 안에서 빛나는데, 이 사람들은 자기 자신과 모든 사물로부터 훨씬 훌륭하게 벗어날 것입니다. 그러므로 이들은 자신의 의지, 예컨대 자기 자신과 모든 사물을 이미 하나님의 의지에 위임했습니다. 그들은 그것 안에서 서로 얽혀 있습니다.

그들은 매우 자비롭게 하나님의 멍에 안으로 끌려 들어가 사물을 잃어버립니다. 그렇기에 사물은 그들에게 아주 작게 보일 것입니다. 그리고 영원한 것들은 가까워지고 내적이며 근접해져서 그들에게 크게 보일 것입니다. 어떤 방해물도 그들을 영원한 것들로부터 떼어놓을 수 없으므로, 그들은 자비로움을 맛볼 것입니다.

이때 우리는 다른 말씀을 숙고해 봐야 합니다!

## 5 사순절 전 주일 설교: 나의 멍에를 메고 내게 배우라

내 짐은 심히 가벼우니라!

이 경우 우리는 다양한 고통을 넘어서는 외적인 인간에 관해 생각해 봐야 합니다.

자비로우신 하나님!

하나님의 짐을 가볍게 여길 축복된 사람들은 도대체 어디에 있습니까?

그 누구도 고통을 원하지는 않지만, 그것은 항상 고통과 떠남을 제공하기 때문에, 당신이 원하는 것처럼 태도를 바꾸십시오!

그리스도 자신도 고통을 받아야 했으므로, 그의 영광에 들어가실 수 있었던 것입니다.

그렇다면 당신은 도대체 무엇을 참아야 할까요?

하나님에 의해서든 인간에 의해서든 하나님의 결정들과 섭리들이 당신을 쓰러트리는 어디서든, 당신은 어떻게든 하나님의 결정들과 섭리들을 견뎌내야 합니다.

당신의 친구들이 당신을 위해 죽거나 당신은 당신의 소유와 재산(Geschöpfe), 그리고 내외적인 위로를 잃어버릴 수도 있습니다. 그것은 하나님으로부터 온 것이기도 하고 피조물에서 온 것일 수도 있습니다.

당신은 이런 짐을 가볍게 짊어지십시오!

하지만, 당신 자신의 약함 역시 당신을 괴롭히고 당신은 그것들을 극복할 수도 극복할 수 있는 능력도 없습니다.

따라서 당신이 신적인 의지 안에서 견뎌내려면 당신의 짐들을 아래로 내려놓고 당신의 고통을 하나님에게 맡기십시오!

말이 마구간에 배출하는 배설물은 불결하고 악취를 발생시키지만, 그 말은 자신이 배출한 배설물을 애써서 들판으로 나릅니다. 그러면 거기서 고귀하고 아름다운 밀과 달콤한 포도주가 자랍니다. 만약 말의 배설물이 없다면, 그곳에서는 아무것도 자랄 수 없습니다. 여기서 배설물이 뜻하는 것은 당신 스스로의 약함으로, 당신은 이것을 제거하거나 극복하거나 떼어낼 수 없습니다. 이 약함은 당신 자신의 것을 진정으로 힘써서 떠나도록 해(Gelassenheit) 자비로운 하나님의 의지의 전답(Acker)으로 운반해 줍니다.

이러한 고귀한 들판에 당신의 배설물을 뿌리십시오!

겸손한 떠남 안에서 고귀한, 기쁨의 열매가 거기서 틀림없이 열릴 것입니다.

겸손한 떠남과 하나님의 모든[6] 결정과 섭리, 그리고 이러한 짐 아래에서 자기 자신을 굽히는 자, 겸손한 희망 안에서 끊임없는 진지함으로 소유와 궁핍에서 하나님의 의지에 순종하는 자, 모든 사물을 하나님에게 받아들여 모든 외적인 것에서 진실로 벗어나 자기 자신 안에 내적으로 머무르되, 자기 자신의 것과 모든 피조물의 부인 안에 영원한 하나님의 의지로 함몰하고 하나님에게 다시 짐을 지울 수 있는 자, 이것을 행하고 거기에 확고히 머무르는 자에게 하나님의 짐은

---

6   LT, BT, KT에 따라; cf, Corin, Wi 2, S. 47,12에 대한 수기 원본.

## 5 사순절 전 주일 설교: 나의 멍에를 메고 내게 배우라

심히 가벼울 것입니다.

그뿐만 아니라 그런 사람에게 온 세상의 짊어져야 할 모든 짐을 지운다고 하더라도, 그것은 매우 가벼워서 그에게 무척 가벼울 것입니다. 왜냐하면, 그것은 진실로 순수한 없음(Nichts)이기 때문입니다.

그것은 그에게 큰 환희, 만족함, 기쁨, 천국이라고 할 수 있습니다. 하나님은 이런 짐을 가볍게 지실 수 있는 분입니다. 그리고 인간은 그것에서 완전히 벗어나야[7] 그 자신의 자아에서 떠날 수 있습니다.

하지만, 하나님은 그의 내부로 들어가 모든 방식으로 모든 행위와 떠남을 전적으로 행하실 것입니다. 따라서 고귀하신 하나님은 우리 안에서 활동하실 수 있고, 그의 멍에는 우리에게 달콤하며 그의 짐은 가볍게 될 것입니다. 그것을 위해 하나님은 우리를 도우실 것입니다.

아멘.

---

[7] LT, AT, KT에 따라; cf, Corin, Wi 2, S. 48,9에 대한 수기 원본.

# 6

## 사순절 주일 설교:
## 포도원 품꾼 비유[1]

(*Simile est regnum caelorum* ⋯ , 마 20:1-16)

---

> 천국은 마치 품꾼을 얻어 포도원에 들여보내려고 이른 아침에 나간 집 주인과 같으니(마 20:1).

---

오늘의 복음서에 기록된 것은 다음과 같습니다.

천국은 밖에 나아가 그의 포도원을 위해 일꾼들을 찾는 주인과 같으니라. 그는 이른 아침 일찍 나갔고, 이어서 삼시와 육시에 나갔다. 그리고 그는 품꾼들에게 하루 일당으로 한 데나리온을 약속했다.

저녁에 그가 돌아 왔을 때, 그는 빈둥빈둥 놀고 있는 사람들을 발견했고 그들에게 말했습니다.

---

[1] (할렐루야를 중지했을 때) 사순절 주일 마태복음의 포도밭 비유 설교는 우리가 앞으로 나아가고 위를 지향하는 데 어떠한 망설임이나 머뭇거림이 없도록 가르친다.

"너희는 왜 온 종일 여기서 빈둥대며 서 있느냐?"
"너희는 나의 포도원으로 가라!"
"그러면 나는 너희에게 공정하게 줄 것이니라."


주인은 우리 주 예수 그리스도이시고, 그의 집은 천국이자 땅이고, 연옥이자 지옥입니다. 그는 모든 자연이 혼란에 빠져 그의 아끼는 포도원을 경작하지 않은 채 방치됐다는 것을 알았습니다. 이런 고귀한 포도원을 소유하도록 창조되었던 인간의 본성은 사랑스러운 포도원이 미처 경작되지도 않은 채로 버려두는 실수를 범했습니다.

실제로 이 주인은 인간을 다시 포도원으로 초대하기를 원해 그에 적합한 인간을 선택하기 위해 아침 일찍부터 밖으로 나가셨습니다.

우리 주님이 영원한 탄생과 아버지의 심령에서 발현하셨으나 그곳에 여전히 머물렀을 때, 우리의 자비로운 주님은 한편으로 아침 일찍 밖으로 나가셨습니다. 다른 한편으로 우리 주 예수 그리스도는 우리와 협상해 우리를 포도원으로 다시 데려가기 위해 일찍부터 인간 본성을 향해 다가오셨습니다.

그래서 그는 이른 아침과 삼시, 육시 그리고 구시에 사람들을 찾았습니다. 그는 간식 시간에 재차 나가셔서 사람들을 찾았는데, 이 사람들은 빈둥빈둥 놀고 있었습니다. 그때 주님은 그들이 왜 거기서 온 종일 빈둥빈둥 놀며 서 있는지를 불평 섞인 어조로 물었습니다. 그러자 그들이 변명합니다.

"누구도 우리와 협상하지 않았나이다."

이 사람들은 여전히 그들의 본성적인 순수함과 결백함을 소유하고 있는 사람들입니다. 그렇기에 그들은 매우 축복받은 자들입니다. 하나님은 세상이나 피조물이 그들과 협상하지 않았다는 것을 알고 계셨습니다.

또한, 하나님은 그들을 여러 번 고용했는데도 자유롭고 벗어나 있어서, 그들은 고용되지 않았다는 사실을 알고 계셨습니다. 그들은 빈둥대는 것, 즉 순수함과 냉정함(Kaltheit) 안에서 사랑과 은총 없이 서 있습니다.

하나님의 사랑이 사람 안에 존재하지 않은 곳, 인간이 그의 자연적 상태 안에 있는 동안 (가능한 경우, 그러한 한 사람이 온 세상에서 이뤄졌던 모든 선한 사역을 행했을 때), 이 사람은 여전히 빈둥빈둥 쓸모없이 서 있을 것이기에, 그 어떤 것도 그에게 도움을 줄 수 없습니다. 주님의 이른 외출은 은총의 시작을 뜻합니다. 어둠이 최후를 맞고 은총의 날이 시작되기 때문에 아침은 저녁의 끝입니다.

주인이 말합니다.

너희는 왜 빈둥빈둥 서 있느냐?

포도원으로 가라!

그러면 내가 너희에게 필요한 것을 줄 것이니라.

그들은 일하기 위해 포도원으로 갔으나, 그곳으로 가는 방식은 각각 다양했습니다. 일부 사람들은 시작하면서 함께 한 사람들인데, 외적인 일로, 감각적으로, 그들 자신의 계획을 세우고 갔습니다.

그들은 그곳에 정체돼 있는 동시에 금식과 깨어 있음과 같은 외적인 사역을 훌륭하게 실행합니다. 그들은 기도를 많이 하지만, 근저에는 관심을 두지 않습니다. 그들은 감각적인 만족과 애착과 혐오스러움에 머무르면서 공정하지 못하게 판단합니다. 오만, 거친 성질의 본성, 쓰라림, 고유성, 완고함 등과 유사한 수많은 약함이 당신 안에 거주합니다.

다른 일부 사람들은 감각적인 만족을 거절했고, 또한 커다란 약함을 극복하고 보다 더 높은 단계로 향했습니다. 그들은 이성에게 적절한 경건 훈련에 살고, 심오한 진리에 도달하지 못할 때는 욕망과 환희에 빠집니다.

그러나 세 번째 부류의 사람들은 사랑스러운 사람들인데, 그들은 모든 사물을 뛰 넘어 정해진 고귀한 뜻을 가지고 포도원으로 갑니다. 이 사람들은 마치 하나님이 자기 자신들 안에 있는 것처럼 자신들의 생각과 사랑을 오로지 하나님에게 향합니다. 그것이 설령 하나님에 의해서 이뤄진 유출로서 자신의 안위에 유익할 수 있는 일이라고 하더라도, 어떤 다른 일에 관심을 두지 않습니다.

그들은 내재성과 소박함 안에서 하나님에게 침잠하는데, 그것은 하나님의 영원하신 지복의 의지가 그들과 모든 피조물 안에서 성취될 것이라는 의미에서 하나님을 찬양하고 하나님에게 영광을 돌리기 때문입니다.

그것을 통해 그들은 인내하고 모든 사물에서 벗어납니다. 그들은 하나님으로부터 모든 것을 받아들이고, 그들이 받은 모든 것을 순수한 의도로 하나님에게 전적으로 다시 바칩니다. 그리고 그들은 하나님의 것을 결코 부당하게 차지하지 않습니다.

따라서 그들은 수원지에서 흘러나와 다시 그곳으로 되돌아가는 물과 같고, 대양에서 흘러나와 항상 그것의 원천으로 되돌아가는 바다와 같은 처지에 있습니다. 이처럼 그들은 모든 선물(Gabe)을 다시 근저로 실어 나르고, 어떤 곳에서부터 나와서 이러한 근원 자체로 되돌아 흘러 들어갑니다.

욕망과 이익 또는 그 어떤 것도 그 선물을 붙잡아 둘 수 없으므로, 그들은 자신들의 선물을 하나님에게 다시 실어 나르며, 따라서 하나님은 불가피하게 그들의 내적인 정착지가 되시는 분입니다.

이와 같은 의도가 사람들에게서 매우 순수하고 자발적으로 생기고 매우 단순하게 전적으로 하나님만을 향해 간다고 할지라도, 본성은 계속해서 작은 부분이라도 자기 자신을 위해 다시 애를 쓸 것입니다. 그가 원하든지 원하지 않든지 간에 인간은 그것에 자유로울 수 없습니다. 이것은 바로 인간이 하나님을 즐겨 소유하고 축복 되는 것을 본성적으로 갈망한다는 것입니다.

그러나 이것은 심히 작은 일부분만이 고려되고, 염려된 것일 뿐입니다. 인간이 사역을 위해 그곳에 있다고 하더라도 포도원의 일꾼은 어쨌든 간식을 먹어야 하는 것과 같은 일입니다. 일은 온종일 지속하고, 어떤 시간도 원기를 회복하는 데 충분하지 않지만, 일꾼은 해야 할 일을 하기 위해서 그곳에 있습니다.

그러므로 그가 섭취한 음식물은 몸과 피를 통해서 골수와 전신에 흡수되고, 영양분은 완전히 소화돼 그가 노동할 때 다시 소모됩니다. 이 모든 과정은 노동 때문에 발생하고 또다시 그는 포도원에서 일하면서 섭취한 음식물을 완전히 소모합니다. 따라서 고귀한 사람 역시 이와 같은 입장입니다.

그가 하나님의 은총과 비슷한 것을 소유하기를 원해 자기 자신 안에서 어떤 갈망을 발견한다면 그는 음식물이 실제로 원기를 회복시키고 힘이 솟아나도록 하는데도 자신의 것을 극히 일부만 고려할 것입니다.

그가 다시 일하는 동안 음식물이 소모돼도 극히 적은 양만 고려될 것입니다. 그리고 음식물은 가장 고귀한 의지를 위해 모든 방식으로 하나님에게 다시 흘러 들어가 소모되고, 인간이 영양분을 흡수하듯 그는 하나님의 말씀을 섭취해 이로써 정성 어린 유출 안에서 다시 원기를 회복합니다.

아! 사랑하는 자들이여!

사랑스럽고 영적인 방법으로 하나님의 선물을 하나님에게 온전히 되돌리려고 하는 자들은 아직도 계속해서 선물을 받으며 가치를 두는 사람들입니다. 이 사람들은 진주와 황금을 먹는 것과 세상이 가지고 싶어 하는 가장 최고의 것에 가치를 두는 자들일 것입니다. 그러나 어떤 고귀하고 가난한 사람은 실제로 이것들을 소유하지 않습니다.

이 사람은 하나님의 전능한 능력으로 침잠해 들어가, 하나님의 전능한 능력이 도울 수 있을 것이라는 사실에 전적인 확신하게 됩니다.

오! 나의 사랑이여!

그것은 이 사람과 포도나무와 비교될 수 있습니다. 외견상으로 포도나무는 검고 메마르고 애절한 것입니다. 하지만 포도나무를 전혀 알지 못하는 자에게 그것은 불에 내던져 태워 버리는 것보다 더 좋을 것이 없다고 생각될 수 있습니다.

그런데 근저 안에서, 즉 내적으로 살아 있는 줄기가 숨겨져 있고, 가장 고귀하고 달콤한 열매가 고귀한 능력에서 싹을 틔우며, 심지어 모든 다른 나무들에서 싹 튼 것보다 더 고귀하고 달콤하게 싹을 틔울 것입니다.

마찬가지로 이 같은 가장 가치 있게 하나님에게 침잠한 사람들이 되는데, 이 사람들은 외형상 자연스럽게 무익한 백성이고, 겉으로는 어둡고 메마른 사람들입니다. 그들은 외적으로 봐 겸손하고 작은 자들이기 때문입니다. 그들은 훌륭한 언행과 행동, 계획을 지니지도 않고, 전혀 빛나지 않는 가장 작은 자들입니다.

그러나 근저 안에 있는 이 살아 있는 가지를 인식했던 자들이 그들의 몫을 포기하는 곳, 하나님이 그들의 일부이자 정착지가 되는 곳, 이곳을 인지하는 일은 심히 유쾌한 일일 것입니다.

실제로 포도원 주인은 곧바로 포도밭으로 가서 야생의 포도나무 열매를 잘라버릴 것입니다. 그가 그것을 행하지 않고 좋은 나무에 그것을 남겨둔다면, 포도는 신맛을 가지고 또한 적은 양의 포도주를 생산할 것입니다. 따라서 고귀한 사람 역시 그렇게 행하고, 모든 무질서에서 벗어나 사랑과 인내 안에서 그의 모든 기질과 애착을 근저로부터 뿌리째 뽑아내야 합니다.

이것은 악한 결함을 잘라내는 것을 말하고, 그때 머리와 팔과 다리도 부러질 것입니다.

당신은 잘라내야 하는 것이 무엇인지 알 때까지 칼로 잘라내십시오!

포도원 주인이 예술을 잘 몰라서 포도를 생산하는 고귀한 나무를 야생의 포도나무와 함께 베어내어 포도밭을 망쳐버릴 수도 있습니다. 즉, 이것은 모든 전문적이지 못한 사람들, 즉 예술에 능하지 못한 자들이 행하는 일이기 때문입니다.

당신은 어쩔 수 없이 부덕과 악한 애착들을 본성의 근저 안에 남겨 둔 채로 악한 본성만 잘라내십시오!

본성은 그 자체로는 선하고 고귀합니다.

당신은 거기서 무엇을 잘라내기를 원합니까?

수확의 시기에 거룩한 생활(göttliches Leben)이 다가온다고 하더라도 당신은 본성을 더럽혔습니다.

그것은 포도 덩굴들에 붙어 아래로 향하지만, 그는 덩굴을 고정하기 위해 지주를 사용해 받칩니다. 이에 따라 우리는 달콤하고 거룩한 삶과 전적으로 선한 사람의 지주이신 우리 주 예수 그리스도의 거룩하신 모범과 고난을 생각했으면 합니다.

인간은 진리 안에서 그리스도께 침잠하고 굴복해야 하는데[2], 이것은 인간의 가장 높은 것이 진실하게 자기를 낮추는 겸손으로써 외적인 행동 안에서뿐만 아니라 근저로부터 아래로 향하는 것입니다.

아! 내외적인 능력, 감각적인 능력, 의지적이고 이성적인 능력과 같은 이 모든 것들은 감각이나 의지, 혹은 어떤 다른 능력에 자유롭지 못한 상태에 고착됩니다.

하지만, 만약 인간이 신적인 바람 아래 올바른 질서 안에 구속되고 고착된 채 서 있을 수 있다면, 이것은 하나님이 처음부터 심히 바라셨던 일일 것입니다.

이어서 우리는 포도 덩굴에 있는 지주대를 옮기고 잡초를 제거해야만 합니다.[3] 우리가 제거해야 하는 어떠한 것이 여전히 그곳에 있든 없든 상관없이 인간은 그의 근저에 대한 깊은 관심을 가지고 자기 자신을 온전히 갈아엎어야 합니다. 우리는 신적인 빛(göttliche Sonne)이 더 이상 방해받지 않고, 인간의 근저에 접근할 수 있으며 빛날 수 있도록 해야 합니다.

당신이 자기의 가장 고귀한 능력을 그곳에서 행하게 된다면, 태양(Sonne)은 나무를 살려 그 속에 숨어 있는 능력으로 수분을 끌어들이고, 포도는 심히 아름답게 열매를 맺을 것입니다. 아! 인간이 어떤 고귀하고 값비싼 열매를 맺을 수 있도록 하나님이 도우시더라도 말

---

2  스트라우흐(Strauch)의 교정에 따라 베테에게서 32,6: "nieder gebouget"(그래서 LT와 BT 안에서): PBB XLIV,21.
3  스트라우흐의 교정에 따라 vetter 32,14 f. "rútet"와 "usrút": PBB XLIV,21.

입니다.

　인간은 또한 신적인 빛이 그곳에서 활동하고 빛날 수 있도록 자신의 포도를 잘 돌봐야 합니다!

　그러면 태양은 빛을 발산해 포도에 비추고 꽃을 피울 것입니다.

　아! 이 포도는 매우 선하고 고귀한 향기를 퍼트리기에, 모든 독소는 완전히 사라지고 두꺼비나 뱀은 이 향기를 견딜 수 없을 것입니다.

　오! 신적인 빛이 근저를 직접 접촉하는 곳, 바로 그곳에서 생산되는 모든 열매는 내외적으로 매우 순수하게 하나님을 향하고, 정결한 하나님의 뜻 안에서 매우 아름답게 피어납니다. 그것은 또한 진리 안에서 매우 놀랍고 고귀한 향기를 뿜어내 늙은 뱀의 모든 독소가 완전히 사라지도록 할 것입니다.

　게다가 모든 마귀가 지옥에서 독소를 만들고 모든 인간이 지상에서 독소를 만들어도, 그들은 정결하고 신적인 인간에게 결코 해를 끼치지 못할 것입니다. 그가 올바른 길에 서 있기만 하다면, 그들이 아무리 그를 해하려고 시도하더라도 그것은 그를 더욱 격상시키는 일일 뿐입니다.

　설령 그가 지옥의 심연의 근저까지 이 꽃을 가지고 끌려 들어가게 된다고 하더라도, 그는 그곳에서 천국과 하나님과 축복이 그 자신에게 주어질 수 있도록 해야 합니다. 이 꽃을 가져온 사람은 자기 자신이 대면한 어떠한 사물이 항상 어떻게 존재하는지 전혀 두려워할 필요가 없습니다. 인간이 하나님을 순수하게 사랑하는 곳에서는 무엇도 인간을 방해하거나 어지럽힐 수 없습니다.

이제 태양은 훨씬 더 청명하게 비추고 열매에 열을 투사하고, 열매를 더 투명하게 만들어 달콤함을 증가시킬 것입니다. 열매의 껍질은 매우 얇아질 것입니다. 껍질이 매우 얇아지는 결과로 우리는 신적인 통찰력에 매우 근접해져 신적인 이해를 끊임없이 가질 것입니다.

우리는 우리가 그쪽으로 매우 빠르게 향할 수 있다고 하더라도, 내적이고 신적인 빛이 하나님으로부터 비추고, 하늘에서 비췄던 것보다 훨씬 더 뚜렷하게 태양이 비추리라는 것을 알고 있습니다.

신성화된 모든 인간은 하나님 이외에 어떠한 사물을 진정으로 받아들이거나 맛보거나 본질에서 인식하지도 않은 데 비해, 오히려 훨씬 더 이성적인 지식과 이성적인 종류를 넘어 사물을 인식할 것입니다.

이것을 위해 태양은 모든 방해물 없이 열매에 비출 수 있도록 잎사귀를 따야 합니다. 마찬가지로 이 사람들 안에서 모든 방해물이 떨어져 나갈 때, 그들은 모든 것을 방해 없이 받아들일 것입니다. 이때 기도가 사라지고, 성인들의 모범과 경건의 모든 형태나 훈련 역시 사라질 것입니다.

그러나 인간은 이것이 사라질 때까지 이것을 억지로 벗어던져서는 안 됩니다. 그 이후의 열매는 말로 형용할 수 없을 정도로 달콤하기에, 어떠한 이성도 이것을 이해할 수 없습니다.

이 단계에 도달한 이런 사람의 영은 침몰하게 돼서는, 더 이상 구분을 상실해 버렸습니다. 그는 신성의 달콤함과 하나를 이루고, 신적인 존재는 인간의 존재를 사로잡아 버림으로, 가득 차 있는 커다란 포도주의 용기 안에 있는 한 방울의 물처럼 그 자신을 잃어버릴 것입니다.

영은 신적인 일치 안에서 하나님에게로 가라앉아 모든 구분을 상실합니다. 이때 그를 그곳으로 데려온 겸손과 사랑은 그 자신과 똑같이 자신의 이름을 곧바로 상실합니다. 그것은 어떤 구분도 없이 순수하고 조용하며 내밀한 일치를 지배합니다.

아! 이때 마음과 겸손은 단순성과 본질적인 침묵의 은폐성, 즉 결코 파악할 수 없는 것이 됩니다.

아! 그것은 당신이 자신의 계획에 따라 40년 동안 머무르는 것보다, 그곳에 아주 잠시라도 머무르는 것이 하나님을 위해 수천 배 더 유익하고 가치가 있습니다.

이것이 우리 모두를 위한 것이 되도록 하나님이 우리를 도우실 것입니다.

아멘!

# 7

## 사순절 주일 후 금요일 설교:
## 유월절에 예루살렘으로 오르신 예수님[1]

(Erat festus Iudeorum, 요 5:1 ff.)

> 그 후에 유대인의 명절이 되어 예수께서 예루살렘에 올라가시니라
> (요 5:1).

우리는 예수님이 유대인들의 절기에 예루살렘으로 올라가셨다는 것을 요한복음에서 접할 수 있습니다. 그곳에는 다섯 개의 행각이 있고, 근처에 많은 병자들이 누워 있는 연못이 있었습니다.

---

1 탄원(Invocavit)이다. 주일 이후 금요일에 이뤄진 요한복음 설교는 연못 안에 있는 물의 움직임을 다룬다. 또한 이 설교는 하나님이 왜 무지와 두려움과 압박감을 느끼는 일부 사람들이 죽도록 내버려 두셨는지, 그리고 하나님이 어떻게 그들에게 풍요롭게 보상하는지를 가르쳐 준다. Vetter 34,2는 시제가 사라진 상태이다.— "des fritages noch der grossen vasnacht"=freitag nach dem Sonntag Invocavit—그리고 Hs. S, die "Freitag nach Aschermittwoche"를 서로 나눠서 진술한다. 나는 베테의 진술을 선용했다.

## 7 사순절 주일 후 금요일 설교: 유월절에 예루살렘으로 오르신 예수님

그들은 주의 천사가 연못으로 내려와 물의 소용돌이가 일어나기를 기다렸습니다. 물의 소용돌이가 일어난 직후 병에 걸린 병자들 중의 첫 번째 사람이 연못에 들어가자마자 그는 곧바로 건강해졌습니다.

사실 그곳에는 30년 전부터 병을 앓고 있는 한 사람이 있었습니다. 우리 주 예수님은 오랫동안 그곳에 누워 있었던 그를 봤습니다.

또한 그가 30년 동안 병들어 있다는 것을 알게 되자 그에게 다음과 같이 물었습니다.

"너는 건강해지기를 원하느냐?"

병든 자가 대답합니다.

"물가로 이동하려고 하는데 누구도 저를 물로 데려가는 자가 없었나이다."

"그래서 제가 그곳으로 다가서려고 하면 이미 다른 사람이 저보다 먼저 물에 들어가 버렸나이다."

우리 주님이 말씀하셨습니다.

"일어나라! 침대를 들고 가라!"

곧바로 병든 자는 건강하게 되었고, 그의 침대를 들고 사라졌습니다.

요한의 보고는 훨씬 길게 계속됩니다.[2]

그러므로 그 사람은 일어나 걸어갔으나 병을 고쳐 주신 분이 예수

---

[2] 실제로 안식일의 손상 때문에 일어난 예수님과 유대인들 사이에 논쟁의 서술—타울러가 그의 설교에 필요하지 않은 이야기이다.

님이라는 사실은 알지 못했습니다. 그 후 우리 주님은 그를 만나 말씀하셨습니다.

> 너는 건강해졌으니 나쁜 일이 너에게 일어나지 않도록 더 이상 죄를 짓지 말라!

이 연못 혹은 이 물은 우리 주 예수 그리스도의 사랑스러운 위격(Person)이고, 이 연못 혹은 작은 호수에서 움직였던 물은 인간이자 하나님이며, 그것은 우리 모두를 그의 값진 혈액 안에서 성장시켰습니다.

다시 말해서 그 연못은 언젠가 그에게 다가갈 모든 자가 성장하고 높이 칭송받기를 원하는 사랑의 하나님의 아들의 피인 것입니다.

연못 근처에 누워서 물이 요동치기를 기다렸던 많은 무리의 병자들은 전 생애를 구약성서 아래 잡혀 누워 있었던 인류를 뜻합니다. 이 사람들은 죽고 나면 연옥에 머무르기 때문에 만약 그들이 구원받기를 원한다면 이들은 귀중한 연못에서 값비싸고 고귀한 혈액이 움직일 때까지 기다려야 합니다.

그렇게 하지 않는다면 그들은 결코 건강해질 수 없고 축복 될 수도 없습니다. 구원의 날로서 마지막 날에 연못의 자비로운 물, 즉 우리 주 예수 그리스도의 혈액을 통하지 않는다면, 그 누구도 치유되거나 구원받을 수 없을 것입니다.

실제로 거기에 다가서지 못한 병자들은 영원히 죽고 썩어 사라질 것입니다. 그러나 물이 요동친 후, 이 자비로운 연못으로 오는 병자들도 있을 것입니다. 그렇지만 이들에게 물은 단지 외적인 움직임일 뿐입니다.

만약 하나님이 질병이나 슬픈 일, 또는 사랑스럽거나 고통스러운 우연적인 일들을 통해 그들에게 경고하시고, 그들을 부르시는 일이 그들에게 일어난다면, 그들은 하나님에게 향할 것입니다.

선생들의 입에서 나온 하나님의 말씀은 그들을 움직여서 그들이 물 안에 계시는 하나님에게 다가서도록 합니다. 그러나 이것은 그들에게 매우 미온적이고 맹목적으로 그리고 태만하게 일어납니다.

그러므로 그들이 구원받게 된다고 하더라도, 이것이 하나님의 집이 아니라 그들의 집에 놓여 있는 한, 그들은 (치유로부터) 멀리 떨어져 머무르게 됩니다. 그들은 매우 불결하게 남게 되므로 연옥에 들어가야만 하고, 또한 그들은 자신들이 정화될 때까지 지옥 불과 마귀의 조롱이 있는 그곳에 오랫동안 머무르며 지옥의 고통을 견뎌내야 합니다.

실제로 연못의 근처에는 다섯 개의 행각이 있습니다. 이 행각에는 많은 병자가 물의 움직임을 기다리며 누워 있었습니다. 그리고 병에 걸렸더라도 제일 먼저 물에 뛰어들어갔던 자는 확실히 건강해졌습니다.

우리는 이들을 화를 잘 내고 교만하며 인색하고 불결한 사람이라고 생각할 수 있습니다. 또한, 우리는 이렇게 병들어 그리스도의 피 안에서 씻김을 받은 그 모든 사람이 연못에 다가서면 완전히 건강하게 된다는 것을 그들에게서 추측할 수 있다.

한편으로 연못의 다섯 개 행각은 우리가 모두 건강해질 수 있도록 하는 우리 주의 다섯 가지 상처로써 설명될 수 있습니다. 이 다섯 개의 행각은 다섯 개의 덕의 훈련이지만, 서로 상이한 것입니다.

우리는 그 모든 것을 필요로 하더라도, 누구나 어떤 부분에서 다른 어떤 부분보다 더 약한 측면이 있습니다. 이런 이유로 그는 어떤 다른 덕보다 하나의 덕을 더욱 열심히 구별해서 훈련하고, 더욱 부지런히 단련해야 합니다.

첫 번째 행각은 이러한 훈련에서 자기를 깊숙이 낮추는 겸손입니다.

그것은 인간이 자기 자신의 것을 전혀 붙들지 않아서 고통을 느끼더라도 기꺼이 하나님에게 허리를 굽힐 수 있는 겸손함입니다. 그것은 다른 어떤 사람에 의해서 받아들여진 것이 아니라, 하나님으로부터 유래한 겸손입니다.

또한, 우리는 우리 자신을 하나님에게 위임하는 데서 유래하는 겸손한 경외감을 통해 모든 피조물과 모든 사물에게도 허리를 굽힐 수 있고, 모든 사물과 사랑과 고통과 소유와 궁핍 안에서도 자기 자신의 것을 진실로 무시하고 허리를 굽힐 수 있습니다.

두 번째 행각은 근저 안에서 최선을 다한 머무름입니다.

오! 이것은 용감한 사람들에게 얼마나 필요한 것입니까!

용감한 사람들은 겉으로 보기에 선한 형태의 사역, 즉 가르치는 일, 경청하는 일, 말하는 일 그리고 활동하는 일과 같은 선한 단순성을 행합니다. 그러나 그들은 하나님의 경고를 무시한 채 그들의 근저를 떠나 감각적인 안위에서 그들의 어리석음으로 달려 들어갈 수 있습니다.

성 아우구스티누스가 그들 중 많은 사람이 매우 멀리 달려가 더 이상 되돌아오지 않을 것이라고 말한 것처럼, 그때 그 일은 일어납니다. 인간은 계속 열심히 모든 자신의 사역들과 모든 벗어남(Ausgehen)에서 그의 근저를 주목하고, 진정으로 그곳에 집중해야만 합니다. 그가 이러한 근저에서 유래해 활동할 때, 비로소 그는 진정한 평화 안에 머무르며 그의 행동을 할 수 있습니다.

하지만, 만약 그가 비이성적인 감각의 자극에 따라 외적인 우연한 사건을 위해 떨어져 나가고, 신적인 자극 혹은 경고를 따르지 않고 떨어져 나가며, 또한 자신의 사역에 떨어져 나간다면, 그는 어떠한 평화도 소유할 수 없습니다.

세 번째 행각은 죄에 관한 진실하고 실제적인 참회입니다.

이것은 무엇입니까?

이것은 인간이 순수하게 하나님으로 존재하지 않거나 하나님이 진정한 원인으로 삼지 않은 모든 것으로부터 온전히 진실로 돌아서는 것이자, 모든 존재와 더불어 하나님을 향해 진실하고 온전하게 돌이키는 것입니다.

이때 온전한 돌이킴이란 흔들리지 않는 신뢰로 하나님으로 존재하는 자비롭고 순수한 선 안으로 계속해서 침몰하는 것이자, 하나님과 하나님 안에 머무르려는 의도입니다.

다시 말해서 그것은 온전하고 준비된 뜻 안에서 사랑과 순수한 의미로 하나님을 의지하려는 의도이자, 하나님의 가장 사랑스러운 뜻을 행하려는 의도입니다. 물론 인간이 행할 수 있는 한계 내에서 말입니다.

오, 나의 사랑하는 자들이여!

이것이 바로 참된 참회이고, 이런 참회를 한 자들은 확실히 모든 죄에 대한 용서를 받게 되고, 누구든지 참회를 하면 할수록 더욱더 순수하고 진실하며 많은 용서를 받을 것입니다.

네 번째 행각이 의미하는 것은 자발적인 가난입니다.

이것은 외적이고 우연히 발생하는 가난과 진실한 가난의 본질인 내적인 가난으로 구분될 수 있습니다. 외적인 가난은 모든 사람의 일이 아니므로, 모든 사람은 외적인 가난 안에 살도록 부름을 받지 않았습니다.

하나님의 친구로 존재하기를 원하는 우리는 본질적인 가난을 위한 부름을 받았습니다. 말하자면 하나님만이 우리의 근저를 소유하시기 때문에 다른 사물은 우리를 소유하지 못하고, 하나님이 우리에게 속한 사물을 소유하시려고 했던 만큼만 우리는 사물을 소유할 수 있는 것입니다. 바울이 말한 것처럼, 이것이 뜻하는 것은 영의 가난 안에 있는 것입니다.

"아무것도 가지지 않은 자처럼 보이지만, 사실상 모든 것을 소유한 자로다."

말하자면 이들은 사물이나 선 혹은 친구, 육신이나 영혼, 쾌락 혹은 유익함 등을 좋아하지 않습니다. 이들은 하나님이 우리에게 속한 다른 것을 원하신다면, 그의 찬미를 위해 그의 선한 의지에 따라 그것을 떠나기를 원했던 것과 똑같은 방식으로 그것을 그에게 기꺼이 위임할 것입니다.

이것은 우리의 온전히 선한 의지가 됩니다. 그것은 비록 약해진 본성과 정반대이기는 하지만, 의지가 잘 준비되기만 한다면 그곳에는 아무것도 놓일 수 없습니다.

나의 사랑하는 자들이여!

이것은 진실로 모든 선한 사람들에게 속하고 하나님이 그들이 속해 있기를 바라는 진실하고 본질적인 가난입니다. 이러한 가난은 어떠한 사물이나 갈망, 심지어 사랑에 의해서도 속박되지 않은 채로 자유롭고 독립적이며 상승한 마음(Gemüt)을 소유합니다.

하지만 이 마음은 하나님이 그것을 가지기를 원할 때 모든 것을 떠나도록 준비합니다. 그렇다면 왕국을 가지기를 원하는 인간은 본질상 가난한 사람이 되고, 언젠가 사라져버릴 사물이 인간의 마음에 휴식과 평화를 가져다줄 수 없는 한, 그는 하나님을 받아들이는 데 방해를 받는 것이 아닌 하나님 자신으로 존재하는 순수한 선의 자선적인 선물(Almosen)을 향해 자신의 갈망의 손길을 계속 뻗어야 합니다.

이것은 자신의 의지와 근저에서만 그를 만족하게 할 수 있습니다. 그가 작은 능력과 그의 본성의 의지적인 영역에서 손해를 막론하고 즐거움과 불만을 받아들인다면, 이것은 무의미한 일입니다. 그럴 때 인간은 자기 자신을 내주고 하나님에게 그것을 바쳐야 합니다.

다섯 번째 행각은 인간이 끊임없이 하나님에게 바쳐야 하는 모든 것이 근저에서 흘러나왔습니다.

그것을 다시 순수한 근원, 예컨대 근저로 되돌려주는 것을 뜻합니다.

실제로 이 행각에 다가선 자들이여!

이 얼마나 영광스러운 일입니까!

물론 몇몇 훌륭한 사람들은 남아 그곳에 있을 수 있다고 생각하고 하나님에게 특별한 선물을 선사받고 도움을 받아 중생하게 되었습니다.

그런데 그때 그들은 환희와 즐거움으로 그것에 의지하고 그것과 함께 놀면서 다시 그들의 근원으로 서둘러 가는 것이 아니라, 마치 그들이 그것들에 속했던 것처럼 무엇인가를 시작하고, 그것들을 자기 자신들에게 끌어당기면서 치명적인 손상을 입습니다.

그 사람은 모든 면에서 은총을 받아들여 하나님을 매우 진지하게 대면하되, 다가오는 모든 사물에 대해 그 어떤 관심을 가져서도 안 됩니다. 좁은 간격이나 얇은 격자 구조물을 매우 세심하게 관찰하기를 바라는 자와 장애물의 방해를 받지 않는 자와 마찬가지로 그가 전력을 다해 전심으로 유쾌한 것을 살피려고 합니다.

그는 그것에 관해 깊이 숙고해야 합니다.

하지만, 그가 이것이 아무리 작고 얇더라도 장애물에 관심을 돌려서 이것을 관찰한다면, 그는 보고 싶은 것에 대한 관찰 때문에 방해

받게 됩니다. 이와 마찬가지로 머물러서 있는 방해물은 선물이나 은 총에 아직 매우 작거나 혹은 매우 순수하고 고귀할 수 있습니다.

만약 그가 여기서 즐겁고 만족스럽게 머물러서 있다면, 그것들은 하나님에게 향한 길을 방해할 것입니다. 선물은 하나님을 받아들이고 그것을 하나님에게 되돌려주면서 전력을 다해 자신이 흘러나온 장소인 근원으로 침잠해 들어갑니다.

이 연못의 행각에는 실제로 많은 병자가 누워 있었습니다. 또한, 물이 요동친 후 물로 뛰어들어갔던 모든 사람은 곧바로 건강해졌습니다. 이 움직임과 흔들림이 의미하는 것은 성령이 위로부터 인간에게 내려와 인간의 내부를 흔들고 거기서 커다란 움직임을 일으키면, 인간의 내부는 곧바로 전환돼 그 안에서 완전히 탈바꿈된다는 것입니다.

과거에 그가 즐겨 먹었던 것들은 더 이상 입에 맞지 않고, 수치심과 내쫓김, 외로움과 체념, 내적인 생활과 겸손, 모든 피조물로부터 비하와 분리와 같은 예전에 그에게 전율을 느끼게 했던 것들이 강하게 일어났습니다.

이것은 실제로 가장 고귀한 기쁨입니다. 이러한 흔들림이 일어났을 때, 외적인 능력을 갖추고 있는 외적인 사람으로서 병자들이 연못으로 다가와, 그리스도의 고귀한 혈액 안에서 완전히 근본적으로 정화됩니다. 다른 곳에 기록돼 있는 것처럼 그는 이 흔들림 덕택에 확실히 건강해집니다.

"그를 만졌던 모든 사람은 건강해졌느니라."

우리 주님은 커다란 믿음 때문에 병으로 사람들을 누워 있도록 하시고, 그들은 매우 건강하게 여겨 그 사실을 알지 못하고 모든 삶을 병든 것으로 생각합니다. 우리 주님은 그들이 온전한 회복과 치유만을 생각하고, 자기만족을 위해 자기 자신에게 향했다는 것을 알고 있습니다.

그런 이유로 주님은 큰 믿음을 위해 그들을 매일 무지함과 두려움, 어려운 상황과 겸손 안에서 살도록 하지만, 그들의 처지는 그렇게 계속 이어집니다. 그런다 해도 그들은 이들과 접하거나 그들이 만날 수 있는 모든 일에서 하나님을 대항해서 무언가를 행하는 것을 즐기지 않습니다. 실제로 사랑의 하나님이 그들을 집으로 데려오려고 하는 영광의 날로서 그들의 죽음의 날이 다가오면, 그는 그들에게 이 무지함과 어둠을 잃게 한 것입니다.

그는 그들의 죽음 전에 그들을 아버지처럼 대하고 위로하며, 그들이 영원히 향유하려고 하는 것을 종종 느끼게 할 것이기에 그들은 심히 편안하게 죽습니다.

또한, 하나님은 이 어둠 안에서도 하나님에게 신뢰를 유지했던 자들을 지체 없이 그의 말할 수 없는 영원한 기쁨 속으로 인도하십니다. 그들은 신성 안에 묻히게 됩니다. 이것이 바로 축복받은 죽음입니다. 그들은 하나님 안에서 죽습니다.

실제로 우리 주님은 연못 근처로 왔습니다. 그는 그곳에서 38년 동안 병들어 누워 있는 한 병자를 발견했습니다. 주님이 그에게 묻습니다.

"너는 건강해지기를 원하느냐?"

그러자 병자가 대답합니다.

"주여! 저는 물이 요동친 후에 저를 데려갈 자를 전혀 찾지 못했나이다!"

우리 주님이 대답합니다.

"일어나 너의 침대를 들고 가라!"

병자는 곧바로 건강해져 침대를 들고 사라졌습니다. 이에 대해 우리가 매우 주의깊게 살펴봐야 하는 것은 이 병자가 그곳에서 매우 많은 해를 넘기며 오랫동안 누워 있었다는 것입니다.

이 사람은 죽음이 아닌 하나님의 영광을 위해 선택되었습니다.

오! 하나님이 그를 건강하게 만들고 마침내 그에게 떠나라고 명령하실 때까지, 이 병자는 무려 38년 동안을 기다리며 인내했습니다.

참된 인내 안에서 이러한 근저를 따를 자가 누구입니까!

그들에게 특별한 삶의 가치로 평가되고 커다란 은총으로 곧바로 나타나지 않는다고 하더라도, 이것은 모든 것을 잃었다고 생각하는 사람들과 정반대로 향합니다. 그들은 마치 그가 그들에게 불공평하게 행한 것처럼 전적으로 하나님에게 청원합니다.

오! 주님 스스로 그들이 건강해지도록 할 때까지 자기 자신을 떠나 인내하고 자기 자신을 성찰합니다.

그들의 약함과 구속과 시험을 인내하는 고귀한 덕을 소유한 자들은 과연 얼마나 있을까요! 그러므로 그는 그들에게 진리 안에 서 있거나 침대를 들고 가거나 건강해지기를 명령하지 않습니다.

이 구속 때문에 과거에 전혀 부수고 나오지 못했던 자여!

주님이 이런 자를 구원하신다니, 이것은 얼마나 고귀하고 영광스러운 일입니까?

어떠한 권력과 권세가 이러한 일을 행할 수 있을까요!

주님은 진실로 그에게 말씀하시려 했습니다.

"일어나라!"

당신은 지금부터 더 이상 누워 있지 말고, 모든 구속에서 벗어나 해방돼 자유롭게 삶을 영위하라!

또한, 당신은 진리 안에서 예전에 누워 있었던 침대를 들고 가라!

당신은 침대를 들어 지금 당신의 힘과 능력으로 가져가라!

주님의 구원에 이르는 자여! 여러분은 구원을 받기 위해 기다린 모든 시간을 뒤로하고, 모든 자가 포기해 버린 놀라운 자유 안으로 다가가십시오!

이 모든 자는 자기 자신이 구원받을 수 있을 것으로 생각하고, 이 시간 전에 갑자기 일어날 것입니다.

이 사람들이 자유 속으로 침몰해 들어가고 구속으로부터 자유롭게 돼 완전히 건강해졌다고 느끼자마자, 그들에게는 때때로 군중이나 외적인 일, 혹은 모든 종류의 경건과 경건의 훈련 과정에서 발생하는 부주의한 실수로 인해 평화를 깨트리는 일이 발생할 수도 있을 것입니다.

다음으로 하나님은 그 병자와 똑같이 그들에게 낯선 일이 일어나도록 하실 것입니다.

유대인들이 이 사람에게 그를 건강하게 만들었던 자에 관해 물었을 때, 그는 그것을 알지 못했습니다. 하지만 그가 다시 성전으로 왔을 때 예수님은 그에게 말했습니다. 그때 그는 자신을 건강하게 만들어 준 자가 누구인지 알았고, 그 사실을 모든 백성에 전했습니다.

따라서 하나님을 사랑하는 모든 사람은 같은 입장일 것입니다. 그가 하나님의 낯섦을 스스로 지각한다면, 그는 모든 사물을 떠나 빠르게 성전으로 가야 할 것입니다. 즉, 그는 자기 모든 능력을 모아 그의 내적인 성전이자 심오한 근저로 들어가야 합니다.

그가 완전히 그곳에 들어가게 되면, 그는 그곳에서 틀림없이 하나님을 발견하고 다시 인식하게 될 것입니다.

또한, 예수님은 그곳에 있었고, 그에게 경고하며 말합니다.

"보라! 너는 이제 건강하게 되었고 앞으로도 더욱 조심하라!"

장차 이 사람의 모든 활동, 앎과 삶은 하나님만[3]을 진실로 알 뿐입니다. 그리고 이 사람은 순수한 앎과 내적인 성전, 그의 근저 안에서 거룩하고 진실한 경험을 통해 하나님을 발견했습니다.

그가 특별한 상처를 매우 잘 치료한 후 하나님의 경고를 들었다면, 그 사람은 그의 하나님을 선포하고 전할 것입니다. 이것은 인식된 진리에서 흘러나오는 것이므로, 매우 유익해 많은 열매를 맺습니다. 하나님은 우리 모두에게 이런 일이 일어나도록 도우실 것입니다. 아멘.

---

3  Vetter 40,4에 대한 스트라우흐의 교정에 따라: "niht dann?" = nur: PBB XLIV, 21.

# 8

## 사순절 두 번째 금식 주일 설교:
## 두로와 시돈으로 들어가신 예수님[1]

(Exiens Iesus …, 마 15:21 f.)

---

> 예수께서 거기서 나가사 두로와 시돈 지방으로 들어가시니(마 15:21).

---

예수님은 두로와 시돈 지역으로 되돌아오셨습니다.

그때 한 가나안 여인이 뒤따라오며 우리 주님을 부르며 외쳤습니다.

> 다윗의 자손 예수여!
> 저에게 긍휼을 베푸소서!

---

[1] 두 번째 금식 주일의 마태복음의 가나안 여인에 관한 설교는 하나님이 내외적인 인간의 경쟁을 통해서 어떻게 일부 사람들을 사냥하시는지를 제시하는 동시에, 수정한 비유를 제공한다.

나의 딸이 매우 악한 영에 의해서 괴롭힘을 당하고 있나이다.

우리 주님은 그 여인에게 아무런 응답을 하지 않았습니다. 이 여인은 그저 예수님의 뒤편에 서서 순진하게 불렀을 뿐입니다.

그때 제자들이 말합니다.

주여! 이 여인이 우리를 불렀으나, 그녀를 내쫓았나이다.

우리 주님이 대답하십니다.

나는 이스라엘의 집의 잃은 양을 위해서만 왔느니라. 아이들에게 빵을 빼앗아 개에게 던져 주는 것은 옳지 않느니라.

이 말을 듣고 여인은 말했습니다.

물론 그렇습니다. 주여! 이것은 사실이나 작은 개도 역시 주인의 식탁에서 떨어진 빵부스러기를 먹나이다.

이때 우리 주님은 대답합니다.

오 여인이여!
너의 믿음이 크도다. 너의 뜻대로 너에게 일어날 것이니라.

그런 후, 그녀의 딸은 곧바로 건강하게 되었습니다.

이 복음서는 우리가 세상에서 가질 수 있는 가장 고귀하고 유익하며 확실하고 본질적인 회심을 우리에게 제공합니다. 또한, 만일 모든 회심이 그곳에서 이뤄지지 않으면, 인간이 행할 수 있는 모든 것은 전혀 일말의 도움이 되지 못합니다.

그렇다면 우리는 이 말씀을 살펴보도록 합시다!

"예수가 다시 되돌아오셨느니라."

어디로부터입니까?

이것은 서기관과 바리새인으로부터입니다.

그 원인을 살펴보십시오!

예수가 되돌아섰던 그 사람들은 누구였습니까?

**첫째**, 그들은 서기관들입니다.

그들은 지혜로운 자들이자 자신의 앎을 통해 어떤 것을 수호했던 자들입니다.

**둘째**, 그들은 바리새인들입니다.

그들의 경건을 통해 어떤 것을 지키고 규칙을 준수했던 자들입니다.

이 경우 우리는 영적인 사람들이 빠질 수 있는 두 가지 치명적인 타락(Abgründe)을 분명히 확인할 수 있습니다. 두 가지 치명적인 타락 안에 남아 있는 자는 멸망합니다. 모든 실수는 그들을 멸망에 이르도록 하는데, 어떤 것은 그들 중 누구에 의해서도 이뤄지지 않을 것입니다.

하지만 이 실수 중에서 한 가지 실수만을 꽤 많이 경험했던 사람들이 있을 수 있고, 나아가 두 개의 실수 모두를 경험했던 사람들이 있을 수 있습니다.

마지막으로 어떤 실수를 어떤 다른 실수보다 훨씬 더 많이 경험했던 사람들이 있을 수도 있습니다.

"서기관들"은 이성적인 사람들로 칭해집니다.

그들은 모든 것을 그들의 판단력이나 감각적인 영역에 맡기는 자들입니다. 그들은 감각을 통해서 받아들인 것을 그들의 이성의 영역으로 끌어들여 중요한 일들을 이해합니다.

그래서 그들은 자신들의 명성을 획득하고 칭찬의 말에 집착합니다. 하지만 그것은 진리가 솟아나야 하는 그들의 근거(Grund)가 쓸모없고 텅 빈 것이라는 사실을 스스로 입증합니다.

'바리새인들'은 영적인 사람들(geistliche Leute)입니다.

그들은 자기 자신을 선하게 생각하고 자기 자신의 것만을 지키려 애쓰며, 그들의 계획과 방법만을 사수합니다. 모든 것보다 자신들의 습관을 우선시하는 것을 통해 관심과 명성을 얻기를 바라는 사람들입니다. 하지만 그들의 근거는 그들의 속성에 속하지 않는 모든 것을 완전히 평가절하합니다.

우리 주 예수 그리스도는 이런 사람들로부터 되돌아섰습니다.

이 사람들은 왜 예수님의 제자들이 조상의 선한 관습을 지키지 않앉고 씻지 않은 손으로 식사를 했는지를 판단하려고 예수님에게 질문했습니다. 그럴 때 우리 주님이 반문하십니다.

왜 너희는 하나님의 계명을 지키지 않느냐?

똑같은 상황에 부닥치게 된 이 사람들은 자신들의 고유한 방법과 의지와 모든 관습을 하나님의 요구와 하나님의 뜻으로 생각해 무익한 것으로 여깁니다. 그들은 바리새인들의 고유한 의도와 방법을 따르지 않고 몰래 숨어서 하나님을 따르는 하나님의 고귀한 친구들을 판단합니다.

하지만 수도원에 있는 거만하고 비열한 사람들을 판단할 수 없었다고 말해서는 안 됩니다. 그렇다고 영적인 훈련이 사라질 수 있는 것은 아니기 때문입니다. 어떤 잘못된 거룩함이 숨겨져서 유지되고, 하나님에서 태어난 곳 이외의 다른 장소에 목적이나 의도를 가질 경우입니다.

그의 근저 안에 있는 모든 것은 이런 바리새적인 방법에 주의하도록 하십시오!

예수님은 이러한 사람들에게서 떠나 버립니다. 예수님은 그들의 곁에 더 이상 머무르지 않습니다. 따라서 예수님은 항상 사역들과 태도에서 선한 외적인 방법만을 응시하는 사람들을 찾습니다.

외적인 방법이 좋은 일이라고 생각해 모든 것을 행해 왔습니다.

하지만 그들은 근저를 피조물들로부터 받아들이고, 또한 그것을

## 8 사순절 두 번째 금식 주일 설교: 두로와 시돈으로 들어가신 예수님

손해가 되는 방식으로 파악하는 사고방식을 가지고 있습니다.

많은 시편을 소리 내 암송합니다. 유대인들 역시 다음과 같은 태도를 보입니다. 그들은 무릎을 꿇고 청원하고 금식하며 기도합니다.

하지만, 그들의 근저는 하나님이 아닌 악한 피조물이기 때문에, 그곳에서 그들의 사랑, 감각, 갈망은 심하고 혹독하며 대담한 훈련들로 뒤바꿔 버립니다.

오! 나의 사랑하는 자여!

그래서는 안 됩니다. 하나님은 이런 바리새적인 방법에 빠진 사람들과 함께하지 않으시고, 이것은 또한 하늘 아버지의 손으로 심으셨던 식물들이 아닙니다.

여러분은 그들이 뿌리째 뽑힐 것이라는 사실을 기억하십시오!

예수님은 말씀하십니다.

> 나와 함께 하지 않는 자는 나를 거스른 자요. 나와 함께 모이지 않는 자는 흩어지리라.

여러분은 곡식을 거두는 수확기가 다가오면, 하나님이 예수님이 아니라 어떤 다른 주인을 위해서 수확했던 모든 자를 확실히 포기한다는 사실을 알고 명심하십시오!

하나님의 근저 안에서 그의 식물을 발견하지 못한 모든 사람은 버림을 받을 것입니다.

바로 이때 두 종류의 거짓된 근저가 지배합니다.

그것은 서기관의 방법에 따라 본성의 숙달된 재능(Geschicklichkeit) 입니다.

또는 외적인 현상 혹은 규정에 사로잡힌 바리새인들의 방법 입니다.

먼저 서기관의 방법에 익숙해진 사람들은 매우 능숙한 돌파구 없이는 아무런 고해(Beicht)도 들을 수 없습니다. 따라서 이 사람들은 거짓된 방법에 사로잡힙니다.

언제나 그랬듯이 예수님은 그런 사람들을 떠나셨습니다.

그렇다면 예수님은 어디로 가셨나요?

예수님은 두로와 시돈 지역으로 가셨습니다.

"두로"는 "어려운 상황"입니다.

"시돈"은 "사냥"을 의미합니다.

오! 그것을 인지하는 일부 사람에게 두 사건의 동시적인 발생은 얼마나 즐겁겠습니까!

적당한 사냥이 행해지고 그로부터 근심(Bangigkeit)이 발생하는 것을 느끼는 곳에서는 얼마나 고귀한 일이 일어나겠습니까!

이것은 어떤 종류의 사냥입니까?

내적인 사람이 그의 고유한 자리를 통해 외적인 사람을 사냥하고 추방하는 곳에서 내적인 인간은 하나님에게 다가서는 것 외에 다른 무엇도 하지 않습니다.

하지만, 외적인 사람은 그의 정착지가 있는 바로 그곳에서 어떤 다른 길에 접어들고, 계속해서 저급한 일들을 갈망합니다.

그래서 이와 같은 사람들 안에서 균열이 발생합니다.

내적인 사람의 소유권은 하나님입니다.

또한, 내적인 사람의 바람, 의지, 사랑은 하나님을 동경합니다.

내적인 인간의 본성은 그곳으로 치우칩니다.

그러나 외적인 사람의 본성은 내적인 사람과 반대입니다.

바울이 말했던 것처럼 외적인 사람은 투쟁합니다.

> 나는 내 안에 있는 적대감을 매번 발견하고, 저급한 본질은 영의 영원한 사냥에 대항해 투쟁합니다.
>
> 나는 내가 원하지 않은 것을 행하나, 나는 내가 원하는 것을 행합니다.

어쩔 수 없이 이 두 마음은 서로 갈등을 일으킵니다.

그러나 위로부터 하나님과 은총이 내려와 두 마음을 사냥하십니다. 이런 사냥이 올바로 이해되고 있는 바로 그곳에서 그것은 매우 좋은 일입니다.

하나님의 영의 사냥을 받은 모든 사람은 하나님의 자녀가 되기 때문에 그렇습니다.

실제로 커다란 두려움과 어려운 상황은 이 사냥으로부터 온 것입니다.

그렇지만 인간이 이런 두려움에 처해 있다는 것과 추방을 스스로 인지한다면, 예수님은 아무런 의심 없이 다가오셔서 그 안으로 확실히 들어가십니다.

하지만 하나님은 이런 두려움과 추방을 따르지 않는 사람들에게는 다가오지 않으십니다.

즉 이런 추방이나 두려움을 따르지 않는 모든 사람은 변변치 않은 인물이 돼, 지금의 상태에 머물러 버립니다.

또한, 그들은 자기 자신에게로 다가서지 못하고, 스스로 존재하는 것에 관해서도 결코 인지하지 못합니다.

그것은 그들의 본성과 영 안에서 몇 가지 유혹들이 증가하기 때문에 그렇습니다. 반대의 경우에는 하나님이 인간과 함께 계신다는 것이 매우 확실하므로, 우리는 무릎을 꿇고 경배해야 합니다.

그때 세상에는 엄청난 폭풍이 동반되면서 악한 원수가 노련한 속임수를 가지고 우리에게 다가오고, 육신과 감각의 저급한 능력들은 심히 약하게 우리에게 다가오므로, 우리는 저급한 외적인 일들에 치우치는 경향이 있습니다.

반대로 내적인 사람은 다시 하나님에 의해서 움직이게 되고 하나님께 가지고 있는 본성적인 경향에 의해서 움직이게 됩니다.

그래서 두려움과 어려운 상황은 법률적으로 발생합니다.

그런데 가난한 사람이 이런 움직임 안에 있고 해결책을 찾을 수 없다면, 가난한 사람은 도대체 무엇을 해야 합니까?

사실상 그는 그 가난한 여인이 행했던 것을 행하며, 예수님에게로 다가가 명쾌하고 순수한 목소리와 절실한 갈망을 가지고 불러야 합니다.

"오, 주여! 다윗의 자손이여! 저에게 긍휼을 베푸소서!"

오! 이러한 사냥에는 끊임없는 부름이 발생하고, 이 영적인 부름은 천 번 이상 청해집니다. 또한, 천 마일보다 더 훨씬 멀리 떨어져 있는 이 탄식은 모든 한계를 넘어서는 깊이를 알 수 없는 탄식입니다.

이것은 바울이 말했던 것처럼 인간의 본성을 능가하므로, 성령은 우리 안에서 이런 탄식하시도록 해야합니다.

성령은 우리를 위하여 말할 수 없는 탄식으로 구하니라(롬 8:26).

여기서 근저는 지상에서 생각될 수 있는 모든 준비를 거쳐서 준비됩니다.

여러분은 두려움 안에 있는 가난한 사람이 어떻게 이런 사냥과 이런 갈망을 가지고 헤아릴 수 없는 하늘을 헤치고 나갑니다.

어떻게 말할 수 없는 탄식을 하나님을 향해 외치는지를 주목해 보십시오!

그때 하나님은 어떤 태도를 취하십니까!

하나님은 그것에 관해 전혀 듣거나 알려고 하지 않을 것입니다.

그럴수록 갈망은 근저 안에서 재차 인내하며 행해져야 합니다!

어떻게 그런 일이 있을 수 있습니까?

가난한 여인이 외쳤을 때, 자비의 샘(Brunen)은 온전히 닫혀 있었습니다.

다른 사람들[2]에게 열려 있었던 샘이 유출 안에서는 닫혀 버립니다.

하나님이 침묵하신다는 것[3]은 얼마나 놀라운 일입니까?

그렇지만 제자들은 청했고 불쌍한 연인을 변호했습니다.

마침내 예수님은 자기가 오직 이스라엘 집의 잃어버린 양을 위해서 찾아왔다고 매우 엄중히 말씀하셨습니다.

> 빵을 어린아이들에게 빼앗아 그것을 개에게 주는 것은 좋지 못하느니라.

또한, 예수님은 그녀의 간구를 거절했던 것이 아니라 평등과 정의를 무시하고 그녀에게 은총을 베풀려고 한다는 말씀으로 어쩔 수 없이 그녀를 시험하려 했습니다. 동시에 훨씬 더 엄격하고 냉소적으로 처리했습니다. 그는 모든 사람에게 반드시 필수적인 빵을 그녀에게 주는 것을 거절했을 뿐만 아니라, 그녀가 하나님의 자녀라는 사실을 거부했습니다.

심지어 그녀의 인간적 본질을 거부하면서 그녀를 개라고 칭했습니다.

---

2　혹은: 아담에게 알렸던 자(?). Hs. S는 그것을 대신해서 다음과 같다. "andren"과 같이 이해될 수 있는 "adren"이다.
3　Corin, Sermons I, 242, 각주 3은 Ge 1과 관련해서 여기서 사용된 수기 원본을 제안한다.

## 8 사순절 두 번째 금식 주일 설교: 두로와 시돈으로 들어가신 예수님

어째서 예수님은 그녀를 더욱 시험하고 유혹하셨을까요?

어째서 예수님은 그녀의 감정을 더욱 상하게 만들어 사냥하고 내쫓았던 것일까요?

그녀는 이 모든 사냥에 어떻게 대처했을까요?

그녀는 사냥을 당하면서 예수님이 행할 수 있던 것보다 훨씬 더 심한 고통을 받았습니다. 하지만, 그녀는 그로 인해 근저로 올라갔고 훨씬 더 깊이 있는 심연으로 뚫고 들어가서 말했습니다.

그렇습니다. 주여! 저는 개가 아니라 훨씬 더 작은 강아지입니다.

그녀는 이 침몰과 그녀의 것을 완전히 포기한 반면 예수님에 대한 신뢰를 포기하지 않고 말합니다.

오 주여! 물론 작은 동물, 강아지가 때때로 주인의 식탁에서 떨어진 빵부스러기를 먹나이다.

오! 어느 사람의 해설이나 말이나 감각으로도 우리를 이러한 진리의 근저인 진실한 황홀경(Entrückung)에 이르도록 할 수 없을 것입니다! 모든 피조물과 하나님조차도 매우 심오한 근저를 억압하거나 없애거나 가라앉힐 수 없습니다. 황홀경은 훨씬 더 심오한 진리 안으로 침몰할 수도 없고, 하나님과 피조물 또한 그것에게 모든 것을 포기하게 하거나 부인하게 하거나 드러내게 할 수 없습니다.

하지만, 그것은 끈질기게 지속해서 머무르면서 온전한 확신 속에서 훨씬 더 깊이 모든 것을 밀어 넣습니다. 그 갈망이 점점 더 증가하도록 할 것입니다. 물론 이곳은 모든 것이 누워 있었던 곳입니다.

하지만 이것은 만나려고 하는 사람에게만 이뤄질 수 있는 일입니다. 진정으로 이런 방법들(Were)은 어떠한 방해를 받지 않고 전적으로 하나님에게로만 인도합니다. 그렇지만 근저 안에서 그녀가 행했던 것처럼 몇몇 사람은 진정한 확신 속에서 깊이를 알 수 없는 포기(Vernichten)와 진실한 머무름을 숙고할 수 없습니다. 그러므로 예수님이 그 여인에게 대답합니다.

여인이여! 너의 믿음이 크도다. 너의 믿음대로 너에게 이루어 지니라. 네가 원하는 대로 너에게 주어질 것이니라.

사실상 이런 방식과 방법을 진실로 따르는 모든 사람은 그 대답을 듣기를 원했을 것입니다. 당신은 원하는 모든 것을 원하는 모든 방식에 따라 일어나야만 한다고 말합니다. 당신은 당신의 것에서 벗어난 것과 마찬가지로 나의 모든 것으로 들어가야 합니다.

우리는 피조물을 완전히 포기할 때에만[4] 비로소 원하는 모든 것을 우리 안에 소유할 수 있습니다. 당신은 원하는 모든 것이 당신에게

---

[4] 로이테(Roethe)의 제안에 따르면 "núten"으로 이해할 수 있다. Vetter, 45,8에 대한 수기 원본을 보라.

있어야 하고 일어나야만 한다고 생각합니다.

하지만, 이것은 인간이 단지 자기 자신의 것을 포기할 때 오로지 일어날 수 있는 일입니다. 하나님은 인간이 자기의 것을 떠나는 만큼만 그에게 들어오십니다.

나는 여러분에게 더 이상 말하고 싶지 않습니다. 그러나 여기에 해당되는 적절하고 간단한 이야기를 여러분에게 소개하려고 합니다. 나는 한 가나안 여인을 알고 있습니다. 그녀는 그렇게 지칭될 수 있는 여인입니다.

이 이야기는 40년 전에 있었던 일이고, 그 여인은 아직 살아 있습니다. 이 여인은 그녀의 감각들 때문에 황홀경에 빠지게 되었습니다. 상당히 멀리 떠나 와서 하나님과 우리의 사랑스러운 여인 마리아, 그리고 모든 성인들을 만났습니다.

그녀가 이들을 만났을 때, 그녀는 말을 할 수 없을 정도로 하나님과 멀리 떨어져 있다는 것을 알았습니다. 그때 그녀의 영은 형언할 수 없는 극심한 정도로 아프게 되었고, 그녀는 이런 멀어짐 때문에 지옥 같은 고통을 느꼈습니다.

심판받은 자들이 하나님으로부터 분리된 채[5] 느끼게 되는 지옥의 고통이 그곳에 있었기 때문입니다. 말할 수 없는 곤경에 처해 있던 그녀의 영은 우리의 사랑인 여인(마리아)과 성인들에게 의논하고 그

---

5 LT, BT, AT와 Hs. Ge 1에 따른 것이다. Strauch: Vetter 45,18에 대한 PBB XLIV, 21을 보라.

들의 도움을 청했습니다.

하지만, 그녀는 그녀가 하나님에게 침몰해 들어가 사로잡혔는데도 그들 모두 그녀의 외침에 대해 전혀 관심을 보이지 않는다는 것을 깨달았습니다. 그들은 자신들의 기쁨과 즐거움을 만끽하느라 그녀의 외침을 듣거나 관심을 보이지 않았습니다.

이때 그녀는 인간적인 방식에 따라 거룩한 아픔과 우리 주 예수 그리스도의 죽음의 고통과 상처로 자신의 관심을 돌렸습니다. 그 이후 그녀는 그들이 요구하는 바가 무엇이었는지에 대한 대답을 받았습니다. 그녀는 그들에게 결코 경의를 표하지 않습니다. 그녀는 우리 사랑인 여인의 청원도, 성인들의 청원도, 우리 주의 고통도 도움을 주지 못한다는 것을 알게 되었기 때문입니다.

그녀는 오로지 주님과 의논을 했고, 그 후 그녀의 영이 말했습니다.

> 오 주여! 나는 어떠한 자의 도움도 받을 수 없나이다.
>
> 사랑의 하나님, 보시옵소서!
>
> 저는 불쌍한(arm) 피조물이고 당신은 나의 하나님이십니다. 그러므로 당신의 심판이 가장 자비로운 뜻에 따라 이루어지도록 하소서! 당신이 이처럼 한 없이 깊고 지옥 같은 고통 안에 저를 영원히 내버려 두신다고 해도 말입니다.
>
> 사랑의 주여! 저는 언제나 이것을 당신의 축복(Wohlgefallen)으로 여길 것이나이다.

그 후 그녀는 영원히 근저 안으로 침몰해 들어갑니다. 그녀는 자기 자신을 결코 떠나지 않았지만, 모든 방해물들을 훌쩍 뛰어넘어 하나님의 심연으로 끌려 들어갔습니다.

놀라운 신성은 곧바로 그녀를 방해했습니다.

오! 이 얼마나 황홀한 심연입니까!

이러한 사람은 동일한 방식으로 매일 근저로 이끌리게 됩니다. 그녀는 여전히 어린 소녀입니다. 나는 그녀가 그녀의 전 생애 동안 하나님을 노하게 하는 무거운 죄를 결코 범하지 않았다고 생각합니다.

나의 사랑스러운 영적인 자녀들이여!

그렇다면 하나님이 빈번하게 화를 내시는 세속적인 것에 의존하는 사람들에게는 어떤 장애물이 있을까요?

그 여인은 하나님의 뜻에 따라 자신을 영원히 지옥 같은 고통 속에 내맡겼습니다. 그래서 하나님에 의해 4년 혹은 5년 안에 기적적으로 무엇이 획득되는 것이 옳다고 생각하는 자들은 무엇도 행하지 못하면서 말합니다.

"아! 내가 가장 사랑스러운 하나님의 친구들 중 한 사람이 되도록 나를 위해 기도해 주십시오!"

당신은 가장 작은 자들 중 한 사람이 될 수 있도록 당신 자신을 결코 귀중한 존재라고 생각하지 마십시오!

모든 복음서가 가르치고 있는 대로 당신은 가장 낮은 자리에 앉으십시오!

그렇다면 당신은 높아질 것입니다. 하지만 자기 자신을 스스로 높이는 자들은 낮아질 것입니다. 당신은 하나님이 그것을 영원부터 얼마나 원하셨으며, 하나님의 가장 호의적인 뜻에 따라나요.

당신에게 어떤 자리를 예정하셨는지를 갈망하십시오!

사람들은 하나님 안으로 들어가되, 인간이 가지고 있는 모든 것 안에서 자기 자신의 것과는 완전히 헤어집니다. 이것이 허락되는 한, 인간이 모든 옷을 자신의 몸에서 벗어 던지고 가시와 돌을 먹습니다. 사실 그것에서 무언가를 획득하는 자와 이것이 누구에게는 섬광이 되는 것은 훨씬 더 준비해야 계속 진행할 수 있는 일입니다.

비록 우리가 아주 짧은 순간만을 살아간다고 하더라도, 자신의 판단에 따를 때 이것은 40년보다 더 유익한 일일 수 있습니다. 이것은 우리 이성이 인식할 수 있는 모든 방법들 중 가장 고귀하고 간단하며 가벼운 방법일 수 있습니다.

오! 여러분은 무엇과 함께 교제하고, 여러분의 고귀하고 황홀한 시간을 소비하는가!

어째서 여러분은 여러분 안에 끊임없이 낳을 수 있고 낳아야 하는 자비롭고 순수한 선을 등한시합니까?

쳇바퀴 돌듯이 오랫동안 배회하면서 향상되지 않은 채 있으려고 합니까!

그렇지만 여러분이 시작했던 첫 생애 안에서보다 여러분 생애의 몇 년 후, 여러분은 계속해서 진실한 완성 안에서 있지 않을 것입니다. 그러므로 이것은 확실히 애석한 일입니다.

아! 여러분은 어쨌든 형용할 수 없는 깊은 손실을 입게 된다는 것을 기억하십시오!

우리의 죽음의 날에 주님 안에서 우리를 발견할 수 있고, 언제라도 우리를 주님 안으로 침몰할 수 있도록 주님께 청하길 바랍니다.

아멘!

# 9

## 종려주일 밤이 되기 전 토요일 설교: 나는 세상의 빛이니[1]

(Ego sum lux, dicit Dominus, 요 8:12)

> 예수께서 또 말씀하여 이르시되 나는 세상의 빛이니 나를 따르는 자는 어둠에 다니지 아니하고 생명의 빛을 얻으리라 (요 8:12).

우리 주님은 말씀하셨습니다.

나는 세상의 빛[2]이니라!

유대인들은 예수님이 갈릴리 출신이고 시골 촌뜨기들과 교류했으

---

[1] 이것은 종려주일 밤이 되기 전 토요일에 이뤄지는 요한복음에 관한 설교이다. 설교는 우리를 우리의 근원으로 되돌아가도록 가르치고, 무엇에 의해 우리가 방해받는지를 제시해주며, 또한 우리가 반드시 알아야 하는 하나님의 진실한 친구들과 잘못된 친구들의 차이를 가르쳐 준다.

[2] 그래서 또한 Corin, Wi 2, S. 49,1; 49,1-2에 대한 수기 원본을 보라.

니 그들³과는 아예 상종을 하지 않았다고 대답했습니다.

예수님은 반문하셨습니다.

나는 세상과 모든 사람들의 빛⁴이니라.

그리고 세상의 모든 빛은 모든 피조물을 근원으로 되돌아가도록⁵ 하는 빛으로부터 그의 빛을 받아들입니다. 육적인 빛은 태양, 달, 별과 인간의 육체적인 감각처럼 받아들이고, 영적인 빛은 인간의 사고력의 빛처럼 받아들입니다.

또한 그것들이 그곳으로 회귀하지 않는다면, 온 세상의 빛이신 진정하고 본질적인 빛과 반대로 자기 자신 안에 칠흑 같은 어둠만이 존재합니다.

언젠가 사랑의 주님은 말하셨습니다.

진리 안에서 나의 빛과는 반대로 어둠으로 존재하는 너희의 빛을 던져 버리고, 당신과는 반대로 나를 위하여 당신 자신을 바꾸십시오! 내가 진정한 빛이기에 나는 나의 빛이 당신의 것이 되도록 하고, 나의 존재처럼 나는 나의 삶과 나의 축복과 기쁨이 당신의 것이 되도록 당신의 어둠을 대신하여 나의 영원한 빛을 제공할 것입니다.

---

3   cf, Corin, Wi 2, S. 49,4와 수기 원본.
4   각주 1번과 일치한다.
5   코린의 Wi 2, S. 49,9 f.과 와이저(Wyser)의 설명의 근거해서, 위의 책, S. 244.

따라서 말입니다.

예수는 그것들이 우리와 하나가 되도록 그의 아버지께 청하였으니, 내가 당신 안에 있고 당신이 내 안에 있어서 우리가 하나이듯이, 그들이 우리와 하나가 되듯 연합하는 것은 우리의 본질에 따라서가 아니라 은총을 통하여 이해할 수 없는 방식으로 완전히 하나가 되는 것입니다.

그렇지만 모든 요소들, 즉 돌과 불과 만물은 언젠가 그것들의 모든 근원으로 되돌아가는 것을 갈망합니다. 고귀한 피조물인 인간의 탄생은 모든 기적들을 넘어선 기적의 사건입니다.

사랑의 하나님은 인간을 위해 하늘과 땅과 만물을 창조하셨으나, 인간은 자기 자신 안에만 머무르면서 하나님에게로 향하거나 그의 영원한 근원, 목적, 또는 빛으로 서둘러 가지 않습니다.

이것은 실로 어찌된 일입니까?

그렇다면 우리는 두 사항을 주목해 봐야 합니다. 한 가지 사항은 인간이 다시 그의 근원으로 어떻게 회귀해야 하는지요. 어떠한 길을 선택해야 이 목적에 이룰 수 있고, 어떻게 해야 그곳에 도달할 수 있는지를 주의하는 것입니다!

다른 한 가지 사항은 인간들이 이러한 목적을 추구하는 것과 그곳에 도달하는 것을 방해하는 장애물들이 무엇인지를 주목하는 것입니다. 이것은 인간들의 심히 형용할 수 없는 위대한 선에 대한 열망을

## 9 종려주일 밤이 되기 전 토요일 설교: 나는 세상의 빛이니

방해하고, 또한 당신을 늪으로 데려가는 큰 사건이 될 것입니다.

이 방해들은 서로 다른 사람들 안에서 두 종류가 있습니다.

첫 번째 부류의 사람들은 즐거움과 만족을 피조물들과 감각들 안에서 추구하는 세속적인 심령들입니다. 그들은 그것들에게 능력과 감각, 그리고 모든 시간을 완전히 소진합니다. 이런 사람들은 완전한 어둠 속에서 이 빛과 정반대로 살아갑니다.

두 번째 부류의 사람들은 많은 존경을 받고 매우 위대한 명성을 소유하며, 외적인 어둠을 넘어 훨씬 밖으로 나갔던 영적인 사람들로 생각되는 자들입니다.

하지만 그들은 근저 안에서 자기애와 자기 의지, 자기 자기를 위한 갈망의 대상으로 가득 차 있기 때문에 바리새인들과 같습니다. 우리가 이 사람들을 하나님의 친구들과 외적으로 구분하는 것은 결코 쉽지 않습니다.

그들은 때때로 외적인 훈련들, 즉 기도와 금식과 엄격한 생활 태도에 있어서 진정한 하나님의 친구들보다 더 많은 시간을 활용하기 때문입니다. 따라서 그들을 외적으로 판단하는 것은 그리 쉬운 일이 아닙니다.

그렇지만 하나님의 영과 하나님의 영을 소유한 사람들은 그들을 올바르게 판단합니다. 그들은 외적인 차이로 진실한 하나님의 친구들을 구분합니다. 하지만 그들은 자기 자신을 판단하지 않습니다.

그런데 진정한 하나님의 친구들은 자기 자신 외에는 누구에 관해서 그들의 판단을 말하지 않습니다. 그와 같은 사람들은 만물 안에서 자기 자신의 것만을 추구합니다. 그들은 오로지 자기 자신만을 생각합니다.

그들은 모든 것, 즉 피조물과 심지어 하나님에게도 그들의 것만을 구합니다. 그들은 그들의 본성 안에서 스스로 목표하고 추구하는 바리새인적인 방법을 매우 심오하고 철저하게 강화시켜, 영혼의 모든 깊은 곳을 그들의 것으로 가득 채워 놓습니다. 그리고 그들은 마치 이것을 철로 된 산을 가볍게 깨뜨려 버릴 수 있는 것처럼 자연적인 본성으로 극복할 수 있다고 생각합니다.

하지만 이는 오로지 한 가지 방법으로만 도달할 수 있습니다. 예컨대 하나님이 그들 안에서 완전히 우위를 획득해 자리를 차지할 수 있을 때만 가능한 일입니다. 그렇지만 이것 또한 그의 친구들에게만 발생하는 일입니다.

유감스럽게도 온 세상은 그렇게 가득 차 있고, 진정한 하나님의 친구들의 마음이 육신 안에서 시들어 가고 차가워질 수 있기 때문에 커다란 손상은 멀리서든 가까이에서든 발생했습니다. 그러므로 하나님의 친구들은 많은 사람 가운데 매우 심한 불공정함이 타락하기 쉬운 실수가 하나님에게 어떻게 부가되는지를 알 것입니다.

이로 인해 반드시 많은 분노(Eifer)가 일어날 것입니다. 인간이 살고 있는 한, 분노는 결코 사라지거나 극복되지 않습니다. 그가 아무것도 행하지 못하도록 그의 곁에 머무를 것입니다. 이것은 진실한 빛과 이러한 근원으로 향하는 것을 방해하는 장애물입니다.

그러한 한 가지 이유로 사람들은 그들의 본성적인 빛에 빠져서 헤어 나오지 못하고 그 곁에 머무릅니다. 그들은 자연 이성의 빛이 제공하는 매우 큰 즐거움에 빠져, 세상의 다른 모든 즐거움조차 완전히 부인해버립니다.

또한 이것을 인식한 이교도들조차도 오로지 본성적인 빛 안에 머물렀고, 그것을 넘어서지 못해서 영원한 어둠에 머물러 있어야만 했습니다. 그러므로 이것이야말로 진정한 빛의 장애물입니다.

우리가 여기서 주목해야 하는 또 다른 것은 이러한 근원과 진실한 빛으로 다가서는 방법과 진정한 오솔길입니다. 그때 인간은 자신의 자아를 진정으로 부인하고 순수하며 깊이 있는 방법으로 하나님만을 의도하며 사랑해야만 합니다.

그는 어떤 사물이나 자기의 것을 추구하지 않는 것이 아니라, 어디에서 유래하든 오직 하나님의 명예와 영광만을 목적으로 삼아 모든 것을 하나님으로부터 직접 구하는 것입니다.

그러나 그는 전혀 후회하지 않으며, 하나님에게로 다시 모든 것을 직접 봉헌합니다. 그때 그곳에서는 전혀 방해받지 않은 유출과 회귀가 일어납니다.

이것은 진실하고 정확한 길입니다.

여기서 하나님의 진정한 친구들과 거짓된 친구들이 나눠집니다. 거짓된 친구들은 모든 사물을 자기 자신과 관련시켜 선물을 취득하기 때문에, 그들은 순수한 의도나 사랑, 감사, 자기 부인을 하면서 하나님에게 몰입합니다.

그것들을 하나님에게 바치는 것이 아닙니다. 이것을 가장 많이 소유한 자는 하나님의 가장 완전한 친구들입니다. 이것을 구하고 소유하는 자가 아니라 자기의 고유한 사랑을 고집한 자입니다. 그가 그의 죽음 때 이러한 상황 안에 알게 될 것입니다. 이런 인간은 진정한 빛을 결코 알지 못합니다.

또한 이것은 하나님을 찾을 수 있는 곳에서 본성이 자기 자신만을 오로지 찾는다는 것을 숙고하지도 인지하지도 못한 것보다 훨씬 더 걱정스럽고 치명적이어서 한탄스럽기 그지없는 일입니다.

매우 힘든 고난이 사람들에게 닥칠 때, 우리는 진정한 하나님 사랑을 가지고 있는지를 알 수 있습니다. 진정한 하나님의 친구들이라면 고난 때문에 하나님[6]에게로 곧바로 달려가고 고난을 견디며 하나님으로부터 고난을 받아들여, 하나님과 함께 그리고 하나님 안에서 고난을 참아냅니다.

혹은 그들은 하나님 안에서 고난을 완전히 망각해 버립니다. 하나님은 하나님의 친구들과 긴밀하게 내적으로 결합하고 있습니다.

하나님 안에서의 고난은 그들에게 더 이상 고난이 아니고, 사실상 고난은 그들에게 기쁨과 환희가 됩니다. 하지만 거짓된 하나님의 친구들이 바리새인적인 방법으로 고난을 접하게 되면 그들은 어디로 달려 가야할지 잘 알지 못합니다. 그들은 모든 것을 통과해 달아난

---

[6] 스트라우호의 개정 제안에 따르면: Vetter 49, 10를 대신해 PBB XLIV, 21.

후에야 도움과 조언, 위로를 구합니다.

하나님을 발견하지 못하면 그들은 좌절하고 쉽게 절망합니다. 그럴 경우 그곳에는 커다란 근심거리가 발생해 그들은 최후에 심히 곤경에 처하게 될 것입니다. 왜냐하면, 그들은 근저, 자기 자신 안에서 하나님을 발견하지 못하기 때문입니다. 그들은 그곳에서 반석이신 그리스도 위에 집을 세우지 못했고, 결국 지옥에 떨어질 것입니다.

이 같은 사람들은 그곳에서 세상 사람보다 수천 배나 힘들 것입니다. 그들은 자기 자신들을 악한 것으로 여겨 일반 백성과 마찬가지로 겸손한 경외감을 유지하는데도 일반 백성은 하나님에게 순종했습니다. 하지만 외적으로 매우 경건한 것처럼 보였던 바리새인들, 지도자들과 서기관들은 우리 주님께 대항해 그의 죽음을 초래했습니다.

그들은 어느 누구에게도 말을 하지 못했고, 그리스도가 땅 위에 글을 쓰셨을 때 그들 역시 반항하거나 도망칩니다. 그때 약함을 시인하지 않은 그들의 도주는 맨 처음 선생들과 장로들로부터 시작돼 모든 자들에게까지 폭 넓게 이뤄졌습니다(요 8: 1 ff).

이것은 이러한 단순한 자들에게 훨씬 더 훌륭한 충고와 도움이 될 수 있는 일입니다. 그들은 자신들의 약함을 고백하고 스스로를 약하다고 생각해, 두려움과 겸손 안에 살고 있는 모든 자들에게 좋은 충고가 되기 때문입니다.

다양한 방해물들과 반대로 사랑의 하나님은 우리에게 커다란 도움과 위로를 제공하셨습니다. 하나님은 우리에게 독생하신 아들을 보내셨는데, 그의 거룩한 삶과 위대하고 완전한 덕과 모범과 가르침과 다양한 고난은 우리로 하여금 우리를 유인해내셨습니다.

그렇기 때문에, 우리의 어두운 빛은 그의 진실하고 본질적인 빛 안에서 사라지도록 합니다. 또한 그는 거룩한 세례와 견진성사를 필두로 거룩한 성찬을 우리에게 참여하도록 했습니다. 그 이후 우리가 죄를 짓게 되면 곧바로 우리에게 성스러운 고해성사와 참회를 허락하셨고, 더욱이 그의 거룩한 몸과 거룩한 기름 부음을 허락하셨습니다.

이것은 다시 우리의 근원이자 우리의 시작으로 회귀하도록 하는데 큰 원조와 도움을 줄 것입니다. 따라서 거룩한 아우구스티누스가 말합니다.

> 커다란 태양(Sonne)은 자체에서 보다 더 작은 태양을 만들었고 작은 태양을 구름으로 덮어 그늘지게 했습니다. 그렇지만 그 방식은 우리가 커다란 태양을 볼 수 없도록 만든 것이 아니라, 오히려 우리가 그것을 볼 수 있도록 태양의 빛을 약화시킨 것일 뿐입니다.

커다란 태양은 하늘 아버지이고, 더 작은 태양은 아들입니다. 그리고 신성에 따라 아들은 하늘 아버지와 동일하지만, 그는 인성에 따라 자기 자신을 낮추셨고, 자기 자신을 숨기려하는 것이 아니라 우리가 그를 볼 수 있도록 그의 빛을 완화시킨 것입니다.

"그는 모든 사람들에게 비쳤던 진정한 빛이시고 이 세상에 오신 분이기 때문입니다."

"이 빛은 어둠에 비쳤고 어둠은 이 빛을 받아들이지 않았습니다."

영의 가난한 자들과 자기애와 자기 의지 안에서 그들의 자아를 포기했던 자들 외에는 누구도 이 빛을 받아들이지 않습니다. 그들 중 많은 사람은 40년 동안 외적인 선들이 부족했고 그 빛에서 아무것도 전혀 인지하지 못했던 자들도 있습니다.

그들은 감각과 이성 안에서 빛을 잘 이해하고 빛을 소유하지만, 그때 그 빛은 근저 안에서 그들에게 낯설고 그들의 취향과 정반대인 것입니다.

아! 나의 사랑하는 자들이여!

여러분은 이러한 진실한 빛을 맛볼 수 있도록 영과 본성 안에서 성취할 수 있는 모든 것을 내려놓기 바랍니다! 그러면 당신들은 이런 진정한 빛이 비추고 있는 당신들의 근원에 도달할 수 있습니다.

그것이 여러분에게 주어지도록 갈망하되, 본성과 함께 또는 본성 없이 청해 보십시오!

여러분이 할 수 있는 모든 능력을 발휘하십시오!

하나님의 친구들이 여러분을 돕도록 청해 보시기 바랍니다!

그들이 여러분을 하나님에게 인도하도록 하나님을 의지하는 자들을 따르십시오!

이 일이 우리 모두에게 이뤄지도록 사랑의 하나님이 우리를 도우실 것입니다.

아멘!

# 10

## 종려주일 전 월요일 설교:
## 목마르거든 내게로 와서 마시라!¹

(Si quis sitit, veniat et bibat, 요 7:37)

> 명절 끝날 곧 큰 날에 예수께서 서서 외쳐 이르시되 누구든지 목마르거든 내게로 와서 마시라(요 7:37).

고귀한 축제의 마지막 날 우리 주님은 엄하고, 순수한 목소리로 외치셨습니다.

목마른 자들이여! 이리로 와 마시라!

우리가 언젠가 서게 될 우리 주님의 자애로운 고난을 어떤 커다란

---

1 종려주일 전 월요일, 우리 주님의 고난에 관한 요한복음의 설교는 하나님을 향한 사랑의 갈망에 관해서 말하고, 또한 많은 유혹의 강아지들(Hunde)이 어떻게 사람을 사냥하는지에 대해서 말해 준다.

동요나 동정이나 감사함 없이, 아무렇게나 자신의 마음에서 떠나보내서는 안 됩니다. 우리 영원하신 아버지이신 주 하나님은 매우 심한 모욕과 많은 고난을 참으셨습니다.

이것은 우리가 그의 진정한 친구가 되기 위함입니다. 누구를 막론하고 항상 공정하든 불공정하든 우리들 위에 닥치는 시험이나 고난을 기꺼이 참아야 합니다.

우리는 그것을 통해 그와 동일하게 되고 그 스스로 가셨던 길을 따르게 되면서 허락된 명예와 축복에 대해서 마땅히 기뻐해야 할 것입니다.

"누가 목이 마르다고 말합니다."

이때의 목마름은 도대체 무엇을 의미합니까?

성령이 영혼에 다가와 사랑의 불꽃을 불러일으키는 곳에서 사랑의 갈망은 영혼 안에 일어나고, 성령이 사랑의 고통을 자극하는 곳에서[2] 사랑의 갈망은 사랑의 고통[3] 때문에 영혼 안에서 일어납니다.

열은 불꽃을 밖으로 내뿜고, 불꽃은 하나님을 향한 목마름과 사랑으로 가득 찬 열망을 불러일으킵니다. 그리고 모든 피조물에 관해 혐오감과 불쾌함을 느끼며, 때때로 인간은 그와 함께 한다는 것이 무엇을 뜻하는지 잘 모릅니다. 이런 갈망은 세 종류의 사람으로 분류시

---

2   Ge 1은 "ontfunet"을 가진다. 이것은 오히려 베테의 텍스트 "enphohet" 혹은 Hs. Wi 2 (Corin의 출판), S. 61,1. cf, 그 외에 App. (1)에서 그곳에서 제공된 힌트다.
3   예를 들면 kôle, kol, Vetter S. 51,8처럼 단어 "quâl"의 다양한 형태들에 의해서 제공된 번역이 정당한 것으로 드러난다.

킵니다.

**첫째**, 초보적인 인간 안에서입니다.
**둘째**, 성장하는 인간 안에서입니다.
**셋째**, 이런 삶 안에서 할 수 있는 한 완전한 사람들에게서 발견됩니다.

거룩한 다윗이 시편에서 말합니다.

사슴이 시냇물을 찾기에 갈망하듯 나의 영혼은 오직 하나님만을 갈망하나이다.

개들이 숲 속을 통해 산 위에서 사슴을 무자비하게 사냥한다면, 불볕의 더위는 사슴에게 심각한 목마름을 일으키고 다른 동물들에 비해 훨씬 더한 갈증을 느끼게 할 것입니다.

개들이 사슴을 사냥하는 것과 같은 이 유혹은 세상으로부터 막 돌아선 초보자를 사냥하려 할 것입니다.

특히 위압적이고 커다랗고 거대한 약점은 그를 난폭하게 공격합니다. 이것은 7가지 주요 죄들에 속하고, 이것들은 커다랗고 고통스러운 유혹과 함께 그의 뒤를 곧바로 뒤쫓아 나설 것입니다. 그들은 그가 예전에 세상 속에 있었을 때보다 그를 더 사냥하려고 바짝 뒤쫓을 것입니다.

이럴 때 유혹은 눈치를 채지 못하게 그 위에 다가왔으나 그들은 유혹의 사냥을 언젠가 눈치를 챌 것입니다.

그래서 솔로몬은 말했습니다.

> 나의 아들아! 네가 하나님의 도움을 향해 다가서려면 마음을 굳게 먹고 유혹에 맞서라!

어쨌든 이러한 사냥이 강해지고 격렬해질수록 우리가 하나님을 향해 가지는 갈망과 바람과 소원 역시 더욱더 커져야 합니다. 개들 중 한 마리가 이빨로 물어뜯으려고 사슴에게 달려가는 일은 장차 닥칠 것입니다.

개가 사슴을 놓아 주지 않는다면, 사슴은 그 개를 한 그루의 나무 곁으로 질질 끌고 가서 격렬히 저항하고 머리의 뿔로 대항해 개로부터 벗어나려 할 것입니다.

마찬가지로 인간 역시 그와 같이 행해야 할 것입니다. 인간이 개, 즉 유혹들을 극복할 수 없을 때, 그는 몹시 서둘러 우리 주 예수 그리스도의 십자가와 고난의 나무를 향해 곧바로 달려가 그의 개, 즉 그의 유혹의 머리를 부셔 버립니다. 그래서 인간은 모든 유혹들을 극복하고 그것들로부터 완전히 해방됩니다.

사슴이 실제로 큰 개를 방어했다면, 그 다음에는 작은 개들이 사슴에게 다가와 이리저리 사슴을 괴롭힙니다. 만일 사슴이 작은 개들을 충분하게 주의하지 않는다면 그것들은 사슴을 물어뜯어 사슴을 약하게 만들 것입니다. 이것은 인간에게도 동일할 것입니다.

사슴이 커다란 죄들을 방어하고 그것들을 극복했더라도, 경계되지 않은 강아지들이 다가갑니다. 이 강아지들은 소꿉친구들 혹은 귀중품들 혹은 동료 혹은 오락들 혹은 인간의 호의들과 같은 것이고, 인간을 이렇게 저렇게 산산조각 내버립니다.

즉, 그것들은 인간의 마음과 내성(Innerlichkeit)을 흔들어 놓으며, 따라서 인간은 신적인 삶과 모든 은총과 예배 안에서도 불가피하게 약화됩니다. 모든 경건한 신중함과 하나님을 찾는 일과 거룩한 예배는 인간 안에서 점차 사라질 것입니다. 이것은 커다란 유혹들보다 가끔씩 인간에게 훨씬 더 큰 손실을 일으킵니다.

인간은 큰 개들을 주의해야 할 부정한 것으로 생각하지만 작은 강아지들을 경계하지는 않습니다. 그러므로 위험한 것으로 생각되지 않는 작은 강아지들이 위험한 것으로 인지되는 커다란 개들보다 훨씬 더 치명적일 수 있습니다.

따라서 장난감들이나 손수건들이나 옷들이나 장신구들과 관계와 마찬가지로 그것 역시 주의하려고 하지 않은 상황들과 별반 다를 게 없습니다.

실제로 모든 사냥 이후 사슴은 점점 더 더위를 느끼고 목마름의 갈증이 심해지듯이, 인간이 진리, 평화, 의로움과 위로 외에는 아무것도 발견하지 못하는 곳에 있더라도 모든 유혹은 인간을 점점 더 가열시키고 하나님을 향한 진실한 갈망 안에서 그를 더욱 자극시킵니다.

사슴이 실제로 심히 목마르고 피곤하다면, 사냥꾼들은 이따금씩 사슴이 울타리 안에서 안전을 취할 수 있도록 하면서, 개들에게 먹이를 먹이기 위해 개들을 물러나게 합니다. 사냥꾼들이 사슴을 잠시 안정시킨 이후에는 사슴은 상당히 강해져 두 번째 이뤄지는 사냥을 훨씬 더 잘 참아낼 수 있습니다.

우리 주님은 이와 마찬가지로 행하십니다. 주님은 인간이 유혹과 사냥에 심히 약하다는 사실을 인식하자마자 약간의 유혹과 사냥을 막아주시고, 인간에게 주님의 마음의 소리(Mund), 신성한 것들의 달콤한 맛을 가진 한 방울의 물(Tropfen)을 제공하십니다. 이것은 인간을 매우 강하게 해줘 하나님으로 존재하지 않은 만물들이 인간에게 더 이상 간섭하지 못하게 하고, 마치 인간이 모든 위기를 극복할 수 있을 것처럼 만듭니다.

하지만 이것은 오로지 새로운 사냥을 위한 원기회복일 뿐입니다. 또한 추측해 보건데, 개들은 인간의 목덜미 근처를 노리면서 이전보다 더욱 심하게 위협하고 있습니다. 하지만 어쨌든 인간은 강해져 전보다 훨씬 더 많은 것을 할 수 있습니다.

그런데 하나님은 놀라운 신뢰, 커다란 사랑 때문에 인간 위에 사냥이 다가오도록 허락하십니다. 이런 사냥은 사슴(즉 인간)을 본래 하나님에게로 추방시켜주고, 모든 평화와 모든 진리와 모든 위로가 진리 안에 있는 것에 따라 인간 안에서 원기를 회복시킵니다. 하나님은 갈증을 해소해 줄 달콤한 음료를 통해 현세에서도 장차 영원 안에서도 인간에게 훨씬 더 유쾌하고 즐겁게 이런 일을 행하십니다.

거기서 우리는 가장 달콤한 샘, 자기 자신의 근원과 하나님 아버지의 마음에서 흘러나온 샘물을 입 안 가득 마시고 여기서 위로를 받아, 모든 만물은 그에게 작게 되고 인간은 하나님을 위한 모든 수고를 감내할 수 있습니다.

그러므로 사슴이 모든 개들을 극복하고 난 후 샘물 곁으로 다가간다면, 그것은 몸을 굽혀 최대한으로 입에 물을 가득 채우고 또한 혀로 음미하면서 물을 마실 것입니다. 따라서 우리 주님의 도움을 받아 강아지 혹은 큰 개들의 무리로부터 완전히 해방된 이후 인간은 마침내 올바른 의미에서 하나님을 향한 갈망을 가질 수 있고 비로소 그것을 이룰 수 있습니다.

그렇다면 인간은 도대체 무엇을 해야만 합니까?

인간이 신적인 음료에 스스로 이끌려가고 음료를 듬뿍 마시는 만큼, 인간은 하나님의 것으로 가득찰 것입니다. 그래서 인간은 그 동안 자신의 것으로 여긴 환희와 호화로움으로부터 얻었던 모든 것을 망각해버립니다.

그것은 하나님이 그에게 기적을 일으킬 수 있을 것이라고 생각하게 만듭니다. 그는 물, 불, 그리고 수천의 칼을 통해서도 전혀 다치지 않고 즐겁게 지낼 수 있다고 생각합니다. 하지만 여전히 칼끝은 인간을 겨냥하고 있습니다.

인간은 사는 것과 죽는 것을 두려워하지 않습니다. 육신과 고통은 그에게 동일한 일입니다. 이것은 이런 사람들이 마시게 됐다는데서 온 것입니다. 우리는 이것을 환호성이라고 부릅니다. 그들은 때때로 소리치거나 웃거나 찬미합니다.

또한, 성령이 그들의 것과 더불어 어떠한 기적과 일을 일으키는지 아무것도 모르는 이성적인 사람들이 있습니다.

그들은 본성이 제공하는 것을 제외하고 아무것도 가지지도 이해하지도 못합니다.

이들이 말합니다.

"하나님이여 보호하소서! 너희가 얼마나 경솔하고 포악한가?"

하나님은 그렇게 해 그 사람들이 마시도록 행하시지만, 이 사람들은 그것에 관해서 아무것도 알지 못합니다. 다음으로 그 사람들은 형용할 수 없는 기쁨 안으로 다가서 만물이 그들에게 기쁨과 환희를 가져오도록 합니다.

그들에게 좋은 일이든, 어떠한 일이 그들에게 일어나든 그들은 계속해서 진정한 평화와 기쁨 안에 있습니다. 사랑의 불꽃은 그들 안에서 휘황찬란하고 눈부시게 타올라 그들 안에 있는 모든 물을 소진해 버립니다. 따라서 불꽃은 그들을 기쁨과 환희로 끓어오르도록 할 것입니다.

다음으로, 죽은 자들의 부류가 있습니다.

그들의 심령은 매우 폭력적이고 커다랗게 그들 안에 존재하는 위대한 하나님의 사역들을 견뎌 낼 수 없어서는 부서집니다. 그렇지만 겨우 몇몇 사람들만이 죽었다는 것을 여러분은 알기 바랍니다! 이런 사람들은 놀랍게도 위대한 사역을 위해 자기 자신을 매우 헌신하지만, 그들의 본성은 그것을 참아낼 수도 없었고 반대로 깨버리지도 못합니다.

우리 사랑의 주님이 인간들이 그러한 방식으로 자기 자신을 위임하면서 (그 경험 안에서) 자기 자신을 오로지 감춘다는 것을 아신다면, 주님은 매우 귀중하고 훌륭한 포도주를 자신의 지하실에 놓아두고 휴식과 수면을 취하는 선하고 정직한 집주인처럼 행동합니다. 그리고 그의 자녀들은 그곳에서 매우 귀중한 포도주를 취할 때까지 마십니다.

그때 선한 자가 일어나 이것을 보게 되고, 그는 어울리는 채찍을 만들어 그의 자녀들을 매우 심하게 질책합니다. 따라서 자녀들은 기뻤던 만큼 동일하게 슬프게 되는데, 선한 자는 자녀들이 마셨던 포도주만큼의 많은 물을 마시도록 제공해 그들의 취기가 사라지도록 합니다.

마찬가지로 우리 주님도 동일한 태도를 취하십니다. 그는 잠든 것 같이 행동하시고, 그의 친구들에게 자신의 것을 받아들이도록 해 주님의 것으로부터 소유할 수 있는 만큼 그것을 사용하도록 하십니다. 하지만, 그것이 그들에게 더 이상 어떤 유익함을 주지 못하고 그들을 힘겹게 한다는 것을 주님이 알게 되면, 주님은 그들에게서 감각과 위로와 독한 포도주를 멀어지게 해, 그들이 이전에 기뻤던 정도만큼 동일하게 슬프게 되고, 이전에 마셨던 정도만큼 동일하게 취기가 사라지게 됩니다. 그것은 마치 감각과 위로가 그들에게 낯설어지듯이 그것과 유사한 방식으로 이뤄집니다.

또한, 그들이 그렇게 마시게 됐다는 것은 그들에게 도대체 어떠한 도움이 될까요?

그것은 여전히 그들에게도 갈증을 일으켰고, 그들에게 완전히 마실 것을 제공했습니다. 그러나 이와 더불어 주님은 그들을 자기 자신과 가련한 피조물의 속박의 모든 고통에서 벗어나도록 풀어주셨습니다.

그러나 실제로 그들은 다시 난폭해지고 자신의 취기를 가누지 못합니다. 그러면서 그들은 곰곰이 숙고하도록 훈련을 받는 동시에, 그들이 누구인지 그리고 그들이 무엇을 할 수 있는지를 알아갑니다. 그들은 그들 자신에게로 다가서도록 했기 때문입니다.

이전에는 아무도 그들을 제지할 수 없었고―어떠한 사람이 잘 견디고는 더욱 활동하도록 하는 것을 그들에게 말할 수 있었던 것보다 모든 것을 더 많이 원했습니다―그들은 바로 지금 사라집니다. 그들이 자신들의 능력에 의존하는 한, 그들은 아무런 노력도 하지 않기 때문에 작은 일조차도 결코 처리할 수 없고, 어떠한 말이든지 견디내는 것을 힘들어할 수도 있습니다.

그러면서 그는 그들 자체가 누구인지 그리고 그들 자신의 가치와 능력으로 무엇을 할 수 있는지 알 것입니다. 그리고 이것은 그들을 숙고하고 생각하게 만들어 침묵하도록 합니다.

그리고 이 모든 것, 즉 모든 감각, 습격(Stürmen)과 일은 여전히 저급한 능력의 영역 안에 있었습니다. 그리고 하나님은 거기에서 거주하는 일을 결코 원하지 않습니다. 그곳은 너무나 좁고 작아서 하나님이 거주할 장소가 아닙니다.

그는 그곳에서 활동할 수 없습니다. 그곳에서 그는 그의 일을 하실 수도 없습니다. 그는 상위의 능력들 안에 거하시기를, 원하시고 거해야 하고, 그곳에서 성스럽게 그리고 독특하게 활동하시기를, 원하십니다. 그곳만이 그의 거주지이고, 그곳에서 그는 자신의 고유한 형상과 닮음을 발견하십니다. 그곳에서 하나님은 거주하고 활동하십니다.

그리고 하나님을 실제로 알기를 원하는 자는 그 외에 다른 장소가 아닌 그곳에서 찾으십시오!

그곳에 도달한 자는 넓고 긴 우회로들에서 찾았던 것을 압니다. 그럴 때 영은 거기서 모든 능력을 넘어 누구도 그것에 관해서 말할 수 없는 외로운 광야로, 방법을 상실하는 선의 숨겨진 어둠에로 인도됩니다.

그곳에서 영이 방법을 잊어버린 일치 중 순수한 일치로 매우 가까이 인도됨으로, 영은 분별력(Unterscheidungsvermögen), 예컨대 대상들과 감각들에 대한 모든 분별력을 잃어버립니다.

우리는 일치 안에서 모든 다양성을 잃어버리기 때문입니다. 즉 일치는 모든 다양성을 같은 것으로 만듭니다.

이 같은 사람들이 그들 자신에게로 다가오자, 비로소 그들은 그 외에 어떠한 사람보다 만물로부터 더 아름답고 더 부드러운 구분을 합니다. 구분은 단순성과 일치 안에서 발생되었습니다. 아버지, 아들과 성령이 한 하나님이듯 명확하고 진정한 구분은 순수한 신앙의 모든 교리이고, 그와 마찬가지로 신앙의 진리의 구분입니다.

어떤 사람도 일치에 도달하는 사람들보다 진실한 구분을 더 잘 이해할 수 없습니다. 그러므로 이것은 말할 수 없는 어둠이고 실제적인 빛이며, 어떠한 사람도 길도 방법도 발견하지 못한 이해할 수 없는 외로운 광야입니다. 이것은 모든 방법 너머에 있기 때문입니다.

우리는 이 같은 "어둠"을 이렇게 이해해야 합니다. 이것은 어떤 창조된 지적 능력도 도달할 수 없는 빛이고 지적 능력 역시 이해할 수 없는 빛입니다. 그리고 지적 능력은 전혀 (본성적으로는) 이해할 수 없는 것이므로, 그런 점에서 "조련된 것"(wild)이 아닙니다.

이러한 지적 능력 안에서 영은 자기 자신의 모든 이해와 이성보다 상승하게 됩니다. 그때 그것은 자기의 근원에서, 근원의 진실한 원천에서 솟아나는 샘물을 마실 것입니다.

오! 그때 샘물은 이 얼마나 달콤하고, 신선하며 순수합니까!

마치 가장 달콤하게 샘물이 그것들의 근원 안에 있는 것처럼 말입니다. 하지만 이것들은 흐르는 과정에서 따뜻해지기도 하고 식어버리기도 할 것입니다.

오! 환희에 차고 순수한 샘물이 영혼의 원천에 어떻게 제공됩니까!

영혼이 존재하고 할 수 있는 그 모든 것과 더불어 영혼은 그곳으로 동시에 침몰합니다. 영혼은 즐겁게 입으로 가득 마시길 원했으나, 이것은 이때 영혼에게 전혀 주어지지 않을 수 있습니다. 그럼에도 영혼은 가라앉고 지상 위에 있고 근저로 침투해 들어가는 물처럼 근저 안으로 침몰해 들어갈 것입니다.

실제로 인간이 이러한 높은 수준에까지 도달하며 일종의 저급한 능력들에 따라 불필요하게 누우려 했고, 이러한 능력이 잠자도록 하는 것 외에는 어떠한 것도 행하려고 하지 않았다면 그의 갈망 안에서 아무 것도 일어나지 않습니다.

인간은 이 저급한 능력들을 그것들의 성질에 따라 다뤄야 합니다. 그렇지 않으면 성령은 그러한 사람들로부터 완전히 떠날 것이고 영적인 교만과 혼란스러운 자유가 일어날 것입니다.

인간은 이성적인 자기만족에 자기 자신을 맡기면서 성령 안에서는 어떠한 것도 이루지 못합니다. 그는 완전히 자기 입장만 고수합니다. 오히려 우리는 커다란 겸손 안에서 하나님의 뜻에 따라 경배해야 합니다.

그렇게 하면 하나님은 인간 안에서 모든 외적인 일들에서 훨씬 더 커다란 분리를 이루시고, 그렇지만 계속해서 이전보다 더 고귀한 방법으로 분리시키려 하십니다. 그리고 그것은 더 많게는 정결함, 해방, 훈련받지 않은 자유와 일치, 내외적인 침묵과 심오한 겸손과 저급한 능력들 안에서 그것들의 장소를 가지는 모든 덕들입니다.

이와 같은 어떤 사람은 그럴 때 하나님의 신뢰를 받아 하나님께 신성한 복을 받은 사람이 됩니다.

여러분이 도대체 무엇을 알고 어떻게 알고 있습니까?

하나님이 영혼을 얼마나 놀라운 길들로 인도하셨고, 영혼에 대한 그의 영향이 어떻게 자기 자신을 드러내는지를 여러분은 실제로 알고 있습니까?

특히 영혼의 신성한 것을 영혼의 능력 안으로 특히 받아들였을 때, 영혼이 그곳에서 무엇을 잃어버렸고 영혼이 신성한 것을 얼마나 붙들 수 있었습니까!

영혼은 절망하게 되었고, 무질서에 빠져들었으며 배제되었습니다. 하지만 하나님은 실제로 영혼을 여기까지 인도하십니다. 하나님은 영혼이 자기 자신과 영혼의 모든 능력들에서 벗어나 자기 스스로를 뛰어넘도록 하셨습니다.

하나님은 이전과 다르게 지금 영혼에게 자기 자신을 제공하시고, 영혼은 이럴 때 매우 잘 정돈됩니다. 아가서에서 신부가 말하려는 것은 바로 이것입니다.

주님은 나를 포도주 저장고로 인도하셨고(Introduxit me rex in cellarium), 그의 사랑을 그곳에서 정돈하셨느니라.

사실상 그는 영혼을 전체적으로 잘 정돈하셨고, 놀랍고 익숙하지 않은 방법들로 영혼을 깊은 심연 안으로, 자기 자신 안으로 유도하셨습니다. 영혼이 거기서 발견한 것은 모든 감각을 뛰어넘는 것으로서 이성은 그것을 도달할 수도 없고, 누구도 그것을 파악하거나 이해할 수 없으나, 이것은 영원한 삶을 진실로 미리 맛보는 일입니다.

하나님의 자애로운 선들이 그것들의 선택된 자들과 어떠한 것을 공유할 수 있는지를 살펴보십시오!

하나님이 우리를 하나님 자신에게 데려가실 수 있으나 우리에게 이를 갈망하도록 해, 커다란 동경을 가지고 그를 부르라! 그러면 하나님은 엄하고, 순수한 목소리로 외치셨습니다.

목마른 자여 내게로 와 마시라!

하나님은 갈증과 그러한 갈증에 대한 의도를 우리 안에서 발견하려는 갈망을 지니셨습니다. 그때, 그는 우리에게 매우 풍족하게 마시게 원하셨으며, 음료를 향유하고 생수를 마시는 자들은 그들의 사랑에서 거기서 영원한 삶으로 계속 흘러내릴 것입니다.

그것은 도대체 무엇이라 말해야 합니까?

육신이 세상의 음식을 섭취하면 위는 음식을 소화하고, 때문에 영양분이 육체의 모든 지체에 공급되었을 때 원기를 회복되 듯 말입니다.

이 음료를 마시고 고귀하고 신성한 음식물을 받아들인 영에게 음식물은 진실하고 신성한 사랑의 불꽃에 의해서 모든 지체들에게 나눠져 인간의 모든 삶과 존재 안에서 모든 그의 사역들이 더 잘 정돈되고, 결과적으로 모든 사역들은 더할 나위 없이 제자리를 찾아갑니다. 또한, 내적이고 올바른 질서에 의해 모든 사람이 더 훌륭하게 되는 것과 마찬가지로 외적인 인간은 거기서 잘 정돈돼 모든 것에 비해 빛나고 크며 더욱 강해집니다.

따라서 하나님은 외적인 인간을 가지려 하시고, 그는 계속해서 영원한 삶 안에서 성장합니다. 이것이 우리 모두에게 주어지도록 하나님이 우리를 도우실 것입니다.

아멘.

# 11

## 종려주일 전 화요일 설교:
## 예수님의 때, 너희의 때[1]

(*Tempus meum nondum advenit, tempus autem vestrum semper est paratum*, 요 7:6)

---

> 예수께서 이르시되 내 때는 아직 이르지 아니하였거니와 너희 때는
> 늘 준비되어 있느니라 (요 7:6).

---

우리 주님은 말씀하셨습니다.

너희들은 축제를 위해 올라가라!
나는 지금 그곳으로 가지 않을 것이니라!
너희의 때가 항상 그때이니라. 나의 때는 아직 이르지 않았느니라.

---

[1] 종려주일 전 화요일 요한복음의 설교는 우리가 축제에서 신성한 사랑으로 어떻게 상승해야 하는지와 우리의 기도 안에 주님이 비밀리에 현존해 있는 것을 보여 주는 모든 수도원의 규칙들이 어떻게 이용되는지를 가르쳐 준다.

사랑의 주님은 우리를 올라가도록 부르시고, 그때가 항상 우리의 때라는 축제는 어떠한 종류의 축제입니까?

가장 고귀하고 진실하며 최후의 축제는 영원한 생명의 축제이자 영원한 축복입니다. 하나님은 진실로 현존하시기 때문입니다. 하지만 이것은 이때가 아닐 수 있으나, 그렇지만 우리가 여기에서 거행하는 축제는 그것을 미리 맛보는 일입니다. 즉 영 안에서의 내재적인 향유와 하나님의 현존에 대한 내재적 감정의 맛봄(Gefühl)입니다.

이것은 계속해서 우리의 때인데, 여기서 우리의 때란 우리가 하나님을 찾을 수 있고 그의 현존을 우리의 모든 일과 삶과 바람과 사랑 안에서 기획할 수 있는 때를 말합니다. 그래서 우리는 우리 자신과 하나님으로 존재하지 않은 모든 것보다 상승하려고 하고, 그로써 우리는 하나님만을 바라고 사랑하는 동시에, 어떤 다른 것도 원하지도 사랑하지도 않아야 합니다. 바로 이런 때가 항상 우리의 때입니다.

실제로 모든 사람은 구원을 받으려고 영원한 생명의 축제를 진실로 갈망합니다. 하지만 이러한 바람만으로는 충분하지 않습니다. 우리는 하나님만 열망하고 찾아야 합니다. 그런데 대축일(Hochfest)을 통해 미리 맛봤을 많은 사람은 하나님이 자기들에게 아무것도 주지 않는다고 불평합니다. 그들은 기도할 때 어떠한 기쁨도 자신들의 근저 안에서 발견하지 못하고, 또한 하나님의 현존을 느끼지 못하는 것을 불쾌하게 여깁니다.

보다 적게, 그리고 보다 사랑하지 않은 듯 기도하면서 하나님을 경험하지 못했다고 말합니다. 그들은 자신들의 활동과 기도를 마음에

## 11 종려주일 전 화요일 설교: 예수님의 때, 너희의 때

들어 하지 않습니다. 인간은 이것을 반드시 해야 하는 것이라고 생각합니다.

우리가 이렇듯 좀 더 열정적으로 무언가를 더 해야 할 일이 있지 않겠습니까! 그렇지만 하나님은 아직 현존하십니다. 우리가 그것을 느끼지 못하는데도 하나님은 은밀히 축제에 가십니다.

하나님이 머무르시는 곳, 바로 그곳에서 대축제일은 진실로 거행됩니다. 또한 하나님은 그것을 중단하실 수 없고 포기하지도 않으실 것입니다. 그는 순수한 마음으로 자신을 열망하고 하나님만을 구하는 곳에 반드시 계십니다. 그곳에서 그는 당연히 계십니다. 하나님은 숨어서 현존하지만 계속해서 현존하십니다.

그런데 우리가 하나님을 매우 순수한 마음으로 찾고 우리의 생각을 일상의 삶에서 하나님께 집중하며 종종 휴식을 취하고 우리를 넘어 우리를 초월한다는 것은 하나님의 시간에 이뤄집니다. 그래서 하나님이 말하십니다.

    너희의 때는 계속적으로 너희를 상승하도록 하는 바로 이때니라.

그렇지만 하나님이 자신을 드러내고 계시하며, 자기 자신을 발견하고 공개적으로 밝혀야 할 그의 때는 아직 이르지 않았습니다. 우리는 이때를 하나님께 위임해야 합니다. 하지만 확실하게 하나님은 우리가 그를 찾고 열망하는 곳에 은밀히 계십니다. 어떤 훌륭한 훈련도 좀 더 앞설 수가 없습니다. 물론 하나님은 그곳에 계시지만, 당신으로부터 항상 숨어 계시고 당신은 그를 맨 나중에 발견할 수 있기 때문입니다.

어떤 수도원 소속이든 우리가 거룩한 수도원들과 다른 모든 수도원들 안에 가지고 있는 모든 교훈들, 훈련들과 사역들은 목적을 성취하는 데 유용한 것입니다. 그것들은 우리 모든 규정들과 기관들 안에서 우리가 하나님을 단지 순수한 마음으로 갈망하고 우리 안에서 축제를 거행합니다.

하나님과 어떠한 방해를 받지 않은 근저, 즉 오로지 하나님만 계시고 순수한 것만을 소유하는 데 도달하는 것을 다루고 있습니다. 또한 우리의 모든 사역들과 방법들이 그것에 유익하는 한, 그것들은 어느 정도 찬양될 수 있고 거룩하며 유익합니다.

그리고 사정이 그렇지 않은 곳은 유대 회당 안에 있는 것과 같습니다. 유대 회당의 옛 언약은 많은 규범들과 경건성과 경건 규정들과 커다란 사역들과 덧붙여 몇몇 힘든 훈련들만 있을 뿐입니다.

하지만, 누구도 그 모든 것을 통해 구원받을 수 없었습니다. 하나님은 새 언약을 준비하셨고, 이 새 언약 안에서 하나님의 나라를 알리셨고 나타내셨습니다. 마찬가지로 하나님의 나라도 모든 외적인 훈련들과 함께 합니다. 하지만 그것들은 단지 준비이자 방법일 뿐입니다.

또한, 옛 언약이 사라지고 없어지든, 새 언약이 근저에, 특히 정결성에 있어서든 상관없이 이 안에서는 하나님의 축제에 관한 어떠한 것도 발견되지 않습니다. 더욱이 모든 것은 너무 적거나 오히려 없는 것과 마찬가지입니다.

## 11 종려주일 전 화요일 설교: 예수님의 때, 너희의 때

오, 나의 사랑하는 성도들이여!

맨 먼저 서약을 통해 세상을 떠나는 것을 말했고 세상을 포기했을 때, 우리 모두는 하나님에게 그것을 찬미했고 하나님을 사랑하고 그만을 갈망하기로 맹세했습니다. 그때 우리는 하나님만을 섬기고 사랑하며, 우리의 생각을 그분께로 향하고 죽을 때까지 그 분만을 섬기기로 하나님에게 맹세했습니다.

태어난 사제들과 주교들은 이 맹세에서 우리를 끊어낼 수 없고, 이 맹세는 우리가 법정[2]에서 맹세하지만 깨뜨려 버릴 수 있는 것보다 훨씬 더 많은 구속력을 가집니다. 의지와 숙고로 우리의 마음과 사랑을 어떤 피조물들에게 선사한다면 상위의 단계에서 우리는 하나님을 찬미했다는 것에 대해 위증하는 격이 됩니다.

우리는 그것을 통해 다른 맹세를 깰 때보다 더 많은 위증을 범하는 것입니다. 이것이 바로 우리 수도원들과 우리의 모든 규칙을 규정하고 의도하는 바입니다.

도미니쿠스가 죽으려고 누워 있었을 때 우리 형제들은 우리의 거룩한 사부인 도미니쿠스(Dominikus)에게 질문을 했습니다. 모든 규정은 그의 거룩한 수도원의 본질의 특별한 표식을 주고 그들을 위해 선포해주었던 근간을 제시하도록 그에게 요청했습니다. 그들은 근간을 알기 원했고 구성 요건을 잘 알고 있었습니다.

그래서 우리도 규정을 잘 알고자 합니다. 그때 그는 그들에게 근거

---

2　Vetter 58, 14에 대한 스트라우흐의 교정에 따른 것; PBB XLIV, 21을 보라.

와 본질을 외적인 소유에서처럼 진실한 신적 사랑과 겸손과 영 안에서의 가난이라고 말했습니다. 그 어떤 특별한 것이 아니라, 온 마음과 정결한 마음으로 하나님을 사랑하는 것이 바로 우리 수도원의 근간입니다.

또한, 그것은 형제애 안에서 우리 자신처럼 서로 사랑하는 것입니다. 이는 하나님의 뜻을 겸손히 순종하는 마음과 사랑으로 가득 찬 태도로 서로 사랑하는 것입니다. 또한 그것은 우리 고유한 자아와 순수하게 하나님으로 존재하지 않은 모든 것, 자기 의지와 같은 외적인 선에서의 고유성으로부터 벗어나는 것이며, 모든 피조물들과 우리를 하나님 곁으로 가는 것을 방해하는 모든 것으로부터 떠나 버리는 데 있습니다.

우리는 하나님이 신성한 형상을 두셨던 이러한 우리의 근저를 자유롭게 그리고 강력하게 소유하는 것과 우리가 그의 모든 기쁨과 갈망이 놓여 있는 곳에 거주하기를 간절히 바랍니다.[3]

아! 사랑의 자매들이여!

우리 수도원은 이것만을 원합니다. 모든 수도원과 모든 영적인 공동체들이 보여 주거나 의미한 것처럼 모든 수도원의 훈육, 규범들과 규정들 혹은 수도자들의 방들과 모든 삶의 방식들이 있습니다. 그런 까닭에, 우리의 모든 규칙들이 갖추어지게 되었습니다.

또한, 규칙들이 이를 위해 유익하면 할수록 더욱더 그것들은 사랑

---

[3] AT, KT에서 축소된 텍스트에 따른 것이다.

의 가치가 있고 유익하며, 그것들을 면밀하게 잘 살펴야만 합니다. 이것은 우리 수도원의 의도이자 근거입니다. 그러므로 우리는 하나님과 더 많은 것을 약속했고 찬미했으며 그에게 더 많은 빛을 지는 것입니다.

또한, 우리가 수도원의 근간을 지키지 않는다면 우리는 하나님을 상대로 한 우리의 맹세를 확실하게 깨뜨리는 것입니다. 하지만 우리가 근간을 그에게 지킨다면 우리는 '베네딕투스'(Benedikt), '아우구스티누스'(Augustinus), '베른하르트'(Bernhard), '프란체스코'(Franziskus)와 같은 모든 성인들과 도미니쿠스가 생각했던 수도원의 규정, 근간, 본질을 가진 것입니다. 모든 사람은 그것들을 결정적인 요소로 생각해 모든 외적인 규범들과 규정들로서 목표로 삼습니다.

나는 이 규칙을 여러분에게 주어 사랑을 배우도록 부탁하는 바입니다. 만물이 원하듯 천성적으로 타고난 것에 유익하는 한, 근저 안에서 하나님과 만물을 사랑하는 것입니다. 그 이후, 하나님은 진실로 위대하고 완전한 축제를 우리와 함께 거행하길 원하고 거행할 것입니다.

실제로 우리 역시 그것이 즐겁든 즐겁지 않든지 합창단에 가서 노래를 하고 독서를 하는 많은 규정들을 지켜야 합니다. 또한 이러한 점에서 우리는 건조한 마음과 불쾌함보다 즐거운 감정으로 더 사랑스럽게 그것을 원한 것입니다. 우리가 영원한 대축제를 소홀히 하지도 마음의 것들을 잃지 않으려고 한다면 말입니다.

아마도 죽음의 죄가 없고 거룩하고 선한 뜻 안에 있는 사람이 하나님의 뜻과 반대되는 그 무엇도 행하지 않듯이, 그는 거룩한 신앙 안에서 구원받게 될 것입니다.

하지만, 그것만은 확실히 하십시오!

하나님의 자비로운 축제를 언제나 받아들이려 하고, 축제 때 하나님의 현존을 경험하고 그것을 알아챈다면, 당신들은 하나님에게 순수하고 낯선 것들과는 전혀 아무것도 공유하지 않은 영혼의 근저를 준비해야 합니다. 그러면 당신들은 기쁨의 향유 안에서 하나님의 활동만을 인식할 수 있습니다.

진실한 예배란 어떠한 것도 당신에게 말하지 못하고 오로지 사랑과 생각으로 하나님을 갈망하는 것 외에는 아무것도 갈망하지 않는 것을 뜻합니다. 이러한 사랑스러운 부름을 위해 사랑의 하나님은 우리를 거룩한 수도원으로 부르셨습니다.

우리가 정말로 이러한 부름에 순종하길 원합니까!

그는 악하고 거짓된 세상에서 우리를 구원하셨고, 진실한 참회가 있는 거룩한 삶으로 데려오셨습니다. 본래 우리는 분노와 영원한 죽음의 자녀들이기에 영원한 형벌을 받아야 마땅할 자들입니다.

아우구스티누스가 말합니다.

> 인간은 부패하기 쉬운 존재(Stoff)여서 악취가 나고 부패해 꼴사나운 덩어리이자 썩은 세상이고, 그것의 끝은 영원한 죽음이니라.

우리는 참회 생활을 통해, 아무런 특별한 공로 없이 자유롭고 순수한 사랑 때문에 사랑의 하나님의 초대와 부르심을 통해 이것을 극복합니다.

진리 안에서 진리를 따르는 참회의 삶은 무엇입니까? 이것은 하나님에 속하지 않는 모든 행동으로부터 완전하고 진실한 전향이자, 오로지 하나님이자 하나님이라고 칭하는 순수하고 진정한 선에 대한 완전하고 진실한 돌이킴입니다. 어떤 사람이 그것으로부터 많이 가지면 가질수록, 그것에 속해 있는 것을 많이 행하면 할수록, 그는 더욱더 많은 참회를 이행해야 합니다.

나의 사랑하는 자들이여!

그것을 위해 여러분은 하나님이 당신들을 여기까지 초대해 부르셨다는 것을 당연히 하나님에게 매우 감사해야 합니다. 그리고 이것은 하나님이 여러분을 영원 안에서 영원히 자기 곁에 두려고 크고 확실한 희망을 준비하는 것이라 생각합니다.

하나님은 거짓된 세상에서 우리를 이곳으로 모이게 하셨고, 특히 그 자신이 선택한 신부들과 여인들을 매우 즐거운 마음으로 초대하셨으며, 우리를 특별히 신뢰하는 공동체로 선택하셨습니다.

그리고 이것은 하나님이 진리 안에 있는 우리의 선택 가운데 현존하신다는 것을 의미하는 공식적인 표지입니다. 그것으로 인해 우리는 하나님이 제자들에게 현존하신다는 것을 인식할 수 있을 것입니다.

하나님의 제자들은 길들여지지 않은 본성과 세상에 애착을 두었던 곳에서도 그들의 마음을 강요받음으로, 그들은 꽉 붙들려 훈련을 받고 하나님을 뒤따르며 모든 피조물을 떠난 자들입니다. 그리고 그들은 하나님으로부터 어떠한 수용이 이뤄지지 않는다고 해도 여전히 견뎌야 합니다.

하나님이 그곳에서 숨어 은밀히 현존하시는데 그것이 어찌 불가능하단 말입니까!

여러분의 유익함을 위해 신중히 생각해 보십시오!

여러분이 항상 원하고 여러분의 기도 안에서 그리고 물론 의무적으로 행하는 여러분의 모든 일들 안에서 내적으로 향하려면, 이 자비로운 대축제가 진리 안에서 여러분의 것이 되고 하나님이 여러분 안에서 자기 자신을 드러내십시오.

또한, 하나님이 여러분 안에서 환희와 진실한 기쁨을 발견하시고 모든 축제를 여러분 안에서 가지며 받아들일 수 있도록 열심을 다하십시오!

그 경우 진리 안에서, 인간은 하나님의 소유로서 자기 자신을 느끼는 것 외에는 전혀 느끼지 못한 곳, 즉 현존 안에서 하나님의 진실한 축제를 즐거운 마음으로 발견할 수 있기 때문입니다.

하나님은 그때 진실로 그의 소유입니다. 다시 이 사람은 하나님의 소유이고 하나님은 그를 결코 떠나시지 않고 그에게서 결코 그의 현존을 빼앗지 않습니다. 이 어찌 귀중한 일이 아닌가!

우리가 하나님 안에, 하나님이 우리 안에, 이 세상에 서 있는 시간 안에, 형용할 수 없는 행운 가운데 저 세상에서는 영원 안에 있을 것입니다.

하나님은 이것이 우리 모두에게 주어지도록 우리를 도우실 것입니다. 아멘.

# 12

## 종려주일 전 수요일 설교:
## 내 양은 내 음성을 들으며[1]

(*Oves meae vocem meam audicunt*, 요 10:27)

> 내 양은 내 음성을 들으며 나는 그들을 알며 그들은 나를 따르느니라
> (요 10:27).

어느 날 예수님은 성전봉헌식을 하러 예루살렘에 올라가셨는데, 때는 바야흐로 겨울이었고 그는 솔로몬 통치 때 세운 성전 이곳저곳을 둘러보고 계셨습니다. 그때 유대인들이 예수님 주위를 둘러싸고

---

[1] 종려주일 전 수요일에 행한 요한복음의 예루살렘의 성전봉헌식 설교는 하나님 없이 지내는 두 번의 겨울에 관한 것이다. 인간은 겨울의 유일한 원인으로 매우 치명적인 겨울이고, 또 다른 겨울은 원인 없는 겨울로서 하나님의 유익한 선물이다. 스트라스부르크의 Hs. 안에 종려주일 전 목요일 낮 설교로 제공된다. 그렇지만 또한 코린의 기입은 (Sermons I, 278 각주 1)은 베테의 텍스트(에를 들면 인쇄된 Hs. Str. 1와 비교해서 Hs. Str. 2)와 일치하지 않고 이에 상응해서 또한 레만의 텍스트도 일치하지 않다.

말합니다.

"당신이 어찌 우리를 아직도 기다리게 하느냐?
당신이 그리스도라면 그것을 우리에게 공개적으로 말해 보라!"
다른 많은 이야기를 하는 중, 우리 주님이 조용히 말씀하셨습니다.

> 나의 양은 나의 목소리를 듣고, 나는 그들을 아느니라. 그들은 나를 따르고, 나는 그들에게 영원한 생명을 줄 것이고, 아무도 그들을 나에게로부터 빼앗아가지 못하리라.

이 사건은 솔로몬 성전 안에서 일어났습니다. 다윗이 말합니다.

> 그는 궁전(Wohnstatt)을 평화 속에 세웠느니라.

솔로몬은 "평화를 사랑하는 자"라는 뜻입니다. 솔로몬은 성전과 더불어 영원히 기억되기 때문에, 그의 궁전에는 내적인 평화를 제외하고는 무엇도 있을 수 없습니다.

예수님은 그 성전으로 가셨고, 때마침 성전봉헌식이 이뤄지고 있었습니다. 선하신 예수님이 들어가셨던 성전은 순수한 내재성을 가진 고귀하고 사랑스러운 영혼이고, 하나님은 모든 다른 피조물들보다 영혼에 더욱 많은 공을 들였습니다. 성전봉헌식은 영화로운 성전 안에서 행해졌는데, 이것은 갱신을 뜻합니다.

사랑의 하나님이 앞서서 세워졌고, 봉헌되었던 모든 성전들보다 매우 즐겁게 그리고 훨씬 더 특별하게 내주하시는 이 성전 안에서 갱신은 실제로 어떻게 일어날까요?

새로운 것은 그것의 시작에 접근해 무엇이 존재하는지를 생각해 보는 것입니다. 갱신은 인간이 내주하시고 활동하시는 하나님을 진실로 발견할 수 있는 성전 안으로 전력을 다해 들어가 그의 영혼과 함께 체류하게 될 때 일어납니다.

또한, 인간은 이성과 감각의 방법으로서 듣거나 읽듯[2] 감각으로 받아들이는 지각적으로가 아니라, 근저에서 발생하는 경험상 맛볼 수 있는 방법을 이용해 하나님을 발견합니다.

마찬가지로 이것은 고유한 샘과 고유한 근원에서 일어나지만, 예전에 이뤄졌던 것은 아닙니다. 샘물은 물통의 저장된 물보다 더 훌륭하기 때문입니다. 저수통의 물은 메말라 버리기도 하고, 썩기 쉽습니다. 하지만 샘물은 흘러나오고 솟아나 불어납니다. 샘물은 진실해 고유하고 달콤합니다.

그러면 봉헌식은 이 성전 안에서 진정으로 이뤄집니다. 또한 갱신은 머무름이 낮에 발생하며 수 천 번씩 일어날 수 있는 것처럼 매우 빈번하게 일어납니다. 그렇기에 새로운 순수함, 새로운 빛, 새로운 은총과 새로운 덕성들은 이런 머무름과 함께 계속해서 발생합니다.

이것은 이 머무름에서는 즐거운 일인데, 모든 외적인 훈련과 사역은 이것을 위해 필요하며 그곳에서 완성을 성취하려고 합니다. 또한

---

[2] cf, Corin, Wi 2, S. 86, 11와 덧 붙여 App. (3); 번역은 이 견해를 따른 것이다.

머무름 이외에 그것들은 어떤 능력도 의미도 없습니다. 그리고 매 시간 모든 선한 규정들과 사역들 안에서 훈련을 받아야한다고 생각한다면, 이런 머무름을 숙고해 보는 것이야말로 또한 적절한 일입니다. 따라서 이런 성전봉헌식은 진실로 완전합니다.

이 일은 겨울에 일어났습니다.

이 겨울은 언제입니까?

마음이 차가워져서 냉혹해진다면, 은총도 하나님도 거룩한 일들도 그 안에 존재하는 것이 아니라, 차가운 눈과 서리만 있게 될 뿐입니다. 눈과 서리는 마음에 들지 않고 메마르며 부패를 가져오는 피조물들입니다.

그 피조물들의 마음은 물욕과 쾌락에 의해서 점령돼 있는 상태입니다. 이것들은 성령의 사랑의 불꽃을 완전히 꺼뜨려버리고, 더불어 모든 은총과 성령의 모든 신성한 위로와 모든 사랑의 신뢰를 극도로 식어 버리게 만들며, 혹한의 추위를 일으켜 이러한 선물이 사라지게 합니다.

하지만, 또 다른 겨울이 있습니다. 이 겨울 안에서 하나님을 사랑하고 하나님만을 갈망하며 최선을 다해 죄를 주의하는 선하고 신적인 축복을 받은 인간은 모든 신성한 위로와 신성한 일들 없이도, 무미건조함과 어둠과 추위에서도 하나님에 관해 지각하는 일을 자기 자신에게 위임받고 있습니다.

이 겨울에는 우리 사랑의 주 예수 그리스도도 함께 하셨습니다. 그는 본질적으로는 하나님과 하나이지만, 하나님의 도움과 신성에서 완전히 벗어나 있었습니다. 때문에 그는 본질의 신성을 극히 무기력하고 또한 고난을 받으신 그의 인성은 어떤 순간에라도 모든 위기들과 형용할 수 없는 고난을 도우려 하셨습니다. 그는 모든 사람으로 인해 매우 고통스러우셨고 겨우 도움을 받으셨습니다.

예수님의 선택 받은 친구들이 자유 의지의 온전한 기쁨으로 기뻐하는 것과 마찬가지로, 사랑스러운 목자의 양이 되려는 그들이 내외적인 것에서 떠나는 그 상황에서 사랑스러운 목자를 따를 수 있다는 것을 발견합니다.

특히 그들이 목자를 이 겨울에도 따른다면 그들에게는 이 얼마나 복에 겨운 일입니까!

하나님과 모든 피조물에서 완전히 떠났다 하더라도 하나님이신 예수님은 언제나 그들이 갈망했던 기쁘게 하나님을 향유할 수 있는 여름들보다 그들에게 더 진지하고 유익하게 현존하실 것입니다. 어떠한 이성도 이러한 진실한 떠남 안에 숨겨져 있는 것을 파악할 수 없을 것입니다.

한 겨울에 건조하고 황량하며 메말라버린 어두운 떠남 안에서 그것이 그곳에서 계속적으로 균형을 유지한다면, 그것은 모든 지각적인 향유를 능가할 것입니다.

실제로 복음서는 말합니다.

유대인들은 그 주위로 모여 들었느니라.

유대인들은 선하거나 악하거나 두 종류가 있습니다. 따라서 우리에게도 역시나 마찬가지입니다.

"유대인"이란 "하나님을 경배하는 자"라는 뜻과 같습니다.

우리가 말했던 능력들이 본성과 함께 본성을 넘어서 되돌아서고 내재적인 근저, 근원 안에서 진실로 휴식을 취한다면 유대인들은 지각적으로 하나님을 숭배하고, 거기서 그를 발견할 때 그들은 진실로 하나님을 경험적으로 발견할 것입니다.

활동에서든 고통에서든 말이든 행동이든 처신이든 삶의 방식과 같은 외적인 능력들을 제외하고, 밖으로 드러나 있는 이 모든 것은 오로지 진실하고 살아 있는 신앙과 심지어 내재적으로 이성과 의지 안에서 발견됩니다.

또한 활동에서든 관상하는 일에서든 진리 안에서든 모든 것을 하나님을 경배하는 것으로 인지합니다.[3] 예수님이 말했을 때, 그는 우리에게 이것을 말하려고 의도했습니다.

> 사람 앞에서 나를 인정하는 자를 나 역시 하늘 아버지 앞에서 인정할 것이니라.

오히려 당신이 항상 하나님 이외에 어떤 다른 목적을 두고 있다면,

---

[3] Vetter와 LT, AT, KT "empfindet"를 대신해 Corin, Wi 2, 89,13(이에 대해 수기 원본들) "invint"로 읽는다면 이어지는 문장은 "wenn man … bekennt"에서 "ein Bekennen"으로 변경돼야 한다.

당신은 그것 안에서 신성한 모든 것을 잃어버릴 수 있다는 것을 기억
하시기 바랍니다. 하나님은 본래 만물과 모든 의도의 종결이라고 생
각하시기 때문입니다.

하지만 당신이 다른 목적을 가진다면 그것은 마치 당신이 그를 부
인하는 것과 같은 행동입니다. 당신이 하나님의 고유 권한을 본성의
것으로 생각해 피조물에게 제공되기 때문입니다.

또한, 악한 유대인들은 예수님을 둘러싸고는, 심히 분노해 그를 보
는 것조차도 견딜 수 없었습니다. 그들은 그에게 냉랭한 마음을 가지
고 있는 것처럼 보였습니다.

아! 우리는 도대체 그리스도인들에게서 무엇을 찾을 수 있습니까!
'하나님의 친구들'을 선한 방식(Art)으로, 그리고 선한 사역의 측
면에서 본다면 그리스도인들은 '하나님의 친구들'에 대해서 정말로
적대감을 가지고 있습니다. '하나님의 친구들'을 바라보는 그들의
마음은 쓴 맛으로 가득 채워져, 그들의 삶과 사역들에 대한 그 무엇
도 인정하지 않고 그들을 매우 신랄하게 비판할 것입니다.

이런 사람들이 바로 악한 유대인들입니다. 이것은 특별히 숙고해
봐야 할 일이고, 모든 표식들 가운데 이 사람들이 하나님과 그의 모
든 친구들에 전혀 모든 영원 안에서 참여하지 않는다는 가장 확실한
표식들 중 하나입니다.

선하고 신성한 모든 것에 대한 친절, 애정, 물론 양보 역시 적게라
도 자기 자신 안에서 영원성을 전혀 발견하지 못합니다. 그리스도는
실제로 말씀하셨습니다.

나와 함께 하지 않은 자는 나를 반대하는 자이니라.

그리고 이런 사람들은 또 다시 하나님을 숭배한다[4]고 하고, 이 일은 또한 선한 유대인들에게도 동일한 일입니다. 선한 유대인들은 자기 자신 안에서 모든 선한 것에 대한 애정과 호의와 사랑을 우연히 발견합니다. 이것은 선이 계속해서 근저 안에 있고, 그들이 실질적인 선에 영원히 참여해야 한다는 것을 말해 주는 매우 확실한 표식입니다.

그런데 그리스도는 그렇게 하지 않은 사람들에게 말씀하셨습니다.

너희들은 나의 양이 아니니라. 나의 양들은 나의 음성, 즉 목자의 음성을 듣기 때문이니라.

우리 주님은 왜 그의 친구들을 언제나 양이라고 부릅니까?
이것은 두 가지 속성을 가지는데, 하나님의 친구들은 양을 소유하고 우리 주님은 마음을 다해서 양들을 특별히 사랑하십니다. 무죄와 온유, 순결과 무죄는 양이 어디를 가든지 (하나님의 친구들) 양에겐 뒤따르게 됩니다.

온유는 하나님에게 가까이 가도록 만들기 때문에 온유한 사람은

---

[4] Corin, Wi 2, S. 90,14과 App. (4)에 따른 것이다.

하나님의 음성을 듣지만[5], 난폭하고 성난 사람은 그의 음성을 듣지 않습니다. 바람이 몰아쳐 창문과 문이 덜컹거린다면 잘 들을 수 없을 것입니다.

당신이 거룩한 속삭임 안에서 영혼의 가장 깊은 곳에서 들려오는 아버지의 숨겨져 있고 비밀스러운 말씀을 당신 안에서 경청하고자 한다면, 당신 내에서든 당신 외부에든 모든 성급함은 사라져야 할 것입니다.

또한, 당신은 사려 깊고 떠나 버린 온유한 어린 양이어야 하고, 폭풍우에서 벗어나 이러한 사랑의 음성을 온유한 마음으로 겸허히 경청해야 합니다. 이것은 양이 아닌 사람들에게 숨겨져 있습니다.

그러나 오늘 저녁 맨 마지막에 읽었던 것처럼 주님은 그의 양들에게 말합니다.

> 나는 당신에게 갈망할 가치가 있는 나라를 선물하고 영광스러운 유산과 이방인들로부터 벗어남을 선사하며, 당신은 나를 아버지라 부르고 내 곁에서 휴식을 취하는 것을 방해받지 않을 것이니라.

예수님이 자기의 자녀들과 양들에게 약속했던 갈망할 만한 가치가 있는 나라는 도대체 어떠한 것입니까?

이것은 원래 다루기 힘들었던 육신의 나라입니다. 그들이 무엇을

---

5  Corin, Sermons I, 283/84와 연결한 것이다.

원하든 어디서 그것을 가지든 이 육의 나라는 매우 탐욕적이고 순응적이 됩니다. 예수님은 이것을 기꺼이 실행하고 그것에서 커다란 기쁨을, 그것에 대해서 커다란 열망을 가집니다. 예전에 메말랐던 것은 실제로 잘 침식되고 씨앗을 뿌릴 수 있고 일굴 수 있는 유약한 땅이 될 것입니다. 따라서 이러한 순수한 육신은 모든 선에 대해서 탐욕적입니다.

그렇다면 빛난 유산은 도대체 무엇입니까?

이것은 우리 주 예수 그리스도 외에는 어떠한 것도 아니고, 그가 바로 빛난 유산입니다. 그는 아버지의 유산이기 때문입니다.

우리는 바울이 말했던 것처럼 예수님의 공동 유산입니다. 아들은 아버지로부터 존재와 소유와 행위 할 수 있는 모든 것을 받아들입니다. 아버지는 만물을 아들의 손에 맡기셨습니다. 아들이 모든 것을 아버지로부터 받아들였던 방식과 같이 아들은 근저에서 이것을 아버지에게 다시 봉헌합니다.

그 결과 아버지는 아들에게 어떠한 것도 숨기지 않았고, 어떤 것도 자기의 것이라고 생각하지 못하게 했습니다.

예수님은 아버지의 명성만을 구했고 자기 자신의 것들을 구하지 않기 때문입니다. 따라서 우리는 아들을 본받아 동일하게 그가 우리의 빛나는 유산이 되었으면 하는 생각입니다. 그러므로 우리는 존재하고, 가지고, 할 수 있는 모든 것을 근저에서 아버지에게 바쳐야 할 것입니다.

우리는 언제나 주님에게 받은 어떠한 것에서도 내외적으로 우리의 것으로 단순히 취득해선 안 됩니다. 주님이 실제로 직접적으로 또는 간접적으로 다가오시든 오시지 않든지 간에 이것을 그에게 위탁하고 그것이 주님의 것이라는 사실을 인정하고, 당신의 것이 어떠한 것도 없다는 것을 믿으며 주님만을 구하십시오!

의롭지 못한 육감과 본성은 자기 자신의 것을 의존하고 악한 눈들은 매우 교활하므로, 계속해서 만물들 안에서 당신들의 것을 찾는 데만 혈안이 돼 있습니다. 그것을 통해서 빛나는 유산은 매우 어두워질 것입니다. 당신이 신성한 것을 당신의 것이라고 주장하는 곳에서 당신은 신성한 것을 피조적인 것으로 바꾸고 그것을 어둡게 할 것입니다.

또한 주님은 당신에게 규정[6]도 거룩함도 법규도 몰랐던 이방인들의 훈련을 제공할 것입니다. 그런 까닭에 그들은 모든 섬김 없는 은총을 위한 은총을 받을 것입니다. 그러나 유대인들은 그들 자신의 행동에 의지했고, 축제, 계명, 법규와 그 밖에 많은 것들을 소유했습니다. 이방인들은 세울 수 있도록 하기 위해 하나님의 은총과 자비 외에는 어떠한 확고한 의존할 만한 것을 가지지 못했습니다.

기억하십시오!

그렇지만 당신의 처신 역시 그렇게 해야 하므로, 당신은 어떠한 것에도 의존해서는 안 됩니다. 당신은 하나님의 은총과 자비로 하나님

---

[6] Corin, Wi 2, S. 93,10과 수기 원본에 따른 KT의 인쇄의 수기 원본을 따른 것이다.

의 선으로부터 은총 위에 은총을 받아들여 갈망하며[7] 은총을 어떠한 고유한 준비 없이 혹은 가치 있는 것 없이 알 수 없는 일이기 때문입니다.

하지만, 매우 많은 사람은 이런 유대적인 방식을 가지고 있습니다. 그들은 자신의 공로들을 의존하고 공로들을 지지대로 삼고자 하는 자들입니다. 또한 자신들의 일들을 행하지 않으면 그들을 위한 모든 것이 사라져 버립니다. 그들은 하나님이 물론 어떠한 사람도 믿지 않듯이 하나님에게 다가서는 일도 하지 않습니다.

그들은 은밀히 자신들의 공로와 행동 위에 두려고 하지, 하나님 위에 두려하지 않습니다. 나는 좋은 훈련들이 중단돼야 한다고 생각하는 것은 아닙니다. 매 시간 훈련들을 의무적으로 이행해야한다고 생각합니다. 하지만 그것에 세우거나 그것에 의존해서는 안 됩니다. 사람들은 털로 짠 옷과 목도리를 둘렀고 오랫동안 금식했으며, 깨어나 기도했고 40년 동안 가난 속에 살았다는 사실을 중요시합니다.

또한 그들은 모든 훈련들을 하나님에게 다가서는 것[8]으로 생각합니다. 이런 것들이 없다면 그들은 심히 걱정해 용기를 내지도 못했을 것입니다. 각각의 사람이 언젠가 행해야했던 공로를 성취했다면 그는 근저 안에서 자신의 사역에서 자유롭고 독립적으로 존재해야 했

---

[7] Corin, Wi 2, S. 93,17와 연결해 Corin, Sermons I, 286,2를 따른 것이다. cf, 수기 원본들을 참조.
[8] 설교 끝부분은 베터에게선 손상됐다. 이러한 번역은 Corin, Sermons I, 286fmf 고려해 Corin, Wi 2, S. 94를 따른 것이다.

고, 크든 작든 어떠한 선한 일을 행하지 않은 사람들처럼 행해야 나의 손가락처럼 모든 것으로부터 벌거벗고 독립적이 됩니다. 그러므로 자신의 공로에 신뢰를 두지 않고서 은총 위에 은총과 하나님의 자비 외에는 아무것도 그곳에 두는 것을 인정해서는 안 됩니다. 그것은 이방인들의 희망입니다.

(이런 점에서) 당신은 나를 아버지라 불러야하고 나에게로 오는 것을 금하지 말아야 하기 때문입니다.

하나님은 이것이 우리 모두에게 주어지도록 우리를 도우실 것입니다.

아멘.

# 13

## 종려주일 전 금요일 설교:
## 한 사람의 백성을 위한 죽음[1]

(*Expedit vobis ut unus moriatur homo pro populo*, 요 11:50)

> 한 사람이 백성을 위하여 죽어서 온 민족이 망하지 않게 되는 것이
> 너희에게 유익한 줄을 생각하지 아니하는도다 하였으니(요 11:50).

복음서에서 요한은 게바가 했던 말을 기록하고 있습니다.

너희들은 어떠한 것도 모르고 어떠한 것도 생각할 수 없느니라. 온 백성이 사라지지 않도록 하기 위해 한 사람이 백성을 위하여 죽은 것이 더 유익한 일이니라.

---

[1] 종려주일 전 금요일 요한복음에 있는 게바의 말에 관한 설교이다.
"온 백성이 죽는 것보다 한 사람이 죽는 것이 더 유익하느니라."
여기 안에서 세 종류의 사람들을 배울 수 있다.
어떻게 자신의 의지를 죽여만 하는가?
영원한 삶에 어떻게 도달할 수 있는가?

## 13 종려주일 전 금요일 설교: 한 사람의 백성을 위한 죽음

베드로가 이것을 스스로가 아니라 성령이 그것을 말하도록 하셨습니다. 이것은 우리 주님의 죽음 전 이뤄진 최후의 예언입니다. 게바가 계속해서 말합니다.

이 사람이 커다란 증표를 행하실 것이니라. 우리가 그를 내버려두면 로마인들은 와서 우리의 도성을 강탈하고 이 백성을 죽일 것이니라.

우리가 이해할 수 없는 사랑의 행위 안에서 계시하셨던 그리스도의 파악할 수 없고도 깊은 사랑을 고찰해 보자!

사랑의 사역 안에서 그리스도는 모든 상하위의 능력에서도 그의 모든 감각들에도 내외적으로도 무한히 참으셨습니다.

가장 고귀한 진리로 향하는 가장 가까운 길을 기꺼이 알게 되기를 바라는 많은 사람이 있습니다.

신중하게 생각해 보십시오!

우리 주님은 세 종류의 사람들을 부르십니다. 주님이 그의 근저를 지키시고 내적으로 그를 깨우시며[2] 빛나게 하려고 공동의 짐을 진 사람들을 부르십니다. 거기서 온전한 겸손을 생각했던 사람들은 감사로 가득 차서 하나님의 명령에 매우 기뻐할 것입니다. 하지만 그들의 감각의 한계 안에서 그것을 판단하기를 원했던 자들은 이로 인해 자기 자신들에게 치명적인 해를 끼칩니다.

---

[2] Corin, Wi 2, S. 96,2에 따른 것이다.; 그것에 대해선 수기 원본들에 따른 것이다.

또 다른 사람들은 참회를 하면서 하나님을 자기 자신에게로 다가오도록 하는 자들입니다.

도대체 진실한 참회란 무엇입니까?

하나님이 가장 사랑스럽게 말씀을 하시려고 할 때, 당신의 입은 침묵하는 것입니다. 또한 당신의 눈이 가장 아름답게 보려고 한다면, 당신은 눈을 감고 갈망으로도 보지 않습니다. 더 나아가 당신은 감각들이 가장 많이 갈망한 모든 것으로부터 당신 자신을 분리시켜, 그것으로부터 벗어나 모든 것을 포기하는 것입니다.

세 번째 종류의 사람들은 자기 자신에게 하나님을 끌어당기는 자들입니다. 그럼 이제 주목해 보십시오!

(우리 안에서) 계속해서 한 사람은 반드시 죽어야 합니다. 우리는 이런 "사람"을 무엇이라 말하고자 합니까?

자기 의지 혹은 자기만족. 무엇이 인간 안에서 당연히 죽어야 합니까?

당신이 모든 순교자들의 고문들을 견뎌내고, 기독교가 예전에 행했거나 장차 세상의 마지막 날까지 행하는 모든 선을 행한다 한들 이것이 당신 안에서 아무런 의미를 가지지 않을지 생각해 보십시오!

이것이 자기 자신 안에 어떠한 가치를 소유하는 것이 아니라, 당신이 이에 대한 충성, 애착, 만족을 받아들일 수 있다는 범위 내에서 이것이 과연 아무런 가치[3]가 없다고 할 수 있습니까!

---

[3] Corin, Wi 2, S. 97,5 ff.에 따른 것이다.

## 13 종려주일 전 금요일 설교: 한 사람의 백성을 위한 죽음

인간이 그러한 측면에서 죽을 수 있는 곳으로 우리는 도대체 어떻게 다가서야 합니까?

당신이 매일 수 천 번씩 칼로 찔러 자해해 죽는 만큼 그렇게 빈번하게 다시 살아나 자신을 종종 마차에도 묶여 돌과 가시를 먹는다고 하더라도, 당신은 그곳으로 다가설 수도 없습니다. 그래서는 안 됩니다.

당신은 겸손하고 하나님과 피조물들보다 낮춘 의지를 가지고는 하나님의 깊고 헤아릴 수 없는 자비 안으로 침몰해 들어가라!

당신은 그리스도가 순수한 은총과 자유로운 선, 사랑과 자비에서 당신에게 그의 죽음을 제공하실 수 있다는 것만을 붙드십시오!

여기서 그리스도가 말씀하셨던 말씀이 그러한 사람들에게 길을 밝혀줄 것입니다.

"너희들의 능력 안에 있는 것으로 모든 것을 행했다 하더라도 너희들은 무익한 종이라 생각하라."

또한, 자아가 강한 사람이 죽지 않는다면 로마인들이 와서 그 도시를 점령할 것입니다.

로마가 세상에서 최고가 아닙니까?

마찬가지로 내적인 교만은 나쁜 습관들 중 가장 나쁜 습관입니다. 그것은 그리스도가 마땅히 소유해야 하는 장소들을 손에 넣고 백성을 죽이는 것, 즉 상위의 영혼의 능력들과 하위의 영혼의 능력들로서 영혼의 고용인입니다.

매우 조심하십시오!

세상에는 훌륭한 행동과 훌륭한 외모로 이러한 고귀한 길에서 멀어져 있는 특별한 사람들이 매우 많습니다. 자아가 강한 사람이 우리 안에 머물러 죽지 않는다면, 그리스도는 심어야 할[4] 장소들이 완전히 부패해버릴 때까지 내외적인 사람들의 모든 능력들을 동원해 확산시킬 것입니다.

그들의 영적인 삶[5] 안에서 매우 크게 드러납니다.

하나님이 매우 훌륭하게 시작했던 훌륭한 사람들이 진리를 순수한 마음에서 인지하지 못하고 모든 것을 영과 본성 안에서 소유했다[6]는 데서 얼마나 많이 부패하게 되었는가!

하나님이 이야기를 나누셨던 실례로 그의 아들이라고 불렀던[7] 솔로몬과 삼손을 들 수 있습니다. 이 두 사람은 슬프게도 매우 타락해서 하나님의 사자인 한 천사를 영접했습니다. 강한 자아는 그들 안에서 사라지지 않고, 또한 그들은 자기애에 머무르기 때문에 하나님의 모든 기쁜 선물에 감사하지 않았습니다.

그들은 결국 하나님의 심판 때 어떻게 될까!

그러므로 거룩한 교회는 그들이 구원을 받았는지를 의심하십시오.

자기 자신들의 본성적인 식별 안에서 성장해 만물보다 높다고 생각했던 사람들은 실제로 고도의 판단력을 가지고 다가섭니다.

---

[4]  Corin, Wi 2, S. 98,4와 수기 원본들에 따른 것이다.
[5]  Corin, Wi 2, S. 98,12에 대한 수기 원본들을 따라 LT, AT, KT에 따른 것이다.
[6]  Corin, Wi 2, S. 98,13에게 주어진 수기 원본들에 따른 것보다 LT, AT, KT가 더 훌륭하다.
[7]  Corin, Wi 2, S. 98,14, 수기 원본들과 Ge 1에서 각주 2번에 따른 것이다.

아! 나의 사랑하는 자들이여!

거기서 여러분은 어찌 돌이키지 않습니까!

본성이 제공하는 모든 것은 만물 역시 다시 취하고, 그리스도가 제공하는 모든 것을 그가 역시 다시 취합니다. 이때 이런 훌륭한 이성적인 사람들은 고귀하게 떠나 버린 사람보다 그들의 감각들 안에서 이 시련(Anfechtung)을 훨씬 근본적으로 종종 받아들입니다. 그리고 그들이 그리스도께 말합니다.

"나의 하나님이여! 떠나지 않은 사람에게 당신은 무엇입니까!"

그리고 그들은 근저 안에서 완전히 떠나게 된 고귀한 사람들에게 이와 같이 말하고는 합니다.

여러분은 하나님이 어려운 상황을 보내신 것이라는 것을 알고 있습니까[8]!

하나님은 내적인 사람들에 대한 애착을 가지고 그를 매우 사랑하시기 때문입니다. 하지만 이것은 외적인 사람들과는 함께하지 않습니다. 그러므로 여러분은 두려워 말고 길에서 벗어나지 않도록 하십시오!

그리스도의 인간적인 본성이 용기를 잃어버렸고 그가 물과 피를 다 흘리셨을 때 우리 주 예수 그리스도는 우리에게 모범을 보이셨습니다.

나의 사랑하는 자들이여!

---

8   Corin, Wi 2, S. 99,12과 corin, Sermons I, 291을 따른 것이다.

인내하는 것과 마찬가지로 하나님과 모든 피조물들에게 자기를 낮추는 것을 배우십시오!

그리고 여러분을 (이러한 모범에서) 멀리 떠나지 마십시오[9]!

영원한 삶은 죽고 나서야 일어납니다. 우리가 그렇게 죽도록 아버지와 아들과 성령이 여러분과 저를 도우실 것입니다.

아멘.

---

[9] Corin, Wi 2, S. 100, 2 cf, Neoplilogus VIII, 34을 따른 것이다.

# 14

## 종려주일 전날 밤 설교:
## 아버지여! 당신의 아들을 영화롭게 하소서![1]

*(Clarifica me, Pater, apud temetipsum, claritate quam habui priusquam mundus esset apud te* … , 요 17:5)

> 아버지여 창세 전에 내가 아버지와 함께 가졌던 영화로써 지금도 아버지
> 와 함께 나를 영화롭게 하옵소서(요 17:5).

하나님의 사랑스러운 아들이 거룩한 눈을 들어 하늘을 향해 말씀하셨습니다.

---

1  15a. 종려주일 전날 밤에 요한복음에서 선포한 설교이다. 이 설교는 외적인 형태가 없는 기도에 관해 언급하는데, 그 기도는 하나님과 진실한 연합을 약속하고 모든 말씀들과 외적인 기도의 관례를 벗어나는 것으로서의 순수한 진리에 도달하는 세 가지 방법을 알려준다. 여기서 15a로 표기된 짧은 설교는 (코린의 편집) Wi 2 안에선 이러한 형태로 발견되지 않으나, 여기서 15a로 표기된 것이다. 우리가 KT의 인쇄본 안에서 15a에 대한 첨가된 일반적인 결론 형식과 15b의 시작 부분에 대한 복음서 위치를 생략해버린다면 나는 두 개의 부분으로 나눠 가져오나 인정된 순서에선 그것을 하나의 설교로 생각한다.

아버지여! 당신의 아들을 영화롭게 하소서!

  그의 아들은 우리의 모든 감각들과 손들과 능력들과 마음을 위로 향하게 하고, 그 안에서, 그와 함께 그리고 그를 통해 기도해야만 한다는 것을 우리에게 가르치려고 했습니다. 이것은 영원한 하나님의 아들이 이곳에서 성취하셨던 가장 사랑스럽고 고귀한 사역으로, 아들은 자신을 사랑하셨던 아버지를 사모하셨습니다.

  이것은 모든 사유를 넘어서는 것이기 때문에 우리는 성령 안이 아니고서는 어떠한 방법으로도 그곳에 도달할 수도 그것을 이해할 수도 없습니다. 아우구스티누스와 안셀무스(Anselmus)가 기도에 관해서 말합니다. 기도란 "하나님을 향한 영의 상승"입니다.

  오! 나의 사랑하는 자들이여!

  부유한 사람들이 여러분에게 다가와 여러분, 가난하고 쇠약하며 미약한 여성들에게 네 개의 동전(Heller) 혹은 5페니짜리 동전을 주고 여러분을 부른다면 나는 얼마나 많이 굽실거려야 하는지, 수백 번의 주기도문을 외워야하는지를 알지 못합니다.

  하나님은 그러한 거래와 이와 같은 종류의 일과 모든 종류의 일로부터 자신이 원하시는 만큼 그 정도로만 지키십니다. 하지만 나는 당신에게 한 가지를 말하려 합니다.

  당신 자신과 모든 창조된 사물로부터 당신 자신을 진실로 돌이키십시오!

  모든 피조물로부터 벗어나 심연에서 오로지 하나님만을 향하십시오!

그럴 경우 당신의 모든 상위와 하위의 능력들의 진실한 내려놓음(Gelassenheit)으로, 모든 감각들과 인식을 넘어 하나님과 진실한 연합에서, 내적으로 근저 안에서 당신의 영을 하나님의 영에게로 침몰시키십시오!

따라서 당신은 모든 형상들, 모든 말, 모든 훈련을 당신 뒤로 던져 버리십시오!

바로 지금 그가 구하고 당신과 모든 사람이 당신으로부터 얻으려고 하는 모든 것을 하나님에게 요청하십시오!

그리고 알기 바랍니다!

헬러(Heller)가 수십만의 금화 마르크(Mark)에 비해 겉으로 보기에는 볼품이 없을 정도로 심히 적듯이, 모든 외적인 기도는 하나님과 진실한 연합, 창조된 영이 창조되지 않은 하나님의 영으로 침몰해 들어가는 것, 그리고 하나님과 함께 용해되는 것이 의미하는 것에 비해 매우 사소한 것에 불과합니다.

나의 사랑하는 자들이여!

이런 연합이 당신의 외적인 기도와 반대되지 않고 당신의 외적인 기도가 그 연합에 방해되지만 않는다면 그것을 담대히 행하십시오!

두 종류의 기도는 한 종류의 기도보다 더 훌륭합니다.

그러면 당신이 요청받은 것을 외치고, 그것을 약속했던 외적으로 기도하는 것 역시 좋은 일입니다. 외적인 기도와 함께 외적인 기도 안에서 당신의 영은 위를 향하고 내적인 광야로 향할 것입니다.

그곳으로 가서 모세와 함께 당신의 모든 양들을 기르십시오!

그때 어떤 훈련이나 외적인 기도 혹은 외적인 일이 당신을 방해한다면 이것은 제외된 자들과 제한된 시간에 구속된 자들을 나의 책임으로 뻔뻔스럽게 돌려 버리도록 할 것입니다. 그렇지만 그리스도가 말했던 것처럼 구성기도는 고귀한 밀과는 반대로 겨와 짚과 같습니다.

"진실하게 기도하는 자들은 영과 진리로 기도하느니라."

모든 훈련들은 내적인 기도 안에서 완성되고 아담에서부터 최근까지 여전히 이뤄지고 있는 사역과 방법들도 완성될 것입니다. 이처럼 기도하는 자들은 이와 같이 진실하고 본질적인 쉼으로 한 순간에 이것을 완성시킵니다.

여러분은 물론 이러한 교회와 그것에 속한 많은 것을 보고, 그것을 위해 사용된 기초석, 벽, 그리고 석재를 볼 것입니다. 이 모든 것은 기도를 위해 한 편으로 옮겨졌습니다. 이 모든 것은 기도 안에서 기도를 위해 이뤄졌으며 근본적으로 진실한 열매와 하나님에게로 데려오게 되었습니다. 그리고 만물은 잠시 동안 사랑으로 가득 찬 근저 안으로 들어가게 되었습니다. 모든 것은 그 근저로부터 흘러 나왔고 근저 안의 모든 것은 모든 완성이 있는 영원으로부터 현존합니다.

그리스도가 그것에 관해서 말씀하십니다.

나는 당신이 나에게 위탁했던 모든 것을 행하였느니라.

## 14 종려주일 전날 밤 설교: 아버지여! 당신의 아들을 영화롭게 하소서!

그가 시간 이후로 그것을 이해했다면 그것은 그 곁에 아무것도 없었을 것입니다. 그는 아직도 많은 것을 행하지 않은 채 머물러 있기 때문입니다. 그는 여전히 고난을 받으셔야만 했고 부활하셔야만 했습니다. 그러나 그는 영원한 의미로 그것을 이해했습니다.

만물이 영원히 있었고 또 영원히 있듯이 거기서 만물은 지금 역시 이런 현존 안에 있습니다. 마찬가지로 이것은 올바른 길 위에 서 있는 사람들과 함께합니다. 이들은 시간 외에 영원 안에서 모든 일을 행합니다.

그들은 하나님의 영 안에서 기도하고, 하나님 안에서 살면서 활동하면서 자기 자신은 죽였습니다. 누구도 본질을 포기하지 않고서 다른 어떤 것을 이룰 수는 없기 때문입니다. 그럴 경우 그들은 영 안에서 기도하고 활동합니다. 아버지가 그의 아들을 낳은 곳, 바로 그곳에서 그들은 다시 태어나게 됩니다.

이와 같이 어떤 영은 모든 형상이나 형태를 넘어 신성한 근저로 다시 흘러 들어가게 될 것입니다. 그들은 자신들의 자아로부터 형태를 벗어나 해체되고서야(entformt und entbildet), 어떤 초월적인 방법(Überweise)에 도달합니다.

이런 사람들은 그러한 기도 안에서 모든 것을 획득합니다. 아들이 그들을 위해 기도하는 동안, 그들은 아버지에게 독생하신 아들을 위해 기도할 것입니다.

그러나 하나님이여, 그들을 살피십시오!
도대체 그들이 아들을 위해 기도한다는 것이 어떤 것입니까?

우리 주님은 그의 이름이 거룩해지도록 우리에게 기도하라고 가르치십니다. 그들 모두는 영원부터 영원까지 그것을 보셨고 의도하셨으며 선택하셨던 것처럼 그의 이름을 거룩하게 여기며 높임을 받도록 고백하고 사랑하며, 그의 이름을 알고 그의 값비싼 공로와 고난이 그에게 보상되고 보답돼 많은 열매를 맺도록 여기서 기도하는 것입니다.

이런 사람들은 거룩한 기독교를 위해 기도하고, 그들의 기도는 계속해서 응답받게 될 것입니다. 그 사람들은 태연하게 하나님으로부터 모든 것을 받아들이고, 소유도 궁핍도, 사랑도 고난도 둘 다를 동시에 바라며 순응하면서 받아들일 것입니다. 그것에 어떤 위대한 공로가 놓여 있습니다. 우리 주님이 말씀하십니다.

> 아버지여! 나는 우리가 하나인 것처럼 그들이 우리와 하나가 되기를 당신에게 구하나이다.

이런 연합은 두 가지 방법, 즉 내외적이면서 직간접적으로 영과 본성 안에서 일어납니다. 이것은 종종 잘못 이해되고 있습니다. 신성한 본성은 아무런 확장을 경험하지 못하기 때문입니다. 이성은 결코 육신과 영혼의 연합을 이해할 수 없고, 또한 손과 발과 또 다른 지체들[2] 안에서 그것이 어떻게 영향을 미치고 움직이는지도 이해할 수 없습니다.

---

2   Corin, Sermons I, 296, 각주 3 안에서 교정에 따른 것이다.

14 종려주일 전날 밤 설교: 아버지여! 당신의 아들을 영화롭게 하소서!

인간은 신성한 본성과 영혼의 연합을 도대체 어떻게 이해해야만 합니까?

이러한 이해에 도달한 자들은 시간에서 영원으로, 피조성에서 비피조성으로, 다수성에서 단순성으로 영향력을 넓혀갈 것입니다. 불안 속에서도 그들은 평안을 유지하고 선한 갈망으로 (신적인) 근저로 침몰해 들어가며 하나님에게 만물을 다시 봉헌할 것입니다. 마치 이것이 영원히 그 안에 있고 그가 그것을 사랑하며 염원한 것처럼 말입니다.

이것은 (외적인) 기도보다 하나님에게 더 다가서게 할 것입니다. 그들의 본성적인 이성에 따라 성장하고, 자기 자신들의 죽음으로 태어나 자신들의 감각에 의지하며 살았던 자들이 하나님의 안으로 다가서는 것은 처음부터 완전히 불가능한 일입니다.

따라서 어떤 훌륭한 선생은 그것에 관해 가르치며 말했지만, 여러분은 그것을 이해하지 못하고 있습니다. 그는 영원의 관점에서 말했으나 여러분은 시간에 따라 그것을 파악합니다.[3]

나의 사랑하는 자들이여!

내가 여러분에게 많은 것을 말했다면 그것 역시 하나님에게는 많은 것이 아니었습니다.

제가 기꺼이 되돌이키려[4] 하오니 나를 용서하옵소서!

---

3   틀림없이 마이스트 에크하르트를 상기케 한다.
4   KT 안에서 여전히 선행한 것과는 결코 맞지 않은 관례적인 결론 형식이 이뤄진다.

# 15

## 부활절 설교:
## 제자를 부르심[1]

*(In principio erat Vervum*, 요 1:1 f.)

> 태초에 말씀이 계시니라 이 말씀이 하나님과 함께 계셨으니 이 말씀은 곧 하나님이시니라(요 1:1).

우리 주님 예수 그리스도가 세 가지 방법으로 요한을 선택하셨듯이 그는 오늘날에도 여전히 최고의 진리에 다가서야만 하는 모든 사람을 선택하고 있습니다.

**첫째**, 예수님이 요한을 세상으로부터 불러내어 사도로 삼으셨을

---

[1] 어떤 훌륭한 스승이 (가장 고귀한 진리에 도달하는) 훈령도 (미리 확정된) 방법도 없다는 생각에 관해서 말했습니다. 많은 사람은 이것을 외적인 감각 작용(Sinnentätigkeit)의 방식에 따라 이해하고(로테〔Roerhe〕의 교정 제안을 따른 것이다. cf, Corin, Wi 2, S. 101, 3과 수기 원본, 더 넓게는 Strauch: Vetter 69, 31에 대한 PBB XLIV,21.), 손상을 입은(vergiftet) 사람이 됨으로, 훈령들을 듣고 잘 다듬어진 길을 통해서 그곳에 도달하는 것이 수백 번 훌륭한 일입니다.

때 예수님은 요한을 선택하셨습니다.

**둘째**, 예수님이 그를 그의 자비로운 마음에 기대도록 했을 때 이것은 일어났습니다.

**셋째**, (그가 그를 선택했을 때)—그리고 그것은 가장 완전했는데, 성령이 그에게 제공되었을 때 이것은 성령강림절에 일어났습니다—문이 그에게 열려 들어가게 되었습니다.

**첫째**, 요한과 더불어 세상에서 부름을 받게 되는 사람은 그의 모든 내적인 능력들을 다스려야만 하고 최고의 판단을 내려야 한다고 생각해, 당신은 자기 자신을 인식하는 것을 배우고 당신 곁에만 머무를 것입니다.

당신은 말을 조심하는 것을 배우고 당신이 원하지 않은 것을 누구에게도 말해서는 안 됩니다. 또한 당신이 하나님으로부터 오고 하나님만을 갈망하는 당신의 움직임들과 어떤 악하고 무익한 생각을 의식적으로 당신의 마음에 두지 않는 것을 주의할 수 있도록 당신에게 당부합니다. 당신의 행동은 하나님의 명예와 모든 인간의 평화와 지복 이외에 어떠한 것에도 의미를 부여하지 않습니다.

위로부터 당신에게 제공되는 것[2]은 신의 사역들의 개선을 위한 단지 준비이자 정화일 뿐입니다. 따라서 우리 주님은 당신을 세상에서 취하시고 하나님의 사자로 삼아, 당신이 외적인 인간들을 내적인 사

---

2   Corin, Wi 2, S. 102, 17; cf, 수기 원본들에 따른 것이다.

람들로 전향하도록 가르치고 있는 것입니다. 그렇지만 이것은 시작에 불과한 일입니다.

**둘째**, (그리고 이것이 하나님의 두 번째 부름입니다) 당신이 요한과 함께 우리 주 예수 그리스도의 마음에 기대기를 원한다면, 당신은 우리 주 예수 그리스도의 모범에 이끌려 그것을 열심히 관찰해야만 하고 그의 온유함과 겸손을 본받아야 합니다.

그리고 예수님이 친구와 원수에게 깊숙이 가지고 있었던 불타오르는 사랑과 아버지가 예수님을 항상 부르셨던 모든 곳에서 그가 언제나 어디서나 모든 면에서 소유했던 위대하고 순종적인 떠남을 관상해야 합니다.

그 외에도 예수님이 모든 사람에게 실제로 보여주었던 그의 심오한 선과 또한 축복된 가난에 대해서 생각해 봅시다!

천지가 그의 것이었지만, 예수님은 이런 소유에 집착하지 않았고, 그가 행했던 모든 것은 아버지의 영광과 모든 사람의 지복을 지향합니다. 내가 외적인 징후를 통해 당신을 가르칠 수 있는 것[3]보다 우리 주 예수 그리스도의 자비로운 형상(Bild)을 그리는 것이 훨씬 더 적절할 것입니다.

비록 당신이 그리스도의 형상과 닮지 않고 그로부터 멀리 떨어져 있고 아주 하찮다고 하더라도, 그를 갈망하고 열심히 따르면서 당신

---

[3] 베터에 의해서 LT와 AT 안에는 빠져 있는 Corin, Wi 2, S. 102, 18에 따라 "van inbuzen"을 삽입한 것이다.

자신을 신중히 숙고해 보시기 바랍니다!

그러면 우리 주님은 당신을 그의 마음에 기대도록 해 주실 것입니다. 이를 위해서 우리 주님[4]의 값비싼 육신의 성찬과 당신에게보다 진리의 빛이 더 밝게 빛나는 다른 사람과 상의하고, 당신의 행동과 떠남을 실행하는 것 외에는 현세에서 더욱 유익하고 좋은 일은 없을 것입니다.

(우리 주님의) 이와 같은[5] 사랑스러운 그림에서 당신은 부요하게 되고, 위로와 위안을 발견하면서 세상의 모든 위로와 안락함을 단념할 수 있습니다. (하나님의 부름에 대해서 응답하는) 두 종류는 많은 사람 중에서 발견되는데, 이들은 아마도 완고한 정신(Geist) 안에 있는 이기심 때문에 오해를 만들어 (하나님에게 향하는) 가장 친밀한 길에서 멀리 떨어집니다.

게다가 요한은 우리 주님의 마음에 기댔습니다. 그러나 그는 그리스도가 붙잡혔을 때 자기의 외투를 벗어던지고 도망쳤습니다.

따라서 오, 인간들이여!

아무리 이러한 두 종류로서 거룩하다고 할지라도 당신은 공격을 받게 될 경우에 이 외투—내가 의미하는 것은 이기심과 당신의 의지의 완고함입니다—를 벗어던져 버려야 합니다. 당신이 (하나님에게 도

---

[4] 크로스(Kloos)와 토마스(Thomas) 주도 아래 1826년에 편집된 타울러의 설교들의 프랑크푸르트의 편집본의 제 2판을 따르고, Corin, Wi 2, S. 104, 각주 1번에서 제시된 그것들의 번역은 그곳에서 두 번째 제시된 번역보다 우선한다(프랑크프루트 편집본의 제 2판 1864, 함베르거〔Hamberger〕에 의해서 편집된 것이다).
[5] Corin, Wi 2, S. 104,4-5를 따른 것이다.

달하는) 이러한 두 종류 안에서 훈련을 한다는 것은 좋고 거룩한 일입니다. 하나님이 당신을 하나님 자신에게로 더 친밀하게 끌어당기시지 않는다면 어떠한 피조물을 통해서도 이 훈련은 당신에게 이뤄지지 않을 것입니다.

그러나 만일 그리스도가 당신을 끌어당기시면 형식들과 형태들 없이 당신을 그에게 위탁하고 그를 활동하게 하고 그의 도구가 되도록 하십시오!

여기서 당신을 (그에게) 위탁을 한다는 것은 당신이 주기도문의 분량만큼이나 그에게서 칭찬받는 것이며, 백 년 동안 또 다른 방법으로 훈련받는 것보다 더 유익한 일입니다.

실제로 일부 사람들이 질문합니다.

"당신은 아직도 그것을 넘어 다가서지 못했는가?"

저는 답했지요,

"그렇습니다! 누구도 우리 주 예수 그리스도의 모범을 넘어설 수 없습니다."

하지만, 또 다시 당신은 질문하고 싶을 것입니다.

"당신은 자기만족으로 가득 차서 소유하고 있는 방법을 아직도 넘어서지 못했는가?"

내적으로 하나님의 질서를 숙고하고[6] 인지하며 한 단계 한 단계 전진해 나가십시오!

---

6  LT, AT, KT를 따른 것이다. Corin, Wi 2, S. 105,6의 수기 원본을 참조.

셋째, 성령을 받았을 때[7] 요한은 부름을 받게 되었습니다. 그때 그에게 문이 열렸습니다. 이것은 한편으로 갑작스러운 황홀경 안에서, 다른 한편으로 (그들의) 떠남 안에서 일어납니다.

하나님이 여기서 계시하신 것을 눈이 있어도 보지 못했고 귀가 있어도 듣지 못했으며 인간의 심령 속으로 들어가지도 못했다고 고백하는 바울의 말이 실현된 것입니다. 인간은 언제나―현세에서 그것이 가능한 한―외적인 인간이 내적인 인간으로 변하는 것 이외에 다른 완전한 방법이 있다고 생각해서는 안 됩니다.

그럴 때 (실제로) 인간은 하나님의 (근저)로 들어가게 되고 어떤 놀라운 기적과 많은 풍요가 나타나게 될 것입니다. 사실상 그러한 형상들을 많이 가진 사람일수록 종종 침대에 누워 있어야 할지도 모릅니다. (인간의) 본성은 이것을 견뎌낼 수 없다고 말할 수도 있습니다. 우리가 여기서 말했던 것이 성취되기 전에 본성이 내외적으로 처참한 몇몇 죽음을 경험하도록 해야 하는 것을 알기 바랍니다!

(그럼에도) 영원한 삶은 죽음으로 이어집니다. 이것은 하루에, 일 년을 거쳐서도 일어날 수 없는 일입니다.

당신들은 두려워 마십시오!

시간은 단순, 순결과 떠남을 위해 필요합니다. 이것은 가장 완전한 길입니다. 아버지와 아들과 성령이 그 길을 우리에게 제공하기를 바랍니다! 아멘.

---

[7] Corin, Wi 2, S. 105,8를 따른 것이다.

# 16

## 부활절 후 네 번째 주일 설교:
## 내가 너희에게 성령을 보내리니[1]

(*Expedit vobis ut ego vadam*, 요 16:7)

> 그러나 내가 너희에게 실상을 말하노니 내가 떠나가는 것이 너희에게 유익이라 내가 떠나가지 아니하면 보혜사가 너희에게로 오시지 아니할 것이요 가면 내가 그를 너희에게로 보내리니(요 16:7).

우리 주님이 그의 사랑하는 친구들에게 말씀하십니다.

내가 너희를 떠나는 것이 너희에게 유익한 일이니라. 내가 떠나지 않으면 보혜사(Beistand)가 오지 않을 것이고, 내가 떠나면 나는 그를

---

[1] 부활절 이후 네 번째 주일 요한복음 설교는 성령이 우리의 모든 죄에 대해서 우리를 벌하시는 방법과 어떻게 우리 안에서 모든 세속적인 외향성을 명확하게 드러내시는지에 대한 것, 그리고 사람을 판단하지 말라고 명령하신 것이 무엇인지를 우리에게 가르쳐 준다.

너희에게 보낼 것이니라. 또한 그가 오면 그는 죄에 대하여, 의에 대해서, 심판에 대해서 세상을 책망할 것이니라.


나의 사랑하는 자들이여!

여기서 신중하게 의미를 숙고해 보는 것이 필요합니다. (그가 의미하는 것은) 성령은 그리스도가 먼저 하나님의 친구들 떠나지 않는다면 그들에게 주어지지 않을 것입니다.

하지만 우리를 태만하고 추우며 슬프고 어두운 마음이 되도록 하는 모든 선에 대한 무능력과 위로의 상실과 떠남과는 다르게 여러분으로부터 떠나가는 것은 무엇을 의미하는가?

그 경우 예수님은 우리를 떠나셨습니다. 인간들은 그것을 알았고 자기 자신을 이용했습니다. 이것은 고귀한 일이고, 그것에 관해서 기뻐할 수 있어야 할 것입니다. 그러한 어떤 사람에게 모든 다수성은 단순성으로, 고통은 위로로, 불안은 평안으로 바뀌고, 모든 쓴 맛이 그에게 진실한 달콤함으로 바뀌게 되길 바랍니다!


내가 너희를 떠나는 것이 너희에게 유익하니라. 내가 너희를 떠난다면 내가 너희에게 성령을 보낼 것이니라. 또한 성령이 오면 그는 세상을 책망할 것이니라.


그가 무엇을 책망하고, 그는 그것을 어떻게 행한단 말입니까?

어쨌든 그는 감춰지고 숨겨진 (있을 지라도) 세상이 어떠한 사람 안에 있을지 혹은 없을지를 명확하게 인식할 수 있도록 제공하고 드러내 보일 것입니다. 그는 이것을 책망하고 벌할 것입니다.

도대체 이것, 즉 세상이 우리 안에 있다는 것은 무엇입니까?

이것은 방법, 활동, 세상에 관한 깊은 인상, 사랑과 고통의 감정, 애착과 두려움의 감정, 슬픔과 기쁨의 감정, 열망과 비탄과 고난의 감정입니다.

베른하르트가 말합니다.

> 당신은 슬프게 하고 기쁘게 한 모든 것으로부터 심판을 받게 될 것입니다.

성령이 오신다면 그는 명확히 우리 안에서 그것을 깨닫도록 해 드러내실 것이고, 이를 위해 성령은 우리를 꾸짖을 것이로되, 우리 안에서 악으로 인해 손상을 입은 소유물을 찾고, 또한 자기의 것을 벗어 던져 버리지 않는다면 우리는 결코 진정되지 않을 것입니다.

세상은 피조물들이 죽든 살아 있든 순응적으로 피조물들에게 붙들려 있는 정도로 손상을 당한 악이 사람 안에서 책망받지 않고 벌을 받지 않은 채 머물러 있는 바로 그곳을 다스립니다.

벌을 받지 않은 채 이러한 악을 (자기 자신 안에) 꽉 붙들고 있는 자는 성령이 그 안에 아직도 찾아오지 않았다는 것을 공개적으로 보여 주는 것입니다. 그리스도는 진리의 성령이 오시면 이러한 일을 꾸짖고 벌하실 것이라고 말씀하셨기 때문입니다.

또한 죄에 대해서 그는 우리를 꾸짖을 것입니다.

여기서 "죄"란 도대체 무엇입니까?

나의 사랑하는 자들이여!

불이 위로 타오르고 돌이 지상으로 떨어지듯이 여러분은 하나님이 만물을 창조하셨고 이 모든 것을 그의 궁극 목적에 따라 만드셨다는 것을 알고 있지 않는가!

따라서 본성 역시 눈에게 볼 수 있는 능력, 귀에게 들을 수 있는 능력, 손에게 일할 수 있는 능력, 발에게 걸을 수 있는 능력을 제공하고, 모든 지체는 그에게 가볍게 혹은 어렵게 도달하든, 달콤하든 신맛이 나든 반박하지 않고서 육신의 본성적인 의지를 따릅니다. 의지가 그것을 전적으로 원한다면 그것은 사느냐 죽느냐의 문제에 달려 있습니다.

세상에 대한 사랑을 가진 자들이 사랑하는 것을 위해 모든 편안함과 모든 선과 모든 영광을 포기하듯이 그렇게 이것은 이 세상에 대한 사랑을 소유한 자들에게서 나타납니다.

이때 죄인들은 하나님에게 그렇게 순종할 자가 누구고, 그의 의지에 그렇게 따를 자가 누구냐[2]고 물었습니다.

당신은 하나님을 위해 육신과 재물을 어디에 쓸 것입니까?

당신은 거기서 사랑과 고통을 어떻게 할 것입니까?

---

2 Vetter 73,6에게서 "genuog" 대신해 "gefuege"를 놓고 있는 코린의 교정을 따른 것이다. cf. Corin, Wi 2, S. 98, Corin, Sermons I, 304, 각주 1을 참조.

하나님이 당신을 다스려야 하기에 당신은 자신과 만물을 당신의 내적인 근저에서 떠날 수 있는가?

성령은 이때 그러한 죄들을 가르쳐 주지만, 당신은 매우 빈번하게 그의 의지와 경고에 정면으로 맞서면서 심히 자주 죄를 짓습니다. 성령이 오시면 성령은 이런 몇몇의 은폐된 결함을 꾸짖고 벌을 내리십니다. 이것은 파멸의 근원이 되는 심판과 지옥의 고통과 본성적인 사람이 어렴풋이 알고 있는 견딜 수 없는 아픔으로 인도할 것입니다.

이것은 이 심판이 진실로 알려진 곳, 바로 그곳에서 성령이 진리 안에 있다는 가장 명확한 표식들 중 하나입니다. 이것은 매우 확실한 일입니다. 당신이 진리 안에서 고백하고 당신 자신을 죄가 있는 채로 제공한 수천의 결함들은 당신이 고백되는 것도 그것에 관해 비난을 받지 않기를 바라는 것도 아픔도 공포도 받아들이지도 않은 유일한 것만큼 당신에게 위험하지도 손상을 입히지도 않기 때문입니다.

당신이 정당하다고 생각하는 것은 당신이 모든 것에서 환상에 빠지기를 바라는 것과 같기 때문입니다. 그들 자신의 행동은 매우 좋아하고 다른 사람들의 행동을 악하다고 생각하는 사람들은 치명적인 결함에 괴로워하면서도 그들에게는 무엇도 일어나지 않습니다.

그러면 성령은 "의"에 대해서 판단을 하고 벌을 내리려 할 것입니다.

오! 하나님 앞에서 우리의 의가 얼마나 빈약한 것입니까!

성 아우구스티누스가 말합니다.

"하나님이 그의 자비로 의를 판단하시지 않는다면 모든 (인간적인) 의에는 저주가 있을 것이라!"
우리 주님이 이사야를 통해 말씀하십니다.

> 너희의 의는 나의 눈 앞에 쓰레기 더미와 같은 것이니라.

또한 우리 주님은 제자들에게도 말씀하십니다.

> 너희가 너희의 능력으로 모든 것을 행했다고 하더라도 우리는 무익한 종입니다.

거룩한 바울[3]도 말합니다.

> 그가 아직 없는 곳에서 자기 자신의 어떤 것을 생각하는 자는 자기를 속이는 것이니라.

일부 사람들은 그러한 방법을 매우 좋아해 그들은 누구에게서든 떠나지 않는데, 심지어 하나님과 사람들에게조차도 떠나기를 원하지 않고, 자기 자신을 하나님에게로부터 떠나지 못하도록 소중히 보호할 것입니다.

---

3  타울러의 잘못된 인용은 암묵적으로 교정된다. cf, Corin I, 305, 각주 3을 참조.

우리 주님이 직간접적인 경고로 다가오면 그는 자신의 방법에 의존하고 하나님의 경고에 대해서 전혀 관심을 가지지 않습니다. 이것은 실제로 떠난 사람들이 아닙니다. 성령이 그곳에 있다 한들 그는 이러한 종류의 사람들을 벌하실 것입니다.

성령은 자신이 있는 바로 그곳에서 인간의 결함을 명확히 인식하고, 떠남과 겸손과 그 밖의 것들을 인식하고 있기 때문입니다.

마지막으로 심판에 관해서입니다.

이것은 어떠한 종류의 심판입니까?

어떤 사람은 판단하는 일을 대담하게 실행하지만, 자기의 판단보다 더 큰 결함은 눈앞에서 숨길 것입니다. 그렇지만 그리스도가 말씀하십니다.

너희가 판단한 것으로 너희는 다시 판단을 받을 것이니라.

그리고 더 나아가 말씀하십니다.

너희가 판단 받는 것을 원치 않으면 너희 역시 판단하지 말라!

한 성인이 말합니다.

당신이 많은 사람을 당신 아래에 억압한 것과 같이 당신도 많은 사람 아래서 몹시 억압받게 될 것입니다.

몇몇 사람들은 정직한 사제들과 관구장들로 있으면서 모든 사람을 가르치려하고, 그들 자신이 어떠한 사람들인지는 알려고 하지 않습니다. 여러분이 (이러한 종류에서) 하나님과 여러분 가운데 커다랗고 확고한 벽들을 세우는 것이라는 사실을 알기 바랍니다!

하나님과 여러분의 영혼과 영원한 삶이 여러분에게 그렇게 좋은 것이라면 여러분 자신 이외에 아무도 판단하지 마라! 죽음의 죄를 빼고는 아무것도 판단해서는 안 됩니다. 혀를 깨물어 아픔을 느끼는 것이 어떤 사람을 판단하는 것보다 차라리 더 좋은 일입니다.

이런 판단은 교만과 자기만족에서 일어납니다. 이것은 숨겨져 있는 원수의 씨앗이므로 성령은 그러한 사람들 안에는 내주하시지 않습니다.

성령은 어떤 사람을 통해서 판단을 내려야 하는 곳에서 기회가 제공되려면 때를 기다려야 합니다. 이것은 우리가 상처를 치유하길 원하기도, 동시에 난폭함 때문에 두 번 죽이는 것도 악의적인 말이나 악한 행동이나 혐오가 이웃들에게 축소되는 것도 다른 사람들 안에서 사라지는 것이 아니라 사랑과 온유함으로 대하고 판단하는 사람이 자기 자신을 대하듯 겸손과 영의 가난 안에서 머무는 것입니다.

또한, 그는 이것을 스스로 짊어지고, 혼자든 아니든 그가 가야할 곳으로 가서 행할 것입니다.

하지만, 그는 단순성 안에서 자기 자신에게만 관심을 갖기 때문에, 그에게 다가서지도 맡겨지지도 않은 것에 대해서는 침묵하시기를 바랍니다!

(그러나 당신은) 높은 지혜에 관해 질문할 것이 아니라 당신 자신의 근거 안으로 가고 당신 자신을 알기 바랍니다. 하나님의 비존재성에 관해 질문할 것이 아니라 유출과 (하나님에게로 사물의) 회귀에 관해, (영혼의) 무성 안에서 영혼의 근저에 관해, 하나님의 자존하시는 존재[4] 안에서 영혼의 불꽃[5]에 관해 질문하는 것이 좋을 것입니다.

그리스도가 말씀하십니다.

하나님의 비밀을 알려고 하는 것은 너희에게 적절치 않느니라.

우리는 삼위일체에서 진실로든 단순하게든 전적으로든 악이 없는 하나님에 대한 믿음과 하나님만을 향하는 순수한 믿음을 가져야 합니다. 아리우스와 사벨리우스가 어디서 왔든지 간에 성 삼위일체에 관해 이렇게 이해했다는 것은 가히 놀랄만한 일입니다!

그리고 솔로몬과 오리게네스는 거룩한 교회를 매우 심려를 다해 돌보지 않았습니까!

우리는 그들이 어떻게 왔는지 알지 못합니다.

그러므로 여러분 자신을 살피십시오!

누구도 여러분을 위해 책임을 지지 않을 것입니다.

---

[4] 이러한 입장의 깊은 의미에 대해선 cf, Wyser, 위의 책, S. 257. 타울러는 그의 설교를 듣는 수녀들에게 에크하르트의 가르침의 의미 안에 있는 사변성을 경고한다. 스트라우흐 역시(Vetter 74,26-28에 대한 PBB XLIV, 21) 여기서 아마도 마이스트 에크하르트의 가르침이라고 생각했던 것으로 제시한다.

[5] 스트라우흐의 제안에 따른 것이다. Vetter 74,28dp 대한 PBB XLIV, 21.

여러분만이 책임을 감수하십시오!

여러분은 조심하고 하나님과 그의 가장 사랑스러운 의지와 부르심을 인지하십시오!

하나님의 뜻에 따라 하나님은 여러분이 그를 따르도록 여러분을 부르셨습니다. 하나님의 뜻이 무엇인지 알지 못한다면 여러분보다 성령에 의해서 더 빛나게 된 사람들을 따르십시오!

또한, 여러분이 그러한 사람들을 가지지 못했다면 하나님을 향해 다가서십시오!

여러분이 견디기만 한다면 하나님은 틀림없이 여러분에게 이런 인식을 제공할 것입니다. 이 또한 당신에게 충분하지 않다면 당신의 본성이 최소한 무엇을 준비하고 있는지를 의심스럽게 살펴보고 그것을 행하십시오!

하나님은 모든 본성의 죽음 안에서 내적으로 가장 진실하게 살아나 활동하시기 때문입니다.

나의 사랑하는 자들이여!

더욱이 성령이 거룩한 제자들에게 주어지지 않았기 때문에 그리스도가 이전에 그들을 떠나지 않았다면, 우리는 무엇과 교제를 한 것인지 알고자 합니다. 모든 사물을 포기한다면 모든 것은 여러분에게 주어질 것입니다.

사실상 여러분이 이것을 행한다면 여러분은 (이미) 현세에서 귀중한 보답을 받을 수도 있습니다. 또한 성령이 오신다면 그는 여러분에게 모든 것과 미래의 모든 일도 가르치실 것입니다.

"모든 것"이란 이런 저런 불화가 어떻게 해결되는지 혹은 옥수수가 잘 성장할 것인지에 관해서 말하는 것을 의미하는 것이 아닙니다. "모든 것"이 의미하는 것은 진실한 신성한 삶을 위해, 알려지지 않은 진리의 인식과 (인간) 본성의 죄악의 인식을 위해 우리에게 필요한 것을 말합니다.

하나님을 따르고 거룩하며 의로운 길을 가십시오!

많은 사람이 그것을 행하지 않은 것입니다. 하나님이 그들을 내부에서 가지기를 원하신다면 그들은 밖으로 나가야 합니다. 하나님이 그들을 밖에서 가지려면 그들은 들어가야 합니다. 그렇지만 (그들이 행한) 모든 것은 역이 될 것입니다. 제가 "모든 것"이라고 언급했던 것은 내외적으로 심오하고, 내면적으로 순수하고 명백하게 우리에게 필요한 모든 일들, 즉 우리의 결함의 인식과 우리 자신의 자아의 경시와 진리로부터 멀어지는 우리의 손실로 우리가 얼마나 작은 일에 붙들려 있는지에 대한 커다란 질책 등과 같은 것입니다.

이것으로 우리는 깊은 겸손 안으로 침몰해 들어가고 하나님과 피조물에 순종할 것입니다. 이것은 진실한 거룩함을 위해 필요한 모든 예술품이 완성된 하나의 작품과 같습니다. 이것은 변명의 여지없이 진실한 겸손이라고 생각합니다. 겸손은 말씀과 외형뿐만 아니라 진리와 근저 안에 있습니다.

우리가 준비돼 성령이 우리에게 진실로 주어지도록 하나님이 우리를 도우실 것입니다.

아멘.

# 17

## 그리스도의 승천 전 월요일 설교: 한밤중 친구의 간구[1]

(*Quis verstrum habet amicum*, 눅 11:5 ff.)

> 또 이르시되 너희 중에 누가 벗이 있는데 밤중에 그에게 가서 말하기를 벗이여 떡 세 덩이를 내게 꾸어 달라(눅 11:5).

우리 주님은 말씀하십니다.

어떤 사람이 한밤중에 너희들 중 누군가에게 찾아와서 말하기를, '벗이여!' 나에게 빵 세 조각만 꾸어 달라. 내 벗이 여행 중에 방문했는

---

[1] 그리스도의 승천 전 월요일 누가복음 설교는 우리에게 기도하는 일, 구하는 일과 문을 두드리는 것을 가르친다. (또한) 설교는 두 가지 종류의 사람들이 기도 안에서 어떠한 원인 때문에 강해지는지를 우리에게 말해준다. 그들 중 한 종류의 사람은 매우 해롭고, 다른 종류의 사람은 매우 유익해 많은 열매를 맺을 것이다.

데, 나는 그에게 대접할만한 어떤 것도 가지고 있지 않다. 그러자 그가 안에서 대답하기를, 나를 성가시게 하지 말라! 나의 문은 이미 닫혔고 나의 아이들은 나와 함께 침실에 누워있다. 나는 일어날 수 없고 당신에게 빵을 줄 수 없노라!

이 복음서는 매우 길게 기록하고 있습니다. 여기서 말하고 있는 것을 절반 정도로 짧게 요약하는 것이 적절합니다.

우리 사랑의 주님은 찾아야 할 것을 우리에게 가르치기 위해 말하십니다.

청하는 자에게 주실 것이고, 찾으라! 그리하면 너희에게 주어질 것이라. 구하라! 그리하면 너희는 찾을 것이니라. 문을 두드려라! 그러면 문이 열릴 것이니라. 간절히 청하는 자에게 주어질 것이고 구하는 자가 찾을 것이며 두드리는 자에게 열릴 것이니라.

도대체 "청하다, 구하다, 두드리다" 이 세 단어는 어떠한 차이가 있습니까?

우리는 먼저 이것을 숙고해 봅시다!

"청하다"가 의미하는 것은 내적인 갈망과 (하나님에게로) 향하도록 하는 마음(Gemüt)을 가지고 하나님으로부터 어떠한 것을 요청하는 것을 말합니다.

그러면 구하는 것은 무엇입니까?

## 17 그리스도의 승천 전 월요일 설교: 한밤중 친구의 간구

그가 우리를 찾는다고 말하는 것은 어떤 다른 사물 앞서 한 사물을 선택하는 것을 의미합니다. 구하는 자는 그의 열정을 특별한 것에 겨냥했고, 그것을 다른 것 보다 최우선시 하는 것입니다.

그렇다면 문을 두드린다는 것은 무엇입니까?

이것이 의미하는 것은 의도하는 것을 받을 때까지 "참고 견뎌 내는 것" 그리고 "단념하지 않는 것"을 말합니다. 그래서 우리는 "청하다," "구하다," "문을 두드리다"라는 단어를 (그것들의 의미에 있어) 구분할 수 있습니다.

자 그럼! 가르치는 스승인 베다(Beda)가 (이 복음서에 관한) 그의 설교에서 제공했던 해설을 상기해 봅시다!

베다는 말합니다.

여행 중 그를 찾아왔다는 벗의 의미는 인간의 영을 말합니다. 영은 슬프게도 사람들에게서 매우 종종 떠나가고 하나님을 멀리 하며[2] 낯선 땅으로 끌려갑니다. 그는 모든 선에 굶주리고 목마를 때면 언제든지 다시 되돌아옵니다. 인간이 그에게 전혀 대답할 수 없다면, 그는 그의 벗—이 분은 하나님입니다—을 찾아가서 문을 두드리고 그의 문 앞에서 세 덩어리의 빵 조각을 청합니다. 이것이 의미하는 것은 성 삼위일체의 이해를 말합니다. 또한 그 안에 있는 자가 변명

---

[2] 중세 표준 독일어 단어 "ungelicheit"는 특히 "비유사성의 가능한 관계"를 의미한다. 아우구스티누스의 『고백록』의 한 구절과 관련시켜 이 구절을 의미 상 번역한 것이다. cf, Augustinus, 『Bekenntnissen』, B. VII, Kap. 10.

하며 말합니다.

나를 방해하지 마십시오!

나의 문들은 이미 닫혔고 나의 아이들은 나의 집에서 침실에 누워있습니다. 우리는 그것을 가르치는 스승으로 이해할 수 있는데, 그들은 거룩한 관상의 안식처 위에 계시는 하나님과 함께 하는 자들입니다.

그런데 이 사람—하나님—은 인내하시면서 하나님이 원하는 모든 것을 하나님의 벗인 그가 줄 때까지 계속 문을 두드리십니다. 즉 하나님은 스승이나 자기 자신을 통해서 벗에게 직접 응답을 하신다[3]는 것입니다. 그러므로 그리스도께서는 말씀하셨습니다.

청하라! 그러면 너희에게 주어질 것이요.

찾으라! 그러면 너희는 발견할 것이니라.

문을 두드려라! 그러면 너희에게 열릴 것이니라.

여기서 우리는 하나님을 말할 수 없고 이해할 수도 없으며 아낌없는 베풂을 목도할 수 있습니다. 우리가 어떤 것을 올바르게 청하기만 하면 하나님은 기꺼이 그렇게 해주시는 분이십니다.

하나님은 정말 우리에게 열정을 다해 훈계하시고, 우리를 움직이시며, 우리가 올바르게 청하도록 가르치십니다. 그러나 그의 선물은

---

[3] "antweirt"를 어떤 다른 이해보다 선행하는 Corin, Wi 1, S. 132,1를 따른 것이다.

빈둥거리는 사람들과 쓸모없는 사람들이 아니라 (단지) 기도하는 자들과 기도 안에 머무는 자들에게 주어집니다.

그러므로 우리는 무엇을 청하고 어떻게 청해야 하는지에 관해 관심을 가져야 합니다. 기도를 막 시작하려 하면, 인간은 우선 외적인 일로 분주했던 방랑하고 산만한 영을 집으로 데려가 겸손하게 하나님 앞에 넙죽 엎드려 하나님의 선하신 자비를 청해야 합니다. 그는 하나님의 부정(Vaterherz)에 노크를 해야 하고, 하나님의 사랑인 떡을 청해야 합니다.

누군가 세상이 가지고 있는 모든 고귀한 음식을 소유한다고 하더라도, 떡이 없는 상태의 그 음식은 우리에게 즐겁거나 편안하거나 유익하지 않을 수 있습니다. 따라서 신성한 사랑이 부족하다면 그것 역시 만물과 공존하는 것입니다.

실제로 인간의 기도와 예배의 훈련 속에서 인간은 하나님이 좋아하시고 인간에게 가장 유익한 것을 사람에게 주시도록, 또 청할 것이 무엇인지를 가르쳐 주시도록 구해야 합니다. 인간은 신성, 성 삼위일체, 우리 주님의 고난 혹은 상처와 관련해서 어떠한 종류의 (기도가) 자기 자신을 드리는 것인지를 확실하게 숙고해야 합니다.

다음으로, 우리 주님께 무엇을 어떻게 청해야 할지를 주목해 봅시다!

모든 사람은 영 안에서 기도할 수 있는 것이 아니라 그것을 말로 표현해야 합니다. 따라서 당신은 생각할 수 있는 최대한 사랑스러운 말들로 매우 친절하고 호의적으로 우리 주님께 부탁해야 합니다.

또한, 이것은 당신의 사랑과 마음을 불타오르게 합니다.

그의 독생하신 아들을 통해 자기 자신을 당신에게 가장 훌륭한 방법으로 (당신의 기도의) 대상으로 삼도록 하신 하늘 아버지께 청하십시오!

따라서 당신이 최상의 예배로 유도되고 (당신의 마음에) 최고로 생각되는 한 가지 방법을 발견합니다. 그것은 다름 아닌 당신의 죄와 결함의 (숙고)일 것입니다.

혹은 그렇지 않으려면 거기에 머무르고 이 방법을 취하십시오!

또한 구한다는 것은 하나님의 가장 사랑스러운 뜻과 인간의 최상의 것을 구하고 최선을 다해 인내하면서 문을 두드리는 것을 뜻합니다. 참고 견디는 자에게는 면류관이 주어질 것입니다.

우리 주님은 말씀하십니다.

> 자기 자녀들이 아버지께 물고기를 달라고 청하는데 어떤 아버지가 뱀을 주겠는가?

물고기의 의미는 참된 확신입니다.

"그리고 그들이 계란을 달라고 청했는데 전갈을 주겠는가?"

계란은 살아 있는 신앙을 의미합니다. 또한 주님은 계속 말씀하십니다.

너희가 악할지라도 너희 아들에게 좋은 것으로 주거늘 심지어 너희가 청하는 것을 너희 하늘 아버지께서 좋고, 최상의 것으로 주시지 않겠느냐.

실제로 진리의 입은 청하는 자에게 주실 것이라고 말씀했습니다.

매일 청하는 몇몇 사람이 전생애 동안 매번 청하는 것은 어떻게 일어날 수 있는가?

또한 이런 살아 있는 떡은 그에게 어떻게 주어지는가?

그럼에도 하나님은 심히 호의적으로 모든 방법을 넘어 용서하시고, 심지어 인간이 받은 것보다 수천 배 더 잘 준비해 주실 수 있으신 분입니까!

또한 이런 사람들은 이와 같이 거룩한 기도, 거룩한 주기도문을 외우고 매우 자주 시편과 성령이 가르쳤던 거룩한 교회를 위한 기도를 하는데도 존귀하게 되지 못합니다. 이것은 하나의 중요한 원인을 가질 수밖에 없고 우리를 놀라게 할 수 밖에 없습니다.

나는 당신에게 바로 그 이유를 설명하려 합니다. 이런 사람들의 마음과 근저, 그들의 목적과 감각들은 (하나님)과 다른 것에 대한 애착 때문에 편견에 사로잡히게 됩니다. 그것이 무엇이든, 죽은 것 혹은 살아 있는 것, 그들 자신의 자아 혹은 그들의 속한 것이든 어느 것이든 그럴 것입니다.

또한, (그들의 내적인 것의) 공간이 압류당하고 곤경에 처하고, 그들이 원하는 만큼 그렇게 많이 기도하고 청한다고 해도 진실한 떡으로서 신성한 사랑은 그들 안으로 결코 들어갈 수 없습니다.

빅토르 휴고(Hugo von Viktor) 선생이 말합니다.

인간이 어떠한 사물에 대한 애착 없이 산다는 것은 영혼 없이 사는 것과 마찬가지로 불가능합니다.

그러므로 그 어떤 것도 어떻게 창조가 진행되는 것인지 관심을 갖습니다. 이 사랑이 들어가야만 한다면 다른 사랑은 필수적으로 밖으로 나가야만 할 것입니다.

아우구스티누스는 말합니다.

당신이 가득 채우려면 쏟아 내라!

이런 사람들은 실제로 그들의 세속적인 마음과 (다른 사물에 의해서) 점령된 근저와 함께 다가와 청하고 기도하기 때문에, 떡은 그들에게 주어지지 않을 것입니다. 이것은 하나님의 잘못이 아니라 그들 자신의 잘못입니다. 그들에게는 떡 대신에 오히려 돌덩어리가 주어질 것입니다.

이것은 딱딱한 돌과 같은 마음, 이 마음은 딱딱하고 메마르며 냉랭해 예배와 은총 없이 용해되는 것입니다. 그러한 사람은 빠르게 (거룩한) 책들 중 한 권을 끝내면 곧바로 다른 책을 읽어 내려가지만, 그곳에서 어떠한 맛도 발견하지 못합니다.

또한, 그는 자신의 헌신에 대해서[4] 전혀 숙고하지 않으면서, 여전히 그것에 관해서 목말라합니다. 그가 조잡하게든 맹목적으로든 이것을 행했다면, 그는 누워서 잠을 자는 것과 같습니다. 다음날 아침에도 그는 동일하게 시작할 것입니다.

그는 기도문을 외우는 것만으로도 충분하다고 여깁니다. 이럴 때 그의 근저는 맷돌과 같이 매우 단단하므로, 이런 사람들을 깨버릴 수도 구부릴 수도 없습니다. 그들은 행위든 떠남이든 그들의 마음에 들지 않게 다가온다면, 근저를 매우 (정확하게) 알아 볼 수 있습니다. 놀랍게도 그것은 어떤 단단한 종류의 돌로 된 산을 보는 것과 같을 것입니다.

그러한 돌같이 딱딱한 근저를 주의하십시오!

그들을 가르치려는 의도를 가졌어도 그 사람들과는 더 이상 대화를 나누지 말고 도망가십시오!

우리 주님은 말씀하십니다.


아마도 그럴 거야!

너희와 우리에게는 아무것도 부족한 것이 없는데


이렇게 총명한 동정녀들[5]이 말했던 것처럼 이것을 생각해 보고 다

---

4　Corin, Wi 1, S. 138,7 ff. 와 주해가 제시하듯 "queln"=leiden과 "quellen"=hervorquellen의 혼합을 다룬다.
5　Corin, Wi 1, S. 139,6, 그곳에서 수기 원본에서 나타난 것처럼 베테의 독서 방법

뤄보십시오!

  또한 당신의 머리에 그러한 돌멩이가 날아와 부딪힐 것 같으면 그것이 작은 돌멩이라고 하더라도 허리를 굽혀 피하고, 되돌아올지 모르니 조심하십시오!

  차라리(Nein) 당신의 입을 닫고, 반대로 당신의 마음은 하나님에게 여십시오!

  오, 나의 사랑하는 자들이여!

  내가 여러분에게 감히 청하는 것은 하나님과 그 모든 일을 위해 그것을 행하라는 것이고, 여러분에 대해서 적대적인 것들과는 다르게 온유하고 겸손한 양이 되라는 것입니다!

  침묵하고 인내하며 여러분의 근저를 인지하십시오!

  그러한 돌멩이들은 어떻게든 발견될 때까지 종종 오랫동안 어떤 사람 안에 숨겨져 있습니다.

  꼭 알아두십시오!

  미움을 가슴 속에 품고 있거나 악의를 숨기고 있거나 자기 자신이 개선되는 것을 원치 않는 그러한 사람들을 내가 알고 있다면, 나는 그들을 하나님의 몸에 접근하지 못하도록 할 수 있습니다.

  20년 혹은 30년 동안 처음부터 끝까지 고해성사를 하러 가 올바르게 고해성사를 하지 않고, 어떠한 죄사함도 실제로 받아들이지 않으면서 거룩한 성찬에 참여하러 가는 많은 사람을 발견할 수 있습니다.

---

  281,30-31 안에서 실수가 슬며시 등장했다.

## 17 그리스도의 승천 전 월요일 설교: 한밤중 친구의 간구

이것은 얼마나 두렵고, 걱정스러우며 오싹한 일입니까!

최고의 권위를 가진 교황조차도 죄를 어떻게 할 수 없기 때문입니다. 또한 이런 사람들이 고해성사와 성찬에 참여하러 가고 기도하며 선한 일을 행하면 행할수록 무엇이 되었든지 그들은 더욱더 단단하게 굳어버리고 눈이 멀며 거칠어지게 될 것입니다. 그들은 자신들의 선한 공로에만 의존하기 때문입니다.

그들은 이 같은 일들을 차라리 하지 않은 것이 훨씬 더 좋을 수 있습니다. 물론 그것은 그들이 자신의 결함을 알지 못하고 그 결함의 원인을 제거하지 못한 채, 성만찬에 참여하러 가는 것과 같은 일입니다.

하나님은 그것을 결코 내버려두지 않고 벌할 것입니다. 그는 육신뿐만 아니라 영혼까지도 벌하실 것입니다. 그러므로 그들은 물고기 대신 뱀을 받을 것입니다. 이것은 다른 사람들의 판단을 곧장 따르는 그러한 사람들입니다.[6]

뱀들이 도처에 퍼져 그것들의 독을 뿜어내는 것처럼 그것은 이러한 판단하는 자들과 함께 합니다. 그들이 보고 들은 것은 그들 안에서 독이 되고, 그들은 (선)을 축소시키고 사라지게 하면서 다시 독을 뿜어냅니다.

또한 그들 안의 뱀과 다른 사람들과의 간격은 한 뼘 정도 거리입니

---

6 스트라스부르크의 Hs. S.와 Corin, Wi 1, S. 141, 9와 12에 따른 것이다. "urteilende Leute," Hs. E를 따른 Vetter에게서처럼 아니다. "urteilte" Leute이다.

다. 그들은 자기 자신 스스로를 인식하지 못합니다. 하지만 이런 저런 일은 (다른 사람들에게서는) 있을 수 있습니다.

때때로 뱀들은 도마뱀처럼 작습니다. 이것이 의미하는 것은 숨겨진 시기심과 드러난 상처와 악한 근저에서 나온 모멸감입니다.

그것을 주의하십시오!

여러분 스스로를 판단하되, 누구도 예외는 없습니다!

이런 사람들은 계란 대신 전갈을 받을 것입니다. 이것의 의미는 자기 자신에 관한 잘못된 믿음과 잘못된 확신과 오만함입니다.

그들은 이렇게 말합니다.

왜 이것이 나에게 이 사람 혹은 저 사람처럼 그렇게 선하게 일어날 수 없단 말입니까?

나는 그들처럼 선하게 찬양과 기도를 하며 살고 있는데 말입니다.

앞에서는 웃고 입으로는 칭찬하지만, 뒤에서는 상처를 내는 전갈처럼 그것은 결국 잘못된 확신에 도달하게 할 것입니다. 근저, 즉 (피조물들에 의해서) 편견에 사로잡혀 기만하는 근저가 널리 인식되고 나면 이런 사람들은 위로를 받지 못하게 될 것입니다. 의심은 그들을 엄습하고 (그들은) 영원히 사라질 것입니다. 그 경우 영원한 죽음의 독침(Stich)은 그들을 표적으로 삼을 것입니다.

이것은 그의 근저와 결함을 눈치 채지 못하는 데서 옵니다. 교황은 자기 자신 때문에 일부 죄의 사면을 남겨두고 그것을 참회설교자들과 주교들, 사제들에게 위임했습니다. 이것은 고통스러운 지옥이 아니라 죄의 경중에 의한 신중하고 깊은 참회가 더욱더 죄를 인식하게 합니다. 동시에 (죄는) 그것의 경중에 따라 고려되고 (인간들은 그것들을) 더욱 주의하는 것입니다.[7]

나의 사랑하는 자들이여!

그들의 근저와 더불어 하나님이 우리를 위해 쏟으셨던 명예롭고 값비싼 피에만 의존하면서, 잘못된 근저와 결함에 관심을 갖지 않는 이러한 사람들이 얼마나 걱정스러운지를 여러분이 인지한다면 여러분의 두려움은 사라질 수 있습니다.

몇몇 수도원에서 제공하는 성만찬에 매 삼주마다 한 번씩 참여하러 가야합니다. 이것은 장시간 동안 선하고 본질적으로 거룩한 떡을 준비하는 데 충분히 긴 시간입니다. 이것은 그에 (상응하는) 활동을 사람들과 획득할 수 있도록 하는 데 있습니다.

반대로 하나님의 사랑스러운 자녀들이여!

여러분은 그것에 대해 여러분의 갈망을 일으키고 여러분 자신을 억제해야만 비로소 고귀한 성만찬에 참여하러 갈 수 있을 것입니다.

우리 주님이 여러분 자신을 위해 준비하셨던 것을 그분께 청하고, 사랑과 내재성을 가득 채우십시오!

온유하고 겸손해 (모든 외적인 것으로부터) 떠나십시오!

---

[7] Corin, Wi 1, 144 ff.를 의거해 결정적인 입장을 고려한 곳에서: "und der Múwe meire werde in dem geweigen-werden und verhoyt werden"이다.

성스러운 작품을 만든 한 선생은 일부 종단 사람들이 그들의 공동체와 관습에 필요한 것을 제외하고 우리 주님께 종종 받아야 하는 것이 무엇인지에 대한 질문을 받게 되었습니다. 그때 선생이 대답하십니다.

> 오 사랑의 하나님! 하나님과 그에게 속한 것을 갈망하는 어떤 사람이 있다는 것만으로 우리는 심히 내적으로 기쁠 수 있다고 생각합니다. 또한 다른 사람들은 수도원에서 공로를 행한 사람들에게 보답하려고 할 것이고 그들을 열심히 도울 것입니다. 어느 누구도 (종종) 우리 주님께로 가는 자들을 원망하지 않으니까요! 그들은 그것을 생각하지도 않고 행하지도 않은 자들보다 훨씬 훌륭하기 때문입니다. 그들을 제외하고 겸손과 경건 때문에 그것을 중단해 버리는 것은 큰일입니다.[8]

누군가 여러분에게 (악한 판단)의 돌멩이를 던지고 여러분을 말로써 비난하려고 하면, 이것이 하나님에게서 직접적으로 나온 것인지를 생각해 보십시오!

아직도 다른 돌멩이가 있습니다. 진심으로 하나님을 갈망하나 단단하고 메마르며, 차갑고 태연하게 자기 자신을 발견하는 어떤 사람

---

[8] 불분명한 구절. 번역은 Corin, Wi 1 S. 146과 147에 의해서 제시된 설명 시도의 고려로 LT에 의거해서 계획된 것이다.

은 내적인 것으로부터 자신 자신을 떠나보낸 것으로 느낍니다.

다음으로 내적인 단단함을 스스로 감지하는 대로 인간은 인간을 완화시키는 어떤 것을 시작하도록 훨씬 더 내적으로 유지하고 주의해야 합니다. 그럴 때일수록 당신 자신 곁에 머무르십시오!

그리고 당신의 모든 실수로 인해 강력하고 엄격한 심판이 당신에게 접근하고 당신을 비난한다고 해도 단지 그 곁에 머무십시오!

또한, 매우 신랄하게 당신 자신을 비난하십시오!

당신의 이런 판단이 한 주 동안 지속적으로 머무른다면 이것은 매우 좋은 일이라 생각됩니다.

하나님 앞에서 당신 자신을 돌로 쳐죽이십시오!

그리고 당신은 다음과 같이 행하라!

당신이 어떤 실수를 범하든지 그 즉시 하나님에게 참회하기를 바랍니다!

당신의 실수가 기억에서 사라져 무슨 말을 해야 하는지조차 알지 못하더라도, 당신의 죄를 고백하기 위해 고해신부를 찾으면 당신의 죄가 보다 쉽게 용서받게 될 것이라 믿으십시오![9]

하지만, 나는 여러분에게 고해성사에서 겉치레 말을 많이 하지 않도록 청하는 바입니다. 거룩한 교회는 사망에 이르는 죄를 위해 고해성사를 정했습니다.

---

[9] 여기서(코린이 Hs. Wi 1,의 자신의 편집본의 S. 148의 해설에서 원한 것처럼) 사제 대신 교황을 두는 것은 나에게 필수적인 것처럼 보이지 않는다. 또한 LT, AT, KT의 인쇄본은 "priester"를 가진다.

또한 사망에 이르는 죄이든 일상적으로 일어나는 일에 속하지 않은 일이든 어떤 일이든 의심스럽다면 그것을 빠르고 신속하게 떼어 내십시오!

사실상 하나님에게 회개하십시오!

그러나 의무적으로 해야 하는 합창단과 사역들처럼 드러나는 사역이 당신 자신을 방해한다고 생각하십시오!

또한, 알아두십시오!

외적으로 드러나는 사역들이 당신 자신을 방해하는 것이 아니라 사역들 안에서의 당신의 무질서가 당신을 방해하기 때문에, 당신은 자기의 사랑에서 하나님을 순수하게 생각하지도, 심지어 당신의 마음과 갈망에서 하나님을 생각하지도 않습니다.

또한, 하나님은 흩어져 왜곡된 당신에게 결코 내주하지 않습니다. 사실상 이것은 당신을 방해할 뿐, 그 외의 외적으로 드러나는 사역들과 당신을 제외한 다른 일을 방해하지 않습니다. 복음서에서 말한 것처럼 당신이 노크를 한다면 이것은 당신에게 문을 닫아 버릴 것입니다.[10]

다른 곳에서 우리 주님은 말씀하셨습니다. 그는 문이시고, 그 문을 통해서만 가야 합니다. 이러한 사랑으로 가득 찬 문 근처에서 기도하는 사람은 진리로 들어가려면 세 방향으로 노크를 해야 합니다.

---

[10] 타울러에게서 한번만 드러나는 "Zuowurf"가 맨 먼저 (나라들의) "Zusammwurf, Vereinigung"이라는 뜻이다. 앞선 그림에서 깊은 숙고임도 불구하고 불공정하게 청하는 자 앞에서 "문을 꽝하고 닫아 버리는 것"의 이해가 훌륭하게 어울린다.

그는 가장 사랑스럽게 모든 예배에 마음을 열고 우리 주 예수 그리스도의 편에서 열리도록 노크하고, 가난한 나사로가 부자의 문 앞에서 그의 은혜의 빵부스러기를 구했던 것처럼 깊이 있는 가난과 무의 인식 안에서 전적으로 예배와 더불어 일어나도록 할 것입니다.

하나님의 은총은 당신에게 신성하고 초월적인 본질을 제공할 것입니다.

그 이후에 거룩한 팔에서 드러나는 거룩한 상처의 문들을 노크하고 진실로 신성한 인식, 즉 당신을 빛내 주고 하나님에게로 상승시키는 인식을 구하십시오!

마지막으로, 예수님의 거룩한 발의 문을 노크해 당신과 하나님은 거의 하나가 돼, 당신은 완전히 하나님께로 침몰해 들어가며 하나님 안에서 결정하는 진정으로 신성한 사랑을 모든 곳에서 청하십시오!

우리 모두는 우리에게 허락되도록 청하고, 구하며 문을 두드릴 수 있도록 사랑의 하나님이 우리를 도우실 것입니다.

아멘.

# 18

## 그리스도의 승천 설교(1):
## 불신앙과 완악한 마음의 질책 [1]

(*Recumbentibus undecim discipulis*, 막 16:14)

> 그 후에 열한 제자가 음식 먹을 때에 예수께서 그들에게 나타나사 그들의 믿음 없는 것과 마음이 완악한 것을 꾸짖으시니 이는 자기가 살아난 것을 본 자들의 말을 믿지 아니함일러라(막 16:14).

우리 주님의 제자들이 서로 나란히 앉아 있었을 때, 우리 주 예수 그리스도는 그들에게 나타나셨고 불신앙과 완악한 마음을 질책하셨

---

[1] 우리 주님의 승천에 관한 다음의 네 편의 설교들은 주님의 승천일과 대축제일 8일간 낭독된 마가복음의 구절들에서 인용된 것이다. 같은 축일에 관한 다섯 번째 설교는 성 마태의 겸손에 관한 것이고, 금식 기간에 이뤄진 축제의 서간에 토대를 둔다. 승천의 첫 번째 해설은 하나님이 불신앙과 완악한 마음 때문에 어떻게 모든 사람을 심판하실지, 그가 감각의 모든 계획들을 실제적으로 어떻게 비난하실지, 왜 그가 그들을 부패한 물로 가득 찬 그릇으로 비유하시는지를 우리에게 말해준다.

습니다. 세상 속에 있는 모든 민족(aller Stände)이 불신앙과 완악한 마음을 소유한 것처럼² 우리 주님은 매 순간마다 불신앙과 완악한 마음을 매우 질책하셨습니다.

심지어 그는 베긴회(Beginnen)와 자매들처럼 영적인 것으로 인정된 사람들이든지 승인받은 종단들 출신이든지 모든 영적인 사람들을 꾸짖으셨습니다.

일반적으로 이들이 형벌을 감내하려고 할 경우에, 우리 주님은 때때로 이들을 선생의 말로 책망하셨고, 때로는 그들의 고유한 내적인 삶 안에서 자신이 직접 책망을 하기도 하셨습니다.

완악한 마음으로 가득 차 있고 믿음을 갖고 있지 않다면 영적인 사람들조차도 특별한 방법으로 형벌을 받을 수 있습니다. 특별히 숭고한 일은 하나님이 한 사람을 영적인 삶의 높은 품격으로 선택하시여 부르시는 일입니다.

우리는 하나님의 커다란 사랑에 특별한 빚을 지고 있는 까닭에 만물 앞에서 특별한 감사를 가져야 합니다. 우리 주님은 불신앙과 완악한 마음을 가진 사람들에게 형벌을 내리십니다. 그럼에도 그들이 형벌을 받기를 원하고, 그들의 완악한 마음과 불신앙을 인식하려 하며, 하나님에게 빚졌음을 인정하는 데까지³ 이를 수 있다면, 충고는 언젠

---

2  "모든 민족에"라는 번역은 다음의 것을 고려해 "시점, 관계, 상황들, 위치들"로 가능한 번역을 앞서 우위성을 갖는다.
3  "그리고 빚을 진 것으로 고백하다"라는 문장은 "그래서 충고가 그들의 것에 속하게 될 수 있다"라는 문장보다 앞서서 취급돼야 한다. Hs. S., 인쇄본 LT, AT, KT는 그것이 생략됐다. 레만(Lehmann)은 또한 다뤄질 수 있는 앞선 것에서 "wenn"

가 그들의 것이 될 수 있습니다.

　사도 야고보는 말합니다.

　　행위 없는 믿음은 죽은 것이니라.

그리스도 역시 말씀하십니다.

　　믿고 세례를 받은 자가 구원을 얻게 될 것이니라.

　우리는 모든 신앙을 입으로 시인해야 합니다. 이와 관련해 바울이 말하십니다.

　　우리 모두는 예수 그리스도의 죽음으로 세례를 받게 되었느니라.

아우구스티누스도 말합니다.

　　살아 있는 사랑과 행위 안에서 입으로 시인하기 위해 하나님에게 급히 달려가지 않은 곳에는 어떠한 진실한 믿음이 없느니라.

　무엇이 우리의 흥미를 끌거나 우리가 말하는 대신에 무엇을 갈망

---

　과 결합시킨다.

하는 것 안에서 이런 불신앙이 매우 심각하게 발견됩니다.

"주여! 당신은 나의 하나님이시고 당신 안에 있을 때 저는 기쁩니다"(그러한 태도에서 우리는 알고 있습니다).

매우 특별하게 영적인 명성을 지니고 단번에 사람들의 근저 안에 계시는 하나님은 그들이 잠들어 있든 깨어 있든 흔들어 놓고 경고하시지만, 이들은 진실하고 살아 있는 신앙을 잊어 버리거나 완전히 잃어버렸습니다.

우리 주님은 이들의 완악한 마음에도 역시나 벌을 내리십니다. 하나님께 부름 받은 매우 완악한 사람들은 신성한 일들, 즉 기도와 선한 종류의 훈련들을 더 이상 요구 받지 않는데도 어떤 열매를 맺습니다. 그들에게 다른 일을 요구하는 것[4]은 훨씬 가볍고 만족스러운 일이지만, 그들의 마음은 하나님에게 반대하는 돌멩이에 속합니다. 우리 주님은 이러한 일에 관해 선지자들(에스겔)을 통해 말씀하십니다.

내가 너희의 돌 같은 마음을 뺏고 다시 살찐 마음을 주고자 하노라!

마음을 매우 딱딱하게 만드는 이것은 선을 행해야만 하는 모든 사람을 매우 메마르고 냉담하게 변화시키므로, 이런 사람들은 선을 매

---

[4] Wi 1 (Corin), S. 154,15와 Ge 1는 이곳에서 "semechlich"를 가지고 있고, 그것은 Vetter 286,13에서 "sinneklich"의 이해와는 반대로 선행한다.

우 불친절하게[5] 행할 것입니다. 거기서 마음은 하나님으로 존재하지 않은 다른 소유물을 반드시 가집니다. 또한 이런 사람들은 심판을 받지 않으려 할 것입니다.

우리 주님은 이에 관해서 선지자 예레미야를 통해서 예언의 말씀을 전하셨습니다.

> 너희 하늘이여!
> 놀랍고 슬퍼할찌니라!
> 천국의 문들이여!
> 나의 백성의 무례한 행동을 넘어 열리리라!

그들은 두 가지의 악을 행했는데, 그들은 나, 즉 생수를 떠나면서 스스로 웅덩이를 팠지만, 이 웅덩이는 물을 저장할 수 없느니라. 들어오는 것은 외부로부터 혹은 위로부터 부패하고 악취가 나는 비 혹은 다른 물을 내리라. (그러나) 내부적으로 근저에 그들은 아무것도 가지 않은 것이니라. 이러한 커다란 범행에 대해 천지와 모든 피조물이 탄식하고 하나님과 그의 친구들이 탄식할 것이니라.

무엇이 백성을 위하는 하나님을 탄식토록 하는가?

---

[5] Corin, Wi 1, S. 155,3에서의 이해: "unsmeggieer"는 베테의 286, 18의 독해 "unsinnelicher"와 인쇄본 LT, AT의 독해보다 선행될 수 있다. "매우 불쾌한 방법으로"라는 번역—오로지 한 가지 시도일 뿐! 나에게 Lehmann II, 90에게서 "gedankenlos"보다 오히려 나에게 의미한 것으로 만날 수 있는 것처럼 보인다.

## 18 그리스도의 승천 설교(1): 불신앙과 완악한 마음의 질책

이것은 삶을 주는 생수를 완전히 떠났고, 그들의 근저 안에서 진실한 빛과 생명을 매우 적게 가지며, 세속적인 것을 추구하는 영적인 사람들로서 그의 백성입니다. 그럴 경우 그들은 사역들과 의도들을 감각에 예속시켜 오로지 외적인 방법에만 의존합니다. 그들은 모든 것을 외부적으로 경청하고 비유적으로 감각들을 통해서 수용합니다. 물이 근저에서 흘러나오고 솟아나는 것이라 생각하는 곳, 바로 그곳에서 무엇도 내적으로 발견되지 않고, 심지어 전혀 발견되지도 않습니다.

외부로부터 모든 것을 받아들이되, 근저에서 흘러나오지도 솟아나지도 않으면서 물이 빠르게 흘러 들어가는 그런 웅덩이들은 정말로 존재하지 않는 것일까?

그들 곁에 어떠한 것이 있어야 한다면 그것은 바로 (자기 의지적인) 판단과 방법이고, 그들은 그것들을 자신들의 판단에 따라 설정합니다.

하지만 그들은 근저로 향하지도 않습니다. 그곳에서 그들은 어떠한 솟아나는 샘도 갈증도 가지고 있지 않고, 또한 계속해서 찾지도 않습니다. 그들이 외부의 감각을 통해 일어나게 된 방법으로 그들의 일을 실행한다면, 그들은 이것에 만족할 것입니다. 그들은 스스로를 위해 팠던 그들의 웅덩이를 붙들고, 하나님은 그들에게 말하시지도 않습니다.

또한 그들은 생수에서 어떠한 것도 마시지 않고, 심지어 그것을 버릴 것입니다. 그러므로 그들은 (저녁에는) 잠에 들기 위해 눕고 아침에는 그들에게 익숙한 방법에 따라서 계속 진행합니다. 그들은 그것에 의해 정말로 편안함을 느끼게 됩니다. 하지만 그들이 스스로를 위해 팠던 웅덩이들 곁에 머무르려는 맹목적이고 냉대하며 메마르며 단단한 방식에서 그들은 생수의 샘물을 전혀 입에 대지 않을 것입니다.

하지만 우리 주님은 말씀하십니다.

너희는 매우 불결한 일을 행했고 너희를 더럽혔노라.

또한 앞의 다른 장에서 말씀하시기를,

너희는 나, 즉 생수의 샘물을 포기했고 너희를 위하여 웅덩이를 팠으며 나를 떠났느니라.

이런 웅덩이에 모여드는 것은 부패해 악취를 풍기는 것들입니다. 그것은 메마르고 감각의 계획에서 온 것입니다. 그러므로 근저 안에서의 오만, 자기 의지, 굳어진 감각과 악한 판단과 나쁜 말과 행동과 이웃에 관한 조롱은 사랑이나 온유함이 아니라 그것들을 위한 시간도 장소도 없는 곳에서만 머물러 있습니다.

일부 사람들은 이웃의 집의 불을 끄려는 마음으로 그들의 것을 불태워버릴 것입니다.

이런 사람들이 거칠고 맹렬한 말과 행동으로 세 가지 집을 소유한다면요?

한 가난한 사람이 그들에게 다가올 때 그들이 말합니다.

"이는 기만하는 자이니라."

어떤 가난한 사람이 다른 사람들에게 다가올 때 그들은 말합니다.

"베긴회원인가!"

내게서 떠나라!

너희는 나를 위한 진정한 웅덩이란 말이다!

이런 물이 언젠가 여러분 메마른 근저에서 솟아나올 수 있다면 여러분에 의해서 위격의 구분이 아니라 근저에서 흘러나와 계속해서 진실한 사랑을 발견할 수 있으리라 봅니다. 그때 어떠한 축소도 악한 심판도 굳어진 감각도 없을 것입니다. 이런 부패는 웅덩이에서 모든 사람의 균을 제거해버릴 것입니다.

이런 웅덩이는 또한 수준 높은 말과 이해력을 가진 "이성적인" 사람들입니다. 어떤 사람은 겉으로 드러나는 선한 일들과 외모에 만족하고, 다른 어떤 사람들은 수준 높은 이해력에 만족합니다.

세찬 바람이 불고 만물이 뒤섞여 고민스러운 일들이 매우 두렵고 걱정스럽게 발생한다면 어떻게 해야 하는지를 여러분이 잘 생각해 볼 필요가 있지 않은지?

그러면 불신앙의 불행을 볼 수 있지 않을까!

이때 그들은 위대한 명성과 커다란 이해력 때문에 아름다운 외모(Schein)를 제공하며 많은 능숙한 말로 대화했지만, 그들 안에는 거짓된 성스러움으로 가득 차서 아무것도 진실로 살아 있는 근저에 속하지 않을 것입니다.

모든 것은 밖에서 안으로 가져가게 되었고, 모든 것은 바로 웅덩이들입니다. 그렇게 해서 종말에 이르면 사탄이 다가와서 채찍과 함께 그것들을 계속해서 때릴 것입니다. 곧바로 거기에 있었던 모든 것은 뿔뿔이 흩어져 날아가 버리고 또한 아무것도 남아 있지 않을 것입니다.

모든 것은 불어서 흐트러져지고 사라져 버려 (근저의) 내부에는 아무 것도 없습니다. 그들의 웅덩이 안에 썩은 물은 있었습니다. 그 사람들은 어떤 것을 드러내고 어떤 것으로 존재하려고 했습니다. 하지만 그들 안에는 아무것도 없었습니다.

사랑하는 자들이여!

이런 모든 것을 눈으로 볼 수 있는 곳이 어디인지 생각해 보십시오!

그 세상에 들어가려면 여러분은 내가 당신에게 말했던 그것을 기억하십시오!

나는 지금 영적인 사람들의 일상적인 방법, 즉 외부로 드러나 겉으로 잘 치장되고 감각에 예속된 맹목적인 방법이 거짓된 외형과 잘못으로 꾸며져 있다는 것을 알고 있습니다.

심지어 세속에서 결혼한 부부나 몇몇 과부들이 그들보다도 훨씬 더 앞서있습니다.

또한 이들은 세상 끝 날에 하나님에게 구원을 받게될 것입니다. 하나님이 자비롭게 그들에게 약속하신다면 비록 하나님이 연옥을 다스린다고 하더라도, 그들은 매우 오랫동안 무자비한 연옥을 견뎌내야 합니다. 그러나 그들은 하나님으로부터 훨씬 더 멀어지고 훨씬 뒤떨어지게 될 것입니다.

내가 하나님을 대신해서 청하는 것이 무엇인지 여러분은 주의 깊게 살펴보십시오!

당신 근저를 인지하고 여러분이 무엇으로 행하고 있는지를 주의 깊게 살펴보십시오!

온유하고 겸손하며, 하나님과 모든 피조물에게 허리를 굽히십시오!

하나님은 여러분, 천지와 피조물에 관해서 탄식하시기 때문입니다. 이 하늘은 모든 하늘의 마음입니다. 모든 선한 사람은 하나님의 천국이고, 그들은 스스로를 천국으로 데리고 가지만 도달하지 못합니다.

그리고 천국이 자기 자신 안에 현존하는 것으로 알고 있지만 그곳에 전혀 도달하지 못한다는 것은 벌을 받는 자들의 가장 커다란 고통입니다.

우리는 우리 주님이 선지자 (예레미야)를 통해 말씀하셨던 말씀을 바로 언급하고자 합니다.

> 너희는 자신들을 더럽혔고 너희(나의 백성)는 낯선 자들과 너희의 애인들을 뒤따라갔느니라. 너희가 나를 버렸고 어떤 낯선 자, 애인을 따랐느니라.
> 그렇지만 내게 오라!

255

그리하면 나는 너희에게 (또한 지금) 여전히 참된 안식을 제공할 것이니라. 너희가 오로지 내게로 오면 내가 너희에게 생수를 부어 줄 것이니라.

이제 주의해서 살펴보십시오!
이해할 수 없고 말할 수 없는 하나님의 자비와 선을 또 다시 바라보십시오!
하나님이 우리를 기꺼이 도운다고 해도 우리는 그의 도움만을 청해야 합니다.
한 친구가 그의 친구와 대화를 나누듯이 그가 우리와 대화를 기꺼이 나눈다고 하더라도 그것만을 원해야 하고, 우리가 그만을 향하기만 원한다면 우리는 그것만을 원해야만 할 것입니다.
그리고 앞서서 우리 주님은 말씀하십니다.

너희가 나의 요구를 따르지 않는다면 나는 심판 때 너희를 기억하지 않을 것이니라.

그러므로 이것은 걱정스러운 일입니다. 하나님은 높이 홀로 계시는 분이시기 때문입니다.
여러분은 하나님의 양에 속하지 않다는 것, 하나님이 전혀 언급하지 않다는 것을 염려하십시오!
목소리를 듣고 그의 양이 말했듯이 어떠한 낯선 사람들을 뒤따라

가지 않았습니다.

우리 주님이 말씀하신 것처럼 여러분이 많이 행했던 부정한 행위란 도대체 무엇입니까?

그것이 조잡한 의미에서 다르게 파악될 수 없다고 하더라도, 여러분은 영적인 의미에서 최소한 감각적인 이해에 머물러 있었다고 이해할 수 있을 것입니다.

여러분이 뒤따라 간 낯선 자, 애인은 모든 것이 낯설고 감각적인 형상들과 대상들이고, 그것들의 도움으로 여러분은 나에게 다가서려고 생각하지 않았는가!

이것으로 인해 여러분은 자기 자신을 더럽혔습니다.

지금 바로 나에게로 오라!

내가 여러분을 받아주고 생수를 부어 주리라!

이 물에 관해서 우리 주님은 신약성서의 복음서의 두 곳에서 말하십니다.

목마른 자들이여, 다 내게로 와서 마셔라! 나를 믿는 자의 몸에서는 생수가 흘러 나와 영원한 삶으로 계속 흘러 들어갈 것이니라.

또한 이 생수에 관해서 우리 주님은 우물가의 여인에게 말하십니다.

이 우물의 생수를 마시는 자는 다시 목마를 것이요 그러나 내가 그들에게 준 생수를 마시는 자는 영원히 목마르지 않을 것이니라. 너희가 이것을 갈망한다면 내가 너희에게 이 생수를 줄 것이니라.

그녀가 대답합니다.

오! 주여! 이 생수를 저에게 주시면 저는 물을 마시러 여기에 더 이상 오지 않을 것입니다.

그때 우리 주님은 대답하십니다.

먼저 가서 너의 남편(이것은 너 자신의 앎을 의미합니다)을 데려오라! 네가 생수를 마시지 못했을 때 심히 오랫동안 웅덩이로 있었다는 것을 나의 근저에서 인정하라!
그러면 생수가 너에게 주어질 수 있노라. 너는 다섯 명의 남편(당신의 다섯 가지 감각들)을 가졌노라.
아! 그들과 함께 살았고 너의 즐거움을 위해 그들에게 헌신했으며 감각적인 이행과 더불어 너를 살아 있는 우물에 어울리지 않게 만들었고, 거기서 너는 오로지 무례한 방법에 머무르고 말았노라. 너는 그곳에서 길을 돌려 다시 내게로 오라! 그러면 나는 너희를 받아줄 것이니라.

그는 예레미야 4장의 말씀을 통해 말하고 그곳에서 여러분에 관해

## 18 그리스도의 승천 설교(1): 불신앙과 완악한 마음의 질책

탄식하며 말하십니다.

나는 너를 나의 선택된 포도원으로 삼았고, 네가 나에게 가장 훌륭하고 가장 고귀한 포도주인 키페른(Kypern)의 포도주와 엔가디(Engaddi)의 포도주를 가져오기를 기다릴 것이니라.

또한 그는 포도원을 위해 소모했던 커다란 열정에 관해서 (그곳에서) 말하기를, (그가 그렇게 말합니다.)

나는 그것을 파서 뒤집고 울타리를 쳤으며 그곳에 포도를 짜는 기계를 설치했고 돌을 골라내었느니라.

하나님이 이것을 그의 백성에게 말했음에도 불구하고 그는 그럼에도 세상 끝 날까지 모든 사람을 마음에 둔 것입니다.

그리고 이제 너는 나에게 (단지) 쓴맛만 줄 것이니라. 너는 나에게 신 포도주, 나쁜 포도주만 가져왔고 고급스러운 포도주와 포도송이 대신 너는 야생의 포도송이와 열매 없는 덩굴만 가져왔으며, 그러므로 나는 너를 심판대 앞에 세울 것이니라. 그러나 네가 나에게로 향하고자 한다면 내가 너에게 생수, 즉 진정한 사랑을 부어줄 것이니라.[6]

---

6  이곳에 기억에 의존해 인용한 타울러는 예레미야를 출처하는 구절 외에도 또

이 생수에 관해서—진실한 사랑—성서에 관한 위대한 선생들 중 한 사람인 '빅토 리차드'(Richard von Sankt Victor)는 사랑이 네 단계를 가지고 있다고 말했습니다.

**첫 번째 사랑은 "상처 난 사랑"입니다.**
영혼은 (이 단계에서) 하나님에 의해서 사랑의 빛과 더불어 상처를 입어 여러분에게 진실한 사랑의 이 생수가 공급될 것이고, 하나님 역시 그 사랑으로 상처를 입습니다. 이 사랑에 관해서 우리 주님이 아가서에서 말씀하십니다.

> 사랑의 여인이여! 너는 너의 눈 중 하나와 목의 머리카락으로 나의 마음을 상처 입혔노라.

여기서 "한 눈"이 의미하는 것은 순수한 마음으로 하나님을 바라보는 심령과 인식력을 가지고 열심히 살피는 것입니다. 또한 "한 가닥의 머리카락"은 순수하고 슬프지 않은 사랑인데, 그것을 통해 하나님의 영혼은 상처받게 됩니다.

**두 번째 사랑은 "구속된 사랑"이라고 부릅니다.**

---

한 이사야를 출처하는 비슷한 구절의 내용을 알린다. 전혀 언급하지 않은 "boyse dinck"(Corin, Wi 1, S. 167,11과 AT, 동일한 곳)은 "열매를 맺을 수 없는 빵덩어리"를 통해서 대체된다.

그것은 다음과 같이 쓰여 있습니다.

나는 사랑의 끈[7]으로 당신을 끌어당길 것이니라.

**세 번째 사랑은 "고통스러운 사랑"이라 칭합니다.**
이 사랑에 관해 신부가 아가서에서 말하십니다.

예루살렘의 너희 소녀들이여! 너희가 나의 사랑받은 자들을 만나려면 사랑이 나를 괴롭힌다는 것을 그에게 말하라!

**네 번째 사랑은 "소모해 버리는 사랑"이라고 부릅니다.**
그것에 관해서 선지자가 시편 118편에서 말하고 있습니다.

부족하니라(defecit) – 나의 사랑은 소모해 버리고 너의 치료에 관해 생각할 때 비로소 사라져 버리는 것이니라.

나는 사랑의 처음 두 단계를 약간 언급해 보고자 합니다.

---

[7] Os. 11,4에서의 인용: "Ich sal dich drecken in deme seyle adamz"(Corin, Wi 1, S. 169,6f.)은 오늘날 잘 이해할 수 없다. 나는 그것을 의미상 재진술한 것이다. 파르쉬(Parsch)에 의한 번역은 그렇게 이뤄진다. 히브리어 텍스트의 불가타성서로 넘겨받은 오기가 근간을 이룬다.

"상처 입은 사랑을 (숙고)"하려 할 때, 우리는 (도움을 위해서) 비유를 들 수 있습니다. 상처 입은 사랑과 관련된 자는 상인으로서, 이들은 이익을 위해 배를 준비합니다. 그의 마음은 많은 것을 수집하려는 갈망에 의해 상처를 입게 됩니다. 그는 배를 가득 채우기 위해 여기저기에서 약탈한 전리품을 저장해둡니다. (이러한 사랑에 의해서) 상처를 받은 사람은 그렇게 행합니다.

이런 사람은 단지 할 수 있는 만큼만 모이고 모든 이해와 생각과 훈련과 함께 사랑하는 자에게 호의를 구하고 그의 애착을 보였습니다. 배에 짐이 가득 찼을 때 그것은 육지를 떠나 항해를 시작할 것입니다. 그는 폭풍우 속에서도 여전히 항해를 지속할 수 있을 것입니다. 그러므로 상처 받은 사랑[8]의 (사람)에게는 일어납니다. 그는 자신의 배를 신성한 폭풍우에 내던지고 영광스럽게 앞질러 가면서 그의 익숙함과 의지에 따라 폭풍우와 함께 놀며, 근원 없는 대양에 방향키를 던질 것입니다.

또한, 그가 신성한 유출로 자기 자신 안으로 끌어당기면 당길수록 그것은 더욱더 계속될 것입니다. 하나님은 여러분의 (점점 확대되는) 수용력을 지금 완전히 가득 채울 것입니다. 가득함은 새로운 수용성과 새로운 폭을 형성하지만, 사랑의 새로운 상처의 원인을 제공할 것입니다.

그 다음으로 주님은 배의 밧줄을 두 쪽으로 자르고 폭풍우와 맞서

---

[8] 명료함 때문에 나는 여기서 인간을 상처 입은 사랑의 매개자로서 채웠다.

싸우도록 할 것입니다. 그때 노나 방향키는 배를 멈출 수 없을 것입니다. 인간은 그 자신의 주인이 아닙니다. 이것은 "구속된 사랑"입니다. 전쟁에서 심하게 다친 기사처럼 그에게 일어날 것입니다. 그는 온갖 상처를 입었지만 헤어 나올 수 있습니다.

하지만, 그는 아직도 자기 자신의 진정한 주인은 아닙니다. 그러나 그가 구속된다면, 그는 더 이상 그 자신의 주인이 아닙니다. 그는 생각도 행동의 주인도 아닙니다. 그는 실제로 사랑하는 자의 사랑에 위탁해야 합니다.

이런 사랑에 관해서 여전히 많은 말을 나눌 수 있습니다. 이 일은 다음으로 미루도록 하겠습니다. 그러므로 우리가 모든 웅덩이를 떠나 진실한 사랑의 생수가 우리에게 부어지도록 영원한 사랑이 우리를 도울 것입니다.

아멘.

# 19

## 그리스도의 승천 설교(2):
## 다섯 가지 구속[1]

(Ascendes Christus in altum, captivam duxit captitatem, 엡 4:8)

> 그러므로 이르기를 그가 위로 올라가실 때에 사로잡혔던 자들을 사로잡으시고 사람들에게 선물을 주셨다 하였도다(엡 4:8).

하늘로 올라가 사로잡힌 우리 주 예수 그리스도는 구속(Gefangenschaft)을 접했습니다. 우리는 이생에서 고통스럽게 인간의 자유를 박탈하는 다섯 가지 구속을 알 수 있는데, 그리스도가 우리 안에서 상승하시면 그는 구속을 접하고 구속에서 사람들을 해방시킬 것입니다.

---

[1] 주님의 승천에 관한 두 번째 해설은 다섯 가지 구속에 관해서 말한다. 그것은 인간이 시간 안에서 고통스럽게 사로잡히고, 또한 악한 영이 그들을 구속 안에 가두려할 때 어떻게 그가 자유를 다시 획득할 수 있는지에 관해서 말한다.

첫 번째 구속은 인간이 피조물들 안에서 하나님을 사랑하지 않으면, 살아있든 죽어 있든 피조물에 대한 사랑에 사로잡히게 됩니다.

그 사랑은 특별히 인간을 사랑하는 인간의 것과 닮아있기 때문에 우리의 본질에 매우 가깝습니다. 그것에 비롯된 손실을 말한다는 것은 거의 불가능한 일입니다.

그렇지만 손실은 두 가지 형태로 드러납니다.

첫째 부류의 사람들은 양심의 가책으로 자기 자신을 인식하고 두려워하고, 자기 스스로 아픔과 두려움을 느끼며 자신을 비난합니다.

이 형태는 하나님이 그들을 떠나지 못하도록 하는 고귀하고 선한 증표입니다. 하나님은 밤낮으로 먹고 마시도록 사람들을 초대하십니다.[2] 그리고 귀가 막히지 않아 아직 하나님을 알아볼 수 있는 자는 복된 자입니다.

둘째 부류의 사람들은 손실의 근원이 된 구속 안에서 감각을 상실해 매우 자유롭게 느끼거나 볼 수 없는데도 오로지 그것에 만족하고 당연한 것으로 여깁니다.

자신들보다 하나님과 사람들에게 더욱더 많이 베푸는 이들은 그들의 의지를 행할 수 있고 선한 일들을 많이 행하고, 노래하며 책을 읽고 침묵하며 봉사하고 더욱 기도합니다. 항상 경건해 눈물을 흘릴 때도 있는 그들에게 이것은 좋은 일입니다.

---

[2] 나는 많은 수기 원본들, Vetter 76, 18 기타등등 중 Corin, Wi 2, S. 107, 15에 의한 수기 원본을 이 구절의 의미와 상응해서 최상의 것으로 선택한 것이다.

사람들을 구속 안에 묶어 두려 하는 악한 원수는 사람들을 싫어하기 때문에 그들에게 (이것을) 행하고, 본성은 사람을 속여 그가 무서운 유혹 안에 있도록 합니다. 그에게 더욱더 좋은 일은 이런 상태에서 기도하지 않는 것입니다. 그는 여기서 자기 자신에게 대항해 기도하는 것이기 때문입니다.

어려운 상황과 아픔과 슬픔[3] 안에 있는 것이 그에게는 차라리 더 좋을 일입니다. 그것은 그를 걱정스럽고 근심으로 가득 찬 구속에서 빨리 벗어날 수 있게 해 줄 수 있기 때문입니다. 그[4]가 그곳에서 발견된다면 그는 마귀에게 구속된 자로 영원히 남게 되므로, 누구도 그를 그것으로부터 돕지 못합니다.

두 번째 구속은 첫 번째 구속에서 해방되는 동시에, 말하자면 일부 사람들이 외적인 사물 안에서 피조물에 대한 사랑으로 그들 자신의 '에고'(Ich)에 빠져 들면서 일어나는 일입니다. 이 사랑은 그들 안에서 완전히 순결하고 순응적이기에 마치 기적과도 같은 일입니다. 그러므로 누구도 그들을 비난하지 않고 자기 자신도 비난하지 않습니다.

그들은 매우 아름다운 자기애의 외투를 걸치고, 그것에 그럴싸하게 아름답고 적절한 외형을 제공하면서 그곳에서 어떠한 반론도 제기될 수 없게 합니다. 그들은 자신의 유익함과 즐거움과 위로와 안

---

[3] 두 가지 수기 원본들, Vetter 76,30과 Corin Wi2, S. 108,14는 여기서 절절하다.
[4] 말하자면 최근의 심리에 의해서이다.

19 그리스도의 승천 설교(2): 다섯 가지 구속

락함과 명예 안에서 자기애를 충족시키기 위한 것을 찾게 되고, 자기 자신의 것을 찾는데 급급한 나머지 그들 자신의 에고로 침몰해 들어가 만물과 하나님에게 다른 어떤 것도 찾지 않습니다.

아! 근저 안으로 들어온다면 여기서 모든 것을 발견할 수 있을까!

이 위대한 거룩한 외형 아래 어떠한 잘못된 근저가 여기서 발견될 수 있는지!

아! 그때 사람들을 돕는 일은 얼마나 어려운 일이고, 나약한 본질과 세속적인 이성과 함께 사람들을 영적인 삶으로 다가설 수 있게 하는 곳은 대체 어디란 말입니까!

이들이 구속에서 해방될 수 있다는 것은 얼마나 어려운 일입니까!

본질에 의해서 수용된다면 그때 누가 도울 수 있는가?

하나님 외에 누구란 말입니까!

우리는 우리 자신이 약하고 상처입기 쉽다고 생각해 우리에게 여러 측면에서 많은 사물이 필요하다고 여깁니다. 그러나 사물은 빼앗기고 훼손되기 때문에 그것이 편안한 일이든 친구이든 선한 일이든 위로의 일이든 상관 없이 우리는 종종 화난 말과 복수심으로 가득 찬 행동과[5] 진리가 아닌 사사로운 외침으로 하나님을 배제시켜 버립니다.

그런 이후 인간은 더 이상 사람이 아니라 화난 개 혹은 물려고 달

---

[5] S. 110,2에 대한 Corin, Wi 2에 의해서 각주 1번 안에서의 설명은 받아들일 수 있는 것처럼 보인다. Vetter 77,19에 의한 "wercken"은 라인강 하류 지방의 "wreken"에 대한 사라진 형태이다. 이러한 견해는 제시된 번역을 가능케 한다.

려드는 늑대와 같습니다. 그러므로 자기애는 치명적인 손실을 가져오는 사로잡힘이라고 할 수 있습니다!

세 번째 구속은 (자연) 이성의 구속입니다.

많은 사람이 그 구속에서 넘어집니다. 그들은 구속과 이성의 자만에 빠져서 영 안에서 탄생돼야 하는 모든 것을 부패시키고, 가르침이든 진리든 무슨 종류의 일이든 불문하고 이해할 수도 이야기 할 수도 없으나 그 때문에 어떤 것을 빛내고 높아지게 됩니다.

(따라서) 그들은 (선한) 일들도 (올바른) 삶도 그것을 데려오지 못합니다. 게다가 그들은 우리 주 예수 그리스도의 사랑스러운 모범을 자연 이성의 방법 안에서 받아들입니다. 그들이 그것을 신성하고 초월적인 빛 안으로 가져온다면, 그것은 거기에서 서로 다르게 나타날 것입니다.

이것은 불타고 있는 실이 제공하는 빛과 태양의 맑은 빛의 차이처럼 서로 다른 것입니다. 자연의 빛은 신성한 빛과 비교해서 훨씬 적은 것입니다. 신성한 빛과 (자연의) 빛에 대한 이와 같은 차이를 다음에서 인식해야 합니다.

자연의 빛은 오만과 자신에 대한 호의와 사람들을 통한 찬양과 다른 사람들의 판단에서 외적으로 모든 것을 인식합니다. 게다가 이 모든 것은 감각들과 영이 외부를 향해 흩어지도록 유도합니다.

하지만, 신성한 빛이 진리 안에 존재하는 그곳에서 인간은 근저 안에서 허리를 굽힐 것이고, 가장 낮은 자, 가장 경시되는 자, 가장 약한 자, 가장 구분할 수 없는 자로 생각될 것입니다. 하지만 이것은 딱

맞은 소리입니다. 무엇이 (내적인 것 안에) 바로 그곳에 있다면 그것은 하나님에게 속한 일이기 때문입니다.

또한, 외적으로 향하지 않고 내적으로 향하는 빛은 태어나게 되었던 내적인 근저를 전력을 다해 찾고, 서둘러 다시 그곳으로 갑니다. 근원에서 비롯된 인간의 모든 행동은 내적인 근원을 향해 가고, 다시 모든 열정이 그곳으로 가는 것을 열망합니다.

그렇기 때문에 성서대로 살아가는 사람들과 성서를 읽기만 하는 사람들 사이에는 큰 차이가 있습니다. 성서를 읽기만 하는 자들은 겉으로 드러나는 큰 존경을 받지만, 성서대로 사는 사람들을 무시합니다.

그들은 성서를 따르는 자들을 세상 물정에 어둡거나 그릇된 사람들로 간주해 저주하고 비난해 쫓아냅니다. 하지만 성서대로 사는 자들은 자기 자신을 죄인이라 여기고 다른 사람들에게 연민을 느낍니다. 또한 그들의 결말은 훨씬 더 상이할 것입니다. 전자는 생명을 발견하고, 후자는 영원한 죽음을 발견할 것입니다. 바울이 말하기를,

문자는 죽은 것이요 영은 살아나리라!

네 번째 구속은 영의 달콤함 속에 존재합니다.

영의 달콤함을 지나치게 따랐던 일부 사람들은 무질서한 방법으로 자기 자신들을 위탁했고, 영의 달콤함을 너무 많이 갈구했습니다.

영의 달콤함에 자기 자신을 위탁한 이들은 오락으로 영의 달콤함

을 소유하는 것이 위대한 선으로서 보이도록 만드는 실수를 범했습니다. 그때 본성은 자기의 것을 지키기 위해 하나님을 핑계로 정당화하는 망상과 환락에 빠집니다.

우리는 그것이 하나님인지 또는 본성인지를 다음에서 인식해야 합니다. 인간이 불안과 불만족과 걱정을 느낄 때, 인간에게 달콤함이 사라져 인간이 하나님을 더 이상 진실로 신뢰하지 않을 때입니다.

인간이 달콤함을 느끼기 이전보다 더 하나님을 신뢰하지 않을 때, 이것을 통해 우리는 하나님이 아니었다는 것을 알아야 합니다. 인간이 하나님으로부터 내려온 달콤함을 40년 동안 소유했다고 하더라도, 하나님으로부터 오지 않은 달콤함을 가졌을 경우에는 여전히 타락할 수밖에 없습니다.

또한, 인간이 달콤함의 가장 높은 단계에 이르고 거기서 죽는다 해도[6], 하나님은 우리를 구원하실 것인지 아닌지를 깊이 있게 고려하시고는, (비로소) 곧바로 사라져 버릴 수도 있습니다.

다섯 번째 구속은 인간의 의지가 모든 신성한 일들과 하나님에 의해서 가득 채워진다고 생각하는 자기 의지의 구속입니다.

하나님이 인간의 의지와 그의 소원 안에서 활동하셨으므로, 인간이 모든 결함에서 벗어나 모든 덕과 완성을 획득할 수 있다 해도 그는 이것을 원하든 받아들이지 않든 정말 어리석은 일인 것처럼 보

---

6   Corin, Wi1, S. 113,2와 관련해서 "stürbe"는 의미를 방해하는 "stunde"를 대신해 Vetter 78,28과 인쇄본 LT, AT에서 번역됐다.

입니다.

하지만 나는 이것을 훨씬 더 심사 숙고해봤습니다. 내가 하나님과 일치하는 의지와 소원을 가질 수만 있다면 나는 다음과 같이 말할 수 있을 것 같습니다.

맞습니다! 주여! 저의 은총과 저의 선물과 저의 의지가 아니라 주여! 당신이 원하시듯이 내가 그것을 받아들이고 내가 그것을 원할 뿐입니다. 하지만 당신이 원하지 않으시면 나는 당신의 뜻대로 그것을 포기하고 지낼 것입니다.

참된 떠남 안에서 그렇게 생각하고 포기한다면 자기의 뜻대로 가지고 받은 것보다 더 가지고 받아들일 것입니다. 인간이 자신의 의지에 따라 모든 것으로부터 진정하게 떠나면서 하나님이든 피조물이든 갖고 싶은 모든 소유에 대해 겸손하게 단념할 때, 그것은 인간에게 끊임없이 커다란 유익함을 가져다 줄 것입니다.

또한 나는 그러한 점에서 사소하고 볼품없는 외형을 가졌지만 의롭게 떠난 사람이 (드러나는) 외형적인 공로와 대단한 생각을 가졌지만 그다지 중요하지 않은 것에서 떠난 사람보다 더 좋다고 생각합니다.

우리 주님이 그의 제자들과 함께 살았을 때, 그들은 그의 인성을 매우 순수하게 사랑하였는데, 바로 그것 때문에 그들은 그의 신성에 도달할 수 없었습니다. 그러므로 주님이 말씀하십니다.

내가 너희를 떠나는 것이 너희에게 유익하니라. 그렇지 않으면 위로의 성령이 너희에게 오지 않으니라.

그렇게 주님은 그들의 온전한 심령을 받아들여 천국으로 만들 수 있도록 주님의 승천까지의 40일을 기다리도록 했을 것입니다. 그 다음으로 주님은 성령, 예컨대 진정한 위로자가 그들에게 도착하기까지는 10일을 더 기다려야 했습니다.

그들에게 하루였던 것은 우리에게 일 년이 됩니다. 바로 그때 이것을 기초로 해 그들의 기한은 짧게 측정되었습니다. 예컨대 하루는 (그들에게) 일 년을 대신해 선사되었습니다.

사람이 원하는 것을 행하고 무엇을 원해서 시작한다고 해도 마흔 살에 이르기까지, 인간은 진정한 평화에 다가서지도 실제로 하늘의 사람이 될 수도 없습니다. 본성은 인간을 이렇게 저렇게 다그치고 몇 가지는 본성이 하나님이라고 하는 것을 망각한 채 (인간을) 종종 지배합니다.[7]

그래서 인간은 참되고 완전한 완성에 다가설 수 없고, 내세(jene Zeit)의 천국에도 결코 들어갈 수 없습니다. 모든 것을 가르치시는 성령, 즉 진실한 위로자가 인간에게 진실로 나타나기 전에, 인간은 여전히 10년 동안 기다려야 합니다.

---

[7] Corin, Wi 1, S. 114,15와 Hs. F 1은 "wise"와 동일한 뜻을 가지고 있는 "nunne"이다.

그러므로 주님의 제자들은 삶과 고난을 전체적으로 대비하고, 모든 것에 대한 준비를 마치고서, 10일 동안 기다려야 했습니다. 최고의 준비는 그들이 무엇보다 사랑했던 주님을 위해 그들 스스로가 주님을 떠났던 것입니다.

또한 주님이 그들의 모든 영과 마음과 사랑을 완전히 받아들여 그들의 모든 갈망과 사랑과 마음과 영혼을 그와 함께 완전하게 천국으로 인도했다는 것입니다. 이러한 모든 기다림과 가르침 이후에도 그들은 성령을 받기 전까지 10일 동안 기다려야만 했습니다. 그들은 하나로 모여 에워싸고 기다렸습니다.

따라서 인간 역시 그렇게 행해야만 합니다. 인간이 마흔 살에 이르러 신중해지고 천국에서 신성하게 되었으며 그의 본성이 얼마간 극복됐다는 것을 깨닫더라도, 그는 성령이 가장 고귀하고 최고의 방법으로 주어지기를 기다려야 하므로 그에게는 10년이 추가된 약 50년이 필요합니다.

이때 성령은 그에게 모든 진리를 가르치실 것입니다. 이러한 십년의 기간을 통해 인간은 신성한 삶에 도달했고 본성을 극복하였기에 스스로 방향을 바꿔 순수하고 신성하며 단순한 내적인 선 안으로 침몰해 들어가 용해됩니다.

내적인 선에서부터 바깥으로 나왔던 영혼의 불꽃은 그의 근원과 동일한 회귀와 함께 다시 흘러 들어갑니다. 올바르게 다시 흘러 들어가는 곳에서 모든 죄는 완전히 사라지고, 태초 이후 모든 사람의 죄만큼 모든 죄는 그렇게 자라날 수 있으니까요!

또한 모든 은총과 축복이 그곳에서 솟아나게 됩니다. 이 사람으로부터 어떤 신성한 사람이 나오게 되는데, 그들은 세상과 거룩한 교회의 기둥들입니다.

아멘.

## 20

## 그리스도의 승천 설교(3):
## 제자의 가르침과 승천[1]

(*Dominus quidem Jesus, postquam locutus est eis, assumptus est in coelum*, 막 16:19)

> 주 예수께서 말씀을 마치신 후에 하늘로 올려지사
> 하나님 우편에 앉으시니라(막 16:19)

사랑의 그리스도가 감람산에 올라 자신의 제자들과 함께 식사를 하시면서, 그들이 매우 오랫동안 그의 곁에 있었는데도 여전히 믿음이 없음을 심히 책망하셨습니다.

그리고 예수님은 제자들 앞에서 하늘로 올라갔습니다. 이때 여러분은 무엇을 믿으며, 그리스도를 극히 사랑했던 이 심령들은 갈망의 고통 안에서 그리스도를 왜 그렇게 갈망하느냐?

이유인즉, "보물이 있는 곳에 또한 네 마음이 있기" 때문입니다.

---

[1] 승천의 세 번째 해설은 인간이 그리스도를 매순간 어떻게 뒤따라야 하는지와 예수님이 다시 아버지께로 가기 전 33년 동안 몇 가지 고난을 거치면서 우리보다 앞서 가셨다는 것을 가르친다.

예수님은 경이로운 승천으로 친구들의 마음과 감각과 능력을 내외적으로 매우 정확하게 자기를 향하도록 끌어당겼기 때문에, 우리는 더 이상 즐겁고 만족스럽게 시간성 안에 머무르며 거주하지 않으며, 사랑과 만족과 갈망과 위로가 하늘에 있듯이 우리의 모든 변화도 역시 그곳에 있습니다.

여러분, 사랑하는 자들이여!

이것은 도대체 왜 다를 수 있는가?

그의 지체들은 머리를 따르고, 머리는 우리를 위해 한 장소를 준비하려고 우리를 떠나 올라가셨고, 우리는 그를 뒤따르면서 아가서의 신부와 대화를 나누듯 합니다.

너에게로 나를 끌어당기라!

실제로 여러분, 사랑하는 자들이여!

우리가 우리의 사랑스러운 우두머리를 뒤따르는 것을 끊임없이 방해할 자는 누구입니까?

물론 그분 역시 말씀하셨습니다.

나는 너희의 아버지와 나의 아버지께로 가느니라.

그의 근원은 목적인 동시에 축복이며, 그것은 그 안에서 우리의 유일한 축복입니다. 우리는 이와 같은 근원에서 흘러나왔고 현재 존재하는 모든 것과 더불어 우리는 동일한 목적을 가지듯이 이런 근원으로 회귀합니다.

여러분, 사랑하는 자들이여!

지금 우리는 그가 우리보다 앞서 축복으로 들어가셨다는 사실을 봅니다. 그를 뒤따른다면 우리는 극한의 불행과 가난과 쓰라림 안에서 그가 우리에게 가도록 가르쳤던 길을 인식해야 합니다. 모든 하늘보다 높이 그와 함께 올라가려고 한다면, 우리는 정확히 이와 같은 길을 가야만 합니다.

모든 선생들이 죽고 모든 책들이 불에 타버린다고 해도 우리는 그의 거룩한 삶에서 진실하고 충분한 가르침을 발견할 수 있어야 합니다. 그 스스로가 길 이외의 다른 어떠한 것도 아니기 때문입니다.

예수님을 뒤따른다면 우리 역시 우리의 모든 재능을 가지고 우리보다 앞서 지금 가셨던 경이로운 목적으로 다가설 수 있습니다. 자석이 철을 끌어당기는 것처럼 그렇게 사랑의 그리스도는 그에 의해서 움직이게 되었던 모든 심령들을 끌어당깁니다.

말하자면, 철이 그것의 내적인 능력에 따라 자석에게 움직이듯이, 철은 본성적인 특징과 본질과는 맞지 않게 자석에 의해서 들려집니다. 철이 실제로 높이 올라가더라도 그것은 스스로 멈춰 있지 않습니다.

자석이신 그리스도에 의해서 움직이게 된 모든 것과 마찬가지로 사랑도 고통도 근저를 꽉 붙들지 않습니다. 그는 자기 자신을 넘어 그에게로 상승하고 그의 고유한 본성을 잊어버리며 그를 따를 것이고, 그가 고귀하게 움직일수록 더욱더 순수하고 영광스러우며, 완전히 즐거운 마음으로 그를 따릅니다.

여기서 모든 사람은 하나님에 의해서 움직이게 될지 그렇지 않을지에 대해 스스로 관심을 가져야 합니다. 위대한 일들이 거기서 일어날 것이라고 믿도록 하기 위해서 이런 것이 벗는 모든 자들은 종종 매우 아름다운 시작을 했기 때문입니다. 하지만 그것을 생각하기 전에 모든 것은 다시 사라져 버립니다.

그들은 곧바로 밑으로 가라앉고, 오랜 관습과 본성적인 즐거움 속으로 다시 빠져 듭니다. 그들은 고귀한 야생에 관해서 전혀 알지 못하는 나쁜 사냥개들처럼 머무릅니다. 그들은 고귀한 사냥개들 뒤에서 가까이 달려듭니다. 또한 그들이 실제로 길 위에 머물고 있다고 하더라도 그들은 그것들과 함께 목적지에 도달할 것입니다.

하지만 반드시 그렇지만은 않습니다. 그들이 기대했고 달라붙어 있었던 관목들은 매우 많기 때문입니다. 그들은 그것들보다 앞서 달리게 되고 그들 자체는 제자리에 잔류해 버립니다. 야생을 접했던 고귀한 개들은 야생에 도달할 때까지 불과 물과 창과 꼬챙이와 모든 것을 통과해 나갑니다. 순수한 선을 인식했던 고귀한 사람들 역시 그렇게 행할 것입니다. 그들은 그를 따르고 목적지에 도착할 것입니다.

하나님의 영원성을 지키려는 다른 사람들은 제자리에 머무르고, 이곳에서 제자리에 머무르는 모든 사람은 영원히 제자리에 머무르게 됩니다.

오! 여러분, 사랑하는 자들이여!

## 20 그리스도의 승천 설교(3): 제자의 가르침과 승천

사람들이 종종 분별없이 말했던 것처럼, 하나님이 움직이지 않은 상황에서 하나님에게 책임을 묻는 것은 적절하지 않습니다.

"하나님은 나의 마음을 움직이지 않으시고 다른 사람들처럼 나를 움직이지 않으십니다." 하나님은 모든 사람을 만나 동일하게 그들의 마음을 움직이고 가동하며 경고하기를 원하시고, 그들을 모두 자기 자신에게로 끌어당기십니다.

하지만 사람들은 그의 노력과 경고와 선물을 매우 상이하게 받아들이게 됩니다. 그가 선물을 가지고 다가가면 하나님은 많은 사람에게서 거주지를 발견하시고 소유로 삼습니다. 다른 손님들을 그곳에서 발견하고 난 후 그는 방향을 바꿔 그곳에 들어가지 않습니다.

우리는 다른 것을 좋아하고 다른 것을 그리워합니다. 하나님이 끊임없이 모든 사람에게 주려고 하는 그의 선물은 밖에 머무르게 하는 것입니다. 이것이 우리의 영원한 손실과 고수의 원인입니다.

따라서 우리는 우리의 것과 하나님의 것을 인지하지 못한 채 어리석은 결함을 가지고 우리 자신에게 말로 다할 수 없는 손실을 끼칠 것입니다.

그러한 진보를 이루기 위해 우리는 이 모든 것에 담대하고 용감해 의연하게 이 모든 것을 놓으려는 하나님의 헤아릴 수 없는(grundlos) 자비를 진심으로 신뢰해, 창조물들의 중재 없이 오로지 하나님에게 열정적이고 성실하게 의존할 때만 그것을 바꿀 수 있을 뿐입니다.[2]

---

[2] Corin, Sermons I, 348, 각주 1번의 설명에 따르면 제시된 번역은 대처될 수 있다.

너희 사랑하는 자들이여!

사랑의 그리스도가 승천하셨던 장소는 감람산이었습니다. 감람산이란 세 가지 빛의 산이라는 뜻입니다.

첫째 빛은 (거기로) 태양에서 유래합니다.

산은 높고 일출이 떠오릅니다. 일몰이 일어났을 때, 성전(Tempel)의 빛은 산을 밝혔습니다.

둘째 빛은 실제로 빛의 원천인 기름이 산 위에서 자라고 있었습니다. 영혼은 잠시 동안 어떤 산으로 존재하므로, 하나님은 영혼 안에서 온전한 기쁨으로 오르셔야 하며, 저급해 우리 안에서 사라져 버릴 수 있는 사물보다 상승해 세 가지 빛을 받아들일 수 있어야만 합니다.

그 결과, 거룩하고 고귀한 삼위일체가 영혼 안에서 빛날 수 있고 삼위일체의 뜻에 따라 그것의 사역을 완성할 수 있습니다. 신성한 것으로 채색된 빛이 영혼 안으로 흘러 들어 올 수 있도록 영혼이 환희 안에서 자리를 마련할 수 있다는 것은 그 자체로 얼마나 훌륭한 일입니까!

이 산은 예루살렘과 베들레헴 사이에 놓여 있었습니다. 그리스도를 뒤따르고자 하는 자는 산의 정상까지 올라가야 합니다. 이 만큼

---

Lehmann 1,87은 문자의 마지막 부분을 생략한다. "과거의 사물의 도움 없는" 번역 역시 의미와 일치할 수 있을지는 의문스럽다.

환희에 차 있고, 이만큼 아름다운 산은 이제껏 없었습니다.

그러므로 전력을 다해 산에 올라가야 합니다.

아! 여러분, 사랑하는 자들이여!

그리스도를 따르려고 하는 자는 자신의 본성으로부터 결별을 선언해야 합니다. 고통과 모든 수고 없이 지내고 그들이 고생하지 않고도 그리스도를 기꺼이 뒤따랐던 많은 사람을 찾아 볼 수 있습니다. 그리스도가 "평화"를 뜻하는 예루살렘 쪽으로 누우시는 한, 그들은 기꺼이 산 위에 있으려 할 것입니다.

그리고 이러한 사람들에게는 스스로 (또한) 평화와 위로와 기쁨이 실현됩니다. 하지만 또한 그들이 베들레헴 쪽으로 놓여 있는 다른 방향에 머무를 수 없다면 그 이상 어떠한 것도 실현되지 않을 것입니다.

그리고 이것의 의미는 고통과 순종, 고난을 뜻합니다. 이러한 사람들에 관해 선지자가 시편 83편에서 말했습니다.

> 그가 눈물의 골짜기에서 한 장소를 선택하셨느니라(Disposuit in valle lacrimarum).

잘 알아두십시오!

그곳에서 그의 자리를 차지하지 못한 자는 제자리에 잔류할 것이고 평화가 아무리 아름답게 보여도, 그곳에서 이뤄지는 일은 아무것도 없습니다. 그는 어쩔 수 없이 제자리에 잔류해야 합니다.

인간은 사랑하는 자와 그에게서 매우 높고 멀리 급하게 도망쳤던 자와 완전히 알려지지 않고 숨겨져 있는 자를 그리워하며 열망해야 합니다. 그의 근저의 움직임이 확실히 더 깊어지게 되면 될수록 한편에선 눈물의 골짜기가 더욱더 실제적으로 발생합니다.

그리고 골짜기가 더 이상 그곳에 존재하지 않는다면, 눈물의 골짜기는 악한 (인간의) 본성 안에 붙어 있는 죄와 더러운 것을 위해 그곳에 있어야 합니다. 악한 인성은 끊임없이 일어나고, 일어날 수 있는 인간의 고귀한 전향을 자주 방해하고, 인간이 항상 하나님에게 모든 것을 다시 바치는 인간의 희생제도 방해합니다.

인간의 본성은 그것에서 인간을 심히 방해합니다. 다른 어떠한 것도 존재하지 않았고 오직 하나님만 계셨던 곳에서 본성은 (우리 안에서) 매우 은밀하게 다스립니다. 이것은 베들레헴을 향해 놓여 있는 (산의) 정면을 비유적으로 표현한 것입니다.

여러분, 사랑하는 자들이여!

이것을 스스로 주의하는 자는 전혀 타락할 수 없습니다. 오히려 예루살렘을 향하면 커다란 위로와 회복과 호의가 있을 뿐입니다. 하나님이 인간을 위로하지 않고 커다란 쓰라림만을 남겨두고 떠났다면요.

그것은 오히려 인간을 굳세게 만들어 슬픔을 더 잘 견딜 수 있고, 고통과 불행으로 약해져 쓰러지지 않도록 만드는 유익한 일입니다.

그래서 현자는 말합니다.

악한 날에 당신은 선한 것들을 잊지 마라!

두 지역 예루살렘과 베들레헴은 반드시 동시에 일어나야 합니다.
예루살렘은 예전부터 "평화의 성"(Stadt)이라 칭합니다. 하지만, 이 도시에서 그리스도는 죽임을 당했고, "평화의 성"에서 몇몇 고문을 참으셔야 했습니다.
사실상 당신도 평화 안에서 당신의 것을 서서히 죽이게 되고, 하나님에게 다가와 거기서 당신의 소유를 포기해야만 합니다.
또한, 당신은 악한 유대인들 중에서 벗어나야 합니다. 유대인들은 당신을 비난하며 심판하고, 심지어 믿음이 없는 사람으로 매도해 들판으로 쫓아낼 것입니다. 그들은 당신의 모든 삶을 판단하고 온 마음 안에 있는 (당신의 모습(Ansehen))을 죽여 버릴 것입니다.
사랑하는 자녀들이여!
사랑의 하나님이 직접적으로 당신의 삶과 본질이 되려면 당신은 죽어야 합니다. 사실상 그리스도가 말씀하십니다.

> 너희를 죽이려는 사람들은 그로써 하나님에게 좋은 일을 한 것이라 생각하라!

그가 예루살렘에 살고 불안정함 속에서 평화를 가진다면, 이것은 얼마나 그 사람에게 좋은 일입니까!
거기서 진정한 평화는 본질적으로 그리고 매우 정확하게 (그 안에서) 탄생할 것이기 때문입니다.

나의 사랑하는 자들이여!

감람산에서 기름을 채취할 수 있는 식물이 자랍니다. 이것은 진실한 예배를 뜻합니다. 본질적인 예배는 인정할 수 있는 의미, 완전한 사랑과 하나님에게 속하는 모든 것을 향한 갈망으로 가득 차서 하나님에 대한 심령의 의존입니다.

예배란 하나님과 인간과 내적으로 합일했고 합일하고자 하는 것이며, 그의 생각을 모든 사물 안에서 하나님에게 향하는 것입니다.

이것은 표면이 젖어 있고 (모든) 좋은 맛과 (모든) 감정을 능가하는 기름입니다. 이것을 소유한다면 당신은 진실로 근저에서 예배에 집중합니다. 더욱이 예배의 행위는 종종 사랑과 열정으로 근저가 새롭게 되고 갱신되는 것에 있습니다.

비록 오로지 하나님만 존재한다고 망상에 빠져있다고 하더라도, 거기에는 어떤 실수도 숨김도 없는지, 본성이 그곳에서 활동하는데 마음의 근저는 모든 방법과 사역에서 어떻게 존재하는지를 깊이 숙고해보십시오!

유감스럽게도 인간은 종종 하나님을 진실로 사랑하는 것이 아니라 자기 자신과 자기 자신의 것, 즉 달콤함이나 축복을 사랑합니다.

영원히 그의 공동체에 참여하려고 우리 모두가 (하늘을 향해) 우리 주님과 올라가도록 하나님은 우리를 도우실 것입니다.

아멘.

# 21

## 그리스도의 승천 설교(4):
## 그대로 오실 예수의 증인이 되라[1]

(*Hic Jesus assumptus est a vobis in coelum*, 행 1:11)

---

> 이르되 갈릴리 사람들아 어찌하여 서서 하늘을 쳐다보느냐 너희 가운데서 하늘로 올려지신 이 예수는 하늘로 가심을 본 그대로 오시리라 하였느니라 (행 1:11).

---

너희 중 하늘로 올라가셨던 자가 바로 예수이니라. 하늘로부터 온 자 외에는 하늘로 올라갈 자는 아무도 없느니라.

복음서가 말하는 것처럼 그 분은 그리스도이십니다.

여러분, 사랑하는 자들이여!

---

[1] 그리스도의 승천의 네 번째 해설은 불안에서 평화를 구하는 것과 삶과 뒤따름 안에서 슬픔에서 기쁨과 하나님의 증거가 있다는 것과 즐거움과 위로에서 뿐만 아니라 혐오감과 고난에서도 그리스도를 고백할 것을 우리에게 가르친다.

우리의 머리되신 그리스도가 (하늘로) 올라가셨을 때, 지체들이 머리를 따르듯이 이 세상 안에서 위로를 찾거나 체류하는 것이 아니라, 사랑과 갈망으로 그를 뒤따르고 심히 고통스럽게 (앞서) 가셨던 길을 가야 한다는 것을 말씀하시기 위해 친히 보이신 것입니다.

그의 영광에 들어가실 수 있기 위해 그리스도는 몸소 고난을 받으셨기 때문입니다.

우리는 앞서서 깃발을 들고 가셨던[2] 사랑의 인도자를 따라야 합니다.

모든 자들은 그의 십자가를 지고 그를 따르라!

그렇게 그는 그리스도가 있는 그곳으로 다가갑니다. 일부 사람들은 허망한 명예를 위해 세상을 따라갑니다.

일시적인 명예와 선을 얻으려고 안락한 삶과 고향과 친구들을 포기하며 전쟁에 참여하려는 것을 여러분은 볼 수 있지 않습니까!

이와 마찬가지로 우리는 모든 신뢰를 오로지 하나님으로 존재하고 하나님이라 불리는 순수한 선에만 두면서 사랑의 우두머리를 뒤따라야 합니다.

머리와 연결되지 않은 몸의 어떠한 지체도 없고, 만약 머리의 지속적인 영향을 받아들이지 않는 지체들이 있다면 그것은 곧바로 부패

---

2  cf. 룰만 메르스윈(Rulman Merswin)의 "Bannerbülein," Hs. Hi 17.

하고 썩어버릴 것입니다. 따라서 우리는 반드시 그것을 즉시 잘라버려야 합니다.

우리 주님은 제자들에게 말씀하십니다.

> 너희는 유대와 예루살렘과 사마리아와 세상 끝까지 나의 증인이 되라!

예루살렘은 평화의 도성인 동시에 불안의 도성이었습니다. 왜냐하면 그리스도가 그곳에서 극한 고난을 받으셨고 심히 쓰라린 죽음을 당하셨기 때문입니다. 이 도성 안에서 우리는 그의 증인이 돼야 합니다. 우리가 할 수 있는 한, 여러분은 말뿐만이 아니라 진리, 삶 그리고 그리스도를 본받은 것 안에서 증인이 되십시오.

만물이 그들의 뜻에 따라 다가선다면, 많은 사람은 평화 안에서 기꺼이 하나님의 증인이 되려할 것입니다. 훈련과 일이 그들에게 그다지 싫지 않은 것으로 여겨진다면, 그들은 기꺼이 거룩하게 될 것입니다.

쓰라림과 수고와 낙담이 없다면 그들은 기꺼이 받아들이고 믿으며 고백하려 할 것입니다. 그러나 엄청난 시험과 어둠이 그들을 덮치고 그들이 하나님을 느끼지도 감지하지도 못하며 내외적으로 떠나지 못한다면, 그들이 아무리 방향 전환을 한들 진실한 증인으로 인정받지는 못할 것입니다.

모든 사람은 도처에서 평화를 구하고 사역과 방법 안에서 그를 찾습니다.

아! 우리가 그것에서 우리를 빼내어 불안 안에서 평화를 구할 수 있다면 그때 진정한 평화가 태어나게 돼, 그것은 영구히 지속될 것입니다.

설령 당신이 평화를 인지한다고 하더라도 다른 것을 구한다면, 그것은 실수를 범하는 것입니다.

슬픔에서 기쁨을, 불안정함[3]에서 떠남을, 쓰라림 안에서 위로를 구한다한들 무슨 소용이 있겠습니까!

그러므로 우리는 진실로 하나님의 증인이 됩니다. 그는 항상 제자들에게 그의 죽음이나 부활 이후를 약속하셨습니다. 그래서 그들은 외적인 평화를 획득했던 것이 아니라 불안함 속에서 평화를, 고난 속에서 기쁨을 획득했습니다.

심판자 앞에 끌려와 심판을 받고 지옥 형벌을 받는다고 하더라도, 그들은 죽음에서 생명과 기쁨에 찬 승리를 얻었습니다. 이들은 진정한 하나님의 증인이 되었습니다.

영과 육신 안으로 달콤하게 흘러 들어간 척했던 많은 사람이 있습니다.—나는 그들의 무언가를 알고 있었습니다—그들은 극도로 불쾌하게 여겼습니다. (그러나) 고통과 어둠이 엄습해 내외적으로 떠나 있던 바로 그때입니다.

그들은 어디로 가야 할지 몰랐기에 제자리에 머물렀고 그들에게

---

[3] Kunisch [교본] 안에 각주 1, S. 42와 관련한다.

는 아무것도 유래하지 않았습니다. 무서운 폭풍우가 엄습하고 세상과 육신과 악한 원수들에 의한 유혹들이 내적인 떠남을 흔들어 놓는다고 해도—그곳을 통과해 돌파하는 자는 아무도 줄 수 없는 진정한 평화를 발견할 수 있습니다.

이 길을 가지 않고 제자리에 머물러 버린 자는 결코 올바른 평화를 발견할 수 없습니다. (그러나) 이런 사람들은 진정한 그리스도의 증인입니다.

"너희는 또한 유대에서 나의 증인이 되라!"

"유대"란 "하나님을 고백하다" 혹은 "하나님을 찬양하다"라는 뜻입니다. 우리는 모든 일과 모든 방법과 모든 의도에서 하나님을 고백하고 또한 유대 안에서 하나님의 증언이 돼야 합니다.

당신에게 좋은 일이고 당신에게 행복과 좋은 맛을 제공할 것 같으면[4] 당신은 결코 이것을 행하지 마십시오! 사실상 의지에 따라 그들에게 좋은 일이라면 이런 사람들은 하나님을 매우 잘 고백하고 인식하며 사랑한다고 여깁니다. 하지만 엄청난 시련(Anfechtung)이 엄습하면 그들은 곧바로 어떠한 것과 관계했었는지를 전혀 알지 못하고, 고통이 엄습하면 그들은 자신들이 어디에 있었는지조차도 알지 못합니다.

그들의 고백의 근거가 드러나면 그들 안에 태어나게 되었던 것도

---

[4] 그래서 Vetter 86,22: "in gevöllet"에 비해서 코린의 수정, "und gefuelet," Sermons I, 355 각주 1의 고려로 이뤄진 것이다.

드러나게 됩니다. 이것은 사실 하나님이 아니라 그들 자신의 감정입니다. 이것은 나약한 기초와 흘러내리는 모래와 같습니다.

하지만 하나님의 증인으로서 진실된 자들은 사랑과 고통 안에서도 하나님에게서 주시든 받으시든 하나님의 뜻 안에 흔들리지 않고 든든히 기반을 둡니다. 어떤 경우라도 그들은 결코 자신들의 계획에 붙들리지 않습니다.

그들이 그것으로 인해 위대한 일이 잘 풀리고 행할 수 있다고 생각한다면, 그들은 그들의 행위가 어떠하든지 상관없이 매우 신뢰합니다. 하지만 하나님은 그들이 신뢰하고 있는 것을 빈번하게 두 조각으로 나눠 버립니다.

하나님은 그들에게 호의를 가지신 분이시기 때문입니다. 그래서 종종 인간이 원치 않은 일이 발생합니다. 깨어나려고 하면 그는 자신의 의지와는 반대로 잠을 자야 합니다. 즐겁게 금식하려면 그는 음식을 섭취해야 합니다.

침묵과 휴식 안에 기꺼이 있으려면 완전히 반대로 행해야 합니다. 또한, 모든 자신의 확고한 정지(Halt)가 그에게 깨져 자기 자신을 단순하고 순수한 무로 여겨 실제로 하나님에게 (의존한 채) 머물고 간단하고 단순한 신앙 안에서 하나님을 고백하되, 더 이상 무엇도 확고한 정지를 소유하지 않도록 하는 데 그 목적이 있습니다.

세상 사람들과 죄인들이 감각의 쾌락(Glück), 재산과 명예의 (소유)에서 그렇게 머무르는 반면에, (영적인) 사람들은 활동적으로든 경험적으로든 자기만족을 고수하고 하나님 안에서 순수하고 근본적인 자기 떠남(Sichlassen)과 하나님의 뜻에 따라 영의 진정한 가난에서 벗어납니다.

또한, 유대는 "하나님을 찬양하다"라는 뜻입니다.

모든 것이 내외적으로 인간을 위해 일어나든 인간을 대항해 일어나든 인간이 모든 것으로 하나님을 찬양했던 길을 선택할 수 있다면, 그는 올바른 길을 걸을 수 있도록 합니다. 더 나아가 인간이 모든 것을 감사해 다시 하나님에게 봉헌한다면 그는 확실하고 진정한 증인이 될 것입니다.

모든 것이 흘러나왔던 근저 안으로 모든 것을 정말로 다시 가져오십시오!

어떠한 것(창조된 것) 곁에 머무르지 마십시오!

모든 만물과 더불어 그곳으로 흘러 들어가라!

그곳에서 진정한 하나님의 찬양이 일어나 진실로 근저 안에서 열매를 맺습니다.

거기서 꽃과 열매는 하나이고, 그곳에서 하나님은 하나님 안에 존재하고 빛은 빛 안에 존재합니다.[5]

그것이 무엇이든 그것이 어디에서 왔든지 당신의 것과 생각을 그곳으로 가져가십시오!

당신을 포함해서 모든 것을 하나님에게 희생 제물로 드리십시오!

---

5　Vetter 87,17과 Hs. F 1 안에 수기 원본과는 반대로 코린의 수정, Sermons I, 356 각주 3번에 따른 것이다.

또한 그리스도는 말씀하십니다.

너희는 사마리아 안에 나의 증인이 되라!

사마리아는 "하나님과 연합"이라는 뜻입니다. 이것은 진실로 하나님과 연합되는 가장 진실하고 가장 확실한 증거입니다. 그때 영은 자기 자신과 모든 피조물로부터 도주해버립니다. 우리는 하나님과의 일치로 모든 다양성을 상실하고 그것보다 상승할 것이기 때문입니다.

영혼의 상위 능력들은 이러한 증인됨 안에서 하늘[6]로 승천하게 되고, 그것이 올라간 곳은 거룩한 하나님이 계시는 곳과 일치합니다. 거기서 영혼의 상위 능력들은 그것들의 축복을 받아들이고, 진리 안에서 하나님의 것을 향유하며, 가능하다면 영혼의 하위 능력들이 뒤따를 것입니다.

다음으로 인간은 (하나님 안에서) 소멸할 수 있으므로, 주님이 인간에게 주셨던 가장 사랑스럽고 가장 탁월한 모든 선물로 하나님만을 찬양하는 것이 필요합니다. 모든 선물이 하나님에게 속한다는 것을 알고 나면 인간에게 속하는 것은 아무것도 없기 때문입니다.

인간은 두 번째 하늘, 신성한 존재로 인도됩니다.

그곳에서 (인간의) 영은 모든 것을 완전히 상실하므로, 자기 자신을

---

[6] 말하자면 신성한 심연 안에서이다.

완전히 상실하고 침몰하게 됩니다. 인간의 영이 그곳에서 잘 지내고 그곳에서 경험하며 받아들이고 느끼는 것에 관해서는 그 누구도 말할 수 없고, 숙고할 수도 이해할 수도 없습니다.

누가 이것을 이성적으로 파악하거나 알 수 있다는 말입니까?

(인간의) 영은 그 자체를 이해하지 못합니다. 신성한 심연 안으로 들어가 용해되고 나면 그 영은 매우 순수하게 드러나는 일자이신 하나님을 제외하고 아무것도 알지 못하고, 느끼지 못하며 받아들이지 못합니다.

그 이후에 (인간의) 영은 의도했던 가장 저급한 훈련의 가장 깊은 근저로 다시 회귀해 가득 채워질 수 있고, 다르게 발생될 수 있으며 회복될 수 있는 어떠한 것도 남아 있지 않았는지를 알고 있습니다.

그러므로 인간은 실제로 하늘과 땅 사이에 매달려 있습니다. 그의 상위 능력들과 더불어 인간은 자기 자신과 모든 것들보다 더 상승하고 하나님 안에서 거주하나, 하위 능력들과 더불어 인간은 겸손에 근거해 모든 것보다 낮춰져 견습생과 거의 비슷합니다.

그는 막 시작했던 가장 저급한 훈련에 머물러 버릴 수 있습니다. 아무리 작은 것이라도 그는 어떠한 것을 축소시킬 수 없고, 어떤 것 안에서 진정한 평화를 소유하지 못합니다. 그로써 그는 주님이 하늘로부터 내려와 다시 하늘 위로 올라가셨다는 것을 증명하는 우리 주님의 진정한 증인이 됩니다.

언젠가 그곳으로 올라가기를 바라는 모든 자들은 주님과 연합되고 그 안에서 그와 함께 그를 통해 그곳으로 올라가야 합니다.

사랑하는 자들이여!

이러한 길을 선택하는 자는 믿고 안전한 길을 잃어버리지 않고 길을 갑니다. 그의 양심은 그를 전혀 흔들어 놓을 수 없고 그의 머리가 미쳐서 날뛰지 못할 것이며, 그는 변하기 쉬운 감각이 제시하는 질문 공세들로 많은 시간을 낭비하지 않도록 할 것입니다.

이것이 우리 모두에게 일어나도록 영원하신 하나님이 우리를 도울 것입니다.

아멘.

## 22

## 그리스도의 승천 설교(5):
## 하나님 앞에 작은 제자[1]

(*In diebus illis* ⋯ , 행 1:12 ff.)[2]

---

> 제자들이 감람원이라 하는 산으로부터 예루살렘에 돌아오니 이 산은 예루살렘에서 가까워 안식일에 가기 알맞은 길이라(행 1:12).

---

우리 주님의 제자들이 예루살렘의 근처에 있는 감람산으로 올라가던 중 어느 집 다락방으로 들어가게 되었을 때, 베드로가 일어나 타락한 자에 관해 말하며 다른 사람이 그의 자리를 대신할 것을 제안했습니다.

---

[1] 그리스도 승천에 관한 다섯 번째 해설은 의롭고 순종적이었던 요셉이 아니라 (하나님 앞에서) 겸손(Kleinheit)하게 결정했던 사도 마태의 실례를 통해, 순종과 의로움보다 겸손의 가치가 얼마나 더 우월한지에 관해서 말해준다.
[2] 행 1:12 ff.는 사도들이 감람산에서 예루살렘으로 되돌아와 골짜기로 갔다라고 보고한다. 그럼에도 타울러는 역으로 사도들을 예루살렘에서 감람산으로 길을 선택하고 설교의 주요 동기로 "산을 오르는 것"이라는 이해를 사용하고, 그 결과 텍스트에서 성서 구절은 더 이상 수정되지 않은 채 끼워 넣은 것이 된다. 그런 까닭에 나는 그 성서 구절의 처음 말씀으로 만족했다.

그때 두 사람이 지명되었습니다. 한 사람은 사바스(Sabas)[3]의 아들로서 (별명으로) 의로운 자 '요셉'(Joseph)이고, 다른 한 사람은 '맛디아'(Matthias)였습니다.

제자들은 위대하고 고귀한 자리를 맡을 믿을만한 사람을 선출하기로 결정했는데, 그것은 유다가 (불충해서) 포기했던 자리였습니다. 제자들은 새롭게 선출된 자를 그리스도의 (진정한) 증인으로 생각하기로 했습니다.

오, 사랑하는 자들이여!

이제 주목해 보십시오!

제자들은 예루살렘 출신이었습니다. 우리가 오늘 말했던 것처럼 예루살렘은 진정한 평화이자 또한 불안함의 도성이었습니다.

누구도 불안함과 평화 속에 사는 것, 즉 불안 안에서의 평화, 고난 안에서 기쁨을 가지는 것, 그리고 빈약함 속에서 부요를 느끼는 것을 배우지 않고서는 진실한 평화에 도달하지 못하기 때문입니다.

그래서 제자들은 감람산에 올라갔습니다. 저는 이 이름의 의미에 관해서 짧지만 몇 번에 거쳐서 이야기를 했습니다. 제자들이 산으로 올라갔다는 말씀을 우리는 굳건히 붙들어야 합니다. 인간은 반드시 전력을 다해 그리고 전심을 다해 저급하게 창조된 모든 사물보다 더 높은 영원의 존귀함으로 올라가야 합니다.

아브라함이 행했던 것처럼 인간은 현세의 모든 사물을 내려놓고

---

[3] Sermons I, 359, 각주 3번에서 코린의 설명에 다른 것이다.

떠나야 합니다. 아브라함이 하나님에게 희생제를 드리려고 했을 때, 그는 나귀와 하인을 밑에 남겨두고 아들과 함께 산으로 올라갔기 때문입니다. 의지는 이런 상승을 유도합니다.

군주가 그의 영토를 다스리고 주인이 집을 다스리듯이 의지만이 유일하게 모든 능력들을 다스릴 수 있습니다. 이런 군주는 인간에게 이러한 (세속적인) 사물을 넘어 상승하도록 매 시간 재촉해야 합니다.

제자들은 (감람산에서) 또한 다락방(cenaculum)으로 갔습니다. 이것은 식당(Speisesaal)이라는 뜻입니다. 게나(cena)라는 말은 **저녁 만찬**(Abendmal)이라는 뜻입니다. 저녁 식사 이후 음식점 주인은 휴식을 취하며 더 이상 특별한 일을 하지 않았습니다. 우리는 제자들이 이 식당 안에 있었던 이유가 무엇인지를 아주 주의 깊게 살펴볼 필요가 있습니다.

요컨대 근원과 모든 능력은 멈춰서야 하고, 근본적이고 실제적인 그것들의 목적은 식당 안에 있어야 하고, 모든 일들은 거기서 종결돼야 하며, 어떠한 반감이나 수고도 그것의 본질 안에 들어가서는 안 됩니다.

영원한 안식은 식당 안에 있기 때문입니다. 근저 안에서의 갈망을 내적인 어떤 다른 것을 향하고 어떤 다른 것을 갈망하는 자는 하나님이신 순수한 선을 갈망하는 것이 아니고, 성령의 진실한 대망 안에 있는 것도 아니며 성령의 오심을 진심으로 준비하는 것도 아닙니다.

제자들이 식당에 있었을 때, 베드로가 일어났습니다. "베드로"는 "고백자"라는 뜻입니다. 그는 유다가 포기했던 자리를 대신해서 진정한 증인을 세우려고 했습니다. 유다는 도둑이고 배반자이었습니다.

고백자인 베드로는 이것을 불편하게 생각해 타락한 유다를 대신하는 다른 사람을 세우고자 했습니다. 이 유다는 우리 (모두) 안에 내재하고 있습니다. 이것은 모든 선을 우리 안에서 훔치고 배신하는 이기심입니다.

하지만 하나님은 인간 안에서 자유롭고 순수하며 선한 행위를 통해 모든 것에 선한 영향을 미칩니다. 마치 자신의 것인 양 자신이 무엇인가를 하는 것처럼 유다는 우리 안에서 이 일을 자신의 것으로 부당하게 생각합니다. 고백자 베드로는 이것을 불편하게 여기고 도둑에게 빼앗긴 자리에 다른 사람을 앉히려 합니다.

그래서 제비를 뽑아 결정했는데, 두 사람 중 한 사람은 요셉이고, 다른 한 사람은 맛디아였습니다. 요셉은 "순종한 자"라는 뜻입니다. 그의 별명은 "의로운 자"입니다. 그는 진실로 의로운 자였습니다. 그는 사바스의 아들이었습니다. 그리고 바세바(Barsabas)는 "신성한 위로"[4]라는 뜻입니다. 이와는 반대로 맛디아가 세워졌습니다. 그의 이름은 "하나님 앞에서 작은 자"라는 뜻입니다.

매우 존귀하고 매우 고귀한 사도직을 위한 자리(Dasein)는 누구로 결정됐는가?

비록 순종하는 요셉이 우리에게 중요하다고 하더라도, 또한 요셉

---

[4] 번역은 이 구절에서는 로테(Roethe)의 교정을 따른 것이다.

이 진실로 의롭고 "신적인 위로"의 아들이었다는 것도 중요하지 않았습니다. 이 모든 것은 고귀한 제비뽑기에서 요셉이 선택되도록 유도된 것은 아닙니다. 제비뽑기가 "하나님 앞에서 작은 자"를 선택하도록 했을 뿐입니다.

참으로 (하나님 앞에 작음)은 아무리 크더라도 모든 의로움과 순종을 능가하고 "신적인 위로"를 훨씬 더 능가합니다. 그러나 이것은 커다란 기적입니다. 작은 자, 즉 겸손한 자는 모든 것을 능가하므로 유일하게 선택된 것입니다.

그러므로 알아 두십시오!

당신이 높고 고귀한 단계에 도달하고 하나님의 제자들처럼 진정한 증인이 되고자 한다면, 당신은 하나님 앞에서 자기 자신을 가장 낮고 작은 자로서 인식하고 생각해야 합니다. 그러면 제비뽑기는 그 외의 어떠한 사람이 아니라 당신을 선택할 것입니다.

당신을 낮추고 죽이는 데 당신의 모든 열정을 쏟으십시오!

그러면 진실로 당신을 높이고 하나님이 소유하고 있는 가장 위대한 것, 가장 친밀한 것과 가장 가치 있는 것에게 자리를 내주는 일이 당신에게 발생할 것입니다. 마치 사도들이 당신(ihm)과 모든 사람보다 우선해서 자리를 차지했던 것처럼 말입니다. 게다가 당신은 자신을 가장 낮추면서 비로소 거기에 도달할 수 있습니다.

아! 사랑하는 자들이여!

이 사람은 근저에 도달해 무에로 다가설 수 있고 진실로 자기 자신을 하나님 앞에 작은 것으로 인식한다는 방식으로 도달하는가!

생각으로 혹은 외형상으로, 어떤⁵ 만들어지고 가공된 겸손이 아니지 않는가!

이 겸손은 다만 교만의 동반자이고 애인입니다. 외형상 그리고 단지 말로 진술한 겸손에 의해서 위대한 (실제적인) 겸손은 매우 심한 손상을 입고 하나님과 모든 피조물 아래 복종하려는 낮춤으로부터 훨씬 떨어져 있습니다.

하지만, 그것은 성령을 수용하기 위한 가장 친밀하고 진실한 준비일 것이라고 생각합니다. 이런 복종을 소유한 자에게는 (이미) 이 세상의 삶에서 선한 보답이 주어질 것입니다. 하나님은 우리 모두가 잘 준비해 성령을 진실로 받도록 도우실 것입니다.

아멘!

---

5   스트라우호의 힌트의 사용으로: BT에서의 Vetter 90,24에 대한 PBB XLIV, 21을 참조.

## 23

## 그리스도의 승천 후 주일 설교:
## 너희는 정신을 차리고 근신하여 기도하라[1]

(*Estote prudentes et vigilate in orationibus*, 벧전 4:8)

> 만물의 마지막이 가까이 왔으니 그러므로 너희는 정신을 차리고 근신하여 기도하라(벧전 4:7).

거룩한 교회는 제자들이 특별히 내적으로 영접했던 성령강림절을 이 시기에 지키고 있습니다. 이것은 그럴 수밖에 없는 일입니다. 제자들은 처음부터 함께했기 때문입니다. 새로운 실체(Wesen)는 그들과 함께 시작되었기 때문에, 영접하는 방식은 제자들 이후 다가오는 세대들에게도 당연한 일이었습니다. 지상에서 오래 살면 살수록 성령의 영접 안에서 제자들은 언제나 계속 증가했습니다.

마찬가지로 하나님의 모든 친구들은 매일 매 시간 이런 은혜로운

---

[1] 이것은 승천 이후 주일 설교이다. 이 설교는 베드로 전서에서 한 구절을 인용한 것이고 우리에게 성령을 받아들이기 위한 준비로서 피조물로부터 진정한 전향, 단념, 내재와 고독에 관한 정보를 제공해준다.

축제를 거행하면서, 언제나 성령을 영접합니다. 하나님의 친구의 준비 상태와 영접하려는 자세에 따라 그리고 하나님의 친구가 그것을 억지로 바꾸려고 하면 할수록 그는 성령을 자기 자신 안에 더욱더 완전하게 영접합니다.

거룩한 제자들에게 거룩한 오순절에 일어났던 성령의 보내심은 철저하게 준비했던 사람들에게 매일 영적으로 실현됩니다. 따라서 인간이 살고 내적으로 성령을 향하며 내적으로 성령을 영접하도록 준비하는 동안, 성령은 특별하게 새로운 은총과 선물로 다가오십니다.

이때 베드로가 다가와 이를 위한 준비가 어떤 것인지를 우리에게 완전히 명확하고 뚜렷하게 제시합니다.

"너희는 정신을 차리라(*Estote prudentes*)!"

이것이 뜻하는 것은 언어상으로 "현명하라!"라는 이해보다 오히려 "신중하라(Seid Klug)!" "분별하라!(Seid besonnen)!"라는 이해가 더 명확할 것 같습니다.

즉, 어떤 사람이 어떤 일을 종종 잘 수행했다면 그는 그 일에 정통한 것입니다. 그는 이 일을 꼼꼼히 살펴보면서 아마도 그 일에 정통해질 것입니다. 베드로가 여기서 우리에게 제시하는 것은 우리가 (일들에 있어서) 사려 깊은 앎(Kenntnis)을 소유하고 우리의 모든 행동과 떠남을 이성의 빛으로 자세히 살피라는 것입니다.

우리가 알고 우리에게 알려지며 선포할 수 있도록 말입니다. 그래서 버리고 떠나 있음(Abgeschiedenheit)과 벗어남(Ledigkeit), 내재성과

## 23 그리스도의 승천 후 주일 설교: 너희는 정신을 차리고 근신하여 기도하라

고독함[2]은 결국 가장 친밀하고 가장 진실하게 은혜로운 성령의 영접을 준비토록 할 수 있습니다.

성령은 이를 통해 고귀하게 직접 영접될 수 있습니다. 또한 이것들을 점점 더 많이 소유하는 자는 성령을 영접하는 가장 고귀하고 적절한 방식을 소유할 수 있을 것입니다.

그러면 "진정한 버리고 떠남," 즉 몇 가지 (성령을 영접하기 위한 전제조건들)가 있습니다.

첫 번째 사람들은 무엇을 의미하나요?

이것은 인간이 정결하지 않고 순수한 하나님으로 존재하지 않은 모든 것에서 돌아서고 분리되는 것을 뜻합니다.

이것은 또한 인간이 이성의 빛으로 그의 모든 사역, 즉 말과 생각을 고려하는 것이고, 근저의 근처에 아무 것도 없는지, 혹은 하나님을 제외하고는 어떠한 것도 없는지, 혹은 만물, 행위와 떠남 안에서 하나님만을 갈망하지 않은지를 사려 깊은 영의 정신(Geist)의 빛으로 고려하는 것을 뜻합니다.

인간이 하나님 외에 다른 것에 목적을 두고 있는 것을 발견하면 그는 그것을 멀리하고 외부로 밀어 냅니다. 이것은 일부 고귀하고 내적인 사람들뿐만 아니라 모든 선한 사람들에게 어울리는 일입니다. 선한 행위로 가득한 많은 선한 사람들을 발견하지만, 그들 중에는 전혀

---

2 "eynicheit"라는 단어—cf, Corin, Wi 2, S. 119,8에 대한 수기 원본—번역가들에 의해서 서로 다르게 재진술된다. 여기서 외로움으로 제시된 번역은 각각의 영혼의 상태를 판별하려는 시도이다.

내적인 삶을 알지 못하는 사람들도 있습니다.

하나님으로부터 떠나고 완전히 포기하기 위해서 그들 모두는 하나님과 무엇을 분리하고 있는지를 숙고하는 것이 반드시 필요합니다. 성령과 그의 선물을 받아들이려면 이러한 버리고 떠남을 반드시 소유해야 합니다. 인간은 오로지 하나님만을 향하고, 하나님으로 존재하지 않은 것에서 돌아서야 합니다.

그러나 이러한 되돌아섬과 성령의 대망은 사람들 간의 차이가 있습니다. 그들 중 일부 사람들은 그들의 감각으로 생각할 수 있는 방식으로 성령을 받아들였습니다.

두 번째 일부 사람들은 성령을 매우 고귀한 방식입니다.

즉, 고귀한 능력들과 이성적인 능력 안에서 감각의 방식을 훨씬 뛰어넘는 이성적인 방식으로 그것을 받아들였습니다.

세 번째 사람들은 성령을 단지 이렇게 영접했던 것이 아닙니다.

성 삼위일체의 귀중한 모상(Abbild)이 숨겨져 있고 영혼의 가장 고귀한 영역으로 존재하는 숨겨진 심연(Abgrund), 비밀스러운 제국, 자비로운 근저 안으로 받아들입니다.

그곳에서 성령은 어떻게 훌륭하게 정착지를 발견할 수 있을습니까! 또한 그곳에서 성령의 은사들은 특별히 신성하게 받아들여질 수 있겠습니까!

인간이 이성의 빛을 가지고 근저 안을 살피며 하나님에게 관심을 가질 때마다 곧바로 성령의 어떤 갱신[3]과 새로운 입김이 그곳에서 매 순간 발생합니다.

진정한 버림과 떠나 있음과 진실한 엄숙함 안에서 인간이 하나님에게 속하지 않은 어떠한 것을 식별하는 능력을 가지고 전환을 하며 그 모든 행동과 길을 통찰하고, 말과 일과 방법의 의도가 하나님만을 향해서 가는지를 살필 때마다 인간은 새로운 은사들과 은총을 받아들입니다.

그리고 인간이 하나님으로 존재하지 않은 것을 거기서 발견한다면 인간의 이성은 반드시 이것을 판단하고 지도해야 합니다. 이 빛은 그것의 비추는 빛으로 자연적인 덕들을 촉진하리라 생각합니다.

그것은 겸손, 온유, 선, 자비, 침묵과 비슷한 것입니다. 그리고 이것들이 그들의 기원이 하나님 안에 있는지를 드러내 줄 것이라 생각합니다.

그런데 이와 같은 빛은 또한 인간의 관습적인 덕들을 두루 비추리라 생각합니다. 이것은 지혜와 의로움과 견고함과 절제입니다. 이것들은 "기본 덕행"(Haupttugenden) 혹은 "주덕"(Kardinaltugenden)[4]이라 불립니다.

하나님 안에서 그리고 하나님의 인도로 덕을 훈련하기 위해서 진

---

[3] Vetter 92,30과 인쇄본 LT, AT, KT에서 "vereinuge"과는 반대로 (Hs. F 1 안에서와 마찬가지로) "vernuwunge"이라고 이해될 수 있는 곳 Corin, Wi 2, S. 121, 4에 따른 것이다.

[4] 텍스트가 Vetter 93, 7에는 손실돼 있기 때문에, 나는 Corin, Wi 2, S. 122,1와 관련해 "die heizint doirdogende"를 번역한 것이다.

실하고 순수한 마음(Meinung) 안에서 이성의 빛 역시 덕들의 훈련을 두루 살펴 정리하고, 그것을 올바른 장소와 신적인 질서 안으로 데려가야 할 것입니다.

인간이 자신의 소임을 다한다고 생각하면, 성령은 그의 빛으로 다가와 본성적인 빛을 덮어버리고 초자연적인 덕들을 인간 안에 부어주십니다.

이것은 신앙, 소망, 사랑과 그의 은총입니다. 그렇게 하면 인간은 이러한 버리고 떠남 있음 안에서 성숙하고 고귀한 사람이 됩니다. 빛은 이 모든 것을 빛으로 가득 채웁니다. 겨우 몇몇만이 그러한 상태가 되므로, 우리는 하나님이라고 생각하는 것만을 생각하고, 우리가 근저 안으로 접근한다면 우리는 그것이 그렇지 않다는 것을 발견합니다.

그렇지만 우리는 또한 그곳에서 심히 주의해야 합니다. 오직 하나님만을 갈망하는 어떤 사람은 전혀 하나님을 목전에 두지도 않고 모든 것이 언젠가는 사라질 것이라는 (생각 안에서) 걱정과 슬픔을 감지하고 의기소침합니다.

이것은 때때로 우울함에 대한 본성적인 경향에서 나오고 혹은 하늘의 섭리[5]이고 혹은 뇌우(Wetter)와 관계하고 혹은 악한 원수의 착상입니다. 우리는 이것을 온유한 인내로 극복해야 할 것입니다.

---

[5] "하나님의 섭리": Corin, Wi 2, S. 123, 1에 구절에 대한 설명을 시도하는 것이다. 그곳에서 그것은 "van himel"라고 말한다.

그런데 이런 어려움을 폭력적으로 제거하려고 시도하는 사람들이 있습니다. 그들 중 일부는 그것으로 자신들의 머리[6]에 상처를 입고, 그들 중 다른 일부는 선생들과 하나님의 친구들에게 달려갑니다.

하지만, 어느 누구도 결코 그것을 통해서 제자리를 찾을 수 없습니다. 그들은 훨씬 더 흔들리게 됩니다. 폭풍우가 어떠한 사람을 덮쳐 그에게 악천 후와 비와 우박을 내린다면, 그는 어찌할 바를 모르고 헤매는 사람들처럼 행하는 것과 같습니다. 폭풍이 지날 때까지 그들은 (보호해 주는) 지붕 아래로 도망치고 기다려야 합니다.

하나님 외에 아무 것도 원하지도 갈망하지도 않는다는 것을 어수룩하게 자기 자신 안에서 발견했다면, 인간은 역시 이와 똑같이 반응해야 합니다. 이런 시험이 닥쳐오면, 그는 다시 조용해질 때까지 진실로 이 유혹에서 벗어나, 자기 자신을 떠남 안에서 지키고 어려운 상황 안에서도 참으시는 하나님의 떠남을 기다려야 합니다.

하나님이 어디로 그리고 누구 안으로 오기를 바라고, 누구에게 그의 선물을 제공하실지 도대체 누가 알겠습니까?

덕을 향해 상승을 시도하는 어떤 사람에게는 파릇파릇하고 커다란 꽃을 피우는 빛나는 방식으로 받아들이는 것보다 온유함 안으로 신성한 의지의 지붕 아래 서 있는 것이 수백 번 더 훌륭한 일입니다.

인간이 위로와 하나님의 인식(Gottempfinden)을 감지한다면 그것을

---

[6] 번역: "그것으로 악한 머리들을 만들다."(Lehmann 1, 99)는 불투명한 것처럼 보인다. 나는 다른 방식으로 그것을 시도했다.

할 수 있듯이, 이런 상황에서 (인간은) 그의 개아(個我, Eigenwesen)를 잘 지킬 수 없기 때문입니다. 그때 본성은 영향력을 행사하고 쾌락은 (하나님의) 은사들을 빼앗아 버리며 영혼을 더럽힙니다.

하나님의 은사들이 하나님 자체는 아니기 때문입니다. 또한, 우리는 하나님 안에서만 즐거움을 가져야하고 그의 은사들에 대해서 기뻐해서는 안 됩니다.

악한 본성은 움켜잡기 위해 준비를 매우 잘 하고서 본성적인 것을 고려하며, 곧바로 살금살금 어디로인가 빠져나가 본성에 속하지 않은 것을 요구합니다.

그러므로 악한 본성은 하나님의 은사들을 썩게 만들고 더럽히며 하나님의 고귀한 사역을 방해합니다. 이 본성은 원죄의 결과로 빠져들었던 독성 안에서 완전히 자기 자신에게로 향했기 때문입니다. 토마스 선생은 인간이 그것 때문에 하나님, 그의 천사 혹은 하나님이 창조했던 모든 것보다 자기 자신을 더 사랑한다고 말합니다.

그 원인은 하나님이 인간의 본성을 그렇게 창조하셨기 때문이 아니라, 본성이 하나님으로부터 등을 돌려 자기 자신만을 알 수 있도록 부패해버렸으니까요!

이때의 독은 매우 깊이 근저 안으로 침투했기 때문에, 박학다식한 모든 선생들이 아무리 신중해도 그것에 다가설 수 없고 혹은 최선을 다해도 그것에 전혀 손상을 입힐 수도 없으며 혹은 그것을 (전혀) 근절시킬 수도 없습니다.

우리의 영과 본성 안에 있는 이런 거짓된 근저는 오로지 하나님의

## 23 그리스도의 승천 후 주일 설교: 너희는 정신을 차리고 근신하여 기도하라

면전에 있다는 것을 생각하는 곳, 바로 그곳에서 종종 발견됩니다. 그런 경우 종종 우리는 중독된 저항(vergifteten Widerstand)을 만나고 인간의 모든 행동에서 그의 것에만 초점을 맞춥니다. 그가 다음과 같이 말했을 때 사랑스러운 바울은 진실한 예언자였습니다.

마지막 때 인간은 오직 자기 자신만을 사랑할 것이니라.

이것은 매우 명확한 사실이므로, 우리는 온 세상 안에서 자기애 때문에 얼마나 많은 고통스러운 일이 일어나는지를 보게 됩니다. 우리는 모든 사람이 다른 사람의 것을 얼마나 이해할 수 없는지를 걱정스럽게 보고, 또한 얼마나 불법적으로 교활하게 그리고 (합법적으로 요청된) 억류를 통해 그것들을 탈취해 가는지 볼 수 있기 때문입니다.

인간들은 고해신부를 자신들의 취향에 따라 찾고 이교도 저술가들에게서 기묘한 해설들을 성서에 받아들입니다. 하지만 저는 비유로 이것을 말합니다. 이것은 외적인 것과 관련돼 있습니다. 이것은 영 안에서 수백 번 이상 일어난 일입니다. 진실하고 순수한 선이 그곳에 있기 때문입니다.

우리가 영 혹은 본성, 덕의 훈련 혹은 하나님 자체를 다룬다고 하더라도, 이것은 내적인 것의 자기 의지를 고정시키려는 것과는 반대로 (실제로) 작은 것, 성과 땅, 금과 은을 떠나는 것입니다. 모든 것이 본성에 대한 정돈되지 않은 사랑으로 가득 차 있다는 것을 누군가 알기 전에는 본성은 끊임없이 동시에 은밀히 침입합니다.

그런 경우 우리의 사랑의 주님은 우리가 현명해야 한다는 베드로의 가르침에 대한 잘 정돈된 훈령을 우리에게 제공합니다. 우리가 어떠한 상태에 있어야만 하는지를 우리에게 가르쳐 주려고 말하십니다.

뱀처럼 지혜로워라!

영원한 하나님의 아들, 아버지의 지혜, 그의 지혜의 말할 수 없는 영리함이 단순하게 통용되며 유행하는[7] 비유 아래 어떠한 것을 숨기고 있었는지에 관심을 가지십시오!
하나님의 아들이 완전히 겸손했기 때문에, 그의 가르침 역시 계속해서 겸손하고 단순했습니다.
이때 뱀이 지혜를 어떻게 드러내는지를 생각해 보십시오!
뱀이 나이를 먹어 주름이 많아지고 악취를 풍기기 시작한다는 것을 감지한다면 뱀은 한 장소, 두 개의 돌멩이가 서로 놓여 있는 곳을 찾아 두 돌멩이 사이로 자기 자신을 정확하게 처음부터 끝까지 밀어 넣고, 그 결과 허물을 완전히 벗겨냅니다.
그래서 하나의 새로운 뱀으로 성장합니다. 그것이 아주 똑같이 항

---

[7] Corin, Sermons II, 11에 의해서 "groß" 대신에 제시된 번역 "fruste"는 화폐에 의해서 사용되고, 그것의 인장은 빈번한 사용을 통해서 연결된다. 아마도 우리는 거기로부터 비유들에 관한 이해로 접근하고, 비유들은 청자들의 시기와 이해를 위한 어떠한 부당한 요구를 뜻하지 않았고 그런즉, "기인하는" 그리고 "유행하는"이라는 뜻이다.

## 23 그리스도의 승천 후 주일 설교: 너희는 정신을 차리고 근신하여 기도하라

상 크거나 선하다고 하더라도 인간 역시 자신의 오랜 피부, 즉 본성으로부터 소유한 모든 것을 처리해야 합니다. 오래된 피부는 나란히 놓여 있는 두 개의 돌멩이를 통해 벗겨지지 않아도 진실로 결함을 가지고 있기 때문입니다.

이 두 개의 돌멩이는 (도대체) 어떤 것입니까?

하나는 진리이신 영원한 신성이고, 다른 하나는 자비로우신 그리스도의 인성이자 실체가 있는 길입니다. 인간 안에 어떠한 것, 즉 본성적 덕 혹은 관습적인 덕이 행위(Verhalten) 안에 있을 경우 이 두 개의 돌멩이들 가운데 인간은 처음부터 끝까지 모든 삶과 본질을 형성해 묶어서 운반해야 합니다.

그것에 따라 거룩한 교회는 (곧바로) 순서에 따라 노래를 부를 것입니다.

"당신의 신성 없이는 어떠한 것도 빛나지 않고[8], 반드시 손상을 당할 것입니다"(Sine tuo numine, nihil est innoxium).

그러므로 얼마나 악의적이고 고귀한지 당신의 덕들을 진실로 검증하면서 대처하십시오!

본성이 그것들을 지배한다면, 그것들은 영적인 천연두(Blattern)에 걸릴 것이고, 덕들을 능숙하게 행하면 행할수록 더욱더 빠르게 천연두에 걸리게 됩니다.

---

[8] 여기에 번역된 텍스트 "nihil est in lumine"는 오늘날 "nihil est in homine"로 바뀌었다. 기교를 위한 것이 아니다.

하지만, 관습적인 덕 혹은 고귀한 것에서의 갈망하는 덕들이 있다면 그것들은 영적인 오염과 노화를 생산할 것입니다. 또한 그것들이 반석이신 그리스도를 통해서 닦이지 않고 그때 내적인 갈망과 진심어린 기도로 갱신되지 않습니다.[9]

하나님 안으로 들어가 다시 태어나거나 새롭게 형성되지 않는다면 이것은 전혀 도울 수 없고 하나님은 그 덕들에 대해서 어떠한 호의도 베풀지 않을 것입니다.

그것 위에 모든 건물이 세워질 것이라고 바울이 말한 것처럼 이것은 의미 있는 반석이고, 또한 그리스도 자신이 말한 것처럼 모퉁이입니다. 그리고 당신이 솔로몬만큼 지혜롭고 삼손만큼 강하다고 하더라도, 그리스도가 당신을 빛나게 해주지 않는다면 당신 역시 그렇게 현명하지는 못할 것입니다.

당신을 그리스도의 가난과 정결과 순종 안으로 침몰시키십시오!

당신의 결함을 그를 통해 제거하고, 모든 (단지 본성적인) 덕으로부터 당신 자신을 해방시키십시오![10]

이때 그 안에서 인간들에게 성령의 일곱 가지 은사들이 제공되는데, 일곱 가지 은사들은 세 가지 덕, 즉 믿음, 소망 그리고 사랑이고, 성령 안에서 모든 완전함과 진리와 평화와 기쁨입니다.

---

[9] Vetter 95,28과는 반대로 Corin, Wi 2, S. 129,2와 인쇄본 수기 원본에 의한 Corin, Sermons II, 12의 수정에 따른 것이다. "vermenget"

[10] Vetter 96,3과는 반대로 Straßurger Hss. A 88의 수기 원본과 Hss. F 1과 Corin, Wi 2에 따른 것이다.

## 23 그리스도의 승천 후 주일 설교: 너희는 정신을 차리고 근신하여 기도하라

그 안에서 떠남(Gelassenheit)과 온유한 인내가 발생하고, 그 결과 사람은 하나님으로부터 모든 사물을 태연하게 받아들일 수 있습니다.

하나님이 인간에게 금하시는 것과 허락하시는 것, 불행과 행운, 사랑과 시련 모든 것은 사람에게 축복으로 이용될 것입니다. 인간들 위에 다가오는 모든 것들은 영원히 하나님에 의해서 그렇게 예정되었습니다. 그 이전부터 하나님 안에 있었으므로, 그것은 전자가 아니라 후자처럼 일어나야 하기 때문입니다.

그러므로 사람은 모든 돌발적인 사건에서도 평화를 유지할 것입니다. 인간은 모든 사건들 안에서 이러한 평화를 배우고 내재성 안에서 진정한 버림과 떠남을 배웁니다. 평화를 가지길 원하는 자는 그곳에서 평화를 배워야 하며, 어떤 다른 것이 아닌 내부로 향하도록 했던 영과 더불어 평화를 구하려 하고 구해야 합니다. 여기서 그는 견고하게 서게 돼 뿌리를 내립니다.

우리가 이 설교 안에서 말했던 모든 일들은 고귀한 사람에게 속하는 일입니다. 그는 매 순간 자기의 말과 일과 행동 안에서 모든 일들을 염려해야 합니다. 또한 이것은 모두 가능한 일입니다.

그것은 사람이 심령(Gemüte)의 쉼 안에서 하나님에게 뿌리를 내리고 순수한 하나님의 갈망과 신뢰할 수 있는 인식과 모든 덕들의 내적인 빛남[11] 안에 고정돼 있었기 때문이고, 이 모든 것은 그리스도를 통

---

[11] 인쇄본 KT의 텍스트에 대한 Corin, Wi 2, S. 131, 2에 의한 수기 원본을 따라서 Vetter 96,21에 의한 수기 원본과는 반대로 "aller dinge"가 적절하고, 이것을 또한 몇몇의 것은 자체적으로 가진다. cf. Corin, Sermons II, 14, 각주 1번을 참조.

해 정돈됩니다.

  이 모든 것은 그렇게 되고, 모든 것들은 여기서 탄생되고 내적인 삶과 진실한 버리고 떠나 있음 안에서 강화됩니다. (그러나) 말하자면, 이것이 성장하고 증가하면 할수록 성령은 더욱더 장엄하게 주어지게 되고 많이 받아들여지게 될 것입니다.

  다음 설교에서는 여기서 전혀 다루지 않은 다른 부분들에 관해서 언급하도록 할 것입니다.

  진실한 버리고 떠나 있음 안에서 하나님을 점점 더 순수하고 내재적으로 찾으려는 우리 모두에게 일어나도록 사랑의 하나님은 자기 자신을 통해서만 우리를 도우실 것입니다.

  아멘.

# 24

## 오순절 전 설교:
## 너희는 정신을 차리고 근신하여 기도하라[1]

(*Estote prudentes et vigilate in orationibus*, 벧전 4:8)

> 만물의 마지막이 가까이 왔으니 그러므로 너희는 정신을 차리고 근신하여 기도하라(벧전 4:7).

베드로는 그의 서신에서 말하십니다.

근신하여 깨어 기도하라!

우리는 지금 성령강림절을 우리 눈앞에 두고 있기 때문에 어제 여기서 말했던 것처럼 각 사람은 전심을 다해서 하나님만을 갈망하며

---

[1] 위에 언급된 베드로 서신서의 두 번째 해설은 우리의 모든 행동을 하나님에게 향하도록 하고, 하나님으로 존재하지 않은 것을 근절하며 돌아서서 잘라낼 것을 우리에게 가르친다. 또한 그것은 나무를 베어내는 경작자에게 잡초를 뽑고 삼월에 그 땅을 갈아엎을 것을 우리에게 가르친다.

성령을 영접하도록 준비해야 합니다.

또한 각 사람은 자신의 이성의 빛에 따라 그의 행동과 삶을 검증하고, 하나님에게 속하지 않은 어떤 것이 그 안에 살고 거주하는지를 검증해야 합니다.

이에 대한 준비는 우리가 어제 언급했던 네 가지 단계로 이뤄져 있습니다. 이것은 버리고 떠나 있음, 단념, 내재성 그리고 외로움[2]입니다. (그리고 계속해서 이러한 준비는) 외적인 사람이 진정돼 자연적인 덕, 즉 인간의 하위의 능력들 안에서의 관습적인 덕을 통해 이뤄지는 것입니다.

그 이후에 성령은 (이러한 사람의) 상위 능력들을 장식할 것입니다. 하지만 이 모든 것은 각각의 행위와 삶 안에 있는 상황에 따라 이성의 빛을 통해 이뤄집니다. 그러나 모든 인간의 시험은 하나님을 향하고 있었는지 혹은 아니었는지의 문제입니다.

인간이 자신의 행동을 전혀 정돈하지 않고서도 그 속에서 어떤 것을 발견한다면 인간은 이것을 정리할 수 있겠는가!

또한, 인간은 삼월에 접붙여 개량했던[3] 농부처럼 어쩔 수 없이 그렇게 행동해야 합니다. 태양을 보려고 보다 높이 올라가기 위해서 인간은 나무들을 베어내고 잡초를 제거하며, 열심히 땅을 갈아엎어 개량합니다. 이와 마찬가지로 인간은 온 힘을 다해서 자기 자신을 갈

---

[2] cf, 설교 23, 각주 1번을 참조.
[3] 수기 원본들과 더불어 Corin, Wi 2, S. 133, 4와 App. 1에 따른 것이다. 이러한 이해는 Vetter 97, 20에 의한 텍스트의 이해보다 우선시될 수 있다.

아엎고 그의 근저를 살펴 뒤틀린 근저[4]를 근본적으로 바꿔 나가야 합니다.

인간은 외부의 감각들과 하위의 능력으로서 그의 나무들을 베어낸 이후 잡초를 완전히 뽑아야 합니다. 그는 우선 육신과 마음과 감각과 모든 형태와 영 안에서 일곱 가지 대죄들을 잘라내야 합니다.

즉, 내외적인 교만, 모든 탐욕, 모든 분노, 미움과 시기, 모든 불결함과 욕망을 철저히 뿌리째 뽑아내야 합니다. 인간은 어떤 것이 내외적으로 달라붙어 있는지, 태만이 어디에 숨겨져 있는지에 관한 문제를 검증해야 합니다.

그와 같은 비슷한 모든 것을 잘라내고 완전히 뽑아내십시오!

하지만, 여전히 (땅은) 건조하고 단단합니다. 태양은 보다 더 높이 떠오르나, (겨울 땅에서는) 전혀 빛나지 않습니다. 지금 태양은 빠르게 가까워지고, 여름은 서둘러 다가올 것입니다.

신적인 빛(Sonne)은 곧바로 잘 준비된 땅에 비출 것입니다. 외적인 사람과 상하위의 능력이 제대로 잘려나가 내외적으로 준비되고, 부드러운 신성한 빛은 다가와 근저, 즉 고귀한 땅을 비춰 빛나도록 하니 기쁨이 가득 찬 여름에 이르러, 지금 외형에서 볼 수 있듯이 우리는 진정한 개화기(Maienblüte)를 맞이하게 됩니다.

이런 경우 사랑이시고 영원하신 하나님은 영을 푸르게 만들고 꽃

---

[4] Vetter S. 97, 24에 의한 텍스스와는 반대로 Corin, Wi 2, S. 133, 8-9와 수기 원본들을 따른 것이다.

피게 하며 고귀한 열매를 맺도록 하는데, 그것은 어떠한 입술도 말할 수 없고 어떠한 마음도 생각할 수 없는 일입니다. 이 기쁨은 (그러한 인간의) 영 안에서 일어납니다.

성령이 현존을 통해 자신의 기쁨의 광선과 신적인 빛남을 방해받지 않고, 또한 (인간의) 근저 안에 부어 주실 수 있고 진실한 위로자라고 불리는 영이 온유한 영향력을 그곳에서 발휘할 수 있는 한, 사랑스러운 향유는 (그렇다면) 그곳에서 어찌 일어나지 않을 수 있는가!

축제일 당일에 부엌에서 준비된 맛있는 음식은 고귀한 냄새를 풍기고 매우 특별해 값비싼 것인 만큼 놀라울 정도로 주목을 끌 수 있습니다.

바로 삼월은 개화의 계절이 아닙니까!

바로 거기서 빵조각들은 가엾은 본성으로 매우 고상한 냄새를 풍기고, 그때 그 가엾은 본성은 그것의 선한 영역에서 기쁨을 소유합니다. 그 경우에 성령은 잘 준비된 영에게 유일하게 인지하고 맛을 느끼는 기쁨의 물방울을 아끼지 않고[5] 풍성하게 선사해주고 부어 줍니다. 이 유일한 물방울은 우리가 생각하거나 제공할 수 있는 방식으로 모든 피조물에게 발생할 수 있는 모든 맛과 향기를 능가하고 소멸시켜 버립니다.

이와 같이 커다랗고 특별한 위로를 스스로 발견하고 감지한 일

---

[5] Corin, Wi 2, S. 135, 9와 설명 3 (App.)에 따른 것이고, 그에 의해서 단지 "ruwelichen"는 "rivelichen"(아끼지 않게)를 통해서 대처된 것이다.

부 사람들은 곧바로 기꺼이 그곳으로 완전히 침몰해 들어가서 잠들고 휴식을 취하며 향유합니다. 이러한 향기로운 물방울을 맛봤을 때 베드로는 초막을 세우기 원했고, 기꺼이 그곳에서 머무르기를 원했습니다.

하지만, 우리 주님은 이곳에서 머무르기를 원하지 않으셨습니다. 그 곳은 우리 주님이 베드로를 인도하고 데려가기를 원했던 목적지와 상당히 멀었기 때문입니다. 그러나 베드로가 "여기서 머무는 것은 좋사오니"라고 말하자, 그 사람들은 그렇게 하려고 할 것입니다. 그들은 이 환희를 알아차리고서 자신들이 태양을 완전히 차지한 것으로 생각해, 기꺼이 그 빛 안에 누워 휴식을 취하려 할 것입니다. 이것을 행하는 자들은 (동일한 장소에) 모조리 머물러 버립니다. 이런 사람들에게는 아무것도 이뤄지지 않고, 그들은 향상되지도 않을 것입니다.

다른 사람들은 (다시) 또한 그들의 환희로부터 불공정한 자유로 빠져드는 방식으로 잔류할 것입니다. 이런 기쁨과 감정 안에서 본성은 민첩하게 뒤로 향해 버립니다. (그러나) 인간은 최상으로 자기 자신에게 호의를 보낼 것입니다. 이때 그는 자신의 감정을 따를 것입니다.

이 경우에 이것은 매우 심각해집니다. 나는 많은 사람이 복용하는 약물에 관해 말하는 것을 듣고 있습니다.[6] 인간의 본성이 약물의 도

---

[6] Wi 2, S. 137, 2에 대한 코린의 수정에 따른 것이다. cf, 그곳에 있는 수기 원본들과 설명 1 (App.), 더 나아가 Corin, Sermons, 19 각주 1을 참조.

움을 필요로 할 때, 그것은 약물에 의존하고 정주하며 휴식을 취하면서 필요한 도움을 얻을 수 있다고 생각합니다.

하지만, 이때 인간의 본성은 그 밖의 것을 행할 때 전력을 다해 활동하지 않습니다. 하지만 모든 도움이 확실하지 않다면 인간 본성은 활동하는 동시에 자기 자신을 도울 것입니다.

아! 사랑하는 자들이여!

여러분은 손상을 입고 스스로 뒤를 돌아보는 본성이 얼마나 빠르게 만물 속으로 파고드는지, (그때) 본성이 본성의 쉼과 편안함을 얼마나 빠르게 찾아내는지, 또한 영적인 것들 안에서 어떤 다른 곳에서보다 수천 배 이상으로 이것을 구하는지에 주목하십시오!

인간은 이런 기쁨과 특별한 선을 그것에 맡길 수 있는 것으로 인지하고 자기 자신 안에서 확신을 합니다. 또한, 인간은 결코 열정적이거나 충실하게 활동하지 않는 동시에 유약하고 까다로워지며, 예전처럼 고통을 당하지 않거나 활동할 수 없는 것에 대한 침묵을 당연히 유지해야 하는 것처럼 생각합니다.

또한, 휴식을 인지하게 되는 인간은 곧바로 그의 자리를 고집하면서 적절치 않은 쉼 안에 머무르게 되는데, 그때 원수가 접근해 거짓된 달콤함을 쏟아붓습니다.

그렇다면 우리는 어떠한 태도를 취해야 합니까?

우리는 어떻게 이런 위로에서 떠나야 합니까?

우리는 어떻게 위로를 단호하게 거부해야 합니까?

결코 그럴 수 없을 것입니다!

우리는 겸손 안에서 위로를 매우 감사하게 여기고 받아들여, 하나님에게 속한 그것을 하나님에게 되돌려드리면서 그를 찬미해야 합니다.

또한, 우리는 우리 안에 있는 모든 것을 무가치한 것으로 고백하고 오로지 초보 수공업자처럼 행동해야 합니다.

초보 수공업자는 적게 소유하고 배고파하고 목말라하며 계속 방랑하면서, 자기 자신에게 읍소합니다.

"내가 4마일 이상 더 이동해야 식사를 할 수 있고 나를 배부르게 할 수 있습니다."

또한 그는 (이렇게 생각할 때) 기쁘기도 유쾌하기도 하지만 다른 한편으로 바짝 긴장해서 10마일 이상을 기꺼이 더 이동할 수 있습니다.

하나님은 인간을 그의 위로와 신성한 마음(Empfinden)을 통해 강건하게 하시고 먹이시므로, 인간이 이와 같이 행동하는 것은 마땅한 일입니다. 그는 예전보다 훨씬 더 많은 활동과 사랑과 더 많은 감사를 해야 하고 더 많은 찬미를 드려야 하며 (하나님의 뜻에 따라) 더 훌륭한 삶을 살아야 합니다.

그는 진정한 갈망과 내적인 사랑 안에서 하나님을 향해 팔을 뻗어야 하고, (그의 도움으로) 먹게 되므로, 하나님은 그에게 선한 근저와 더불어 훨씬 더 많은 선물, 즉 위로와 (신적인) 마음의 선물을 제공하실 것입니다.[7]

---

[7] 하나님이 수고하는 자에게 "훨씬 더 많은 선물을 빚지게 된다"라는 것—Corin,

어떤 사람이 한 굴덴(Gulden)을 가지고 교황에게 접근하자 교황은 그를 맞이해 그에게 황금 100파운드를 주었는데, 이 일은 그 사람이 교황에게 한 굴덴을 드릴 때마다 (이 일은) 계속 동일하게 반복될 것입니다. 인간이 하나님에 대한 사랑과 감사 안에서 자기 자신을 전향해 하나님에게 드릴 때마다 이러한 일은 인간에게 똑같이 일어날 것입니다.

하나님은 매번 인간에게 더 많은 선물과 은총을 가지고 서둘러 맞이하러 가고, 매 순간 더 많은 위로로 다가오시는 분입니다. 또한 그러한 신적인 위로의 방법은 하나의 도움, 즉 하나님과 보다 더 위대한 선으로 향하는 한 가지 방법이 됩니다.

우리는 그와 같은 위로의 도움을 받아야 하는 것이지 위로를 즐겨서는 안 됩니다. 인간이 마차를 탈 때 자신의 즐거움을 위해서가 아니라 자신의 유익을 위해 마차를 이용하는 것과 마찬가지로, 인간은 하나님의 은사들 중 단지 유익한 것만을 받아드리되, 오로지 하나님에게만 기쁨을 둬야 합니다.

베드로는 이러한 손실을 경고하며, 우리가 공복으로 일어나도록 말합니다. 또한 그는 이런 위로의 감정 안에서 잠들지 않도록 경고합니다. 보기에 따라서 잠든 자는 절반이 죽어 있는 상태이기에 스스로

---

Wi 2, S. 138, 14에 의한 "mase"가 하나님과 관련됐다면—을 타울러는 전혀 말하려고 하지 않았다. 그럼에도 "빚지게 된다"는 것을 "대체로 활동하는 행위"라는 의미 안에서 또한 받아들일 수 있고 그래서 제시된 번역은 대변한다(그 밖에 또 한 Corin, Sermons II, 20에 의해서).

아무것도 행할 수 없기 때문입니다.

우리는 깨어나 정신을 차리고 공복인 상태로 있어야 합니다. 공복인 상태의 사람은 원기를 회복한 후 자신의 일을 성실하게 이성적으로 성취해 나갑니다.

따라서 베드로가 말합니다.

> 형제들이여!
>
> 공복으로 깨어나라!
>
> 악한 원수가 우는 사자와 같이 두루 배회하면서 너희를 삼키기 위해 찾고 있으니, 너희는 믿음 안에서 굳건히 그에게 맞서라!

나의 사랑하는 자들이여!

그러므로 졸지 말고 견디며, 순수한 하나님으로 존재하지 않은 것에 머무르지 말고 이성의 빛을 가지고 열심히 여러분을 살피십시오!

또한, 여러분 자신과 사랑의 갈망 안에서 여러분 안에 계신 하나님에게 집중하십시오!

그런데 우리 주님의 사랑스러운 제자들이 주님의 기쁨으로 가득 찬 현존 안에 머물 수 없었을 때 성령은 그들에게 주어져야 했습니다.

그리스도는 말했습니다.

> 내가 너희로부터 떠나지 않는다면 성령, 곧 위로자는 너희에게 오지

않을 것이니라.

거룩한 제자들은 내외적으로 우리 주님 예수 그리스도의 현존의 (기쁨)으로 가득 차 있었고, (그들의 본질)의 구김살(Falten), 마음, 감각, 영혼, 능력은 내외적으로 (이러한 기쁨으로) 가득 채워졌습니다.

그러나 그들은 진정하고 영적인 내적 위로에 도달하기 위해서 그들을 붙들고 있었던 것에서 떠나고 벗어나야 합니다. (외적인 것을 의지하는 위로로) 가득 참은 그것이 그들에게 대단히 불쾌하고 아픈 일이라고 하더라도 그들이 예전보다 향상되기 위해서는 반드시 제거돼야 할 일입니다.

그렇지 않으면 그들은 하위의 단계, 곧 감각적인 단계에 단지 머무를 수밖에 없습니다. (그럼에도) 감각적인 것에 의지하는 것을 넘어선 다면, 인간은 상위, 이성적 능력의 영역에 접근합니다. 그때 (그 위로)는 매우 고귀하고 드높아 집니다. 그는 거기서 내적인 근저, 영의 은폐성(Verborgenheit)에 도달합니다.

그때 이러한 환희는 그것에 아주 딱 맞는 고유한[8] 거주지를 소유하고 진실로 받아들이게 됩니다. 그때야 비로소 공복 상태의 인간은 완전한 삶을 얻습니다.

이때 베드로는 말합니다.

---

8   Vetter 101, 5 "wislichen"이라는 이해보다 아마도 Corin, Wi 2, S. 141, 5 "weselichen"이 우선시될 수 있다.

기도 안에서 깨어있으라! 악한 원수가 우는 사자처럼 두루 배회하기 때문이니라.

베드로가 말하는 기도란 도대체 무엇을 의미할까요?

일부 사람들이 많은 시편을 가지고 소리 내 기도하기 때문에 베드로는 그것을 떠올리며 구성기도를 생각하는 것일까?

그렇지 않습니다. 이것은 구성기도를 의미하는 것이 아니라, 우리 주님이 진실한 기도라고 했던 바로 그 기도를 뜻합니다. 참으로 기도하는 자는 영과 진리 안에서 기도하는 것을 말합니다.

성인들과 선생들은 기도란 하나님을 향한 인간의 영의 상승이라고 말했습니다. 물론 소리 내 낭독하는 일과 구성기도는 기도를 위한 일시적인 도움을 주는 것으로서 어느 정도 칭송받을 만한 일입니다.

모든 구성기도는 나에게 도움은 되지만, 나의 진정한 외투와 옷이 될 수는 없습니다. 즉 그것은 (실제로) 영과 심령(Gemüt)에 의해 직접적으로 하나님에게 상승하도록 하는 참된 기도를 향해 나를 일시적으로 인도할 뿐입니다. 이것이 참된 기도의 본질입니다.

심령이 사랑 안에서, 내적인 갈망 안에서, 하나님에게 겸손한 순종 안에서 하나님에게 상승하도록 하는 것은 오로지 진정한 기도뿐입니다.

여기서 구성기도를 매일 의무적으로 하는 영적인 사람들, 곧 수도 자들과 성직자들[9]은 예외적입니다.

하지만, 어떠한 외적인 기도도 거룩한 주기도문만큼 경건하고 좋은 것은 없습니다. 가장 높은 지위에 있는 선생은 이것을 우리에게 가르쳤고 기도했습니다. 이것은 최대로 진정성 있고 본질적인 기도로 유도했고, (확실히) 그것은 하늘의 기도입니다.

우리는 이러한 진정한 기도를 말하고 (그것의 내용)을 천국에서 끊임없이 숙고하는 것입니다. 그것은 하나님에 대한 진정한 상승이고, (하나님을 향한 인간의) 영을 상승시키며, 그 결과 하나님은 진실로 그리고 실제적으로 (인간)의 가장 순수하고 내재적이며 고귀한 영역, 즉 오직 진정한 일치만이 있는 곳으로서 내적인 근저 안으로 들어갈 수 있습니다.

아우구스티누스는 이러한 근저에 관해서 다음과 같이 말합니다.

> (인간의) 영혼은 시간과 온 세상과는 전혀 관계가 없고, 그것은 (인간의) 영역보다 훨씬 더 높은 곳에 있어서 육신에게 삶과 운동을 제공하는 숨겨진 심연(Abgrund)을 자기 자신 안에 소유하고 있습니다. 고귀한 기쁨으로 가득 찬 근저, 즉 하나님의 나라 바로 그곳에서 우리가 말했던 그 환희는 사라지게 되고, 영혼은 영원히 체류합니다. 그곳에서 인간은 본질적이 돼 매우 사려 깊어져 침묵을 지키고 곧바로

---

[9] Corin, Wi 2,에 의한 S. 142, 4에 대한 App. (1)의 설명은 Vetter 101, 21 아마도 "gepruefete"에 의한 이해 대신 "geprobenete"(즉, "gepründete")의 이해를 따른 것이다.

버리고 떠나 매우 내적이 됩니다. 그곳에서 인간은 만물들 안에서 더 진정한 순수성과 포기, 더 떠나 있는 순수성과 포기 위에 세워질 것입니다.

왜냐하면, 하나님이 스스로 현존하셔서 고귀한 나라로 다가오셨고, 그곳에서 활동하고 거주하며 다스릴 것이기 때문입니다. 이런 상태는 앞선 상태와 비교될 수 없습니다. 인간은 바로 지금 진정으로 거룩한 삶을 획득할 수 있기 때문입니다. 그의 영은 여기서 전적으로 (하나님과 함께) 녹아내리지만, 만물들 안에서는 불타올라 본질과 본성에 따라 하나님 자체로 존재하는 뜨거운 사랑의 불꽃 안으로 들어가게 됩니다.

또한, 이러한 사람들은 거룩한 기독교의 모든 위기가 닥칠 때 모든 것에 관한 기도와 기원을 시작하고, 모든 것과 기쁨을 위해서 하나님만을 찾아야 합니다. 거룩한 기독교 안에서 그들은 죄인들과 연옥에 있는 (영혼들)을 걱정하고, 모든 인간의 위기를 사랑으로 충고하려고 노력합니다.

그들은 어떤 여성을 위해 기도하는 것이 아니라 단순하고 사려 깊은 방식으로 행합니다. 내가 여기서 내 앞에 앉아 있는 여러분 모두를 보고 시선에 (포함시키는 것)과 마찬가지로 그들은 모든 것을 동시에 동일한 근저에 끌어들이되, 관상적인 방식으로 동일한 사랑의 불꽃으로 끌어들입니다.

그 이후 그들은 비로소 다시 들여다 볼 수 있고 그곳에서 머무르며 새롭게 잠수해 들어가고, 또 다시 (아래로) 거룩한 기독교 안에서 모든 고통을 참아내는 사람들을 새로운 쉼에서 근저 안에 있는 자비롭고 어두우며 조용한 쉼으로 방향을 바꿉니다.

그러므로 영혼들은 때때로 왕래하지만 매 시간 자비롭고, 고요한 근저 안에 머무릅니다. 그것들의 본질과 삶, 또한 모든 활동과 운동이 그곳에 있습니다. 영혼들을 만나는 곳과 그것들 안에서 인간은 신성한 것 이외에는 무엇도 발견하지 못합니다. 그것들의 모든 행동과 천성(Art)에는 오직 신성한 것만 있을 뿐입니다.

바로 이런 사람들이 고귀한 사람들이고, 모든 기독교에 유익한 자들입니다. 그들은 모든 것을 개선하는 데, 하나님을 찬양하는 데, 모든 사람을 위로하는 데 유익합니다. 그들은 하나님 안에 거하고 하나님이 그들 안에서 거합니다.

그들이 거하는 곳에서 인간은 항상 그들을 칭송해야 합니다!

이것이 우리 모두에게 주어지도록 하나님은 우리를 도우실 것입니다.

아멘.

# 25

## 오순절 설교(1):
## 그들이 다 성령의 충만함을 받고[1]

(*Repleti sunt omnes Spiritu Sancto*, 행 2:4)

---

그들이 다 성령의 충만함을 받고 성령이 말하게 하심을 따라 다른 언어들로 말하기를 시작하니라(행 2:4).

---

그들 모두는 성령으로 충만하게 돼 하나님의 위대한 사역(Großtaten)에 관해서 말하기 시작하였느니라.

오! 나의 사랑하는 자들이여!

---

[1] 다음 세 개의 오순절 설교들 중 앞선 두 개의 설교들은 오순절에 관한 서신서의 말씀에서 인용됐다. "그들 모두는 성령으로 충만하게 되었더라 … ." 세 번째 설교는 오순절 주간 목요일 요한복음에 관한 것, (즉) 양의 우리에 대한 비유이다. 그 말씀의 첫 번째 해석은 성령으로 충만하게 되고자 하는 자들이라면 그들의 마음을 (모든) 자기애, (모든) 자기 생각과 자기 의지로부터 자유롭게 해야 하며, 어려운 상황과 혐오로부터 떠나야한다는 것을 우리에게 가르쳐 준다.

오늘은 고귀하고 귀중한 선물이 (우리에게) 다시 제공된 거룩한 날이나, 그 귀중한 선물은 불순종의 죄 때문에 에덴동산 안에서 손상을 입히는 방식으로 사라졌습니다. 그때 이후로 모든 인간은 영원한 죽음에 나락에 빠지게 되었습니다.

위로자인 성령은 성령의 은사와 위로와 함께 사람들에게 완전히 사라지게 됩니다. 모든 사람은 하나님의 영원한 진노를 받게 되었고 영원한 죽음의 권세에 빠지게 되었습니다. 우리 주 예수 그리스도가 잡혀 구속돼 십자가에서 죽었을 때, 그는 거룩한 그리스도의 수난의 날에 원수의 세력을 깨뜨렸습니다.

그때 그는 사람들과 하늘 아버지 사이에서 죄사함을 실현했습니다. 오순절 날, 바로 오늘 그는 이런 죄사함을 증명하셨습니다. 그는 우리가 완전히 잃어버렸던 이런 고귀한 보물을 오늘 또 다시 되돌려주셨습니다. 자비로운 성령, 즉 모든 마음과 모든 지성은 성령 안에 거하는 부요함과 사랑과 풍요함에 도달할 수 없습니다.

이런 자비로운 성령은 제자들과 성령을 받아들였던 모든 사람에게 풍요함, 훨씬 더 커다란 부요함과 충만함과 더불어 다가와 그들을 내적으로 충만케 하셨습니다. 이것은 마치 저항과 방해를 제거한 후 라인강이 자유롭게 흘러 들어가는 것과 같은 일이었습니다. 따라서 충만하게 흘러넘치는 성령이 분출해 어디엔가 흘러 들어가자, 그것은 마치 성령이 예전에 있었던 모든 골짜기와 근저들을 적시고 범람하며 충만케 하려고 한 것처럼, 곧바로 시냇물과 같이 흘러내릴 것입니다.

따라서 성령은 스스로 받은 것으로 생각했던 제자들과 모든 사람에게도 함께 했습니다. 그래서 성령은 오늘 여전히 끊임없이 매시간 행하십니다. 성령은 모든 근저들과 마음과 영혼을 충만케 하기 위해 쏟아붓고, 그곳에서 (항상) 성령은 공간을 발견합니다. 성령은 모든 부요함과 은총과 사랑과 말로 형용할 수 없는 선물을 통해 그들을 충만케 합니다. 또한 성령은 드러나도록 한 골짜기와 구덩이를 가득 채웁니다.

"모든 사람들이 충만케 되었더니."

3년 6개월 동안 비가 내리지 않아서 씨를 뿌리거나 수확할 수도 없었던 엘리야 시대와 같은 일이 지금 일어나서, 온 세상에 충만해 생기를 불어 넣어줄 온난하고 넉넉한 비가 내린다 해도, 인간의 전답이 특히 건조하고 말라버린 채 머물러 있다면 이것은 성령과 친구들에게 말할 수 없는 슬픔이고 (커다란) 비애의 원인이 될 수 있습니다.

"모든 자들이 성령으로 충만하게 되었더니"(Repleti sunt ommnes).

은총과 사랑이 없는 채로 머무르게 되는 성령의 마음, 영혼과 근저와 내외적인 인간은 철저하게 메마르고 거칠어집니다.

형용할 수 없으며 지극히 중요한 위로를 잃어버린 성령은 얼마나 불안하겠습니까!

자 그럼! 우리는 영화로운 성령의 영접을 위해 우리가 무엇을 해야 하는지를 살펴봅시다!

이것을 위해 성령은 인간 안에서 가장 친밀하고 가장 고귀한 준비에 착수하고 활동해야 합니다. 성령은 인간 안에서 한 장소를 준비해 자기 자신을 받아들여야 합니다.

그렇다면 그곳에서 인간들을 위해 성령이 자신을 받아들이도록 준비한 자신의 사역은 어떠한 것입니까?

성령은 인간 안에서 두 가지로 활동합니다. 그 하나는 성령이 인간을 비우도록 하고, 다른 하나는 인간이 그것을 비운 만큼 성령이 비워 있는 곳을 채우십니다.

이런 비움은 성령의 영접을 위한 최우선적이고 가장 훌륭한 준비입니다. 인간이 얼마나 비우느냐에 따라 그 역시 성령을 받아들일 수 있기 때문입니다.

우리가 나무통을 채우려고 할 때 가장 먼저 해야 하는 것은 안에 있는 것을 밖으로 비우는 것입니다. 포도주를 넣으려고 한다면 안에 있는 물을 밖으로 쏟아부어야 합니다. 두 가지 재료는 동시에 (동일하고) 한 장소에 있을 수 없기 때문입니다. 불꽃이 들어와야 한다면 물은 밖으로 흘러나와야 합니다. 그것들은 서로 상극[2]이기 때문입니다.

(인간들 안에) 신성한 것이 들어가야만 한다면 불가피하게 피조적인 것은 무엇보다 인간들에게서 떠나야 하기 때문입니다. 모든 피조적인 것은 어떠한 종류가 되었든지 간에 밖으로 나아가야 합니다. 당신은 당신 안에 있는 모든 피조적인 것과 당신이 받아들였던 모든 것을

---

[2] cf, Wi 1, S. 177, 18에 대한 코린의 설명. 그럼에도 나의 관찰에 따르면 베테르적인 이해 305,29는 절대적으로 변경돼선 안 된다. 그것은 그런 이유로 번역 안에 유지됐다.

내던져 버려야 합니다.

이성적 영혼이 인간 안에 나타나기 위해서 동물적이고 비이성적인 영혼은 그곳에서 사라져야만 합니다. 따라서 인간은 평정을 되찾고 비워야 하며 준비돼야 합니다. 인간은 모든 것으로부터 떠나 이 떠남 자체에서도 독립해 그것을 아무것도 아닌 것으로 생각해야 하고, 그 것의 순수한 무를 향해 침몰해 들어가야 합니다.

이와 반대되는 경우는 그가 확실하게 성령을 내쫓고 몰아내서 인간 안에서 고귀하게 활동을 하시는 성령을 방해합니다.

그런데 이 길을 발견하는 것이 쉬운 일이 결코 누구에게도 쉬운 일은 아닙니다. 인간 안에서 이러한 준비가 잘 되었을 때, 곧바로 성령은 두 번째 사역을 행하십니다. 성령은 인간의 온전한 수용성에 따라 인간을 가득 채우십니다.

당신은 진실로 비워져 있는 만큼 받아들일 수 있습니다. 당신이 당신의 것을 적게 소유하면 할수록, 당신은 더욱더 신성한 것을 받아들일 수 있습니다. 당신은 자기애, 자기 이해, 자기 의지, 이 모든 것을 포기해야 했습니다.

비록 천국이 당신 앞에 놓여 있을지라도 당신은 들어가기를 원하는 것이 아니라, 하나님이 당신으로부터 그것을 가지고자 하는지를 확인할 뿐입니다. "같은 곳에서"(in eodem loco), 이러한 비움 안에서 성령은 유일하게 주어지고, 비움을 가득 채우십니다.

비록 인간이 (성령을 받아들이는데) 준비돼 있지 않은 채 발견된다고 하더라도, 또한 그의 본성의 어려움과 게으름이 성령의 평화와 반대로 서 있기 때문에 아무런 변화가 일어나지 않을 것처럼 보여도, 인간은 자기의 자아를 포기하고 자기 자신을 하나님에게 위임할 수 있고, 인간에 속하는 모든 것을 검증하지 않고서도 하나님을 신뢰할 수 있습니다.

이런 사람들이 진정으로 영 안에서 가난한 사람입니다. 성령은 그들을 충만케 하십니다. 성령은 영혼 안에서 휘몰아치고 그것의 모든 부요함을 인간 위에 부으시고 그것의 보물로 인간, 즉 내외적 인간, 내외적 능력과 상하위의 능력을 듬뿍 부어 주십니다.

또한 이 경우 인간의 준비된 반응(Tun)은 인간 안에서 성령이 자신의 사역을 완성하도록 성령에게 어떤 거주지와 장소를 제공하는 일입니다. 이러한 일을 극히 드물게 행하는 어떤 사람들은 영적인 옷을 입지 않지만, 하나님은 그들을 택하셨습니다. 그들은 금방 여기 있다가 금방 저 세상의 많은 헛된 것들과 (피조적인 것에) 많이 의지할 것을 가지고 있기 때문입니다.

그래서 익숙함은 외적인 노력들과 개인적인 의도와 (고유한) 판단으로 존재합니다. 누구도 성령이 떠나가는 것을 원치 않고, 모든 사람은 그의 (고유한) 것을 움직입니다. 따라서 모든 사람은 근심 많은 시간에는 절제하는 것입니다.

당신이 해야 하는 것은 성령이 그의 사역을 당신 안에서 성취하고 어떠한 방해도 받지 않도록 준비하는 일입니다. 그러면 성령은 당신을 온전히 충만케 하십니다. (하지만) 당신이 당신의 외적 태도에서도 조심스럽고 경건하게 행동하는 한, 이것은 말과 행동, 모든 질서, (모든 피조적인 것으로부터) 버리고 떠나 있는 상태와 침묵 안에서 하나님의 영에게 실로 어울리는 일입니다.

마찬가지로 성령은 인간이 그것을 전혀 알지 못한다는 것을 무시해버리고는, 내적으로 향해 있는 사람들 안에서 위대한 일을 행하십니다. 영혼이 숨겨진 방식, 즉 육신이 그것으로부터 무엇을 받아들이는지 또는 알고 있는지를 전혀 모르는 방식으로 삶을 전달하듯, 성령은 영과 인간의 근저 안에서 그것의 앎 없이 활동하십니다.

하지만, 인간이 그것을 인지하기를 원한다면, 인간은 근저로 방향을 되돌리려는 능력들과 함께 일어나야만 하는데, 성령은 그곳에서 거주지와 영향력을 가집니다. 바보가 그것을 스스로 인지해야만 한다면, 그는 이런 활동을 자기 자신의 것으로 생각한다 해도 그것에 다가서는 것 자체를 포기하는 것입니다.

이런 사람은 다가서려는 한 사람과 위대한 선생이 시작했고 필요한 근거를 가지고 있으나 알지 못했던 (이 때문에 우회했던) 일처럼 대할 것입니다. 그는 그것을 상하게 해 더 이상 쓸모없게 만듭니다.

하나님의 사역을 자기 자신의 것으로 생각하는 인간은 이와 동일하게 행할 것입니다. 그리고 인간은 이것을 한없는 즐거움과 기쁨으로 행하고, 이 경우 기쁨을 느낄 것입니다. 그러나 (인간)이 성령의 사역을 자기 자신의 것으로 간주할 때 그는 그것을 망가뜨려 버립니다.

그런데 인간이 죽음의 죄에 빠지지 않는 한, 성령은 완전히 사라지는 것이 아니라 인간으로부터 멀리 떨어져 있을 뿐입니다.

피조물을 의지하는 인간이 그의 고유한 자아를 비우지 않는다면, 그는 종종 하나님이 그 안에서 일어나는 모든 것을 움직이신다고 생각합니다. 하지만 이 모든 것은 인간 자신에게서 나오는 일이며, 그의 월권과 자만에서 나온 것입니다.

비록 한 사람이 숭고하고 비밀스러운 작용과 계시와 매우 (초월적인) 선물을 받아들인다고 하더라도, 종말에 이 사람에게 일어날 일은 심지어 이중적이기 때문에, 그는 모든 것을 영원히 잃게 될지도 모릅니다.

나의 사랑하는 자들이여!

이것은 여러분이 생각하는 것과 같지 않습니다. 그것은 순수한 영혼을 필요로 하고, 인간은 자신의 자아를 포기해야 하며, 그곳에서 성령은 그것의 품격과 열정에 따라 적절히 활동할 수 있으리라 생각합니다.

그러면 당신은 성령에게 월권을 행해 성령의 활동을 방해하지 않도록 해야 합니다. 하지만 당신이 그와 같은 것을 당신 곁에서 발견해야 한다면, 당신은 그것과 더불어 곧바로 당신의 고해신부에게 달려가서는 안 됩니다.

당신의 자아와 더불어 하나님에게로 여정을 선택하고 근저로부터 빚진 마음을 가지고서 하나님에게 당신을 제공하십시오!

당신이 모든 겸손에서 하나님에게 순종하고 하나님 앞에서 죄를 고백하면, 곧바로 하나님은 거룩한 손을 펼쳐 당신의 머리 위에 임할 것이고 당신을 강건케 하도록 하십니다.

어제 내가 우리 주님이 행하셨던 기적들 중 한 기적에 관해서 말합니다.

그들은 병자들에게 손을 올려놓으니 건강하게 되었느니라.

두 번째 기적은 "그들은 (악한) 원수들을 내쫓아 낼 것이고," 또한 원수가 사람을 대항해 올무와 위험을 인식하고, 원수가 어떻게 인간에게 몇 가지 유혹들을 제공하는지와 인간이 무엇 때문에 속는지를 인지하는 것입니다.

인간은 진정한 떠남(Gelassenheit)을 통해 이 모든 함정을 피할 수 있을 것입니다.

"그들은 또한 뱀들을 잡을 것입니다."

바로 이런 사람들은 뱀들처럼 사악한 행동과 무의미한 말로 당신을 그릇되게 공격하고, 그들에게 위임되지 않았던 권세를 자신들이 쥐고 있다고 믿습니다. 그들은 아마도 당신을 상처 입히고 찌를 것인데, 이것은 하위의 능력들과 관련된 일입니다. 그들이 상위의 능력들까지 밀고 들어가지 않도록 (그것의) 강구책을 마련해야 합니다.

침묵하고 허리를 굽히라!

"그들이 독을 마셔도 그들을 해치지 못할 것이니라."

그들에게 접근하는 모든 것이 독이 되는 악한 사람들이 있지 않는가?

무슨 일이 일어나는 곳에서 그들은 무엇이든 악으로 바꾸고 실재하는 것 보다 그것을 더 나쁘게 만들어 버립니다.

그들은 실제적으로 거의 거미와 같습니다. 어쩌면 당신은 칭찬할 만한 일들로 바빠서, 그 결과로 성령이 당신을 오로지 충만하게 할 수도 있습니다. 그 이후 잔소리꾼인 자매는 곧바로 날카로운 말들의 홍수로 당신을 뒤덮을 것입니다.

당신이 하나님의 의지를 위해 이것을 감수하고 받아들이는 것, 그리고 그것을 성령의 사역으로 생각해 침묵하고 인내하는 것은 당신 자신을 위한 (당신 안에서 그의 사역의) 올바른 준비라는 것을 기억하십시오!

이것이 때때로 당신의 외적인 인간을 움직인다고 해도 그것은 당신을 해하지는 못할 것입니다.

사랑하는 자들이여!

여러분이 언젠가 완성되고 여러분의 최상의 것에 도달하려고 한다면 이런 두 가지 사소한 일들을 (기억)해 두십시오!

한 가지는 여러분이 모든 창조된 사물과 여러분의 고유한 자아로부터 내적인 것을 자유롭고 독립적으로 만들고, 여러분이 자신의 사역을 하는 데 성령을 거스르지 않도록 내외적인 인간을 정리하십시오!

또 다른 하나는 그들이 나올 수 있는 곳, 내적으로든 외적으로든 어디든지 간에 여러분은 하나님에게 기원하는 어려움들을 저항하지 않고 받아들이되, 그 외에는 결코 받아들여서는 안 됩니다.

이렇게 하나님은 자기 자신을 위해 당신을 준비시키고 커다란 선물을 제공하실 것인데, 그 선물은 초월적이고 놀라운 것이라서 인내와 원수 혹은 적대적인 사람들의 외적인 활동 없이는 전혀 도달할 수 없는 것입니다.

"그들은 새 언어로 말할 것이니라."

즉, 인간은 오랜 표현 방식을 자연스럽게 받아들이듯이 오랜 표현 방식을 가르치려 합니다.

나의 사랑하는 자들이여!

모든 기교들 중에서 여러분의 혀를 조심하는 것을 익히고, 여러분은 무엇을 말하든지 조심하십시오!

혹은 여러분에게서 난 것은 아무것도 없습니다. 여러분의 말이 하나님의 영광을 위한 것이고 이웃의 회복과 여러분 자신의 평화에 유익한 것인지 유의해라!

또한 여러분은 끊임없이 하나님과 대화를 나누도록 하십시오!

베른하르트(Bernhard)는 말합니다.

> 내가 아무리 많은 외적인 말들로 저주하고 비난한다고 하더라도, 나는 하나님과 더불어 내적인 말들을 칭송할 것입니다. 하나님의 것은 그다지 많지 않을 수 있습니다.

"새 언어로 말한다는 것"은 하나님을 찬양하고 그에게 감사하는 것을 뜻합니다. 하나님은 당신을 향해 인내하시고 참으시며 당신의 것을 소중히 여겨 기다리시지만 설령 하나님이 당신 안에서 신성한 사역을 행할 수 없다고 합니다.

또한, 당신이 재화(Güte)로 가득 차 있는 모든 무질서에 대해서 침묵하는 것 외에는 하나님에게 감사드려야 할 것이 없다고 생각할 때입니다. 그때 비로소 당신은 하나님에게 감사할 수 있는 모든 동기를 가진 것이라 할 수 있습니다.

말하자면 "새 언어로"라는 표현은 여러분이 서로 만나서 하나님과 덕스러운 삶에 관해서 말해야 할 뿐, 이성의 명제들에 따라 신성에 관해 토론해서는 안 된다는 뜻입니다.—이것은 전혀 여러분에게 일어나지도 않습니다.—

혹은 민첩한 말과 사변적인 말들로 덕의 동기[3]에 대해 토론해서도 안 됩니다. 여러분이 철학자들처럼 행동하고 토론하기를 원한다면 여러분은 스스로 심판하는 것이고, 또한 여러분이 그러한 것을 전달하는 자들이 됩니다.

당신이 보다 수준 높은 영성(Geistigkeit)의 길에서 쫓겨난 뱀들에게 다시금 여러분 안에 출구를 제공하지 않도록, 당신은 사변적인 사람들 앞에서도 항상 주의하십시오!

(예컨대) 원수는 당신의 기질에 맞춰 당신에게 잠복하며 끊임없이 염탐합니다. 이것은 (당신 안에서) 성령의 사역과 다르지 않습니다. 성령은 (인간의) 본성 안에서 발견되는 전제들에 순응합니다.

---

[3] 코린의 번역 이용 Sermons II, 32: "sous l'inspiration de la veru"는 나에게 여기서 맥락상 인정하도록 한다. "grunt" = "근원, 원인" 그에 따라 여기서 "동기"이다.

25 오순절 설교(1): 그들이 다 성령의 충만함을 받고

하나님은 (하나님이 사람들에게 나눠 주었던) 선물에서 유익함을 얻으시려고 하고 (인간의) 영과 본성을 자기 자신에게로 끌어당기시려 하는 분이기 때문입니다. 하나님이 선하고 온순한 본성을 발견하신다면, 그는 그의 사역 안에서 본성을 따릅니다.

폭우가 지상에 떨어져 다시 되돌아가지 못하듯이 하나님은 그의 선물이 열매를 맺지 못한 채 (그를 향해) 되돌아오는 것을 원치 않으십니다.

선물은 (오히려) 본성과 영을 따르는 것이 효과적입니다. 그러므로 성령이 진정한 영적인 가난 안에서 당신을 발견할 경우, 그는 그 모든 것에서 이 공간을 가득 채울 수 있는 어떠한 방식으로든 (독립적으로) 활동하시고, 어떤 피조물에도 의존하지 않고 자유롭게 활동하십니다.

또한, 성령은 당신이 언젠가 당신에게로 끌어당길 수 있었거나 당길 수 있는 것에 의해 방해받지 않으시고, 모든 시련과 (다른 사람들의) 판단에서 자유로우시며, 당신 안에서 일깨워지지 않았던 모든 일들로부터 자유롭게 활동하십니다.

그렇지만 당신은 모든 의지와 반대해 당신의 내적인 것으로 뚫고 들어가는 모든 것, 또는 당신과 마주치는 모든 것을 주의하십시오!

이것은 당신에게 어떠한 손해도 가져올 수 없을 것입니다.

그런데 여러분이 그렇게 성령을 기다리기를 원하는 경우에 여러분은 여러분의 외적인 활동을 생각해서는 안 됩니다. 이를테면 순종에 속하는 여러분의 찬송과 독서와 자매들을 향한 봉사와 사랑의 활동

341

등은 성령을 받아들이는 데 방해요소가 될 수 있습니다.

우리가 반드시 그렇지는 않지만, 그래도 우리는 모든 행위를 포기한 채 오직 기다려야만 합니다.

하나님의 사랑과 온유한 선과 평화로운 떠남 안에서 당신의 평화와 이웃의 평화를 위해 그에게 그것을 부과한 것처럼 하나님을 의지해 하나님을 기꺼이 사랑하고 갈망하는 자는 사랑 때문에 모든 것을 행하고 올바른 질서 안에서 하나님을 찬미하게 될 것입니다.

공로는 당신을 방해하는 것이 아니라 당신의 무질서가 일을 진행하는 것을 방해합니다.

이 무질서를 벗어나 당신 모든 행동에 있어 전적으로 하나님만을 향하십시오!

당신 스스로를 살피고 당신의 영을 주시하면서, 어떠한 무질서도 그곳에서 출입구를 발견하지 못하게 하십시오!

당신의 말과 당신의 외적인 행동을 살피십시오!

그러면 당신은 당신의 모든 활동 안에서 만족함을 지킬 수 있습니다. 그 이후 당신이 성령의 지시들을 인지한다면, 성령은 당신에게 다가와 당신을 충만케 하고 당신 안에 거주하면서 기적을 행할 것입니다. 이것이 우리 모두에게 주어지기를 원합니다. 그를 위해 하나님은 우리를 도우실 것입니다.

아멘.

## 26

## 오순절 설교(2):
## 그들이 다 성령의 충만함을 받고[1]

(*Repleti sunt omnes Spiritu Sancto*, 행 2:4)

---

그들이 다 성령의 충만함을 받고 성령이 말하게 하심을 따라
다른 언어들로 말하기를 시작하니라(행 2:4).

---

그들 모두가 성령으로 충만케 되었고 하나님의 대업에 관해서 말하기 시작했느니라.

오늘은 거룩한 날입니다. 성령이 불의 혀와 같은 모습으로 거룩한 제자들에게 보내졌고 그들과 함께 했던 모든 사람에게 보내졌습니

---

[1] 숭고한 성령강림 사건의 두 번째 해설은 성령의 활동을 받아들여야 하는 인간들이 성령에게 한 장소가 마련되도록 어떻게 준비해야 하는지와 인간이 어떻게 자기 자신 안에서 정신을 집중하고 모든 외적인 일들로부터 일탈해야 하는지를 가르쳐 준다.

다. 에덴동산에서 악한 원수의 선동과 인간의 약함으로 잃어버렸던 거룩한 보물이 오늘 우리에게 다시 주어졌습니다. 오늘 성령은 우리에게 변제되었습니다.

(이미) 외부적으로 (어떻게 이것이 일어났는지) 그 방식은 놀라운 일이었습니다. 그러나 내적인 곳에 숨겨져 있고 결정되었던 것은 모든 이성과 모든 감각들과 모든 피조물들에게 알려지거나 파악될 수 없으며 말할 수 없는 것이었습니다.

성령은 파악될 수 없을 정도로 매우 위대하고 한없는 자비로움을 가지므로, 성령의 모든 크기와 무한하심은 이성에 의해서 비유적으로 파악될 수 있는 것이 아닙니다. 그것과 반대로 천지와 천지 안에서 파악할 수 있는 모든 것은 무익합니다.

그것은 이 세상에서 가장 작은 피조물로 존재하는 모든 피조물과 비교해서도 훨씬 더 작은 것입니다. 그것은 가장 작은 모든 피조물보다 더 수천 배 작고, 모든 이해 없이도 모든 피조물은 성령에 의해서 생각할 수 있는 가장 작은 것과는 비교될 수 없습니다.

그러므로 성령은 자신이 받아들여지는 곳에서 스스로 거주지를 마련해 영접이 일어나 자기 자신 자체를 받아들어야 합니다. 하나님의 형용할 수 없는 근저는 고유한 거주지와 영접의 장소가 돼야 합니다. 그러므로 피조물의 거처가 돼서는 안 됩니다.[2]

---

[2] 의미를 변경한, 뷔르츠부르크의 Hs.에 기인하는 "niht der creaturen"은 실제로 지지된다. 그럼에도 Vetter의 수기 원본 103, 24과 동일한 것이 통용된다.

## 26 오순절 설교(2): 그들이 다 성령의 충만함을 받고

온 집에 가득하게 되었느니라.

하나님은 충만하신 것입니다. 하나님이 어디에서 오든지 하나님은 모든 받아들임과 영혼의 은밀한 곳을 완전히 채우십니다.

제자들 모두 성령으로 충만하게 되었습니다. 그들의 형편이 어떠했는지 고려되는 상황 가운데 제자들은 충만케 되었고, 이러한 상황은 각각의 사람들 편에서 일어나야 합니다. 성령이 그들에게 갔을 때 제자들은 함께 모여 자발적으로 침묵하며 앉아 있었습니다.

인간이 모든 피조물을 벗어나 전심으로 하나님에게 향하려 할 때, 이 자비로운 성령은 각각의 사람들에게 매우 빈번하게 주어집니다.

성령은 인간이 이 일을 행하고 있는 바로 그 순간에 그의 고유한 것에 속하는 것[3]과 더불어 다가오고, 동시에 모든 은밀한 곳과 근저를 가득 채웁니다. 그 순간 성령은 곧바로 하나님의 의지를 가지고 인간을 포함한 어떠한 종류의 피조물이든 상관없이 피조물들에게로 향하고 있습니다.

곧 이어 성령은 성령의 모든 부요함과 보물과 함께 (인간 영혼에서) 떠나가 버립니다. 하나님 없이 혹은 하나님 밖에서 인간의 변화가 일어난들 인간은 항상 모든 사물의 의미 안에서 자기 자체를 가질 뿐입니다.

---

[3] 타울러에 의해서 여기서 사용된 단어 "후스라트(husrat)"를 나는 우회적으로 표현한 것이다. 또한 Corin, Sermons Ii, 37은 문자적적인 번역을 피한 것이다 ("cortège de dons").

제자들이 머물렀던 집은 충만케 되었습니다. 이 집은 한편으로 거룩한 교회를 뜻하는데, 그 교회는 하나님의 집입니다. 다른 한편으로 우리는 각각의 사람으로 이해되는데, 그곳은 성령이 거주하는 곳입니다.

그의 집에 많은 숙소와 작은 방이 있는 것처럼 많은 능력들과 의미와 활동들이 인간 안에 존재합니다. 성령은 이 모든 것들에게 (때마다) 다양하게 접근하십니다. 성령은 인간을 드러내고 절제시키시며, 또한 인간을 손질해 빛나도록 정리하십니다.

하지만, 모든 인간이 동등하게 이런 자성과 활동을 알아채는 것은 아닙니다. 실제로 성령은 선한 사람들 안에서 거주합니다. 성령의 활동을 받아들여 성령의 현존을 맛보거나 원하는 자는 스스로 자기 자신에게 집중해야 합니다.

나아가 성령이 그 사람 안에서 침묵과 고요함과 더불어 그의 활동을 행할 수 있도록 하려면 그는 모든 외부적인 사물로부터 벗어나 성령에게 거주지를 내줘야만 합니다. 인간은 성령을 그렇게 인지할 수 있고, 또한 성령은 자신을 인간에게 그런 방식으로 드러내기 때문입니다.

성령이 (인간에게) 이미 태초부터 완전히 제공됐다고 하더라도, 인간이 매 순간 그것에 동의하면 할수록 그는 더욱더 (성령의 활동에) 의지하며, 동시에 성령은 인간에게 자기를 계시합니다.

"제자들은 유대인들에 대한 두려움으로 가득하였느니라."

오! 사랑의 하나님이시여!

악한 유대인들 앞에서 도망치고 틀어박히는 일이 인간들에게 수천 배 이상 얼마나 필요한가!

유대인들은 도처와 세상 끝에서도 발견될 수 있고, 모든 집과 은밀한 곳이 그들로 가득 차 있습니다.

아! 나의 사랑하는 자들이여!

여러분은 심히 손상을 입힐 수 있는 이러한 유대인들을 조심하십시오!

이 유대인들은 여러분이 하나님과 신성한 기쁨과 성령과 신성한 위로를 인식하도록 만드는 자들입니다. 이것은 제자들에게 행했던 것보다 여러분에게 수천 번 이상으로 필요하다고 해 행할 것입니다.

유대인들은 제자들에게 오로지 삶만을 받아들이도록 했으나, 하나님은 여러분에게 영혼과 영원한 삶을 받아들일 수 있도록 했기 때문입니다.

여러분은 이것들로부터 도망쳐 여러분을 감추고 여러분의 손상 입은 출구들을 떠나십시오!

그것에 대한 동기들과 공동체와 말과 행위 안에서의 쾌락 혹은 그것이 무엇이든지⁴ 여러분은 주의하십시오!

여러분은 유대인들이 창문에서 안을 들여다보는 것을 조심하십시오!

여러분은 그들이 창문 근처에 근접해 있는 것을 조심하십시오!

---

4   그것의 의미 안에 사라져버린 단어의 우회적인 표현은 "wise"이다.

여러분이 조심하지 않는다면, 여러분은 성령을 쫓아내고 떠나게 해 잃어버릴 것입니다. 그때 일부 사람들이 대답합니다.

그렇지 않습니다! 오, 주님!
나의 고해신부는 그것이 나에게 전혀 나쁘지 않은 것이라고 말했고, (물론) 나는 그것을 나쁘지 않다고 생각해 기꺼이 여흥을 즐기려 합니다.

오! 선하신 하나님!
심히 자비롭고, 온화하며, 또 영원하고 신성하며 사랑받은 선이 당신에게 기쁨을 마련해 주지 못하고 그것을 갈망하지도 못하며, 당신을 흔들어 당신을 파괴하고 당신에게 죽음을 가져다 주는 불행한 피조물들에게서 즐거움과 만족, 기쁨과 평화를 발견해야만 합니다.
이런 일은 어떻게 있을 수 있습니까?
당신이 창조했던 고귀하고 순수한 선이 당신 때문에 산산이 부서져 버리는 일과 당신의 심령에서 위로자인 성령을 추방하는 일은 어떻게 가능할 수 있는가?
또한, 이 일이 당신에게 해롭지 않다고 생각하는가!
이 얼마나 참담한 일입니까!
하지만 나의 사랑하는 자들이여!
(그럼에도) 하나님과 신적인 것들만을 갈망한 현명하고 복된 사람들을 피하지 마십시오!

진실한 하나님을 향한 갈망이 그들의 근저 안에 있기 때문입니다. 그들이 밖으로 나온다고 해도, 그들은 매 시간 내적이고 본향에 머무릅니다. 그들이 어디로 방향을 바꾸든 항상 성령과 평화를 소유할 것입니다.

제자들이 모였느니라.

성령이 (우리 안에서) 활동하도록 공간을 발견한다면 이것은 우리에게 우리가 내외적으로 우리의 모든 능력들을 모아야만 한다는 것을 가르칩니다. 한 장소를 발견하면 성령은 기적을 일으키기 때문입니다. 더욱이 그렇습니다.
"제자들은 성령이 (그들 위에) 다가왔을 때 앉았느니라."
그러므로 당신 역시 당신의 자리를 진실로 가져야 하고, 모든 피조물들에게는 그들이 원하든 원하지 않든 하나님의 의지 안에서 기쁨과 슬픔, 그리고 그들의 자리를 제공해야 합니다.
우리는 이것을 모든 영적인 사람들에게 말해야 합니다. 그들은 그것에 관해서 언제든지 그렇게 말할 수 있는데, 하나님과 하나의 의지를 가져 하나님과 일치해 하나님과 하나가 될 수 있기 때문입니다.
게다가 구원받게 될 모든 그리스도인들은 적절한 의무, 즉 하나님의 의지에 반대하는 무엇도 바라지 않습니다. 그때 우리는 모든 영적인 사람들이 완전하게 되거나 되지 않거나[5] 필연적으로 행하고 있는지를 물어야 할 것입니다. 토마스 선생이 말합니다.

그들에게는 사는 것과 완성을 향한 갈망이 불가피했습니다.

성령이 인간 안에 다가와 곧바로 일곱 가지 선물을 부여하는 동시에 일곱 가지 일을 행한다는 것을 주목하십시오!

세 가지는 사람들에게 고귀하고 진실한 완성을 준비하도록 하고, 다른 네 가지는 인간을 완성하도록 합니다. 이것들은 인간을 내외적으로 진정한 완성의 가장 고귀하고 순수하며 빛나는 목적으로 인도할 것입니다.

**1. 첫 번째 선물은 하나님을 경외함입니다.**

가장 고귀한 목적에 도달하도록 하는 안전하고 신뢰할 수 있는 시작이자 첫 길입니다. 이것은 모든 결함들, 모든 장애물들과 손상을 입힐 수 있는 함정들 앞에서 인간을 지켜주는 안전하고 강력하며 견고한 성벽입니다.

---

[5] 레만(Lehmann)의 번역(1, 11)은 나에게 여기서 코린의 번역, Sermons II, 39 보다 우위에 두는 것이 적절한 것처럼 보인다.

이 선물은 나쁜 상황들에서 인간이 피할 수 있도록 말해주므로, 우리는 어떤 야생 동물이나 야생 새들처럼 머무르면서, 야생동물을 포획하거나 잡으려고 하는 모든 사람을 두려워해 그들로부터 빨리 달아나야 합니다.

하나님이 이 경외감을 본성에 제공했던 것처럼, 성령은 인간이 그들을 멀리 떨어지도록 할 수 있는 장애물들 앞에서 경외감을 지킬 수 있도록 모든 존재하는 것들에 이와 같이 놀라운 경외감을 제공합니다.

이 특성은 완성의 근거로서 하나님의 경외감을 소유합니다. 경외감은 (인간을) 세상과 악한 원수로부터, 인간 자신으로부터, 길들과 방법들과 일들로부터 지켜줍니다. 그로 인해 인간은 영적인 기쁨과 내적인 휴식을 잃을 수도 있으나 하나님의 거주지는 진실로 내적인 쉼 안에 있습니다.

여러분은 이 모든 것을 피하십시오!

우리의 본성은 (하나님과 세상 사이) 중간에 머무를 수 없기 때문입니다. 당신은 원하든 원하지 않든지 간에 하나님에게 당신 자신을 전적으로 위임하거나 또는 하나님을 포기해 크고 무거운 죽음을 가져다 주는 죄에 빠지든지 둘 중의 하나를 선택해야 할 것입니다. 이런 길은 우리에게 하나님에 대한 경외감을 피하도록 가르칩니다. 이것은 선지자가 말한 것처럼 지혜의 시작이기 때문입니다.

## 2. 두 번째 선물을 생각해 보십시오!

이것은 온유함으로서 인간을 보다 더 높은 고귀한 준비 단계로 인도합니다. 이것은 인간에게서 모든 혼란스러운 슬픔과 공포를 제거해 (하나님에 대한) 경외감을 부여하고, 인간이 무릎 꿇을 수 있도록 합니다.

온유함은 인간을 격려하고, 모든 사물 안에서 내외적으로 그를 거룩한 인내 안으로 인도해 인간에게서 고유한 낮춤, 완고함, 모든 쓰라림의 감정을 제거하고, 그가 그의 이웃에게 행하는 모든 말과 행동이 온유할 뿐만 아니라, 그의 외적인 행실에서 평화롭고 선하며 사려 깊도록 만들어 줍니다.

우리는 이 모든 것을 하나님의 경외감 안에서 습득합니다. 과격함은 성령을 몰아내고 추방하기 때문입니다.

## 3. 세 번째 선물은 앎(Wissen)의 선물입니다.

인간을 훨씬 더 높이 이동하도록 하는 세 번째 선물이 있습니다. 성령은 인간을 계속 하나의 선물에서 다른 선물로 인도합니다. 그런데 (때때로) 뒤따라오는 선물은 앞선 선물보다 (완성을 향한) 더 많고 가까운 길을 계속 제시해 줍니다.

여기서 인간은 그가 내부에서 성령의 경고들과 권고들을 어떻게 고려해야만 하는지를 배우게 됩니다. 우리 주님이 말씀하십니다.

성령이 오시면 인간이 필요한 모든 것을 너희에게 가르칠 것이니라.

이런 저런 일이 거기서 일어날 수 있는지를 관망하고 그것에 관해서 말하지 말며 이런 일을 행하지 말고 그곳으로 가지도 마십시오!

이와 같은 경고가 그때 있을 것입니다. 혹은 성령이 경고하십니다.

이 경우 그곳에서 자제하면서 활동하고, 이 일을 참고 인내하십시오!

육신과 성령의 고귀함 안에서 성령만이 모든 사물을 초월해 영을 상승시킵니다. 이때 성령은 육신이 성령의 고귀함 안에 머무르고, 덕스러운 것으로서 인내와 수고와 치욕 안에서 훈련받길 바랍니다.
수천 배 이상 높은 고귀함 안에서 모든 것, 즉 영과 육은 그것들이 연합하도록 어떠한 두려움도 없이 여러분 안에 머무르도록 하십시오!

**4. 앎의 선물이 그들에게 수여한 사항(Beobachtung)은 거룩하고 (göttlich) 견고함의 네 번째 선물로 인도합니다.**

이 얼마나 고귀한 선물입니까!

여기서 성령은 인간의 속성과 약함과 두려움을 넘어서도록 인간을 인도합니다. 거룩한 순교자들은 하나님을 위해 죽음을 즐기면서 이 선물의 능력을 감당합니다. 바울이 말했던 것처럼 이 선물을 통해 인간은 매우 높은 의미를 갖게 돼 기꺼이 모든 사람에게 일을 행하고 모든 일을 견뎌낼 수 있습니다.

나는 나를 강하게 하시는 이 안에서 모든 일을 할 수 있으니라.

이러한 견고함에서 인간은 불도 물도, 죽음도 그 밖에 어떠한 것도 두려워하지 않고 바울과 함께 말할 수 있습니다.

배고픔도 목마름도 모든 것도 나를 사랑에서 끊을 수 없느니라.

어떠한 죽음의 죄도 자발적으로 혹은 미리 고려해서 행하지 않지만, 하나님이 인간의 소소한 죄들 때문에 화를 내기 전에 인간은 기꺼이 죽기를 바랍니다. 성자들의 말에 따르면 인간은 (그러한 경우) 기꺼이 자기를 죽어야 합니다. 그렇지만 나는 여기서 그것에 대해 결코 동의할 수 없습니다.

인간이 지식과 의지로 하나님에게 대항하는 죽음의 죄를 행하는 것보다 기꺼이 죽는 것이 더 낫다는 것에 대해서는 일말의 의심도 없습니다. 인간은 이 선물의 능력을 통해 기적을 성취할 수 있습니다.

성령이 인간에게 임할 때를 기억하십시오!

그리하면 성령은 언제 어디서나 커다란 사랑과 빛과 즐거움과 위로를 필연적으로 가져다 줄 것입니다. 성령은 위로자로 불리기 때문입니다. 경솔한 사람은 그것을 알게 돼 기꺼이 이런 위로에 빠져들고, 그로써 만족하며 즐거움을 사랑해 참된 근저를 상실합니다. 그러나 현명한 사람은 이런 선물을 무시하지 않습니다.

그는 오로지 근원으로 돌아갑니다. 그는 모든 선물과 은총을 통해 거룩한 정화가 이뤄지도록 헤치고 들어갑니다. 그는 이것저것에 관심을 갖지 않습니다. 그는 첨가돼 있는 그 어떤 것에도 관심을 갖지 않은 채 하나님만을 바라봅니다.

### 5. 다섯 번째 선물인 권고가 뒤따릅니다.

인간은 이 선물을 매우 필요로 합니다. 하나님은 예전에 인간에게 주었던 모든 것을 받고, 인간에게 그의 고유한 능력을 보여 주십니다. 그러므로 인간 역시 하나님이 어떠한 존재이든 어떠한 종류이든 하나님이 이런 새로운 시험에서 어떠한 행동을 하시든지 그것을 바라봐야 합니다.

인간은 하나님과 은총, 위로, 그리고 선한 사람이 습득했던 모든 것에 관해서 인식하지 못할 만큼 인간은 여기서 마지막 날까지 자기 자신을 위임해야 할 것입니다. 여기에 있는 모든 것은 인간에게 완전히 숨겨져 있고 탈취됩니다.

　이러한 상황에서 그 선물은 인간에게 절대적으로 필요합니다. 하나님이 인간으로부터 (이것을) 원하듯이, 인간은 이 권고 덕택으로 그렇게 행동하기 위해서 말입니다. 그리고 이러한 권고의 전달로 인간은 경이롭고 비밀스러운 하나님의 심판에서 떠남과 죽음과 순종을 배웁니다. 인간에게서 고귀하고 정결한 선을 빼앗아 버리는 심판은 고통스럽지만 그것에는 그의 모든 치유와 기쁨과 위로가 놓여 있습니다.

　이 경우 인간은 온전하고 진정한 경건 안에서 자기 자신을 포기하되, 한 주간이나 한 달이 아니라 하나님이 원하시는 때, 수천 년 동안 혹은 영원히 가난과 벌거벗음(Entblößung) 안에 머무르는 신성한 의지 안으로 매우 깊숙이 침몰해 들어갈 것입니다.

　혹은 하나님이 인간에게 영원한 형벌로서 지옥을 명하신 경우에도 인간은 근저에서 (하나님의 의지 안에서) 자기 자신을 떠날 수 있어야 합니다.

　오! 나의 사랑하는 자들이여!

　이것이 바로 진정한 떠남이 아니겠습니까!

　이것은 우리가 온 세상을 상실해버린 것과 비교할 수 없는 극히 하찮은 것이자 아무것도 아닙니다. 그것은 성인들이 그들의 삶을 떠난 것과는 달리 하찮은 것이자 아무것도 아니었습니다.

　성인들은 내적인 것 안에서 하나님의 위로를 소유했고, 이것은 매우 커서 (그들의 희생을) 하나의 게임으로 생각했으며, 그들은 즐거움과 행복을 느끼며 죽었기 때문입니다. 또한 이 경우 성인들의 고독(Verlassenheit)은 그들과는 반대로 무입니다. 하지만 신적인 것이 결여되고 부족한 것, 바로 이것이 모든 것을 뛰어넘습니다.

과거에 극복되었던 모든 불행과 유혹, 그리고 모든 결함은 아직도 인간 앞에 서 있고, 이것들은 인간을 불안하게 만들며, 최악의 경우 인간이 중심에 있고 고착돼 있는 곳에서는 어느 때보다 훨씬 더 나쁜 상황이 될 것입니다.

여기서 실제로 인간은 (하나님에게) 자기 자신을 위임하고 하나님이 원하시는 만큼 이것을 오랫동안 견뎌냅니다. 그러므로 인간이 자기 자신을 위임한다면 어떠한 시간에도 인간은 자기 자신 곁에 머무르지 않습니다. 그때 곧바로 이것이나 저것은 다른 어떤 것이 될 것입니다. 하지만 이 경우 인간은 그것 안에서 모든 것을 참고 근저까지 자기 자신을 위임해야 합니다.

여러분은 그가 왜 베드로에게 7번씩 70번이라도 용서하라고 말했는지를 생각해 보십시오! (인간이) 자기 자신을 위임한다는 것은 매우 약하기 때문입니다. 7번씩 70번뿐만 아니라 수천 번씩, 셀 수 없을 정도로, 밤낮으로 그에게 용서를 받아야 합니다.

인간이 하나님을 향해 그의 타락을 고백하는 만큼 그렇게 자주 이뤄져야 하는 일입니다. 이것은 고귀하고 선한 일이고, 우리의 약함을 반복적으로 고백해 계속 (그것과 더불어) 하나님에게 접근하는 것입니다.

여기서 우리는 모든 것 안에서 자기 자신을 위임해, 권고에 따라 모든 것을 포기하고, 모든 것을 극복하며 근원으로, 근저로, 그리고 하나님의 의지 안으로 회귀해야 합니다.

나의 사랑하는 자들이여!

첫 번째 세 가지 선물과 더불어 우리는 거룩하고 선한 인간이 되었고, 마지막 선물과 더불어 우리는 신성하게 돼 신의 뜻을 따르게 됩니다. 이런 떠남과 더불어 인간은 매우 정확하게 자신의 걸음을 영원한 삶으로 옮겨놓습니다.

이 고통 이후 인간은 더 이상 지옥과 같은 고통이나 또 다른 고통 속에 빠져 들지 않을 것이기에, 하나님이 이런 사람을 떠나는 일은 결코 있을 수 없습니다.

하나님이 조금이라도 떠나시게 된다면 하나님은 이런 인간들을 포기할 것입니다. 이런 인간들은 하나님에게 자기 자신을 위임했고 일자와 근원에 의지하기 때문입니다. 또한 온 세상의 모든 고통과 모든 고난이 그들에게 속한다면 그들은 그것에 전혀 관심을 갖지 않을 것이고, 또한, 그것은 그들에게 전혀 해를 끼치지 못할 것입니다.

이들의 영에게는 바로 하나의 기쁨이 될 수 있는 것으로, 그들은 모든 사물 안에서 하나님의 나라를 가지고 그곳에 그들의 변화와 거주지를 가집니다. 그들은 여전히 여기서 시간성 안에 서 있는 다른 한 쪽의 발을 끌고 갈 필요가 있습니다.

이 경우 그들은 현세에서도 그들을 위해 모든 장애물을 제거하는 것이 이미 시작돼 지속되는 영원한 삶 안에 존재할 것입니다.

이제 우리는 여섯 번째와 일곱 번째 선물과 마주치게 될 것입니다.

인식력과 풍미할 수 있는 지혜. 이 두 가지 선물은 매우 정확하게 인간들을 모든 인간적인 삶의 방식을 넘어 신성한 근저로 인도합니다. 하나님은 자기 자신만을 인식하고 이해하며 그의 고유한 지혜와 본질을 맛보시기 때문입니다.

이 근저 안에서의 영은 매우 깊숙이 들어가 자기 자신을 상실하고, 심지어 근저마저도 상실해 버리는 방식으로 자기 자신에 관해 더 이상 어떤 것도 알지 못할 것입니다. 그것은 말과 감정을 지각하고, 고난을 인식하는 방법도 모를 것입니다. 모든 것은 순수하고 정결하며 단순한 하나님이 형용할 수 없는 근저와 본질, 그리고 영과 하나이기 때문입니다. 하나님은 은총 때문에 (인간의) 영에게 하나님이 본성에서 나온 것을 주시고, 이름과 형상과 방식이 없는 그의 존재를 (인간의) 영과 연합시키십니다. 하나님은 이 영 안에서 그 모든 일들을 행하시고 인식하시며, 사랑하시고 칭송하시며, 향유하실 것입니다. (인간의) 영은 (그러나) 하나님이 허용하는 방식으로 이 모든 것을 견뎌냅니다.

우리는 신성한 존재에 관해서 우리가 이해할 수 있는 만큼만을 말할 수 있으므로, 하나님에 관해서는 그것이 어떻게 진행될 것인지에 대해서만 겨우 말할 수 있을 뿐입니다. 이것은 모든 창조된 이성, 즉 천사의 이성에게든 인간의 이성에게든 그들의 본성에서와 같이 하나님의 은총을 통해서 이해할 수 있는 한 높아지기 때문입니다.

그래서 성령은 하나님에게 어떤 장소를 마련해 주도록 모든 사람을 인도합니다. 그 결과 성령은 그들을 충만케 하고, 그들은 자신의 곁에서 성령을 주인으로 삼아 그를 따릅니다.

오! 사랑하는 자들이여!

우리가 우리 자신과 모든 사물을 위임하고 이런 선한 영을 따를 수 있다는 것이 이 얼마나 즐겁고 사랑스러운 일입니까!

선한 영은 (우리에게) 오늘날 주어졌고, 그것은 성령을 자기 자신에게 받아들이도록 준비한 모든 사람에게 매일 매순간 주어질 것입니다. 하나님은 우리 모두가 가장 고귀하게 성령을 받을 수 있도록 우리에게 허락하실 것입니다.

아멘!

# 27

## 오순절 설교(3):
## 양의 문이신 예수 그리스도[1]

(*Dixit Jesus discipulis suis: "Qui non intrat per ostium …,"* 요 10:1 ff.)

> 내가 진실로 진실로 너희에게 이르노니 문을 통하여 양의 우리에 들어가지 아니하고 다른 데로 넘어가는 자는 절도며 강도요(요 10:1).

어느 날 우리 주 예수 그리스도가 그의 제자들에게 말씀하셨습니다.

진실로 내가 너희에게 말하노니 문을 통해 양의 우리로 들어가는 것이 아니라, 다른 장소로 숨어 들어가는 자는 도둑이자 강도이니라. 그러나 문을 통하여 양의 우리를 들어가는 자는 양의 목자이니라. 문지기가 그

---

[1] 오순절의 세 번째 설교는 양이 어떻게 문을 통해 우리로 들어가야 하는지를 가르쳐 준다. 이것의 의미는 우리가 우리의 갈망을 왜곡시키지 않은 채 계속 하나님을 향해야 한다는 것이다. 우리는 무엇도 우리 자신의 것으로 주장해서는 안 되며, 누구도 판단해서는 안 된다.

에게 문을 열어 주면 양은 그의 목소리를 듣나니, 그가 자기 양의 이름을 불러 인도하느니라. 자기 양을 다 내 놓은 후 그가 앞장서면 양들은 그의 음성을 듣고 따라 가되, 타인의 음성은 알지 못하므로 타인을 따르지 않고 도리어 도망치느니라.

예수님은 이러한 비유를 그의 제자들에게 말씀하셨으나 그들은 이것을 이해하지 못했습니다. 그때 예수님은 말씀하십니다.

내가 너희에게 진실로 말하노니 나는 양의 문이라. 그러나 나보다 앞서 온 자는 다 도둑이요 강도이니, 양들이 듣지 않았느니라. 내가 문이니 누구든지 나로 말미암아 들어가면 구원을 얻고 또는 나오며 꼴을 얻으리라. 그러나 도둑이 오는 것은 단지 도적질하고 죽이고 멸망시키려는 이유일 뿐이니라. 그러나 내가 와서 그들은 온전한 삶을 얻게 될 것이니라.

요한이 기록한 것처럼 이것은 우리 주님의 사랑의 말씀입니다. 우리 주님은 그 자신이 양의 우리의 문이라고 말씀하셨습니다.

양의 우리의 문으로서 그리스도는 어떤 분이신가요?

이것은 하나님 아버지의 마음입니다. 하나님 옆에 있고 하나님에게서 온 그리스도는 사랑이 넘치는 문이시고, 바로 그 문은 닫혀 있는 아버지의 선한 마음을 모든 사람에게 개방했습니다.

모든 성인들은 이러한 양의 우리 안으로 모여들었습니다. 목자는 영원한 말씀이시고 문은 그리스도의 인성입니다. 우리는 양들을 인간의 영혼들로 이해하나 천사 역시 양의 우리 안에 속해 있습니다.

영원하신 말씀은 모든 이성적인 실체들(Wesen)에게 이러한 사랑스러운 집 안으로 들어오도록 길을 열어 주었고, 그(자신)는 이 집의 의롭고 선한 목자이십니다. 이 집의 문지기는 성령입니다. 암브시우스(Ambrosius)와 히로에로니무스(Hieronymus)가 말했듯이, 받아들여지고 말해지는 모든 진리는 성령에서 나온 것이므로, 이 집의 문지기는 성령입니다.

우리는 성령이 어떻게 인간의 마음을 자극시키고 찾아내며, 그것을 몰아내기 위해 끊임없이 사냥하는지에 관해서 오순절 날에 말했습니다. 뉘우쳤던 자들은 그것에서 진정한 감성(Empfinden)을 가집니다.

성령이 이 문, 즉 아버지의 마음을 열고 우리에게 끊임없이 이 집의 숨겨져 있는 보물인 기쁨과 부요함을 얻을 수 있는 입구를 제공하니 이 얼마나 사랑 가득하고 선한 일입니까!

하나님이 얼마나 열려 있고 얼마나 넓으며 얼마나 민감하고 얼마나 갈망하는지, 그리고 매 순간순간마다 우리를 향해 어떻게 돌진해 오는지를 생각하거나 이해할 수 있는 사람이 없습니까!

아! 사랑하는 자들이여!

이런 사랑스러운 초대와 권고와 갈망은 귀머거리의 귀에서 이 얼마나 자주 들을 수 있는 일입니까!

그런데 우리는 오만방자하게 이 요청을 따르는 것을 거부합니다. 에스더에서 우리는 '아하수에르'(Aswerus) 왕이 '와스디'(Vasti) 왕후를 식사에 초대하기 위해 불렀다는 것을 읽을 수 있습니다.

그러나 축제가 시작되었는데도 왕후는 오지 않았습니다. 그래서 왕은 그녀를 무시하고 비난했으며, 심지어 그녀가 그 앞에 나타나는 것을 금지해 에스더라는 이름의 다른 여자를 그녀의 자리에 앉게 했습니다.

오! 나의 사랑하는 자들이여!

성령의 경고와 초대가 그렇게 거부되고, 인간은 또 다른 피조물들을 위해 얼마나 성령에게서 멀리 떨어져 저항합니까!

하나님은 우리를 소유하기를 원하는 곳으로 가시지만, 우리는 항상 다른 것을 원합니다.

문지기는 자기의 양들을 불러내고, 영원한 아버지의 말씀이신 목자도 양들의 이름들을 호명하며 그들을 바깥으로 인도합니다. 목자는 양들을 앞서서 가고, 양들은 그를 뒤따릅니다.

목자는 자기의 양들을 인도하고 불러냅니다.

어디로 말입니까?

목자가 살고 있는 바로 그곳으로 말입니다. 목자는 양들이 그들이 뒤따르도록 앞서갑니다. 어디로 말입니까?

양의 목자인 아버지의 마음으로 말입니다. 그곳에는 목자의 방과 거주지와 쉼터가 있습니다. 하지만 그곳으로 가기를 바라는 모든 사람은 문을 통해서 들어가야 합니다. 이분은 인간되신 그리스도입니다.

목자에게 속한 이 양들은 그들 자신의 것을 찾지도 않고, 무엇을 갈망하지도 않은 채, 하나님만을 순수하게 자기 자신 안에서 갈망하고 찾으며 목자의 영광과 의지를 구하는 것을 제외하고는 어떠한 다른 것을 구하지도 갈망하지도 않습니다.

목자는 이런 양들을 앞서서 가고, 그들은 그를 뒤따릅니다. 그들은 어떠한 낯선 자도 따르지 않습니다. 그들은 낯선 자 앞에서는 급히 도망칩니다. 하지만 그들은 목자의 음성을 알고 있으므로 목자를 따릅니다.

그렇다면 그리스도가 진실로 자신을 문이라고 말하고 문을 통하지 않은 다른 방식으로 양의 우리에 도달하는 모든 자들은 도둑이요 강도라고 말한다면, 이 도둑은 어떠한 자입니까?

이 모두는 그들 자신의 재능과 이성에 의존해 양의 우리에 도달하려는 자들로서, 하나님을 오직 순수하게 동경하지 않고, 겸손한 떠남 안에서 우리 주 예수 그리스도의 자비로운 모범을 따르지도 않으며, 자기 자신을 무기력하고 적은 것으로 자책하지도 않는 자들입니다. 이들은 잘못된 문을 통해 양의 우리에 도달할 것입니다.

여기서 훔치려는 도둑은 누구입니까?

이는 인간 속에 숨어 있는 악한 침이자 불편한 아첨꾼으로서, 횡령한 모든 것을 자기 자신과 관련시키는 악한 편애입니다. 그러므로 (인간은) 만물을 가지기 위해서 하나님과 모든 피조물들에만 의지할 수 있고, 계속해서 자기의 의지로 가득 채우려고 애를 쓰면서 단지 그의 것만을 숙고합니다. 그리고 인간은 무엇을 성취했던 자가 바로 그 자신이라고 스스로 생각합니다.

그래서 그는 기쁨과 위로와 감성과 감정을 원합니다. 그는 위대하고 거룩하며 행복하기를 원하는 동시에 인식하고 알기를 원하며, 항상 어떠한 것으로 존재하기를 원하면서 결코 (그의 것을) 포기하지 않습니다. 이것이 바로 인간들에게 간악하게 다가와서 하나님의 영광을 훔쳐가고 모든 진리와 모든 완덕을 빼앗아 가 버리는 도둑입니다.

오! 사랑하는 자들이여!

시간이 경과하면서 발생한 것 이상으로 모든 도둑들이 행한 것은 인간에게 얼마나 커다란 손상을 야기합니까!

여러분 안에서 이것을 주의하되, 미리 염려해 여러분을 지키십시오!

또한, 그리스도가 말했던 살인자는 어떤 사람입니까?

이것은 바로 (다른 인간)을 판단하는 극히 나쁜 성향으로, 이 성향은 인간의 본성 안에서 발견되고 많은 사람이 그러한 성향으로 가득 차 있습니다. 이 성향은 인간 안에서 매우 확실하게 뿌리를 내려서 종종 어떤 다른 인간을 개선하길 바라지만, 이것은 자기 자신마저도 개선할 수 없습니다.

인간은 극히 다른 사람들을 판단하려는 경향이 있습니다. 한 사람이 많은 말을 하고 다른 한 사람은 극히 적은 말을 하며, 후자는 전자에게 매우 많이 먹이고, 전자는 충분히 먹지 못하고 후자는 극히 많은 눈물을 흘리며 전자는 더 많은 눈물을 흘립니다.

사망을 가져다주는 심판은 만물 안에서 발견되고, 때때로 말과 행동에서 외부로 드러나게 된 무시의 근원과 마음에 동반되고 있습니다.

이처럼 좋지 않은 판단은 자기 자신에게 가했던 동일한 치명상을 다른 사람들에게도 입힙니다. 결국 우리는 그 생각을 만족스럽게 듣는 어떤 이웃과 (다른 사람들에 관해서) 나쁜 생각을 (전달한) 이웃에게도 치명상을 입힙니다.

당신은 이웃의 실체(Wesen)[2]에 관해서 무엇을 알고 있습니까?

당신은 하나님이 자신의 의지로 그의 이웃을 부르거나 초대한 방법을 알고 있습니까?

또한, 당신은 하나님의 의지를 차단하면서 그의 일들을 당신의 생각대로 행하고 군림하려 하며, 당신의 잘못된 판단으로 수정하려고 하지는 않았습니까?

이 살인자는 영적인 삶 가운데서 커다란 손상을 입히는 이해할 수 없는 일을 일으키고, 하나님이 말씀하셨던 것에 관해서는 전혀 생각하지 않습니다.

> 너희가 판단 받지 않으려거든 판단하지 마라!
> 너희가 측량하는 방식으로 너희는 측량 받게 될 것이니라.

(확실히) 죽음의 죄 외에는 어떠한 것도 판단하지 마십시오!

---

[2] "본질"로 재진술 된(위의 책 S. 28) 쿤니쉬(Kunisch)의 연구에 따른 것이다. 그럼에도 또한 "근거"로의 번역은 만족스러운 의미를 제공해줄 수도 있다.

(그러나) 어떠한 사람이 어쩔 수 없이 심판을 받아야만 하는 상황에 처하게 됐다면, 성령은 그를 통해 그 일을 행하도록 해야 합니다.

물론 말해야만 한다면 적절한 시기를 봐서 온유하고 겸손하게 말하십시오!

한 가지 손상을 치료하고자 하는 곳에 열 가지 손상들을 입히지 마십시오!

매우 소란스럽고 폭력적인 방식이 아니라 사랑과 인내로 말하십시오!

그렇지 않으면 그것은 어둠 안에 있는 곳으로, 진실한 빛 안에 있지 않습니다.

오! 나의 사랑하는 자들이여!

여러분 자신을 아십시오!

여러분 자신을 판단해 보십시오!

여러분 생애 동안 여러분이 모든 죄의 본성에 따라 질질 끌려가고 있다는 것을 기억하십시오!

그러므로 언젠가 여러분이 편안한 양의 우리로 들어가기를 원할 경우 여러분 자신을 판단해 보십시오!

여러분 이웃이 생명의 기회들을 하나님과 함께, 하나님이 삶의 기회를 삶과 더불어 만들도록 하십시오!

그리고는 알아두십시오!

당신의 판단과 심판에 의해서 많은 사람이 무시당하듯이, 당신은 많은 사람에게 무릎을 꿇어야 할 것입니다.

인간이 이 살인자와 함께 자기 자신을 소모하고 자기 자신의 열정적이고 심오하며 내적인 숙고 안에서 자기 자신을 향하고자 한다면요, 이 살인자는 근저 안에 숨어 있는 도둑을 발견합니다.

즉, 인간은 자기 자신 안에 숨기고 있는 올바르지 않은 자만심으로 하나님의 영에게 진실한 부요함과 은총과 보물을 훔쳤고 지금도 훔치고 있습니다. 이 도둑은 이러한 손상을 입힌 인간을 질책하는 살인자에게 소개됩니다. 그 다음으로 살인자는 도둑을 잡고 그를 죽입니다. 이러한 일이 때때로 일어나, 그들 모두가 다른 사람들을 찔러 죽여 양쪽 다 죽은 채로 머무르며 살인자가 도둑과 함께 죽는 일이 발생한다면요,

축복되고 기쁨이 넘치는 일이 되지 않겠습니까!

이로써 모든 심판은 사라져, 하나님이 무엇을 원하든 어떠한 곳을 원하든 언제 원하든 오로지 하나님과 하나님의 의지와 근저에 맡겨집니다.

도둑과 살인자 모두가 죽은 채 누워있다면 참되고 근본적인 평화가 이 사람 안으로 어찌 찾아오지 않겠습니까!

한 인간이 축복되고 올바른 문을 통해 양의 우리로 들어갈 것입니다. 문지기는 문을 열어 그를 아버지의 근저에로 들어가도록 허락할 것입니다. 거기서 그는 언제 어디서나 밖으로 나오기도 하고 들어가기도 하며 매 시간 푸른 초장을 발견할 것입니다. 그는 형용할 수 없는 즐거움을 가지고 신성의 깊숙한 곳으로 침몰해, (그리스도를 통해) 온전한 사랑으로 거룩하고 신성화된 자비로운 인성으로 들어가 온전

한 기쁨과 환희를 느끼게 될 것입니다.

다른 장소에서 주님이 예언자 요엘의 입을 통해서 말했던 것이 바로 그때 그에게 실현될 것입니다.

나는 나의 양 무리에게 풀을 뜯게 하고 쉬게 할 것이니라.

그때의 활동과 쉼은 하나입니다.

그리고 나는 양 무리를 이스라엘의 높은 산 위로, 푸른 초장으로, 아버지의 초장으로 인도할 것이니라. 나(스스로)는 나의 양 무리를 배부르게 먹일 것이니라.[3]

이처럼 자비롭고 고귀한 목자, 즉 말씀은 그곳에서 그의 사랑받은 양들보다 앞서 가고 그들은 그를 뒤따를 것이로되, 누구도 낯선 자를 뒤따르지 않을 것입니다. 그러므로 충분히 고귀하고 값어치 있으며 사랑스러운 자양분이 그들에게 제공될 것입니다.

말하자면 그들은 영원 안에서 하나님이 지극히 행복해 하시는 것과 동일하게 이것을 향유하고 이용해 지극히 행복해 할 것입니다. 이 일이 우리 모두에게 일어나도록 하나님은 우리를 도우실 것입니다.

아멘.

---

[3] 겔 34:13 f.에 대한 자유로운 인용이다.

# 28

## 성 삼위일체 설교(1):
## 예수 그리스도의 증인들[1]

(*Quod scimus loquimur, et quod vidimus testamur*, 요 3:1 ff.)

> 진실로 진실로 네게 이르노니 우리는 아는 것을 말하고 본 것을 증언하노라 그러나 너희가 우리의 증언을 받지 아니하는도다(요 3:11).

오늘은 거룩한 날, 즉 성 삼위일체 축일입니다.

올 해의 모든 축제들은 어떤 축일이 되었든 열매와는 달리 축제를 준비하는 데 사용된 꽃들과 같습니다. 이것은 (한 해 동안의) 일을 위

---

[1] 성 삼위일체 축제의 다음 두 개의 설교를 위한 성서 본문은 요한복음의 말씀, 즉 구세주의 말씀에서 인용한 것이고, 그곳에서 구세주는 말씀하셨습니다. "우리가 알고 있는 것을 우리가 말했고 우리가 봤던 것을 증거하노라."
성 삼위일체에 관한 첫 번째 해설은 모든 인간이 (하나님을 관상하는 것의) 고귀한 목적에 다가 서야할 때 그가 하나님과 일치하는지 혹은 일치하지 않은지를 그에게 말하는 두 명의 증인을 소유해야 한다는 것을 말해준다. 많은 죽음은 우리가 고통 속에서 기쁨을 획득하고, 쓰라림 때문에 사랑스러움을 획득하는 방법에 속한다.

한 종결이자 대가이기 때문입니다.

그러므로 나는 내가 이것에 관해 어떤 품위 있는 말로 설명할 수 있을지를 생각조차 할 수 없습니다. 이것은 모든 말들과 방법들보다 우위에 있고, 천사와 인간의 모든 인식력을 형용할 수 없는 정도로 초월합니다.

바보의 인식력은 최고의 스랍의 인식력보다 수천 배 이상 능가하며, 성 삼위일체의 형용할 수 없는 비밀은 모든 인식력과 모든 지각력을 훨씬 더 초월합니다.

그래서 성 디오니시우스가 말합니다.

> 이에 관해서 알려진 모든 것은 단어의 정확한 의미로 진실한 것이 아닙니다. 이것은 진리보다 거짓에 더 가깝기 때문입니다.

이 비밀을 실제로 꼼꼼히 살펴보려는 일부 무지한 사람들이 접근해 행동으로 옮기지만, (그럼에도) 모든 피조물들은 아무것도 말할 수 없다는 것에 관해서 극히 조심스럽게 말할 수 있을 뿐입니다.

아! 나의 사랑하는 자들이여!

바울이 말한 것처럼 고귀한 지혜를 내버려 두지 말고, 존경을 받을 만한 영적인 사람들은 이것을 연구하고 토론을 해 보십시오!

그들은 무지 속에서 거짓된 가르침을 통해 곤궁에 빠져들 수 있는 경우에도 거룩한 교회를 위해서 말할 수 있도록 허락을 받은 자들입니다. 하지만 여러분은 이것을 거부할 수도 있습니다.

## 28 성 삼위일체 설교(1): 예수 그리스도의 증인들

그리스도가 복음서에서 이 축제에 관해 말씀하십니다.

우리가 알고 있는 것을 말했고, 우리가 보았던 것을 증거하니라.

나의 사랑하는 자들이여!
누구도 (성 삼위일체의 이 비밀)을 아는 자가 없고, 그리스도 외에는 누구도 그것을 본 자가 없었으며, 또한 (더욱 상세히) 그의 신성한 본성의 근저를 본 자도 없었습니다.

그러므로 우리는 예수 그리스도의 증인들을 거쳐서만 신성한 본성의 근저에 도달할 수 있습니다. 그는 두 가지 길들의 목격자로서, 두 가지 길들 중 하나는 그것의 상하위의 능력들과 상응하고, 다른 하나는 전혀 그렇지 않습니다.[2]

증거들 중 하나가 부족한 자는 (하나님을 관상하는 것의) 고귀한 목적에 도달할 수 없습니다. 이러한 증거들은 두 자매와 같고, 인간에게 항상 공동으로 소개됩니다. 그것은 한 사람이 (지금) 어떤 길을 선택

---

[2] 문자적으로: "gelich-ungleich," 한 쌍의 단어는 아우구스티누스의 『고백록』(B. VII, 10)에 기인하고, 주요 동기처럼 이 설교를 관통한다. 이 한 쌍의 단어의 고찰이 이 설교 내부에서 상호 교환적인 관점으로 행해지고 있기—Corin, Sermons II, 58, 각주 4번은 형이상학적, 심리학적 그리고 도덕적 관점을 언급한다—때문에 한 쌍의 단어는 각각 다양하게 재진술돼야 했다. 이러한 측면에서 여기선 잘 못되긴 했으나, 그럼에도 이것은 오직 시도로서 고려될 수 있다. 레만(Lehmann)은 "유사한"과 "유사하지 않은"으로 번역을 진행하고, 코린(Corin)은 "조화"(-convenance)와 "부조화"(disconvenance)로 번역을 진행한다. 코린은 설명들을 덧붙이고, 또한 여기서 접근된다.

한 다음, 다른 사람이 다른 어떤 길을 선택해 가는 방식으로 이뤄지지 않습니다.

오히려 두 가지 증거들은 그곳에 항상 공존해야 합니다. 이처럼 우리가 고통 없이 산다면 우리는 고통을 떠안으려고 준비하고, 시험을 받는 중에는 하나님의 뜻과 일치하게 행동하지만, 쓰라림 때문에 달콤함을 소모하듯이 고통 때문에 기쁨을 소모해 버립니다.

하나님의 뜻 안에서의 그와 같은 순응(Fügung)은 외부로 향해 방향을 잡은 인간 안에서도 또는 본성 안에서도 발견되지 않으나, 그곳에 도달할 수 있습니다. 그곳에서 몇 가지 쓰라린 죽음은 외부에서 벗어나 인간의 본성까지 혐오스러운 삶 안에 빠져들도록 합니다.

또한 우리가 단지 그것만을 주의한다면, 실제로 우리는 하나님과 반대로 다양한 죽음에 대한 빚을 지고, 환희에 찬 신성한 삶은 모든 사람에게 죽음으로 이어집니다.

오! 나의 사랑하는 자들이여!

우리가 오직 빈번하게 기도하기를 원한다면, 삶과 죽음의 다양성과 우리가 포기한 모든 사물은 영의 내적 기도를 통해서만 우리에게 주어질 수 있습니다.

우리 삶이 그것의 의미에 따라 진행되든 되지 않든지 간에 (하나님의 은총을 통해서) 조명된 영은 하나의 영과 동일한 영 안에서 역경과 함께든 역경과 함께하지 않든지 삶을 사랑하고 삶을 깊이 있게 숙고합니다.

그들의 바람에 따라 진행하려고 하는 많은 사람은 하나님을 기꺼

## 28 성 삼위일체 설교(1): 예수 그리스도의 증인들

이 따르기를 원했으나, 그것은 그들에게 기분 나쁜 일인데도 그들을 바꿀 수 있는 일입니다. 그러나 시험을 받았던 삶은 우리의 의지가 예측했던 것보다 훨씬 더 많은 열매를 맺도록 하는 유용하고 훌륭한 일입니다.

(실제로) 그것은 존재하는 진리를 공개적으로 촉진합니다. 우리의 의지에 따라 그곳으로 달리는 삶, 즉 열매를 맺는 어려운 삶은 꽃에 비유될 수 있습니다. 이것은 의지보다 앞서 나가 삶에 도움이 될 것이고, 시험을 받은 삶의 부담을 지도록 자극하고 돕습니다. 하지만 인간은 (곧바로) 이것을 통해 진실로 (다시) 태어나게 됩니다.

이것이 아무리 도움이 된다고 하더라도 균형 잡힌 삶은 열매를 맺지 못합니다. 이 삶 안에서는 누구도 하나님을 사랑하거나 하나님을 생각하려 하지 않습니다. 물론 하나님은 (그러한 어떤 사람을 이끄는 인간들에 의해서) 근본적인 원망을 받게 됩니다.

이 사람은 그리스도의 증인과는 다릅니다. 그리스도는 모세가 사막에서 내걸었고 치유되길 바라는 모든 사람이 그것을 주목해야 했던 뱀이시기 때문입니다. 우리는 영의 가난과 헤아리기 어려운 떠남 안에서 그리스도를 주시해야 하고 그의 증인을 받아들여야 하며, 불타오르는 사랑을 가지고 그를 따라야 합니다.

우리는 영과 (우리의) 본질 안에서 내외적으로 인간 자신의 육신과 악한 원수에게서 오는 어려운 상황에 대한 시험과 정신적인 고통을 견뎌내야 합니다. 모든 사람이 모든 유혹을 극복하려 한다면 어느새 유혹은 사라집니다.

우리는 그들을 다시 불러들여 그들이 과거의 악한 세월 동안 범했던 죄의 오염(Rost)을 제거하고 그것을 날려 버리도록 요청해야 합니다. 아마도 죄가 더 고귀하고 정화된 사람을 더욱 예리하게 살필 수 있듯, 그가 죄를 더 잘 인식하고 죄 안에 살고 있는 중한 범죄를 지은 사람들 이상으로 죄를 정화된 인간 안에서 비유적으로, 훌륭하고 감동적으로 몸과 피 안에서 설명될 수 있습니다.

완전한 중죄인으로서 인간은 영원한 죽음에 들어가는 반면에 커다란 쓰라림 안에 서 있는 정화된 인간은 영원한 삶에 들어갑니다.―어떤 악하고 불의한 인간은 유혹들에 관해서 무엇도 알지 못합니다.―

죄에 의해서 망가졌던 정화된 인간과 중한 죄인 둘 사이 매우 극심한 차이의 원인은 무엇이고, 그러는데도 어떻게 그렇게 다양한가?

정화된 선한 인간은 하나님에 대한 사랑 때문에 그것에 순응하고, 하나님은 오로지 그의 근저, 그의 (온전한) 생각이며, 그는 평범하고 험한 것 둘 다를 하나님으로 받아들이고 거기서 그에게 자기 자신을 위임합니다.

하지만 악한 인간은 하나님에게 관심을 갖지 않은 채 죄에 빠져들고, 하나님은 악한 인간을 시험하지 않습니다. 하나님이 그를 다룬다고 해도 악한 인간은 결코 그것에 만족하지 않습니다. 그가 임무와 수고에 힘쓰지 않고서도 위대한 일을 획득할 수 있다면, 그는 아마도 그것을 받아들일 수 있다고 생각한 듯합니다.

나의 사랑하는 자들이여!

여러분이 부가되는 생각 없이 하나님을 사랑하고 하나님만을 바란다면 여러분에게 주어질 수 있는 것은 무엇입니까?

지옥의 모든 마귀들이 그들의 모든 악으로 영혼과 육신, 피와 골수를 통해 여러분을 공격하고 세상을 모든 불결함으로—하지만 여러분 의지와는 반대로—공격한다면, 그때 그들은 여러분에게 전혀 해를 끼칠 수 없으리라 생각됩니다.

여러분이 (단지) 여러분의 것들 중 아무것도 의도하지 않은 채 정결하고 온전히 하나님만을 의도하고, 또한 여러분이 혐오스러운 시간과 고통 없이 사는 시간에도 여러분 것들 중 아무것도 의도하지 않고 오직 하나님의 의지를 받아들인다면, 이것은 여러분에게 해가 될 리 없고 (오히려) 여러분을 위한 위대한 자산을 마련해 줄 것입니다.

그리스도 역시 이 축제의 기쁜 소식으로 말씀하십니다.

> 너희들이 물과 영으로 새롭게 태어나지 않는다면 너희들은 하나님의 나라에 들어갈 수 없느니라.

영 안에서 (하나님과 인간의) 동일한 형상은 상징화되고, 물 안에서 (인간과 하나님 사이에) 다양성이 상징화됩니다. (둘 사이에) 조잡한 외적 불일치를 제외하면, 내적이고 고귀하며 순수한 불일치[3]의 자각만이

---

[3] "C'est le entiment pénible que la disconvenance extérieure du péché ou de tout autre mal nous donne de notre misère naturelle"(Corin, Sermons II, 62, 각주 2).

있고, 내적인 일치는 외적인 일치 안에서 일어납니다.

여기서 조심스럽게 행동하는 자에게는 (하나님과 인간 사이에) 말로 다할 수 없는 다양성의 인식이 일어나 드러나게 되지만[4], 모든 피조된 실체들은 결코 그 인식에 도달할 수 없습니다.

외적으로 (조야한) 불일치 안에서 정화된 영은 (내적인) 불일치를 더욱 사랑하고 숙고하기 때문입니다. 내적인 불일치는 영에게 보다 좋은 것으로 맛보도록 하고, 영에게 보다 더 많은 것으로 충족시킬 것입니다.

그러므로, 영은 그 안에서 다가설 수 있고 이해할 수 있는 모든 영혼의 기쁨[5]보다 더 많은 것을 발견합니다. 하나님과 인간에 관해서 인식되는 내적인 불일치가 명확하고 투명하게 드러나면 될수록, 일어나고 도달하는 하나님과 영혼의 일치는 더욱더 어울리고 내적이 됩니다.

루시퍼(Luzifer)가 하나님과 닮기를 원했을 때, 그는 하나님과 자신의 비유사성을 인식하지 못했습니다. 그래서 그는 말로 다할 수 없을 정도로 하나님과 멀어지는 것에 빠져들어 하나님과의 모든 근접함을 상실해, 언젠가 다시 하나님에게 근접함을 획득하는 것조차도 상실했습니다.

---

[4] 한 쌍의 단어 "gleich-ungleich"의 형이상학적인 의미에 대한 실례이다. 스스로 존재하는 창조자를 그에게서 그를 통해 돼지는, 그를 의지하는 피조물과의 구분하는 벌어진 틈("비유사성")이다.

[5] 한 쌍의 단어 "gleich-ungleich"의 심리적인 의미에 대한 실례이다. 하나님의 뜻과 영혼의 동경과의 일치에 관한 영혼의 기쁨("유사성")이다.

하지만, 사랑스럽고 고귀한 천사가 (하나님과는 반대로) 그들의 비유사성에 관심을 돌린 결과로 그는 하나님과 이루 형용할 수 없는 하나의 조화에 도달했습니다.

정화되었지만 (하나님)과 닮지 않은 영이 사랑 안으로 침몰해 들어가고, 하나님과는 반대로 비유사성의 인식 안으로 진실로 녹아들어간 근저에서 이루 형용할 수 없는 열매가 어떻게 생산될 수 있단 말입니까!

또한, 그 영은 (영 자신의) 능력을 넘어서는 동시에 신적인 근저에서 언제 빠져들어 갈 수 있습니까!

아마도 영의 (인간적) 능력은 과거에 그것을 익혔기에 본성적이고 영적으로 정화된 사람에게는 사랑스러운 침몰이 주어집니다. 이후 (인간의) 본성이 여러분 것을 행하고 (본성의 기호의) 최정점에 도달해 더 이상 그것을 진행할 수 없으면, 신성한 근저가 다가와 그것의 섬광을 영으로 흩어지게 됩니다.

정화된 영은 곧바로 초자연적인 능력의 도움으로 (고유한) 자아로부터 멀리 떠나 빛나고 하나님을 향한 특별하고 말로 할 수 없는 갈망으로 유도됩니다.

이 사랑은 세상이 알려준 모든 것보다 더 높고 측량될 수 없습니다. 사랑은 신적인 능력에서 온 것이고, 이런 전향은 모든 인식력과 모든 감각을 초월하기 때문에 놀랍고 예측할 수 없는 일입니다.

이 전향 역시 (인간의 영의) 모든 또 다른 행동들을 훨씬 초월하므로, 행동들을 유익케 하고 행동을 촉진시켰습니다. 그것들은 선한 의지와 선한 생각과 바람과 (모든 선한) 말과 일과 모든 고통과 모든 아픔에 속하는 모든 행동입니다.

천사들이나 성인들, 천지에 있는 그 어떤 것도 이와 같은 전향을 제공할 수 없고, 신성한 근저만이 그것을 무한히 제공할 수 있습니다. 이러한 변화는 모든 한계보다 높고, 신성한 무한함 안에 서 있기 때문입니다.

이 전환 안에서 정화되고 빛나는 (인간의) 영은 신성한 어둠에서 침묵 안으로, 파악할 수 없고 이루 형용할 수 없는 (하나님과) 하나됨 안으로 침몰해 들어갑니다. 이 침몰 속에서 모든 유사성과 비유사성은 멈추고, 이러한 근저 안에서 인간의 영은 자기 자신을 상실해 하나님 뿐만 아니라 자기 자신, 유사한 것과 비유사한 것, 그리고 그 밖의 어떠한 것에 관해서도 알지 못합니다.

인간의 영은 (이제) 하나님과의 일치 안으로 침몰해 들어가게 돼 모든 차이에 대한 의미를 상실했기 때문입니다.

오! 나의 사랑하는 자들이여!

이것을 경험하기를 원하는 자는 모든 피조물과 자기 자신을 죽이고, 오로지 하나님에 대해서만 살아야 합니다.

그는 감각에 따라 살아서는 안 되고, 서로 다른 떠나지 않음과 외적인 것 안에서 때에 따라 이곳저곳으로 움직여서도 안 됩니다. 그에게 선한 것으로 간주되는 그 어떤 일도 그에게는 커다란 장애가 됩니다.

그는 만물 안에서 하나님에 대해서만 오로지 살아야 하고, 하나님 안에서 만물을 받아들여야 합니다. 그렇게 된다면 그는 이 거룩하고 기쁨으로 가득 찬, 높이 칭송된 삼위일체에게 도달할 수 있을 것입니다.

삼위일체에 관해서 말한다는 것은 극히 약하고 심히 적은 나를 고백하는 것입니다. 우리 모두가 그곳에 도달할 수 있도록 하나님은 우리를 도우실 것입니다.

아멘.

## 29

## 성 삼위일체 설교(2):
## 예수 그리스도의 증인들[1]

(*Quod scimus loquimur, et quod vidimus testamur*, 요 3:1 ff.)

> 진실로 진실로 네게 이르노니 우리는 아는 것을 말하고 본 것을
> 증언하노라 그러나 너희가 우리의 증언을 받지 아니하는도다(요 3:11).

우리 사랑의 주님이 말씀하십니다.

우리가 알고 있는 것을 우리가 말했고, 우리가 보았던 것을 우리는 증거하노라. 그러나 너희들은 우리의 증인을 받아주지 않았느니라. 내가 너희들에게 세속적인 일들에 관해서 말하는데도 너희가 믿지

---

[1] 성 삼위일체의 두 번째 설교는 우리에게 비모상적인 모상(unbildliches Abbild)이 삼위일체에게 어떻게 우리 안에 실제로 존재하는지, (더욱 상세히 말해서) 우리의 근저 안에 어떻게 존재하는지를 보여 준다. 인간이 자기 자신을 떠나 (그곳으로) 방향을 돌리고 모든 모상과 모든 떠나지 않음에서 벗어난 후 곧바로 인간은 그곳에서 (하나님의) 은총으로 하나님이 원래 소유한 모든 것을 발견한다.

## 29 성 삼위일체 설교(2): 예수 그리스도의 증인들

않거늘, 하물며 내가 하늘의 것들에 관해 너희들에게 말한다면 너희들이 어찌 나를 믿을 수 있겠느냐?

고귀하고 가장 영광스러운 삼위일체의 경건한 축일인 오늘, 우리는 이 말씀을 복음서에서 읽고 있습니다. 그 어떤 축제라도 매년 개최되었던 모든 축제들은 그 자체의 의도와 목적을 가지고 지켜졌습니다.

성 삼위일체는 모든 피조물들의 경과, 특히 이성적인 피조물들의 의도와 목적입니다. 성 삼위일체는 틀림없이 시작이자 끝이기 때문입니다. 우리는 이렇게 높이 칭송받는 성 삼위일체에 관해 말할 수 있는 어떤 특별한 말을 발견할 수 없습니다.

그럼에도 모든 본질보다 높이 계시지만 잘 알려져 있지 않은 삼위일체에 관해서 무언가를 반드시 말해야 합니다. 하지만 우리가 무엇에 관해서 말하는 것은 머리를 하늘로 향하는 것만큼이나 도달하기 어려운 문제입니다. 그것에 관해서 말하거나 생각할 수 있는 모든 것은 천지에 비해 작은 바늘귀보다 수백 배, 아니 수천 배는 더 작고[2], 모든 수와 한계를 넘어서 있기 때문입니다.

고귀하며 본질적인 일치가 삼위일체의 존재에서 얼마나 단순한 일이고, 위격에 있어서 어떻게 삼위적인지를 파악하는 것은 모든 인식

---

2 또한 코린의 번역 Sermons II, 6를 이용한 Vetter 299, 1에 대한 스트라우흐(Strauch)의 수정에 따른 것이다.

에게 전적으로 불가능합니다.

더 나아가 위격들의 구분이 어디에 존재하는지 또는 아버지가 아들을 어떻게 낳으시고, 아들이 아버지로부터 어떻게 나오며 아버지 안에 어떻게 머무는지를 파악하는 것은 불가능한 일입니다.

또한, 말할 수 없는 사랑, 즉 성령은 그 자신의 인식 안에서 어떻게 아버지가 말하신 영원한 말씀에서 흘러나오고, 그렇게 흘러나온 기적이 고유한 자아의 형용할 수 없는 기쁨과 자아의 향유와 본질적인 일치 안에서 어떻게 다시 흘러 돌아가는지를 파악하는 일은 불가능한 일입니다.

아버지처럼 아들 역시 능력과 지식과 사랑과 공존합니다. 아들과 성령 역시 하나입니다. 세 위격들은 인식적인 방법이 아니라 의미적으로 본질의 일치 안에서 흘러나오더라도 그것들은 심히 크기 때문에 그 안에는 말할 수 없는 차이가 존재합니다.

이에 관해서 놀랍도록 많은 말을 해왔는데도, 우리는 넘쳐흐르는 일치가 어떻게 이해될 수 있는지 혹은 다양성으로 어떻게 전개되는지를 전혀 말할 수 없었을 뿐입니다.

이것을 경험하는 일은 그것에 관해서 말하는 것 보다 더 훌륭합니다. 이 일들에 관해서 말하거나 듣는 일은 대개 밖에서 퍼져 나가는 말들 때문에 모든 것이 대상으로부터 말할 수 없을 정도로 멀어져 우리에게 낯설고 친밀하지 않으며 유쾌하지 않습니다.

이런 대상은 천사의 이해력(Fassungskraft)을 능가하기 때문입니다. 위대한 선생들에게 (이에 관해서 말하는 것을) 위임해 보십시오!

그들은 신앙을 변호하면서 이에 관해서 어떠한 것을 말할 수 있어야만 하고, 그것에 관해서 또한 두꺼운 책들을 읽고 써야 합니다. 하지만 우리는 단순하게 믿을 뿐입니다.

또한, 거룩한 토마스는 말합니다.

> 그들은 성령으로부터 이것을 받아들여 경험하고 그것에 전념하는 것을 가르치는 선생들이므로, 그 누구도 선생들이 말했던 이것을 그냥 지나쳐서는 안 됩니다.

어떤 실수가 이곳에서 벌어지더라도 가장 기쁘고 사랑스럽게 어떤 것을 알 수 있듯이, 어떤 일은 이곳에서 실수만큼이나 가장 걱정스럽게 알려질 수 있기 때문입니다.

그러므로 이에 관해서 여러분은 논쟁을 하거나 아니면 단순히 믿어 하나님에게 여러분을 위임해 보십시오!

위대한 학자들(Gelehrte)은 여기 안에서 다르게 다룰 수 있겠습니까?

그들은 결코 지금처럼 자신의 이성을 사용해서 그와 같은 궤변을 늘어놓지는 못할 것입니다.

하지만 성 삼위일체가 이성적이 아니라 본질적인 진리로, 그리고 말이 아니라 존재로서 여러분 안에 또는 여러분의 근저 안에 낳아진다는 것을 주목해 보십시오!

우리는 성 삼위일체에 대한 자체적인 관심과 우리가 어떻게 성 삼위일체를 진실로 모방하는지에 대한 관심을 가져야 합니다. 우리는 영혼의 본성적인 상태 안에서 혼합되지 않고 고유하며 진실하게 신성한 형상을 발견하고, 그러는데도 그 자체로 존재하듯 그렇게 상승되지 않기 때문입니다.

자 그럼! 우리는 만물들 중 이런 사랑스러운 형상에게 우리의 관심을 보내는 것에 관해서 이야기를 나눠 봅시다. 이 형상은 우리 안에 매우 자애롭고 특별하게 존재합니다. 누구도 이 형상의 고귀함을 말로 적절히 표현할 수 없습니다.

하나님은 이런 형상 안에 존재하시고, 그(자신)는 모든 지각력을 초월해 이와 같은 형상으로 존재하시기 때문입니다.

가르치는 스승은 이 형상에 관해서 매우 많은 말을 해 왔고, 또한 몇 가지 자연적인 방식으로, 또한 본질에 따라 존재하는 것에서 형상을 찾습니다. 그들 모두는 최고의 능력으로서 형상이 기억과 지성과 의지 안에 존재한다고 말했습니다.

우리는 이러한 능력들과 더불어 성령을 받아들이고 향유할 수 있을 것이라 생각합니다. 하지만 이것은 단지 가장 하위 단계에서 일어나는 일입니다. 왜냐하면, 그것은 본성상 우리를 우리 안에서 발견되는 것만을 되풀이하도록 할 뿐이기 때문입니다.

토마스 선생은 이러한 형상이 그것의 활동과 능력들의 훈련, 즉 활동하는[3] 기억과 활동하는 인식력과 활동하는 사랑 안에서만 완성될

---

[3] "gegenwärtig," 베테르에 의하면 "gegenwirklich"(cf, Wyser, 위의 책, S. 295). 그럼

29 성 삼위일체 설교(2): 예수 그리스도의 증인들

수 있다고 말합니다. 그리고 그는 숙고해 이러한 결론을 내립니다.

그런데 다른 선생들—그리고 이것은 극히 말로 다 할 수 없을 정도로 커다란 의미를 지니고 있습니다—은 성 삼위일체의 형상이 영혼의 가장 내적이고 은밀하며 심오한 근저 안에서 휴식을 취한다고 말했고, 활동하고 스스로 존재하는 영혼은 근저 안에서 하나님을 소유한다고 말했습니다.

하나님은 그곳에서 활동하시고 존재하시기에 인간이 하나님과 분리되고 싶어도 그것은 그렇게 될 수 없습니다. 이것은 하나님의 영원한 명령에서 온 것입니다. 하나님은 이것을 매우 잘 정돈하셨기에 (영혼의 영원한 근저와) 전혀 분리될 수 없고, 또한 분리되는 것도 원하시지 않습니다.

그러므로 이 근저는 하나님의 은총으로 그것의 심연 안에서 하나님이 본질로부터 소유한 모든 것을 소유할 수 있습니다. 인간이 근저 안에서 스스로를 떠나 방향을 바꾸려는 정도에 따라서 은총은 활동하게 되고, 어떤 다른 최고의 방식에 의해서 활동하지는 않습니다.

이에 대해서 이방의 가르치는 스승인 프로클루스(Proklus)가 말합니다.

저는 인간이 우리 가운데 존재하는 형상들로 전력을 다해 전해지는[4]

---

에도 아마 "würkelih" = "wirkend"이라는 의견이다.
4   S. 300, 29에 대한 베테르에 의해서 표기된 BT의 수기 원본의 인용 아래: "wandelt da mit so." Corin, Sermons II, 69은 "manquer"를 인용하고, 레만은 "fehlenden

한, 그가 결코 이러한 근저에 도달할 수 없을 것이라고 생각합니다. 근저가 우리 안에 존재하는 것을 받아들이는 것은 우리에게는 미신으로 여겨질 것입니다. 우리는 이와 같은 근저가 존재하고 더욱이 그것이 우리 안에 존재한다는 것을 믿을 수 없습니다.

계속해서 그가 말합니다.

너희가 존재한다는 것을 경험하기를 원한다면 모든 다양성을 버리고 떠나 단지 너희 이성의 눈으로 이러한 하나의 대상만을 숙고하십시오!
그렇지 않으면 너희가 보다 높게 상승하기를 원한다면 이성적인 시각과 안목을 떠나십시오! 이성은 너희보다 아래 놓여있기 때문입니다. 일자와 하나가 되십시오!
또한 그는 일자를 신성한 어둠이라고 부르고 일자는 고요하고 침묵하며 잠들어 있고 감각을 초월합니다.

오! 사랑하는 자들이여!

어떤 이교도가 이것을 이해해 이러한 생각을 하게 된 것은 얼마나 놀라운 일입니까! 하지만 우리가 이교도와 매우 멀리 떨어져 그를 닮지 않으려고 노력하는 것은 우리에게 일종의 욕설이자 불명예

---

Mangel"를 우리 가운데 놓여 있는 그림들을 관련시킨다. 2, 105.

입니다.
우리 주님은 이 진리를 말씀으로 증거하십니다.

하나님의 나라는 우리 안에 있느니라.

이것의 의미는 단지 내적인 것, 즉 근저 안에서는 모든 능력의 활동을 넘어 있다는 것입니다. 또한 그것에 관해서 오늘 읽은 복음서가 말합니다.

우리가 알고 있는 것을 우리가 말했고, 우리가 보았던 것을 우리가 증거하느니라. 하지만 너희들은 우리의 증인들을 받아주지 않았느니라.

감각적이고 동물적이며 단지 외적인 행동에만 헌신했던 인간이 이 증인을 어찌 받아들일 수 있겠습니까?
여러분의 감각들을 살려 단지 외적인 일들과 더불어 배회하는 사람들에게 이것은 미신입니다. 우리 주님이 말씀하십니다.

지상에 비해 하늘이 높이 솟아 있듯이, 나의 길은 너희 길에 비해 높고 나의 생각은 너희의 생각에 비해 높이 있느니라.

또한, 우리 주님이 지금 우리에게 말씀하십니다.

내가 너희에게 세상의 일들을 말하는데도 너희는 나를 믿지 않노라. 내가 너희들에게 하늘의 일을 말한들 너희들이 어찌 나를 믿을 수 있겠느냐!

내가 여러분에게 상처 입은 사랑에 관해서 짧게 말했을 때도 역시 나 여러분은 나를 이해하지 못한다고 말하고, 오로지 세상의 일에만 관심을 가졌느니라.

그러니 하물며 여러분이 이러한 내적이고 신성한 일들에 대해 어찌 생각하고 이해할 수 있겠느냐?

여러분은 이렇든 저렇든 항상 감각들에 따라 외적으로 많은 행동을 하고, 예컨대 "우리가 본 것을 증거하느니라."라고 말하는 것은 증거라 할 수 없습니다. 우리는 감각적인 형상들과 멀리 떨어져 있는 근저 안에서 이런 증거를 발견합니다.

이 근저 안에서 하늘의 아버지는 우리의 이해의 순간보다 수백 수천 배 빠르게 매 순간 새롭게 완성되는 영원의 순간과 아버지 자신의 이루 형용할 수 없는 섬광 안에서 그의 유일하신 아들을 낳으십니다.

이것을 경험하기를 원하는 자는 그의 내외적인 능력들의 모든 행동과 외부로부터 안으로 들어가는 모든 것을 초월해 내적인 근저 안으로 향해 그곳에서 침몰하며 녹아 들어갑니다.

다음으로 아버지의 능력은 그의 유일하신 아들을 통해서 인간을 그 자신 안으로 불러들이고, 아들이 아버지에게서 태어나 아버지께로 다시 흘러 들어가듯이, 인간은 하나님 아버지의 아들 안에서 그

아들과 함께 다시 아버지께로 흘러 들어가 아버지와 하나가 됩니다. 우리 주님은 말씀하십니다.

> 너희는 나를 아버지라 부르라!
> 나의 존귀함을 얻으려는 노력을 멈추지 말라![5]
> 오늘날 내가 내 아들을 통해서, 내 아들 안에서 너를 낳았느니라.

바로 그때 성령은 이루 형용할 수 없을 정도로 대단한 사랑과 기쁨을 쏟아붓고 성령의 사랑스러운 선물과 더불어 인간의 근저를 뚫고 들어와 흘러넘칩니다.

그것들 중 두 가지 은사는 영향을 미칩니다. 이것은 경건과 지식입니다. (이제) 인간은 호의적이고 온유하게 되기 때문입니다. 또한 지식의 은사는 인간이 진보적이도록 그를 구분 지을 것입니다. 그래서 앞서 이뤄져야 하는 은사들과 그와 동일한 이 모든 덕들은 훈련을 통해 인간들을 계속 주도해 나갑니다.

다음으로 우리의 인내를 요구하는 은사들이 뒤따릅니다. 이것들은 함께 머무릅니다. 이것은 의연함(Starkmut)과 제언(Rat)의 은사입니다. 세 번째 은사는 관상으로 향해 있습니다. 이것은 두려움입니다. 이것은 성령이 움직였던 그 모든 것을 보호하고 강화시킵니다. 가장 궁극

---

[5] 렘 3:19: 당신은 나를 "나의 아버지"라 부를 것이고 나를 떠나지 말라(Parsch, 위의 책, Echter Bibel과 일치해, Jeremias, S. 16).

적인 두 가지 은사들은 이성과 경험한(kostend) 지혜입니다.

나의 사랑하는 자들이여!

무엇보다 악한 원수는 인간들에게 덫을 놓고, 원수의 행동들은 특히 궤변적으로 전달됩니다. 이 경우 인간에게는 구별된 지식의 은사가 필요합니다.

이런 상황에서 순간만을 체류하는 것은 모든 외적인 일들과 삶의 규칙들보다 선행될 수 있습니다. 그리고 이러한 근저 안에서 인간은 그의 친구들을 위해 사나 죽으나 기도해야 합니다. 이것은 수백 수천 배 시편을 기도하는 것보다 훨씬 유익할 수 있습니다.

이것이 참된 증인입니다.

> 성령은 우리의 영에 우리가 하나님의 자녀들이라는 것을 증거하노라.

그러므로 우리는 오늘 우리가 복음서에서 읽은 것처럼 이러한 참된 증거를 우리 안에서 발견합니다. 그들은 천국, 즉 내적인 천국 안에 있는 세 증인들로서 아버지, 말씀, 그리고 영입니다. 이들은 여러분을 증거하고, 여러분이 하나님의 자녀인 진정한 증거를 여러분에게 보여 줄 것입니다.

그들은 여러분의 근저 안에서 여러분을 비출 것입니다. 근저는 여러분에게 비로소 그것을 증거해 줍니다. 그러나 이와 같은 자체적인 증인은 여러분과 여러분의 모든 무질서를 적대시합니다.

그렇지만 여러분이 그것을 받아들이려고 할 때, 이 증인은 여러분이 원하든 원하지 않든지 여러분의 합리성 안에서 빛나고 여러분의 모든 삶에 관한 증거를 여러분에게 제공합니다.

여러분이 이런 증거를 듣고 내외적으로 거기에 유지된다면, 여러분은 가까운 날에 구원을 받게 됩니다. 그러나 그곳에서 여러분이 여러분의 전 생애 동안 모든 말들을 유지하지 않는다면, 이 증인은 여러분을 심판할 것입니다. 이 경우에 이것은 여러분의 실수이지 하나님의 실수는 아닙니다.

오! 나의 사랑하는 자들이여!

여러분 안에서 여러분 곁에 머무르고 있는 이 증인들에게 관심을 가져라! 그렇지 않으면 여러분은 스스로 참회해야 하는데 참회하지 않고 있는 것과 같습니다.

여러분은 가난할 수 있도록 라인강 하류로 떠내려 왔습니다. 하지만 여러분이 여러분 근저에 도달하지 못했다면, 여러분은 외적인 행동과 더불어 그곳으로 다가서지 못할 것입니다. 여러분은 목적 없이 힘쓰지 마십시오!

여러분은 오로지 여러분의 외적인 인간을 극복했을 때[6] 내적인 것으로 향하고 여러분 안으로 들어가 이런 근저를 찾으십시오!

---

[6] 그것이 문자적으로 Vetter 302, 27에 의해서 읽혀질 수 있더라도 "lauf wieder heim"은 정확하지 않은 것처럼 보인다. 레만과 나우만(Naumann)은 겉으로 보기에 베테르의 원문을 숙고 없이 번역했다. 코린은 설명적인 삽입을 선행하고, 그는 자유롭게 원문 안에 개입을 설명하나 의미를 잘 살린다. 나는 여기서 그를 따랐다.

여러분이 외적인 행동과 명령과 계획 안에 있다면, 여러분은 그 근저를 발견할 수 없습니다. 장애물들을 극복하도록 숲속으로 도망친 선하고 결혼한 남자가 이런 내적인 근저를 구했던 2천 명의 형제들을 그의 휘하에 두었다는 것을 교부들의 책 안에서 발견할 수 있습니다.

또한, 그의 부인은 그녀의 휘하에 많은 여성들을 두었습니다. 이 근저는 단순히 숨겨진 외로움이고, 모든 본질보다 높이 있으며 (자유의지에 접근할 수 있는) 어떠한 어둠입니다.

이것은 감각들의 길 위에서는 발견될 수 없습니다. 여러분은 나에게 말하는구나.

나는 내적인 인간을 사랑하느니라. 나는 이런 감동을 경험했고 계몽된 모든 사람들에게 기꺼이 도움을 줄 수 있을 것이니라.

그곳에서 많은 외적인 훈련 쪽으로 이동해 이 은총을 상실해 버린 이 사람들은[7] 자기 자신에게 무서운 심판을 제공하는 것입니다. 특별한 경건 훈련을 통해 그들을 진실로 이쪽으로 이동하게 만드는[8] 이 사람들은 과거에 이교도들과 유대인들이 그들의 진보를 위해 그렇게

---

7   Vetter 303, 1의 텍스트에서 Corin, Sermons II, 73과 함께 단어들: "wer die"가 첨가됐다.
8   Corin, Sermons II, 73는 읽을 수 있다. "da(z) síe dise in ziehen wellent." cf, Vetter 303, 3을 참조.

행했던 것보다 더 많은 장애물들을 접할 것입니다.

그러므로 여러분이 내적인 인간들에 관해 말한다면, 여러분은 상스러운 말과 성난 몸짓으로 정죄를 한 자들을 주의하십시오!

여러분이 이때 그곳으로 (성 삼위일체를 여러분의 근저 안에서 고찰하도록) 다가서기를 원한다면 세 가지 점을 기억하십시오!

**첫째**, 여러분은 만물들 안에서 하나님만을 순수하게 의도해 하나님의 영광을 생각하되, 아무것도 여러분의 것을 생각해서는 안 됩니다.

**둘째**, 여러분의 모든 일들과 진보들 안에서 열심히 여러분 자신을 주시하고, 여러분의 모든 공로들과 진보들에서 부지런히 여러분 자신에 집중하되, 여러분이 완전한 무(Nichts)라는 것을 지속적으로 숙고하십시오!

또한, 여러분이 무엇과 교제하고 여러분 안에 무엇이 존재하는지를 생각해 보십시오!

**셋째**, 당신 외에 존재하고 당신에게 맡기지 않았던 것에 관심을 두지 마십시오!

그것에 대해서 괴로워하지 말고 사물에 집착하지 마십시오!

좋은 것은 좋은 것으로 내버려 두고, 악한 것을 고치려 하지 말며 그것에 관해서 의문을 갖지도 마십시오!

근저로 향하고 그곳에 머무르며 당신을 부르시는 아버지의 음성에 민감하게 반응하십시오! 당신을 자기 자신 안으로 불러들이기 위해 아버지의 음성이 당신을 난처하게 하더라도 그것은 당신이 교회의 모든 장로들의 질문들에 대답할 수 있도록 부요함을 제공할 것입니다. 하나님에 의해서 창조된 인간은 명백하게 선물을 받게 되고 계몽될 것입니다.

또한. 당신이 여기서 말해진 모든 것을 잊어버려야만 한다면 두 가지 사소한 점들을 반드시 유지하십시오!

그러면 당신은 (내적인 삶)에 도달하게 됩니다.

**첫째**, 당신의 모든 이해 안에서 당신의 말과 외형이 진실로 내외적으로 근저에 이르도록 제한하십시오!

모든 (미화된) 해설 없이 당신의 근저와 모든 눈 안에 무를 가지십시오!

**둘째**, 하나님에 대한 진실한 사랑을 가지십시오!

감각의 방식에 따라 사랑을 언급하는 것이 아니라 본질적으로 가장 내적인 하나님의 사랑을 가지십시오!

하나님의 사랑은 단순하게 외적이고 감각적인 것을 매우 익숙한 사랑을 의도하는 것이 아니라, 감수성이 풍부한 관상적인 사랑이고 갈망하는 사랑이며, 이것은 한 사람이 갈망하는 사랑을 소유하고 목적이 경주자나 군사로 그의 머릿속에 연상하는 것과 같습니다.

우리 모두가 성 삼위일체의 진정한 형상을 발견할 수 있는 곳인 이러한 근저에 도달하도록 성 삼위일체가 우리를 도와주실 것입니다.

아멘.

# 30

## 성만찬 설교(1):
## 예수님의 살과 피[1]

(*Qui manducat meam carnem et bibit meum sanguinem, in me manet,et ego in illo*, 요 6:55-58)

> 내 살은 참된 양식이요 내 피는 참된 음료로다 내 살을 먹고 내 피를 마시는 자는 내 안에 거하고 나도 그의 안에 거하나니 살아 계신 아버지께서 나를 보내시매 내가 아버지로 말미암아 사는 것 같이 나를 먹는 그 사람도 나로 말미암아 살리라 이것은 하늘에서 내려온 떡이니 조상들이 먹고도 죽은 그것과 같지 아니하여 이 떡을 먹는 자는 영원히 살리라 (요 6:55-58).

오늘은 우리 주님의 거룩한 몸을 나누는 성만찬으로서 신성한 축

---

[1] 다음의 네 편의 거룩한 성찬 설교들은 성체축제일에 관한 요한복음의 말씀, 즉 그리스도의 말씀에서 인용된 것이다.
나의 몸은 참된 양식이요 나의 피는 참된 음료라(요 6:55-58).
거룩한 성찬에 관한 첫 번째 해설은 우리에게 하나님을 찬양하는 세 단계를 인식하도록 가르치고, (거룩한 성찬식)의 많은 유익한 효력에 관해서 말해 주며, 모든 사람이 자신의 삶과 준비의 상황에 따라 성찬식을 얼마나 자주 수령해야 하는지를 (말해준다).

제가 거행되는 매우 장엄한 날입니다. 우리는 일반적으로 이것을 매년 성 목요일에 거행해 왔습니다. 거룩한 축제는 우리가 새로운 예배와 (우리 주님의) 존엄한 몸에 경의를 표하게 만들고, 우리에게 새롭고 특별한 경외감과 내재성에 대한 동기를 유발시키고 촉진했습니다.

이것을 위해 우리 어머니, 즉 거룩한 교회는 특별히 이 축제일을 제정했습니다. 그래서 거룩한 교회는 우리에게 만족을 주었고, 사람들은 거룩한 성만찬 앞에서 그들의 경외감을 드러내기 위해 외적인 일들을 (매우 많이) 행합니다.

우리는 거룩한 성체(Sakrament)를 한 교회에서 다른 교회로 운반합니다. 사람들은 금과 은으로 제조한 장신구를 마련하고 종을 울리며 노랫소리를 우렁차게 울려 퍼트리고, 오르간을 장엄하게 연주하는 것 등과 같은 외적인 일들을 더 많이 행합니다.

오! 사랑하는 자들이여!

이 모든 것은 우리가 하나님에게 마음으로 표현하는 내적인 송덕에 유익한 것으로서, 더 이상 유익하지 않을 정도로 적은 것은 없습니다. 하지만 이런 모든 외적인 행동은 우리가 하나님에게 경의를 표하는 데 가장 적은 것에 불과합니다.

그러므로 우리는 경외감을 불러일으킬 수 있도록 우리가 생각해 낼 수 있는 모든 것을 마땅히 행해야 합니다. 어떤 한 마리 작은 구더기나 다른 창조물과 같은 그 어떤 것들이 없다고 합니다.

그것이 이성을 가지고 있고, 그의 머리가 마땅히 하나님을 경외하고 하나님 앞에서 자신을 부인하기 시작한다고 어떻게 말할 수 있겠습니까!

하나님을 찬미하는 일은 훨씬 더 높은 단계입니다. 그 단계는 인간이 사랑의 능력 안에서 모든 이성과 판단력으로 하나님을 찬양하고 그리고 이것은 그의 마음의 근저 안에서 외적으로 행할 수 있는 것을 경유해서 계속 진행합니다.

다음으로 훨씬 더 높은 또 다른 단계가 있습니다. 그것은 하나님이 매우 거대하시고 인간 자신은 매우 작아서, 인간이 하나님을 전혀 찬양할 수 없다는 것을 심연 안에서 인식하는 것입니다. 이런 찬양은 모든 말과 생각과 이해를 훨씬 능가합니다.

어떤 가르치는 한 선생이 말합니다.

> 이와 같은 사람은 하나님에 관해서 가장 잘 말하지만, 하나님의 내적인 부요함을 인식하는 것에 관해서는 침묵합니다.

한 선생이 하나님을 말로 찬양을 했습니다. 다른 선생이 그에게 항변합니다.

"당신은 하나님에 대한 신성 모독을 그만둬라!"

어쩌면 둘 모두는 옳았습니다. (왜냐하면) 누군가 말로써 신성한 선의 이루 형용할 수 없는 크기를 찬양하는 일을 감행하는 것은 그 자체로서 놀라운 일인데, 왜냐하면 신성한 선은 너무 커서 천사나 인간 혹은 다른 모든 피조물들보다 이루 형용할 수 없을 정도 높은 위치에 있기 때문입니다.

모든 말과 방법들로 하나님의 파악할 수 없는 위엄을 인식하려 할 때 우리는 이루 말할 수 없을 정도로 이러한 찬양을 자체적으로 잃어버립니다. 따라서 우리는 첫 번째로 하나님의 찬양을 함께 나눕니다.

두 번째로는 하나님에게 침몰해 들어가면서 자기 자신을 상실한 채 녹아 들어가 하나님만을 찬양하고 하나님에게만 감사드리도록 해야 합니다. 하나님은 그런 방식으로 상실하게 된 인간―이것을 걱정할 필요가 없습니다―을 영원히 잊지 않을 것입니다.

이때 우리 사랑의 주님이 말씀하십니다.

> 나의 몸은 참된 양식이요 나의 피는 참된 음료이니라. 그리고 나를 먹고 마시는 자는 내 안에 거하고 내가 너희 안에 거하느니라.

우리는 이 말씀 안에서 주님의 완전한 겸손을 볼 수 있습니다. 그는 가장 위대한 것에 대해 침묵하지만 대신에 가장 작은 것에 관해서 말씀하십니다. 가장 위대한 것은 흠모할 가치가 있는 신성입니다.

예수님은 그의 몸과 피와 마찬가지로 진실로 현존하는 그의 신성과 그의 거룩한 영혼에 관해서 말씀하셨습니다. 이루 형용할 수 없고 모든 것을 능가하는 사랑은 그가 우리의 형제가 되는 것에 만족하지 않으시고, 우리의 불행하고 약하며 부패된 본질을 스스로 입으셨다는 데서 자기 자신을 드러내신 것입니다.

주님은 인간이 하나님이 되도록 인간이 되셨기 때문입니다. 하지만 이것만으로는 그에게 충분하지 않았습니다. 그래서 주님는 우리의 양식이 되고자 했습니다. 그러므로 거룩한 아우구스티누스가 말합니다.

> 그리스도인들보다 위대한 민족(Geschlecht)은 세상에서 없고, 하나님은 우리에게 가까이 하셨듯 그리스도인들에게도 가까이 하셨습니다.

우리는 하나님을 먹고 마시기 때문입니다. 이러한 방식을 그가 알았다는 것은 얼마나 놀랍고 이루 형용할 수 없는 사랑입니까!

또한, 인간의 모든 개념들을 초월하고, 우리에게 이루 말할 수 없을 정도로 큰 울림을 안겨 주는 그리스도의 사랑은 모든 사람의 마음을 심히 고통스럽게 합니다.

이때 그것은 인간의 입을 통해 섭취되는 음식과 음료처럼 인간과 매우 가까운 곳에 있고 곧바로 신뢰할 수 있는 어떤 물리적인 사건(Vorgang)이 아닙니다. 그래서 그리스도는 이러한 놀라운 방법(스스로를 우리와 함께 나누는 방법)을 취하셨습니다. 그는 우리와 가장 가까운 곳에서 친밀하게 우리와 연합하는 것을 원하셨기 때문입니다.

그렇다면 이제 우리는 육신의 음식에 관해서 말해 보도록 합시다, 이것은 해석하기에 따라 적절하게 들리지 않을 수도 있지만, 우리의 이해에 도움이 될 것입니다.

성 베른하르트가 말합니다.

> 우리가 이 음식을 먹으려 하면 우리는 먹게 될 것입니다.

우리가 육신의 입으로 음식을 먹고 나면, 그 후 우리는 맨 처음 음식을 씹습니다. 다음으로 그것은 편안하게 식도를 통해 위에 도달하고, 간의 열을 통해서 분해됩니다. 위는 음식을 소화시키고 좋지 못한 부분과 좋은 부분을 분리합니다.

어떤 사람이 일 파운드의 음식을 먹는다면 그 중에서 단지 매우 적은 부분만이 그것의 본질에 도달할 것입니다. 위는 모든 것을 소화시키면서 그 밖에 모든 것을 다양한 장소에서 던져서 없애 버립니다.

음식이 위에 도달했다면, 그것은 인간의 본질에 도달하기 전에 세 단계를 거쳐야 합니다. 위가 본질의 열로 음식을 분해하고 소화시키려 할 때, 모든 영양분이 머리와 심장과 같은 모든 지체에 골고루 분배되도록 명령한 하나님의 뜻에 따라 고귀한 영혼은 그것들이 혈관을 통해 우리의 피와 살로 흘러가도록 개입합니다.

우리 주님의 몸도 이와 같을 것입니다. 육신의 음식이 우리 몸 안에서 변하듯이, 신성한 음식을 가치 있게 받아들인 사람은 육신 안에서 바뀌게 될 것입니다.

그러므로 우리 주님이 아우구스티누스에게 말씀하십니다.

> 내가 너희 안에서 변화된 것이 아니라 네가 내 안에서 변화된 것이니라.

이처럼 음식을 가치 있게 받아들이는 자에게 그것은 혈관을 통해 내적인 근저 안으로 들어갑니다. 그렇다면 우리는 베른하르트의 말을 경청할 필요가 있습니다.

우리가 육신의 음식을 섭취하면, 그것은 먼저 소화되고, 그 다음 조용히 우리의 몸 안으로 가라앉습니다.

이 소화가 무엇을 의미합니까?
베른하르트가 대답합니다.

우리가 하나님을 섭취하면 그는 우리를 먹을 것입니다. 그는 우리를 남김없이 삼켜 버리는 것입니다.

하나님이 언제 우리를 남김없이 삼켜 버립니까?
그는 우리 안에서 실수들을 벌하시고, 내적인 눈을 열어 우리의 오점을 인식하게 된다면 그는 이것을 행하십니다. 말하자면 하나님이 우리의 양심을 꾸짖으시는 것은 하나님이 우리를 먹고 씹어 소화시키는 것입니다.

우리가 음식을 씹어 입 안에서 이리저리 굴리는 것처럼, 인간은 하나님이 내리시는 형벌의 두려움과 염려와 쓰라림 안에서 이리저리 내동댕이쳐지면서 그것이 그에게 어떻게 일어나는지를 인지하지 못합니다.

여러분은 인내로 이것을 감수하십시오!
하나님에 의해서 여러분을 먹고 소화시키십시오!

그에게서 여러분이 멀리 떨어지지 않도록 하십시오!

여러분은 하나님의 형벌에서 벗어나기 위해서 서둘러 고해신부에게 달려가 여러분 자신을 소화시키는 일을 꿈에도 생각하지 마십시오!

그렇다면 여러분의 양심의 조롱에 대항해 여러분 안에서 일어났던 여러분을 변호하는 모든 것이 실제로 여러분에게 일어날 것이라 생각하느냐!

물론 아닙니다!

여러분의 실수를 제일 먼저 하나님에게 고백하십시오!

이것은 옳은 일입니다. 또한 여러분의 훈련들 중 하나 혹은 여러분의 익숙한 기도들과 함께 시작할 것이 아니라 내적인 탄식과 여러분의 깊은 마음에서 외치십시오!

"아! 주님이시여! 나와 함께 불행한 죄인들에게 자비를 베푸소서!"

또한, 당신 안에 거하게 하소서!

보십시오!

성서 읽기나 특별한 훈련을 하는 것보다 여러분이 속죄에서 벗어나는 것이 여러분에게 수천 배 이상 좋은 일입니다.

단지 여러분은 그 사이에 악한 원수가 무질서한 슬픔으로 여러분에게 다가오는 것을 주의하십시오!

그는 그 틈에 이처럼 쓰디 쓴 향신료[2]를 기꺼이 혼합시킵니다. 주

---

[2] 문자적으로: "Senf." 또 다시 반복된다.

님이 우리에게 주신 향신료는 온화하고 선합니다. 민감한 심령의 완화, 사랑으로 가득 찬 신뢰, 마음을 끄는 확신, 거룩한 희망은 형벌 이후에 따라옵니다.

그렇게 해서 하나님은 여러분을 삼키실 것입니다. 음식이 잘 소화된다면 음식은 부드럽게 유입돼 그렇게 위로 내려갑니다. 이것과 마찬가지로 여러분이 양심 안에서 잘 소화돼 사랑으로 가득 차고 신성한 희망을 가지면서 우리 주님께 여러분을 위임한다면, 여러분은 하나님에게로 부드럽게 들어갈 것입니다.

이렇듯 우리는 바울의 말에 의해서 자기 자신을 검증합니다.

> 이러한 음식을 스스로 섭취하려는 자는 (앞서서) 자기 자신을 시험해보라!

분해되고 소화되는 세속의 음식은 위에 도달해 혈관을 통해서 모든 지체들에게로 흘러 들어갑니다. 이와 마찬가지로 우리가 이러한 신성한 음식을 섭취하기 전에 자기 자신을 검증하고 음식을 적당히 섭취한다면, 예수님은 우리를 먹고 꿀꺽 삼키고 섭취해 분해합니다.[3] 이러한 일은 우리가 모든 이기적인 마음에서 해방되고 그것이 완전히 사라지게 될 때 일어납니다. 음식이 용해되면 될수록 그것은 더욱더 스스로를 잃게 되고, 자기 자신을 닮지 않아 더욱 낯설어지기 때

---

[3] 문자적으로: "verdaut"이다.

문입니다.

그러므로 당신이 그 안에서 당신을 발견하고, 그가 당신 안에서 자기 자신을 발견한다면, 나아가 당신이 당신 안에서뿐만 아니라 어떠한 곳에서도 하나님 이외의 다른 어떠한 것도 발견하지 않는다면, 당신은 하나님이 당신을 먹어 삼켰다는 것을 알 수 있을 것입니다.

예수님이 말하십니다.

> 나의 몸을 먹는 자는 내 안에 거할 것이고, 나는 그 안에 거할 것이니라.

그러므로 예수님이 당신을 섭취하고 분해하기를 원한다면, 당신은 당신의 고유한 자아가 사라지게 되고 모든 옛 사람으로부터 자유롭게 됩니다. 음식이 인간의 본성으로 전환된다면 음식은 곤경에 처하게 될 때, 그것은 자신의 고유한 본질을 포기하기 때문입니다.

만물이 아무것도 아닌 것이 되도록 하는 것은 그것이 소유하고 있는 본질을 완전히 포기하는 것입니다. 나무가 불이 돼야 한다면 그것은 이전에 그것을 나무로 만든 것으로부터 자유롭게 돼야 합니다.

주님은 당신이 하나님 안에서 바뀌기를 바란다면, 당신은 반드시 당신의 자아를 포기해야 한다고 말씀하십니다.

나를 먹는 자는 나로 말미암아 살리라.[4]

그곳에 도달하기 위해서 당신에게 가장 유익한 것은 거룩한 성만찬에 참여하는 것입니다. 이것은 더욱 상세히 말하자면 옛 사람이 당신 안에서 완전히 내외적으로 사라지게 되는 그러한 한계에서도 당신을 당신 자신으로부터 완전히 자유롭게 만들기 때문입니다.

음식이 인간과 더불어 하나의 삶이 되고 하나의 본질이 되는 방식과 마찬가지로 섭취된 음식의 본성을 변화시키고 용해시켜 혈관으로 그것의 능력을 흘려보내는 거룩한 양식은 당신을 당신의 자아로부터 완전히 해방시킬 것입니다.

당신의 마음이 하나님에게 속하지 않는 것에서 자유롭고, 하나님이 당신 속에 일깨웠던 생명이 당신의 혈관을 통해서 당신의 외적인 인간, 감각들과 습성들, 품행, 말과 행동에 영향을 미친다면, 당신은 스스로 이 양식을 어떻게 섭취했는지를 인식할 것입니다.

거룩한 성찬은 모든 나쁜 것, 무익한 것과 불필요한 것을 삼키고 분해하고 내던지며, 하나님은 (인간에게로) 들어갑니다. 하나님이 음식과 더불어 인간에게로 곧바로 다가오시면, 이 모든 것은 보다 더 새롭고, 순수하며 신성한 것이 되는 정도에 따라 모든 외적인 삶, 사랑, 기질, 생각들에게 영향을 미칩니다.

---

[4] 타울러의 인용: 요 6:58의 자유로운 재진술: "이 떡을 먹는 자는 영원히 살 것이니라."

이런 성만찬은 기만을 추방해 인간에게 그 자체를 인식시키고, 더 나아가 인간이 자기 자신과 모든 피조물들에게서 벗어나도록 가르칩니다. 왜냐하면, 이것은 다음과 같이 기록돼 있기 때문입니다.

그는 생명과 인식의 빵으로 우리를 먹이셨으니(집회서 15:5).

이 양식이 인간을 인도했고 그를 변형시키는 한, 인간의 모든 삶은 하나님으로부터 규칙과 형상을 받아들이며 또한 인간을 양식의 고유한 본질로 바꿔 놓습니다.

그러나 인간이 이런 변화를 스스로 받아들이지 않는다면 그의 마음은 텅 비고, 그의 외적 태도는 조심성을 상실해 웃음(Geschwätz)거리가 된 채 머무르게 됩니다. 또한 이것은 그의 모든 삶의 형태, 옷 스타일, 어리석은 행동, (뒤틀린) 즐거움, 마음의 부패 안에서 나타납니다.

그가 그것에 관해서 알면서도 다른 무엇도 원치 않고 성만찬에 참여하는 것은 참으로 걱정스러운 일입니다. 우리 주님은 자기 자신으로부터 양식을 다시 제공받은 사람들을 완전히 뿌리째 뽑아버릴 것입니다.[5]

성만찬을 먹지 않은 이런 사람들은 저런 사람들보다 수천 번 훌륭

---

[5] 문자적으로: "그것들을 그의 위 밖으로 내던져라!"(wirft sie aus seinem Magen hinaus). 표현 방식은 완화된 것이다.

합니다. 그들은 참회하나 죄의 원인들로부터 결코 벗어나지 않습니다. 그들이 장차 죄에 대해서 주의하거나 그것을 슬퍼할 의지를 갖지 않는다면, 교황조차도 그 어떠한 죄를 용서할 수 없습니다. 이런 사람들이 다른 사람들과 함께 성만찬에 뻔뻔스럽게 참여합니다.

그들이 언제 주님의 몸을 받을 수 있을지 누구에게 말한 것과 상관없이, 고해신부를 가지는 것은 중요한 일입니다. 이것을 자주 행할 수 있는 사람이 있고, 8일마다 행할 수 있는 사람이 있습니다.

또 다른 어떤 사람은 4주마다 행할 수 있습니다. 이것을 행하는 사람은 한 주 전에 "예 혹은 아니오"라고 자신들의 의사를 표시하는데, 한 주가 지난 이후에는 결코 말해서는 안 됩니다. 아침저녁으로 단지 필요한 만큼의 적은 양을 먹어야 합니다.

다른 사람들은 성대한 축제 기간 동안 주님의 식탁에 참여할 수 있고, 다른 사람들은 부활절에 참여할 수 있는데, 이들에게 금식 모든 기간 동안 성찬 수령의 날을 준비하는 일은 그다지 중요하지 않습니다.

하지만, 수천 년 동안 단 한 번도 주님의 몸을 받지 못했던 일부 사람들이 있습니다. 여기서 자신의 죄를 뉘우치지 않는 자와 그 죄들을 주의하지 않는 자는 주님의 몸을 범하는 것이라는 점을 확실히 기억하십시오![6]

---

[6] 베테르의 텍스트 297, 4-6 안에서 명백하게 잘못된 순번은 Corin, Sermons II, 87과 같이 수정된 것이다.

그러므로 이 사람들 가운데 매우 많은 사람이 병들어 죽어갔습니다. 그렇다고 해도 여러분은 이런 일이 얼마나 위험스럽고 걱정스러운 일인지 모르고 있습니다.

여러분은 감히 그것을 하나의 놀이로 생각하는데, 진실로, 이것은 놀이가 아닙니다!

또한 조심스러운 마음이 아니라 익숙함 때문에 한 주를 보내는 사람들이 있는데, 그들은 다른 사람들이 그것을 행하는 것을 알고 있습니다.

그렇다면 우리가 얼마나 자주 주님의 식탁으로 가야하는지 누가 알 수 있겠습니까?

물론 알지 못하고, 여러분도 역시나 그것을 하지 말아야만 합니다. 하지만, 대개 선하려 하는 자와 죄의 원인에 주의하려는 자는 실수를 저지르지 않기 위해 아마도 매 8일마다 경외감으로 가득차서 주님의 몸을 받을 수 있을 것입니다. 그것은 그가 완전하기를 원하는 것이 아니라 병약하다고 느끼기 때문입니다.

만일 내가 세상에서 가장 끔찍한 죄를 범했지만 진실로 그리고 전적으로 참회한 한 사람을 발견한다면, 나는 그를 미온의 사람들보다 더 사랑스럽게 여기고 6개월을 거쳐 그에게 매일 거룩한 영성체를 제공하고자 한다는 것을 아십시오!

이렇게 해서 나는 그 안에 있는 세속적인 것을 완전히 지워버릴 수 있기를 원했습니다.

나는 하나님에게 어떤 것을 받았던 이런 사람들이 어떤 원인 때문에 우리 주님의 몸의 효능을 매우 적게 느끼고 미온적이고 싸늘하게 머무르게 되는지를 찾아냈습니다. 이 원인은 두 가지입니다.

**첫째**, 그들이 내적이거나 외적인 장애물로 존재하는 어떤 숨겨진 실수를 소유하고 있다는 점입니다. 아마도 그들은 혀에 재갈을 물고 있지 않을 것입니다.

아! 여러분, 사랑하는 자들이여!

그것을 통해서 발생하는 엄청난 상처를 전혀 고려하지 않느냐! 하나님을 위해 주의하십시오!

그렇지 않는다면 여러분은 그것을 어떠한 것으로 결코 데려가지 못할 것입니다.

**둘째**, 이런 사람들이 익숙함 때문에 주님의 식탁에 오는 것이지 참된 사랑 때문에 가는 것이 아니라는 데 있습니다. 내적인 모임 안에 머무르는 익숙함처럼 선한 익숙함이 있습니다. 이것은 여러분이 자기 자신 안에 머무르지 않고 성찬의 열매를 걱정하지 않는 커다란 손실을 발생시킵니다.

여러분이 그것에만 주의하고 여러분의 내적인 것에 머무르려고 한다면 성찬의 열매는 세 번째와 네 번째 날에 영향을 미칠 것입니다.

여러분은 이것을 결코 행하지 마십시오!

당신의 마음이 사랑 가득한 모임 안에서 당신을 향해 있지 않는다면 성찬이 생산하는 열매는 당신 안에서 생명을 얻을 수 없습니다. 이것은 모든 장소와 상황과 당신의 모든 사역들과 당신에게 필요하거나 유익한 모든 사람에게 그렇게 있을 수 있는 일일 뿐입니다. 후자는 그러나 단지 가능한 한 적게 일어나야 합니다.

진실로, 여러분이 내적인 모임을 지속했다면 주님의 몸은 여러분 안에서 활동하고 여러분을 통해서 다른 사람들에게 영향을 미칠 것입니다. 주님의 몸은 영화롭게 여러분을 주님의 몸으로 변화시키고 이곳저곳의 대양에서 모든 사제들을 통해서 여러분에게 주어질 것입니다.

물론 그래야 합니다. 주님의 몸은 사제보다 여러분 안에서 더 많은 열매를 맺을 수 있습니다. 또한 인간은 사제가 제공하는[7] 모든 산 제물(Opfern) 안에서 주님의 몸을 청해야 합니다. 이것은 참된 모임과 하나님에 대한 사랑이 있는 바로 그곳에서 커다란 열매를 맺습니다.

우리가 영광스러운 성만찬을 받기 원하고 하나님 안에서 변화되도록 하나님은 우리를 도우실 것입니다.

아멘.

---

[7] Vetter 298, 6: "durch alle priesterliche übunge"는 문자적으로가 아니라 의미에 따라 더 잘 번역된 것이다. 그래서 Corin, Sermones II, 89이다.

## 31

## 성만찬 설교(2): 내 살을 먹고 내 피를 마시는 자는[1]

(*Qui manducat meam carnem* … , 요 6:56)

> 내 살을 먹고 내 피를 마시는 자는 내 안에 거하고
> 나도 그의 안에 거하나니
> (요 6:56).

나의 몸을 먹고 나의 피를 마시는 자는 내 안에 거하고 내가 그 안에 거하니라.

우리가 지금까지 충분히 이야기했듯이, 사랑스러운 성만찬은 모든 심령들, 모든 혀들, 모든 인식력이 그것의 뛰어난 위엄을 파악할 수

---

[1] (거룩한) 성만찬의 두 번째 해설은 우리가 주님의 식탁에 참여하는 데 필수적인 네 가지 일을 가르쳐 주고, 우리가 내외적인 것에 의해서 몇 가지 방식으로 어떻게 사냥을 당하며, 우리 스스로 소유했던 동일한 범위 안에서 어떻게 자유롭게 돼야 하는지를 제시해준다.

는 없지만 모든 갈망의 목적입니다.

우리의 모든 구원과 축복은 그것에서 오고 그것을 통해서 완성되기 때문입니다. 우리는 또 다시 베른하르트의 설명을 참고해 봅시다.

베른하르트는 애찬식, 즉 씹는 것, 꿀꺽 삼키는 것, 요리하는 것과 소화시키는 것[2]에 관해서 말을 했고 이 단계들을 거룩한 양식에 적용했습니다. 이것이 조야하게 들리는 자—나는 예민한 자들을 뜻합니다—는 간악한 교만을 주의하는 것이 좋을 듯합니다.

단순한 일들은 겸손한 영에게 어울리는 일이기 때문입니다.

그러므로 우리 주님이 말씀하십니다.

> 나는 당신이 이 세상의 위대한 자들과 현명한 자들에게 이러한 일들을 감추셨고, 작은 자들에게는 그것들을 계시하셨다는 것을 하늘의 아버지이신 당신께 감사드리나이다.

우리는 이성적인 식견으로, 커다란 사랑으로, 그리고 (하나님)을 칭송하면서 이 일을 고찰해야 합니다. 우리 주님은 하나님 안에서 이루 형용할 수 없을 정도로 겸손하시어, 자신을 외적으로 조잡한 형태인 빵과 포도주로서 제공하셨고 우리는 그를 육신의 음식처럼 입으로 그를 섭취할 것입니다.

---

[2] 내 판단에 의한 어떤 조잡한 표현들을 부드럽게 표현했다. 거룩한 음식의 소화 과정에 대한 표현들을 변경시켰음.

우리가 이것을 감각과 (이성)으로 파악할 수 있는 한, 이것은 우리 주님이 우리 안으로 심히 긴밀하고 깊게 침몰하고 돌진해 우리와 연합하기를 원한다는 뜻입니다. 우리 주님은 커다란 섬광과 위대한 영광 안에서 자기 자신을 우리에게 보다 더 높고 적절하게 제공할 수 있었을 것입니다.

그러나 힐데가르텐(Hildegarden)는 이것이 매일 비가시적으로 일어난다고 진술하고 있습니다. 고산지대에 사는 우리의 자매들 중 한 자매 역시 이와 유사한 이해를 가지고 있었습니다. 어떤 이해하기 어려운 섬광이 사제와 제단을 둘러쌌습니다.

그녀는 육신의 눈을 가지고서 봤던 천사들과 애정의 행각과 같은 놀라운 환상을 자주 봤습니다. 하지만 우리 주님은 이렇게 행하시지 않습니다.

오! 나의 사랑스러운 자들이여!

성만찬의 수령보다 더 훌륭하고 유익한 행위가 없듯이, 마찬가지로 가치 없고 준비되지 않은 채 주님의 식탁으로 가는 것보다 더 걱정스럽고 염려되는 일은 없습니다.

실제로 거룩한 디오니시우스(Dionysius)는 우리 주님의 존엄한 몸을 받기를 원하는 자라면 네 가지 조건들을 충족해야 한다고 말했습니다.

**첫째**, 인간이 모든 죄들로부터 자유로워야 한다는 것입니다.
**둘째**, 그는 우리 주님 예수 그리스도의 덕들(Tugenden)을 입어야 한다는 것입니다.

**셋째**, 인간이 자기 자신의 자아를 버리고 하나님 안으로 이동해야 한다는 것입니다.

**넷째**, 그가 하나님의 성전이 돼야 한다는 것입니다.

첫 번째 조건은 우리가 죄 없이 어떻게 존재할 수 있는지를 지금 더욱 자세히 말해 보십시오!

어떤 사람이 그의 내면 안에 있는 자기의 죄들을 인식해 그 죄들을 고백하고 고해성사를 하며 거룩한 교회가 이렇게 제시하는 모든 것을 행한 후, 다음으로 그의 내면의 깊은 곳에 있는 자신의 죄들의 근본적인 인식 안에서 그것들을 심히 탄식합니다.

이것은 독서와 기도보다 더 효과적으로 그를 정화시킬 것입니다. 나아가 그는 죄들과 이 원인들을 피하려는 확고한 의지로 죄들에서 독립될 것입니다.

두 번째 조건은 인간이 우리 주님 예수 그리스도의 덕들을 받아들이는 데 있습니다. 겸손, 온유, 순종, 정결함, 인내, 자선. 침묵, 이웃 사랑 등등.

세 번째 조건은 인간이 앞서 언급된 방식으로 덕들을 입게 된다면 그는 그 자신의 자아를 포기하고, 내적이고 신적인 평화 안으로 들어갑니다. 그때 우리 주님이 말했던 말씀의 의미가 그에게 열릴 것입니다.

## 31 성만찬 설교(2): 내 살을 먹고 내 피를 마시는 자는

나를 먹은 자는 내 안에 거하고, 내가 그 안에 거하느니라.

아! 인간은 어떤 말도 어떤 행동도 평화를 분산시키지 못하고 그가 용기를 잃어버리지 않도록 최선을 다해 이 평화를 지켜야 합니다.

여기서 말하는 것은 감각들과 더불어 파악할 수 있고, 자연적인 평화가 아니라 영의 내적인 평화, 신적인 평화에서 온 것을 뜻합니다. 인간은 이러한 평화를 하나님 안에 있는 만큼 소유할 것입니다.

하나님 밖에 사는 사람 안에는 그 만큼의 불안이 있을 것입니다. 하나님 안에 존재하는 어떤 자기의 것은 평화를 가지고, 하나님 밖에 있는 어떤 것은 불안을 가질 것입니다. 인간이 이러한 평화에 도달하면 그는 근본적이고 진실한 의미에서 하나님의 성전이 됩니다.

말하자면 평화 안에 그의 안식처가 있느니라(시 75:3).

그는 사실상 성령의 전입니다.

네 번째 조건입니다.

자세하게 말해본다면, 하나님은 그 안에서 그를 통해 인간의 모든 행위에 영향을 미치지만 인간은 스스로 아무것도 이루지 못합니다. 하지만 하나님은 영향을 미치고, 인간은 단지 하나님이 영향을 미치는 도구에 불과합니다.

베른하르트의 말로 다시 말합니다.

### 영혼아! 성령의 외침을 들으라!

우리가 그를 먹는 것은 그가 우리를 먹는 것입니다.

하나님은 양심의 징벌과 양심의 가책을 통해서 우리에게 먹이십니다. 그리고 하나님은 우리에게 단지 징벌만 내리는 것을 원치 않고, 모든 피조물들이 우리를 징벌하기를 원합니다. 인간은 황제에게 선물로 선사하기를 원하는 야생의 동물과 비슷하게 사냥을 당합니다. 사냥개들은 야생동물을 사냥해 찢고 씹어 삼킵니다.

이것은 황제에게는 야생동물을 상처 없이 잡았던 때보다 훨씬 더 사랑스러운 일입니다. 하나님은 이런 사냥된 음식을 먹기를 원하시는 황제이십니다. 그는 또한 사냥개들을 소유하고 계십니다. 원수는 인간을 다양한 시험으로 사냥을 합니다.

그는 사방팔방에서 모든 방식으로 당신 안으로 살금살금 다가와 당신을 다양하게 시험하며 사냥합니다. 그것은 때로는 자만과 탐욕과 모든 종류의 악덕이고, 때로는 낙담[3]이나 무질서한 슬픔입니다.

그것이 당신에게 아무런 해를 끼치지 못하도록 당신은 견뎌내십시오!

당신을 사냥하도록 내버려두십시오!

그러면 사나운 사람들이 당신을 정죄하고 사냥하기 위해 거친 욕설과 함께 다가옵니다. 그들은 (결국) 당신의 고유한 결점들과 당신의

---

3 베테르에 의한 312, 21: "missetot" = "Missetat." Hs. Wi 1과 구 인쇄본의 이해: "missetrost" = "Entmutigung"은 선행될 수 있다.

본성적인 성향들을 공략할 것입니다.

인간 주위에 있는 모든 것이 사냥당한다면 인간은 겸손과 온유함과 인내 안에 거해야 합니다. 그는 그를 사냥하고 나쁜 사람들에게 그를 내주는 나쁜 사람에 대해서 자비롭게 대해야 합니다.

사랑스러운 마음으로 다음과 같이 말하십시오!

"나와 그들에게 동정을 가지라!"

또한, 관목들[4]과 잡초들에 가려져 사라질 것을 주의하십시오!

야생 동물은 이것을 행하지 않고 곧바로 달리기 때문입니다. 야생 동물은 씹고 찢는 것이 아니라 그것의 똑바른 길을 달립니다.

개가 돼 다시 깨물지 않을까 주의하십시오!

우리 주님은 작은 독방들, 수도원들 그리고 집들에, 도처에 그의 사냥개들을 가지고 여러분을 사냥하려 하기 때문입니다.

하나님 곁에서 당신의 피난처를 구하십시오!

추격을 당한 사슴이 목마름을 느끼듯이, 계속 곧장 달리다 보면 당신은 새롭게 하나님을 갈망할 것입니다. 그는 당신을 사냥하실 것이기 때문입니다.

우리 주님은 필요에 따라 모든 것을 유익하게 사냥하십니다.

당신의 달리기를 온유와 인내 안에서 진행하십시오!

---

[4] Corin, Wi 1, S. 204, 2는 "ruwe" = "rauhe Gegend"를—렉세르(Lexer)에 의해선: "riuhe, ruhe"—mnndl. ruuchte = "Gestrüpp," 불어로 "broussailles"을 함께 가져와 이와 상응해서 번역한 것이다. 나는 사냥개의 비유 때문에 "관목"을 선택했다. KT는 "dornheckenn"를 가진다.

그러면 당신은 한계를 넘어 매우 온화한 영양분이 돼 우리 주님에게 맞난 음식이 될 것입니다. 또한, 당신이 (우선 첫 번째로) 이러한 근저에 도달한다면 당신은 (완전을 위한) 가장 높은 단계로 상승하고, 이것은 당신 안에서 이와 같은 덕들을 통해서 자연스럽게 이행될 것입니다.

이것은 겸손과 자비와 사랑입니다. 물론 오늘날 이웃에 대한 사랑은 세상의 도처에서 거의 사라진지 오래입니다. 그의 근저를 뒤쫓은 어떤 사람을 발견한 곳에서 그가 어떠한 상태에 속해있든지 그것에 속하는 것을 받아들여야 합니다.[5]

수도원들과 은둔 지역에서처럼 신혼부부의 집에서 이런 근저를 (마찬가지로 잘) 발견합니다. 이런 사람들(남성 혹은 여성)을 사냥하는 개들은 그들의 자녀들입니다.

당신의 사랑은 상황 혹은 기질에 속해 있는 것들에만 집중하지 않도록 하십시오!

이런 배타성은 거룩한 교회가 심히 정죄한 분파들의 표식입니다.

또한, 올바른 떠남과 침묵 안에서 모든 피조물들에 의해 사냥 당하는 이 방식은 (경건의) 모든 훈련들과 금식 혹은 깨어 있음, 기도, 목가리개를 두르는 것 혹은 회초리로 당신을 심하게 때리는 일보다 더

---

[5] Wi 1은 S. 206, 6에서 단어 "vur-sin"를 제공하고, 그것은 두 가지 설명들—"어떤 사람을 모범으로 받아들이다" 혹은 "보호하다" (중세 표준 독일어: vorsin, vürsehen)—을 받아들인다. 두 번째 설명은 나에게 우선적으로 이용될 수 있는 것처럼 보인다.

높은 것입니다.

당신이 그러한 상황 안에 있다면 당신은 주님의 경이로운 식탁에 행복하게 참여할 수 있을 테니까요!

이것은 특히 하나님에게 어울리지 않는 세속적인 마음을 가지고, (세속적인 생각으로) 가득 채워진 근저를 통해 하나님에게로 다가가는 걱정스러운 일이라는 것을 아십시오!

이것은 의식적이든 의지적이든, 살아 있는 자든 죽은 자든 상관없이 항상 다가온다는 사실을 기억하십시오!

그렇지만 모든 것을 떠나려고 준비한 사람들은 하나님이 모든 사물을 떠나기를 원한다는 것을 알고 있고 그것을 견디며, 또한 벌하시는 하나님에게 자신들을 위임해 하나님의 덕들의 (완성을 위해서) 노력하고 인내합니다. 그래서 이들은 결국 하나님과 모든 피조물들에 의해서 사냥 당하게 됩니다.

이들이 얼마나 자주 주님의 식탁에 참여해야 합니까?

하나님의 형벌에 대한 (감정이) 당신 안에서 느껴지고, 당신이 그것을 온유한 마음으로 인내를 가지고 참아내며, 하나님에 대한 사랑이 당신 안에 증가되고 창조된 사물을 향한 갈망이 당신 안에서 사라져 하나님을 향한 경외가 (당신 안에서) 증가한다는 것을 당신이 안다면, 우리 주님의 경이로운 육신을 받는 것보다 더 유익함을 가져오는 경건 훈련은 없습니다.

하지만, 얼마나 자주해야 합니까?

그것에 관해서 성 암브로시우스가 말합니다.

"이것은 우리의 일용한 빵입니다."

그런데 그것을 우리에게 매일 주는 사제를 만날 수 있는 곳은 어디입니까?

마치 당신이 주님의 몸을 성찬식(과 같은 방법에 따라) 받아들일 수 있는 것처럼, 한 사제가 당신에게 그것을 불허한다면 당신은 올바른 떠남과 평화 안에서 당신이 아무것도 아니라는 것을 기억하며 머무르도록 배려합니다.

(하나님의 몸이) 영적으로, 아마도 함의적으로(fruchtbar) 당신에게 주어지게 될 것이라는 것을 의심하지 마십시오!

당신은 주님의 몸을 영적인 방법으로 받아들일 것입니다.

나를 먹는 자는 내 안에 거하고, 나는 그 안에 거하니라.

첫 번째 단계입니다.

하지만, 여전히 훨씬 높은 두 개의 단계가 있습니다. 그것들 중 하나의 단계는 앎과 감성(Empfindung)과 관련돼 있고, 또 다른 단계는 단지 감성을 인지하는 것입니다.

첫 번째 단계는 하나의 순수한 포기와 우리의 고유한 의지, 우리의 본질과 관련된 모든 것을 포기하는 것 안에 있습니다.

두 번째 단계입니다.

내적인 두려움 안에 있습니다. 이 단계는 (고유한 자아의 앞선) 포기에서 발생합니다. 어떤 사람이 자기의 것을 더 많이 소유하면 할수록 그는 더욱더 자기주장과 사물을 가지려고 하고, 그에 대한 압박은 더욱더 쓰라리고 힘들며 강력하게 될 것입니다.

어떠한 음식이 소화되면 될수록 그것은 그 고유한 본질을 더욱더 잃어버릴 것입니다. 당신이 하나님의 가장 내밀한 곳으로 받아들여지고 그 안으로 향하기를 바란다면, 당신은 당신 자신의 것, 모든 속성, 당신의 경향들, 모든 활동, 모든 불손한 태도, 당신 자체적으로 소유하고 있는 (간단하게) 모든 방법을 포기해야 합니다.

그 이상도 그 이하도 없습니다. 두 가지 본질과 두 가지 형상이 동시에 (동일한 장소에서) 서로 나란히 존재할 수 없습니다.

따뜻한 것이 들어와야 한다면 차가운 것은 반드시 밖으로 나아가야만 합니다. 하나님이 들어와야만 한다면, 창조된 것과 모든 고유한 것은 (그럴 때) 공간을 비워야만 합니다. 하나님이 진실로 당신 안에서 활동해야만 한다면, 당신은 순수하게 인내하는 것의 상태 안에 존재해야만 합니다.

당신의 모든 능력은 전적으로 그것들의 활동들과 자기주장들을 포기해야 하며, 자아의 순수한 부정 안에서 그것들의 고유한 능력을 단념하는 동시에 순수하고 벌거벗은 무 안에 머물러야 합니다.

이처럼 무가 되는 것이 깊어지면 깊어질수록 연합은 더욱더 본질적이고 진실할 것입니다. 또한 이것이 우리 주님 예수 그리스도의 영혼에서만큼이나 그렇게 근본적이고 순수하게 드러나게 된다면―다만 불가능한 것이 그렇게 다가온다면―하나님과의 연합은 그리스도(자체)와 같이 위대한 일일 수 있습니다.

당신은 포기하는 만큼 그렇게 하나님이 되는 것입니다. 하나님이 진실로 (당신에게)⁶ 말해야 한다면 (당신의) 모든 능력은 침묵해야 합니다. 행위가 문제가 아니라 행동을 하지 않는 것이 중요합니다. (사랑스러운) 음식이 인간의 본질 안에서 변화돼야만 한다면 이것은 모든 사물에 앞서 그것들의 본성(Art) 안에서 무화되고, 자체적으로 낯설고 동일하게 돼서는 안 됩니다.

여기에서 가장 커다란 손상은 인간의 이성이 중재하면서 발생합니다.⁷ 인간 이성은 협력하기를 원하고 무엇이 중요한지를 알기를 원하며, 그래서 이것은 무가 되려고 하지 않습니다. 아! 당신은 이에 주의하십시오!

성만찬이 당신에게 (당신의 것)의 포기를 위해 어떠한 도움이 될 것으로 생각한다면, 당신은 그것을 주 중에 두 번 또는 세 번 심지어 매일 받을 수도 있습니다. 하지만 당신은 이것이 주님의 만찬에 배고픈 갈망으로서가 아니라 당신의 포기⁸에 도움이 된다고 생각할 때에만 참여해야 합니다.

이런 상황 속에서 존재하는 사람들 가운데 이러한 포기의 결과로 더 이상 인내할 수 없는 두려움이 생기며, 이들에게는 넓은 세상이

---

6 Vetter 314, 21에 대해서 나는 "당신에게"라는 구절을 삽입했다. 인쇄본의 수기 원본 LT, AT, KT. "당신의 영혼 안에"라는 구절은 훨씬 더 의미를 구체화하고, 그러나 무조건 필요한 것이 아니다.
7 Vetter 324, 25에 의한 번역 "sich einmengen"은 "zuoslan"의 지원 받은 것이다. 그것은 렉세르(Lexer)에 의해서 "zugesellen"으로 표기됐다.
8 맥락상 설명하면서 "당신의 포기를 위해"라는 구절은 첨가됐다. Vetter 314, 30.

매우 좁아 보일 것입니다. 인간의 본질은 매우 제한돼 짓눌리게 돼 인간은 그가 어디에 있는지를 알지 못하고 이따금 두려움을 느낄 것입니다.

나는 당신이 무엇을 지각하고 있는지 당신에게 말하고는 했습니다. 당신의 포기는 그것의 이유입니다. 당신은 당신의 것이 기꺼이 죽지 않기를 원합니다. 여기서 바울의 말이 확증합니다.

너희는 그가 오실 때까지 그의 죽으심을 알리지 말라!

이러한 선포는 말이나 생각이 아니라 죽음과 포기를 통해, 즉 그의 죽음의 권세 안에서 발생합니다. 이 단계에서 당신이 포기해야 하는 세 가지가 방해를 받습니다. 이것은 우리 주님의 몸, 하나님의 말씀과 당신의 선택에 따른 경건 훈련입니다.

여기서 모든 도움은 당신에게 장애물을 뜻하기 때문입니다. 당신이 외적인 것에서 시작하지 않는다는 전제 아래, 당신이 이러한 상황 안에 지속할 수만 있다면 이것은 당신에게 모든 활동보다 더 유익함을 가져오고 훌륭한 일이 될 것이니까요.

그러나 여러분은 이것을 원치 않아 교대로 가르치는 스승들을 뒤따릅니다.

여러분이 침묵한다면 여러분 안에서 진실한 존재가 탄생할 것입니다!

우리는 여기서 일어난 머무름(Verbleiben)을 언어로는 이해할 수 없습니다.

거기에는 활발한 본질의 죽음으로 존재하고, 활발한 본질은 두려움에서 아주 자유로울 것입니다!

그런 다음 (이성의 활동을 위해) 어떤 대상을 찾는 이성이 다가와 변함없는 당신의 고유한 합리성을 가지고 말합니다.

당신은 무엇에 전념하는가?
당신은 다른 것을 하라!
당신은 왜 시간을 낭비하느냐!
당신은 숙고하고 기도하라!
또한, 원수도 말합니다.
왜 당신은 여기에 앉아 있느냐?
당신은 어떠한 영적인 훈련해라!
일어나라!
당신은 왜 시간을 낭비하느냐!
당신은 이런저런 선한 일을 행하라!
마침내 훈련되지 않은 사람들이 다가와 말합니다.
"당신은 왜 여기서 앉아 있으면서 하나님의 말씀을 듣지 않느냐?"
이 모든 것은 사냥개들입니다.
또한, 당신 자체는 그들 중 한 사람이 돼 짖으면서 말합니다.
"주님의 식탁에서 당신은 도움을 구하십시오!"
그렇지만 이런 상황에서 당신은 무슨 도움도 구하지 마십시오!

내가 이와 같은 당신의 상황을 알고 있고 그때 당신이 내게로 와 나에게 주님의 몸을 요구하면, 나는 누가 당신을 나에게 보냈는지, 즉 그것이 하나님 또는 도움을 구하는 당신의 본성인지 아니면 당신의 습관인지를 당신에게 묻고 싶습니다.

내가 앞서 두 가지 언급했던 동력들을 당신에게서 발견하고, 당신의 본성이 어떤 도움 없이 이런 압박을 견디어 낼 수 없을 정도 그렇게 약하지 않다면 나는 당신에게 주님의 몸을 제공하지 않을 수도 있습니다.

이 경우 당신은 당신의 두려움에서 독립되는 것이 아니라 두려움을 더 잘 견뎌내기 위한 수단으로 주 중에 한두 번 정도 주님의 만찬에 참여할 수 있을 것이기 때문입니다!

이것은 당신의 두려움이 사라지지 않을 것이라는 전제 조건 아래서 일어납니다.

이런 두려움이 탄생보다 선행한다면 (하나님의) 참된 탄생이 당신 안에서 단지 일어나게 되리라는 것을 아십시오!

당신을 두려움으로부터 자유롭도록 하는 모든 것은 당신 자체 안에서 이뤄지는데, 만일 당신이 이런 두려움을 최후까지 참아낸다면 그 모든 것은 당신 안에서 일어나게 되는 하나님의 탄생마저 당신으로부터 강탈해 버릴 것입니다!

(인간의) 본성은 당신이 이런 두려움을 종말까지 견디는 것보다 오히려 로마를 향한 순례여행을 감행하려고 할 것입니다.

그렇지만 이것은 당신이 그것 대신에 행할 수 있는 모든 것보다 더 좋은 일입니다!

참는 것이 행동하는 것보다 더 좋기 때문입니다.

하지만, 당신은 주님의 몸을 받았을 때 가끔 느낄 수 있는 달콤함, 감미로움과 하나님의 말씀을 회고하십시오!

그 가난한 본성은 이리저리 배회하다가 그 모든 것을 기꺼이 다시 받기를 원합니다.

나의 사랑하는 자들이여!

나를 올바르게 이해하고, 내가 여러분에게 성만찬과 하나님의 말씀을 금했다고 말하지 마십시오!

사실은 그것과 반대니까요!

이 두 단계에서 진실하고 살아 있는 진보를 위해 성만찬과 하나님의 말씀보다 더 유익한 것은 없습니다. 하지만 세 번째 단계에서는 모든 도움이 장애물입니다. 또한, 인간이 그러한 종류의 도움을 구한다면 그는 하나님께 등과 목을 돌리고 말하듯이 행할 것입니다.

"나는 당신과 함께 아무것도 행하지 않기를 바라고, 나는 다른 곳에서 나 자신을 돌아보려 합니다."

주님이 그의 사역을 당신 안에서 완성할 수 없기 때문에 그 자신을 새로이 십자가에 못 박는 것처럼, 이것은 우리 주님을 위한 것입니다.

오! 당신은 여기서 커다랗고 측량할 수 없는 선을 잃어버릴 것이기 때문입니다.

그렇다면 베른하르트의 말을 다시 상기해 보십시오!

아! 이 고통의 끝은 어디란 말입니까?

이런 벌거벗음과 압박 아래 서 있는 자들이 도달할 곳은 어디입니까?

아! 여러분 사랑하는 자들이여!

이 얼마나 가치 있는 마지막 순간이란 말입니까!

그들은 형상을 초월해 하나님과 연합하게 될 것입니다. 진리의 학교와 삼층천 학교와 신적인 진리의 거울 안에서 하나님과의 연합을 배웠던 귀한 사도 바울은 우리에게 이것을 논증해주고 있습니다.

> 우리는 (주님의) 동일한 형상으로 만들어져 영광에서 영광에 이르게 하느니라. 이것은 주님의 영에서 온 것이니라.

영이 인간을 움직이기 시작하고 그를 자신 안에서 변화시키듯이 영이 아우구스티누스에게 말했듯이요.

"당신은 내 안에서 변화돼야 합니다."

그 변화를 경험했던 사람들만이 그것이 어떻게 일어나는지를 알 수 있습니다. 이는 떠나지 않음 안에서가 아니라 (단지) 순수한 떠남 안에서만 일어날 수 있습니다.

어째든 견습 수사들로서 훈련을 받으면서 이런 초월적인 형상이 빛나는 사람들이 있고, 동시에 하나님이 아마도 그들에게 주중에 한 번이나 몇 번 제공하는 초월적인 차원에서 때로는 명백한 인식 안에 서입니다.

때로는 어둠 안에서 명백한 인식이 이뤄지지 않은 채 그것을 받아들이는 한계 내에서만 머무르는 사람들도 있습니다. 그들의 영혼이 그러한 상태에 있는 이 사람들은 상처를 입은 사랑의 감정을 받아들이지만, 다른 사람들은 포로가 된 사랑을 통해서 구속됩니다.

이러한 구류에서 일어난 것은 그것에 관해서 말해지는 것보다 더 훌륭하게 경험될 수 있습니다. 그 경우에 그 사람들은 모든 인간 중 가장 사려 깊고 정돈된 자들이라고 할 수 있습니다.

(물론) 우리는 모두 그곳에 도달할 수 있습니다. 하나님이 이를 위해 우리를 도우실 것입니다.

아멘.

# 32

## 성만찬 설교(3):
## 참된 양식, 참된 음료[1]

(*Scriptum est in Iohanne: "Caro mea vere est cibus, sanguis meus vere est potus,*" 요 6:55)

> 내 살은 참된 양식이요 내 피는 참된 음료로다(요 6:55).

　인간이 은총을 받아들이면 받아들일수록, 그는 (하나님 앞에서) 더욱 더 죄책감을 느끼고 하나님에게 감사를 표합니다. 인간은 하나님을 찬양하고 찬미하며 섬깁니다. 실제로 모든 경건 훈련들로서 모든 선물과 은총은 오로지 인간이 하나님에게 향하는 유일한 길이고, 하나님 안에 이르도록 하는 유일한 준비 과정입니다.
　그러나 선물로서 주님의 몸은 목적이고 대가입니다. 이것은 하나님과 어떠한 차이도 없는 직접적인 것입니다.

---

[1] 성만찬의 세 번째 설교는 그것의 고귀함과 유익함과 그것을 받기 위한 준비 과정에 관해서 말해 주고, 또한 그것들이 어떻게 순수하고 단순하며 살아 있는 신앙에 접근할 수 있게 하는지에 관한 모든 고귀한 생각을 진술한다.

그분은 형상이나 비유 아래에서가 아니라 자기 자신을 인간에게 주시고, 매우 단순하고 혼합되지 않은 채 인간과 연합됩니다. 이것은 진실로 사랑스러운 선물이고 모든 본질보다 고귀한 선물이자 모든 축제 중의 축제입니다.

성 목요일에 우리는 축제를 정확히 거행할 수 없습니다. 그 이유는 부활절이 가까워지고 있기 때문입니다. 또한, 우리의 약함과 그의 위대함 때문에 우리는 축제를 만족스럽게 거행할 수 없습니다. 우리가 전력을 다해, 사랑을 다 해 새로운 일에서 이런 놀라운 일에 접근하도록, 이 일을 전심전력을 다 해 숙고하도록, 이것을 감사함과 사랑으로 칭송하도록, 우리가 할 수 있는 한(우리의 본질의 약함을 초월해) 거룩한 교회는 우리를 높이도록 이 축제를 두 번째로 제정하였습니다.

그러나 우리는 (성서의) 말씀으로 접근해야 합니다.

나의 몸은 참된 양식이요, 나의 피는 참된 음료이니라.

거룩한 만찬을 오로지 외적인 것과 감각들로 숙고하는 자들은 그곳에서 단지 양식, 즉 빵과 포도주와 음료만 생각할 것입니다. 그들은 그곳에 숨겨져 있는 고귀한 열매를 알지 못하고, 형용할 수 없는 달콤함을 맛보기도 합니다.

인간이 이용하는 또 다른 양식들은 그 자체만을 숙고하고 비천하며 사라지고 가치가 없습니다. 다른 양식들은 생명을 (비로소) 인간 안에 받아들여 (동시에) 귀중하게 됩니다. 이런 고귀한 양식은 이와는 반대로 생존합니다.

이것은 삶의 본질 자체이므로, 이 양식을 즐기고 그것으로 생계를 잇는 자들은 우리 주님이 말씀하듯이 영원히 살 것입니다.

> 나의 몸을 먹고 나의 피를 마시는 자는 영원한 삶을 소유할 것이니라.

주님이 이 말씀을 하셨을 때 그의 많은 친구는 주님을 떠났습니다. 그들은 주님의 말씀을 이해하지 못했기 때문입니다.

"이런 말씀을 듣고 깨달을 수 있는 자가 누구냐?"

그들은 그것을 감각적으로 받아들였기 때문에 그를 떠났습니다. 하지만, 이 선물은 감각적인 이해력을 훨씬 초월해 있습니다. 여기에 양식의 수여자와 양식 자체는 하나입니다.

나는 이러한 양식의 고귀한 가치에 관해서 세 가지로 말하려고 합니다.

**첫째**, 이 양식의 모든 한계를 초월하는 고귀한 가치입니다.

**둘째**, 양식의 작용을 통해서 양식을 향유하는 자들에게 가져오는 엄청나고 이해할 수 없는 유익함에 관한 것입니다.

**셋째**, 우리가 그것을 받아들이려면 어떻게 준비해야 하는지에 관한 것입니다.

이것을 위해 하나님이 나에게 은총을 제공하는 한, 나는 기꺼이 여러분에게 모든 것을 말하려고 합니다. 그렇지만 나는 이런 고귀하고 놀라우며 비밀로 가득 찬 값어치 있는 일들에 관해서 어떻게 표현해야 할지 말할 수 없고 판단할 수도 없으며, 그 일들에 대해 이루 형용할 수 없습니다.

이것은 하늘과 땅에 있는 인간과 천사와 모든 피조물의 모든 생각과 모든 이해력을 훨씬 넘어서 있습니다. 우리가 여기서 오로지 순수하고 내적인 인간이 된다면, 내적인 인간은 내적으로 말씀의 참된 의미에서 그것을 체험할 수 있고, 값어치 있으며 관상적(schauend)인[2] 무엇을 알 수 있습니다.

그러나 그는 그것을 말하거나 다른 누구에게 전달할 수 없으며, 또한 감각으로든 이성으로든 파악할 수도 없습니다.

유감스럽게도 우리는 모든 그들의 일생, 예컨대 어린 시절부터 노년에 이르기까지 오로지 영적인 겉모습에서 고유한 자아 위에 두려고 하는 많은 사람을 찾아볼 수 있습니다. 감각적인 삶에서 다양한 활동으로, 다양한 활동에서 감각적인 삶으로 바꿔 가며 감각적인 삶과 다양한 활동의 삶과 다양한 활동에서도 찾아볼 수 있습니다.

이런 사람들은 (성만찬의) 부요함에 관해서 아무것도 알 수 없고, 값비싸고 고귀한 보물을 알아볼 수도 없습니다. 그들은 오로지 감각적 인상을 넘어 무언가를 자기 자신 안으로 받아들일 수 있기 때문입니

---

2  Corin, Sermons II, 104, 각주 4의 인용 아래를 참조.

다. (그러나) (거룩한 만찬의) 형용할 수 없고 이해할 수 없는 이런 고귀함을 진실로 알아보는 자들은 모든 것들로부터 버리고 떠나 인내하며 유일하고 내적으로 태도를 보입니다.

그런데 많은 사람이 그렇듯이 우리가 만물을 포기하며 완전한 단념을 할 때 그곳으로 도달할 수 있으므로, 그것을 우리가 전적으로 은둔 생활을 영위해야 한다는 것으로 이해해서는 안 됩니다. 그것이 이뤄지지 않는다면, 이 사람들은 (그들의 목적에서) 벗어났는데도 만족합니다.

그러므로 당신은 행하지 마십시오!

당신이 가장 최선의 선과 가장 순수한 선에 도달할 수 없는 것으로 여기며 그것을 포기하는 것에 그리 쉽게 만족해 버린다면 어떻게 되겠습니까!

그것에 열정을 다한다면 당신은 하나님을 획득할 수 있고 항상 어떠한 위치나 어떠한 상황에서든 고귀하고 순수한 선을 획득할 수 있습니다. 그러나 당신은 모든 것을 내려놓지 못하면서 스스로 조심해야 합니다.

당신의 행동과 태도들 안에서 당신 자신을 관찰해야 하며, 모든 인간들의 교제에서 당신이 행하거나 떠나야 하는 것을 스스로 살필 수 있어야 합니다. 당신의 외적인 행동에 가장 커다란 부분은 내부를 향해서 진행돼야 하고, 앞으로 전진해가야 하며 내적인 것을 관상하도록 해야 합니다.

또한, 자유롭게 활동하지 않는다면 모든 부분과 능력들과 감각들은 우리를 내부로 모으고 하나를 이루고 근저 안으로 침몰해 들어가야 합니다.

여러분 사랑하는 자들이여!

우리는 이루 형용할 수 없는 고귀함에 관해 말할 수도 없고 그것을 이해할 수도 없습니다. 우리가 여기, 이를테면 인간의 본성적인 고귀함, 에덴동산의 아담 정결함 안에 있으며, 모든 은총 없이 자연 상태 안에 있고 단지 발가벗은 본성 안에 있는 한 사람이 되려면, 밝고 순수하며 환희로 가득차고 하나님의 호의로 가득해야 합니다.

그때문에 누구도 그의 정결함을 이해할 수도 이성으로 파악할 수도 없는 것입니다. 그러나 어떤 이성이 모든 존재보다 높이 있는 이런 근저를 얼마나 파악할 수 있으며, 놀랍고도 사랑스러운 양식은 인간과 어디서 연합하고 그를 자신 안으로 끌어당겨 자기 자신을 변화시킵니까!

이것은 인간 이성이 꾸며낼 수 있는 모든 합일보다 훨씬 내적인 것입니다. 마차에 실려 있는 포도주 속 한 방울의 액체가 햇빛을 받아 변화를 거치는 것 이상으로 인간은 자기 자신을 상실해 빛과 연합하고 영혼은 몸과 연합해 그것들은 한 인간이자 한 존재를 형성합니다.

이런 연합 안에서 (인간의) 영은 이끌리게 돼 그것의 약함과 그것의 본성적인 상태와 (하나님의 본질과) 닮지 않음을 넘어서게 됩니다. 그것은 정화되고 변화해 자기 자신의 모든 능력과 고유한 특성을 능가합니다.

인간의 영의 모든 활동과 존재는 하나님에 의해서 뚫고 들어가게 돼 신적인 형태로 유도되고 바뀌게 됩니다. 이렇게 해서 탄생이 진정으로 완성되고, (인간의) 영은 하나님과 (그것의 고유한) 모든 닮음을 상실합니다.³ 그것은 신성한 일치로 흘러 들어갑니다.

그런데 불은 나무에 영향을 미칩니다. 그것은 나무의 습기와 싱그러움과 조야한 성질을 받아들여 그것을 따뜻하거나 뜨겁게 만들고 나무를 불의 본질과 같게 만듭니다. 나무가 서서히 불의 특성을 받아들인다면 나무는 점점 더 그것의 닮지 않음을 상실해, 결국 불은 짧은 시간에 나무에게서 그것의 (고유한) 물질을 빼앗아 버립니다.

나무가 불타고 나면 그것은 더 이상 불과 유사하거나 유사하지 않게 대비될 수 없습니다. 나무는 불이 돼 버렸으니, 그것은 아무런 고유한 것을 가지지 않고 불과 하나가 됩니다. 일치 안에서 (고유하고, 대조할 수 있는) 본질은 상실됩니다. 그러므로 이러한 사랑스러운 양식은 영을 (하나님 앞에서) 그것의 비유사성에서 유사성으로, 이 비유사성에서 신성한 연합 안으로 오로지 움직입니다.

이것은 (고유한) 비유사성과 유사성을 상실했던 변화된 영에게 일어납니다. 모든 습기와 거칠음과 비유사성을 하나님의 연소에게 빼앗기는 자는 신성 안에서 사랑의 불을 통해 이 양식을 받아들일 때 상실됩니다. 그러나 우리 주님은 아우구스티누스에게 말씀합니다.

---

3  Corin, Sermons II, 107, 각주 1이 설명하듯, 여기서 하나님과 영혼의 일치를 어렵게 진술할 때 몇몇 Hss.에 의해서 사용된 표현들 "ungelicheit" = 붙어 "disconvenance"보다 반대어 "gelicheit"가 선행될 수 있다. 코린의 설명들은 자체적으로 많은 것을 가진다. 나는 그런 까닭에 다르게 표현된 것들 중 코린을 따랐다.

나는 위대한 사람들의 양식이니 나를 먹고 성장하라! 네가 나를 너로 변화시키는 것이 아니라 네가 나로 변화될 것이니라.

그런데 여러분 사랑하는 자들이여!

이런 일이 일어나기 전, 몇몇 죽음 가운데 (인간의) 본성도 죽어야 합니다. 하나님은 인간을 다소 야생적이고 황량하며 잘 알려지지 않은 길로 인도하고, 인간을 움직여 죽도록 가르칠 것입니다.

오! 고귀한 삶과 열매를 가져오는 삶과 기쁨이 넘치는 삶이 이러한 죽음 안에서 일어난다니 얼마나 놀라운 일입니까!

숭고한 선과 초월적인 선과 신비스러운 선과 순수한 선이 (그럼에도) 죽을 수 있다니, 그것은 무엇을 의미합니까!

여러분은 양식이 우리의 본성 안으로 받아들여져 (그것과) 연합될 수 있기 전에 우리 육신의 양식, 즉 포도주와 빵과 우리가 받아들인 모든 것이 반드시 사라지고 용해돼야 한다는 것을 알고 있는 바입니다.

이것은 다양한 죽음을 뜻합니다. 위에 도달하기 전에 양식은 완전히 사라져 자신을 용해해야 하고, 다음으로 양식이 심장, 간과 머리에 도달하기 전에 감각과 하나가 되고 이해될 수 있는 것은 새로운 것에 의해서 사멸돼야 합니다.

이 상황에서 양식은 (그것 이전의 외형과는) 닮지 않아서 아무리 눈과 감각이 생생하고 날카로울지라도 그것의 외형을 파악할 수 없었습니다. 물론 양식은 순수하기 때문에 발효된 일부가 있어서 활동하는 곳을 어떠한 감각도 발견할 수 없습니다. 우리는 그것을 믿을 수는 있으나, 감각으로 그것을 파악할 수는 없습니다.

우리는 인간의 영이 하나님과 연합 안에서 어떻게 소멸되는지를 거의 파악할 수 없고 인간의 영을 뒤따를 수도 없습니다. 또한 우리는 그가 자신을 상실하는 곳에서 일찍이 이성이 어떤 피조물이었는지조차 알 수 없습니다.

경솔하고 어리석은 사람들은 그것을 감각적으로 이해하고 신성한 본질이 변한 것이라고 말합니다. 이것은 전적으로 악하고 미혹시키는 잘못된 가르침입니다. 신성한 본질과 신성한 존재는 하나님과 가장 고귀하고 내적이며 깊이 있는 연합 안에서 비로소 모든 높이보다 더 훨씬 높습니다.

그때 (인간의 영은) 피조물이 결코 도달하지 못하는 신성한 근저 안으로 들어갑니다.[4] 어떠한 (인간의) 이성도 전혀 예리하지 않다 해도 이것은 (육신의) 양식의 놀라운 점이나 (인간의) 본성의 고귀함을 파악할 수 있습니다.

당신은 이러한 (거룩한) 양식이 내적으로 변용되고 정화된 영 안에서 활동하도록 숨겨져 있는 근저 안에서 얼마나 가까워지려고 시도했습니까!

물론 불쌍하고 외적인 인간은 그곳에서 모든 사물에 대한 태만하고 꾸물거리며 어색하게 행동할 것입니다. 하지만 이것은 설명할 수

---

4　제시된 번역을 실현하고 있는 BT와 관련해 (선택) 나우만에 따른 것이다.

없는 일입니다.

그러므로 여러분은 그것에 관한 잡다한 말과 논설과 논쟁을 포기하십시오!

이것은 하나의 비밀로서 변용된 영 안에 있는 내적인 근저, 즉 하나님 안에 숨겨져 있습니다.

이때 일부 사람들이 낮에 고귀한 생각을 갖고 서너 번씩 모여 기도하고 선한 상태로 위로와 달콤함을 느낀다면, 그들은 모든 것이 올바르게 이뤄져 그것을 매우 잘 준비할 것이라고 생각합니다.

그들은 진리 안에서 측량할 수 없을 정도로 (목적으로부터) 훨씬 멀리 떨어져 있습니다. 우리는 가끔 위대한 일들에 종사하도록 하나님께 부름을 받아 초대되기도 하나, 신뢰할 수 있는 하나님이 우리로 하여금 그것을 매우 불쾌하게 여기게 만들어서 우리는 매우 사소한 일들에도 스스로 만족하게 될 것입니다.

하나님은 그것을 자기 자신처럼 관대하고 흔쾌하게 제공하는 것이 아니라, 가장 고귀하고 값어치 있게 제공하시기 때문입니다. 그러므로 우리는 우리의 모든 감각과 능력과 마음과 동경하는 바람과 하나님 자체를 향하는 고통을 가지면서도, 모든 은사에 의해서 하나님과 반대로 확장되고 늘어나게 되려하며 우리의 모든 육적이고 혼적인 능력을 발전시켜야 합니다.

이때의 방법은 (하나님보다) 더 작은 것이 우리를 전혀 만족시킬 수 없듯이, 감각적이고[5] 비유적으로가 아니라 초자연적으로 이뤄져야 합니다. 그것은 우리가 도저히 가까이 접근하거나 높이 올라갈 수 없는 신성한 근저를 향해 나아가도록 끊임없이 노력하는 것과 같습니다.

감각적으로 파악하는 하위의 능력과 모든 감각 안에서 머물러 있는 많은 사람은 얼마나 커다랗고 측량할 수 없는 손상들을 입습니까!

그들은 앞으로 나가지도 않고 그들에 의해서는 아무것도 이뤄지지 않습니다. 육신의 양식이 위에서 머물고 계속 진행되지 않으며 심장, 머리, 지체로 분배되지 않는다면 (인간의) 본성은 사라져버릴 수밖에 없습니다.

그 결과 어떠한 것도 그것에 의해서 이뤄질 수 없을 것입니다. 이것은 단지 하위의 능력들, 즉 그들의 감각과 생각들의 영역에서 하나님을 받아들이고 하나님에게 지속적으로 다가서지 못한 인간들과 아주 흡사한 상태입니다.

일찍이 하나님이 이와 같이 숭고하고 고귀하며 사랑스러운 양식과 순수한 선으로 부르고 초대했던 그러한 사람들 중에서 그 누구도 그것에 접근하지 못합니다. 이것은 근저가 모든 능력, 즉 하위의 능력도 상위의 능력도 하나님과도 연결되고 모든 기호를 뛰어넘어 생명에게 전혀 빛을 제공하지 못하는 신앙으로서가 아니라, 생명을 굳건

---

[5] 베테르의 수기 원본 "gefüglicher"(122, 18)은 "bevoeliker"를 가지고 있는 Hs. Ge 1,에 대한 코린의 힌트(Sermons II, 110, 각주 1)에 따라 견경될 수 있다.

히 지탱해주는 순수하고 단순한 신앙으로서 전력을 다해 하나님에게 헌신한다면 이뤄질 수 있는 일입니다.

하나님의 신성이 인간이 더 이상 상승되지 않는다는 것을 알면, 하나님의 신성은 다가와 본성과 본성적인 방법을 훨씬 넘어 비밀리에 영향을 미치나, (인간 본성)은 하나님의 신성에 관해서 전혀 인지하지 못할 것입니다.

신성한 도움은 인간에게 가장 폭 넓고 독특하며, 가장 안전하고 경험적인 방식으로 고귀하고 존귀한 성만찬 안에 있는데, 하나님은 이 성만찬 안에서 본질적이고 개인적이며 독특하게 그리고 진실하게 자기 자신을 인간에게 제공할 것입니다.

사랑과 진리의 최고의 단계에 도달하는 소망을 느끼는 모든 사람은 그러한 태도를 보이게 되므로, 그들은 종종 매우 적절한 시간에 이와 같은 살아 있는 양식을 받을 수 있을 것입니다. 이것은 그들을 위한 진보이고 그들의 사랑의 증가를 의미합니다. 그들에게 부주의함이나 주의에 관한 결핍이 일어나지 않으리라는 것을 생각합니다.

이런 성스러운 만찬은 그들에게 유익할 것이며, 그들이 향상되면 될수록 그들은 주님의 만찬에 더욱더 자주 참여할 것입니다. 아우구스티누스는 특별한 의미를 두지 않고 말합니다.

> 주님의 몸을 특별한 시간에 받아들이는 것이 이런 성장과 진보와 사랑과 주님의 몸에 관한 동경을 자체적으로 감지한 자들에게 좋은 일이라면, 매일 성스러운 만찬에 참여하는 일은 왜 이들에게 열매를

맺을 수 없도록 한단 말입니까?

우리를 가치 있게 만드는 것은 인간의 공로나 우리의 공로가 아니라, 우리 주 예수 그리스도의 은총과 공로에서 온 것이므로 하나님의 선물은 우리 안으로 흘러넘칩니다.

이것이 해마다 달마다 주마다 각각 한 번씩 일어날 수 있다면, 고귀한 인간이 그것을 갈망하고 그의 능력 안에 있는 모든 것을 그의 편에서 행할 때 이런 은총은 우리에게 매일 제공될 수 있는데도 왜 이뤄지지 않고 있는단 말입니까?

또한, 여러분은 완덕에 이르기를 원하는 모든 사람을 위한 안전하거나 매혹적인 길, 또는 지름길이나 유익한 길을 내가 더 이상 알고 있지 않다는 것을 아십시오!

여러분은 그들이 경외감을 축소하지 않으면서도 사랑과 예배가 성장하고 증가한다는 것을 온전히 알고 경험할 때, 내가 주저하지 않고 이것을 나의 모든 친구에게 기꺼이 조언할 것이라는 사실을 아십시오!

어떤 소재에 불을 붙여 그것을 점점 더 뜨겁게 만들어도, 그 어떤 방식도 그 소재 자체가 불이 되도록 만들 수는 없습니다. 이 소재는 매우 축축한 상태일 수 있고, 또는 돌이거나 철일 수 있기 때문입니다. 그것이 불이 소재의 근처에 머무른다면, 불은 소재에 영향을 미치고 그것을 불과 유사해지도록 만듭니다.

불은 소재를 온전히 자기 자신에게로 끌어들여 그것을 불 또는 가

연성의 소재로 바꿀 것입니다. 이와 마찬가지로 어떤 사람은 죄가 매우 가까이 스며들어와 악에 순응할 수도 있고, 여전히 나쁜 것에 집착할 수 있습니다.

―세상 혹은 피조물과 관계하고 있다고 하더라도―그 사람이 종종 신령한 예배 안에서, 순수한 마음(Gesinnung) 안에서 신성한 화염에 가까이 가려고 하고, 그가 그의 편에서 단지 할 수 있는 것을 행할 수만 있다면, 그는 자기 메마르고 딱딱하고 차가운 마음이 뜨겁고 유연하고 이글거리게 되지 않고서는 이러한 화염 근처에 머물 수 없을 것입니다. (거룩한 만찬의 받아들이기 위해서는) 하나님 자신보다 더 훌륭하고 고귀한 준비는 없습니다.

내일 열릴 성대한 축제를 위해 내가 최선을 다해서 그것을 준비해야 한다면, 가장 친밀하고 고귀한 방법은 모든 예배와 함께 가치 있는 하나님을 거룩한 성만찬 안에서 받아들이는 것입니다.

내가 하나님을 받아들이기 위해 하나님 자체를 통하는 것보다 어떻게 더 훌륭하고 사랑스러우며 거룩하고 신적으로 준비할 수 있는 단 말입니까?

하나님의 진실한 아들, 그의 진실하고 살아있으며 신성하고 거룩한 몸, 당신의 불완전함을 씻어 내는 거룩한 피, 거룩한 영혼, 거룩한 영, 사랑스러운 마음, 영원한 신성, 온화한 인성, 거룩한 삼위일체, 새로운 세례와 두 번째 탄생을 경험하는 방법과 관습 등 당신은 이 모든 존재와 하느님의 아들이 할 수 있는 모든 것을 받아들여 당신의 심각한 불완전함, 오랫동안 죄로 물든 자신의 본성을 갱신하는 것보다 어떤 방법이 더 훌륭하다고 생각합니까?

누군가에게 가장 커다란 것을 약속했다면 어떻게 그에게 가장 적은 것을 포기시킬 수 있습니까?

자기 자신에게 전적으로 헌신했던 자에게 어떤 선물이 매우 귀중하게 나타날 수 있습니까?

그의 의지는 가장 고귀한 자기 자신을 위해 존재하는 것 안에 머무르는 것이 아니라 사람의 자녀 중 존재하는 것입니다. 그가 자체적으로 말한 것처럼 말입니다.

> 나의 기쁨은 나의 마음과 나의 영혼 안에서처럼 인간들의 자녀들 가운데 존재하는 것입니다.

여러분, 자녀들이여!

나는 이것을 여러분에게 하나님의 은총을 통해서 말했습니다. 이것은 가르치는 선생이 말한 것보다 앞서고, 내가 읽었던 것 중에서 최상의 것이기 때문입니다. 토마스가 말합니다.

> 우리 주 예수 그리스도가 인간 되셔서 (온) 세상에 가져왔던 모든 은총을 모든 사람에게 거룩한 몸으로 오시고, 그는 우리가 거룩한 죽음, 부활, 승천, 변용, 몸과 거룩한 영혼의 축복과 신성을 가질 수 있도록 모든 열매를 모든 사람에게 가져다주신 분입니다.

그는 이것으로 (단지) 생각할 수 있는 모든 것을 언급하신 것입니다. 이제 나는 모든 것이 감각적인 형상들에만 관심을 가지는 세속의 사람들에 대한 하나의 중요한 비유를 제공하려고 합니다.

모든 보물, 통치권, 부요함, 아름다움, 지식, 인간과 피조물의 풍부함이 온전히 자신의 바람과 모든 방식으로 소유했던 한 폭력적인 황제가 있습니다. 어느 날 황제는 심각한 천연두를 앓아서 악취가 나고 눈이 멀며 절름발이가 된 나병 환자를 만나게 되었습니다.

매우 근접한 일치 안에서 황제가 그 환자와 연합해 그 환자의 마음과 머리, 손과 발 등 내외적으로 완전히 가난한 육신으로 흘러 들어갔습니다. 이렇게 해서 병든 자의 지체들이 황제의 지체들이 된다면, 이것은 (진실로) 놀랍고 모든 한계를 넘어서는 사랑일 것입니다.

이처럼 주님의 식탁에서 일어나는 연합은 우리의 모든 이해보다 수천 배 더 크고, 구원자의 사랑 역시 우리의 모든 이해력을 뛰어넘습니다. (인간의 이러한 만찬의) 열매에 관해서 우리는 훨씬 더 많은 것을 말할 수 있을 것입니다.

내가 그것에 관해 말했던 것은 내가 말해야만 했던 것과 전혀 상반되지 않습니다. 우리는 우리에게 부족한 이것을 주시도록 우리 사랑의 주님께 청해야 합니다!

아멘.

## 33

## 성만찬 설교(4):
## 주님의 만찬에 참여[1]

(*Caro mea vere est cibus et sanguis meus vere est potus*, 요 6:55)

> 내 살은 참된 양식이요 내 피는 참된 음료로다(요 6:55).

나의 몸은 참된 양식이요 나의 피는 참된 음료이니라.

어제 내가 말했던 것처럼 나는 제단의 성만찬의 가치에 관해서—비록 누구도 이것을 (적절하게) 할 수 없다고 하더라도—그것의 유익함과 준비에 관해서 말했습니다. 성만찬의 준비에 관한 부분을 다뤄 보십시오!

---

[1] (제단의) 성만찬의 네 번째 해설은 지속적이고 일시적인 장애물들을 다루고 있는데, 이것들은 인간에 의해서 발전되는 것이 아니므로, 인간은 (거룩한 만찬의) 열매를 받아들이지 못한다고 말하고 있다. 그것은 각각의 죄 안에서보다 더 많은 죄를 언급하면서 그것들이 항상 반복적으로 일어나며 다른 죄들보다 더 커다란 것으로 묘사된다.

이 모든 것이 우리의 (인간의) 능력에 넘어서 있다고 해도 우리는 그것에 관해서 어떤 것을 짐작할 수 있습니다. 나는 여러분에게 성 토마스가 그것에 관해 말하는 것을 말했습니다. 말하자면 우리는 모두 우리 주 예수 그리스도가 온 세상에 가져온 변화와 은총과 축복입니다. 즉, 우리는 고난 당하고 부활하고 하늘로 승천한 그의 인성으로 인해 살고 죽는데, 그는 이것을 모든 인간에게 거룩한 몸의 (향유를) 통해 가져온 것입니다. 물론 우리는 어떤 사람이 갈망할 수 있고 그것에서 종결되거나 포함되지 않는 어떠한 은총도 생각해 낼 수 없습니다.

당신은 항상 당신이 원하는 만큼 그것에 관해서 그렇게 깊고 높고 내적으로 심사숙고하는 것이 좋을 듯합니다. 그것에 비하면 인간이 자신의 능력으로 시작할 수 있는 (경건의) 모든 훈련은 아무것도 아닙니다.

여기서 신성하게 존재할 수 있는 그것들은 하나님 자체입니다. 변용된 인간은 하나님 안에서 변화되는 것입니다. 하나님 자체가 아우구스티누스에게 말씀하셨던 것처럼 말입니다.

> 내가 당신 안에서 변화하는 것이 아니라 당신이 온전히 내 안에서 변화되는 것입니다.

당신이 그것을 올바르게만 구한다면, 당신이 항상 원하고 갈망하는 것, 즉 당신의 결함 극복과 은총의 획득 혹은 덕들, 위로, 사랑을 여기서 발견할 수 있습니다.

어떤 사람이 수백 년 동안 살았고 매일 수백 혹은 수천의 죽음의 죄들을 행했다면 하나님이 그의 죄인의 삶으로부터 완전하고 참된 전환을 제공하셔서 이러한 결정으로 그가 주님의 식탁에 참여하려 한다면, 당신의 손에서 작은 먼지를 불어내는 일이 극히 쉬운 일이듯이 우리 주님께서는 고귀하고 숭고한 선물을 통해서 모든 죄를 용서하는 일은 극히 쉬운 일입니다.

또한, 이런 전향은 매우 강력하므로, 그로 인해 모든 고통과 참회가 곧바로 사라질 수 있고, 전향을 한 사람은 위대한 성인이 될 수도 있습니다.[2]

쾰른 안에서 주님의 몸을 받는 일은 종종 좋은 관습입니다. 그러나 사람마다 그것을 받아들이는 방식은 다양합니다.

**첫째**, 그것을 영과 영혼으로[3] 가 아니라 입으로만 받습니다. 이들은 유다가 그렇게 행했듯이 주님의 몸을 죽음의 죄의 (자리에서) 받아들이는 자들입니다.

**둘째**, 그것을 육신적으로 받아들이기는 하나, 또한 영적으로 그들의 영혼 안으로 받아들입니다. 하지만, 그들은 그것으로부터 약간

---

2   타울러가 이 문장 안에서 개인으로 대처하고 있기 —wenn er ginge ⋯ du könntest —때문에, 코린에 의해서처럼 문장 내부에 동화가 여기서 선행됐다.
3   예를 들면 Corin, Sermons II, 117처럼 번역가들은 말한다. "sacramentellement" 혹은 Oehl, S. 58: "sakramentlich." 나는 타울러에 의해서 도달하려는 반대 문장을 완곡어법을 통해서 명확히 하려고 시도한 것이다.

의 은총과 열매와 위로를 받을 뿐입니다. 이 사람들은 그것을 일상의 죄들과 함께 준비하지 못하고, 거룩하지 않은 채 받아들이는 자들입니다.

**셋째**, 주님의 몸을 받아들이면서 위대하고 거룩한 열매와 측량할 수 없는 유익함을 획득합니다.

**넷째**, 주님의 식탁에 가지도 않으면서 그것을 영적으로 받습니다.

이들은 성만찬을 동경하는데, 그것은 현세에서 제공될 수 없는 선하고 순수한 심령들입니다. 이 사람들은 어쩌면 그것을 실제로 받은 사람들보다 훨씬 더 숭고한 척도 안에서 그들의 바람과 의향에 따라 성만찬의 은총을 수용할 것입니다.

어떤 선한 사람은 그가 병이 들든 건강하든 항상 그곳에 있는 방식으로 날마다 수백 번씩 그것을 받을 수 있습니다. 주의 몸을 성만찬의 형태로 매일 한 번 이상 받지 않는다 해도 거룩한 동경과 마음 안에서 물론 영적으로 주님의 몸을 받을 수 있고, 이것을 측량할 수 없는 은총과 위대한 열매로 받아들일 수 있습니다.

어떤 사람이 언제나 성만찬을 올바르게 받고, 죽음의 순간에 그에게 중죄가 없다는 것이 인정된다면, 이것은 그의 영혼을 위해서도 영원한 삶에서도 그에게 유익하게 될 것입니다. 그렇지만 여기서 제공된 육적인 유출들과 셀 수 없는 은총들은 이런 사람들에게 주어지지 않게 됩니다.

그들은 외적인 표지들 곁에 서서 머무르며 근저에 도달하지 못한 채 그들의 일상의 죄들에서 벗어나지 못하기 때문입니다. 그들은 소극적이고 은총 없이 주의 만찬에 참여하고, 그것을 공허하고 나태하며 냉정하게 대하며 커다란 장애물들 때문에 앞으로 나가지 못합니다.

일상에서 여러분이 몇몇 사람들로부터 그것을 볼 수 있듯이, 그들 자신이 (자기 자신의 것을) 비우고 벗어나 머무르고 있는 반면에, 하늘과 땅을 풍요롭게 가득 채우는 귀한 보물을 유지하지 못하도록 형용할 수 없는 손실을 일으키는 장애물은 도대체 무엇이라는 말입니까?

여러분은 이것을 이처럼 이해해야 합니다. 이것은 그들의 일들에서 사랑을 식게 만들어 마음을 분산시키고, 예배하는 마음을 사라지게 해 방해합니다

거룩한 위로를 내쫓아 하나님과 인간 사이의 신뢰를 파괴하고 하나님이 인간을 멀리하도록 하는 일상의 죄들입니다. 그들의 존재 안에 있는 이 결함은 은총이 완전히 사라지지 않도록 하지만 그들 또한 손상을 입습니다.

그 자체로 그것들은 단지 가벼운 죄일지 몰라도, 스스로 은총을 잃고 죽음의 죄에 빠지는 상황을 만드는 경향을 보입니다.

일상의 장애물, 이 결함에는 두 가지 종류가 있습니다.

**첫째**, 관습의 죄입니다.

**둘째**, 상황의 죄(Gelegenheitssünden)입니다.

하나는 다른 죄들처럼 우리를 향한 성만찬의 은총의 축복 된 영향

을 방해합니다. 차이를 이해하십시오!

살아 있든 죽어 있든 이 땅의 어떤 피조물이 이러한 충직함의 참된 동기가 있지 않더라도 하나님은 기꺼이 의식적으로 받아들여 인간에게 커다란 장애물을 의미하는 관습의 죄들을 사랑과 즐거움으로 행하십니다.

오! 나의 사랑하는 자들이여!

인간이 모든 것에 감각적인 충만을 찾든 발견하든 그것은 일상의 죄에 속하고, 때때로 일상의 죄가 매우 커서 10년 혹은 그 이상으로 그에 대해서 연옥에서 참회해야 합니다.

이런 죄들이 매우 깊이 뿌리내리고 있지만, 인간은 하나님의 사랑 때문에 피조물을 버리지 않기를 바라고 그것에서 발견한 만족을 포기하지 않습니다.

이러한 피조물이 사람 안에서 하나님의 자리를 대신 점령하면서 하나님이 그 안에 거주하는 것과 영향을 미치는 것을 막습니다.

그러므로 인간은 그 안에 존재하는 것이 무엇인지를 검증해 보십시오!

아마도 그는 자기 자신[4]이나 그의 친척, 부인을 향한 무질서한 애착(Neigung)으로서 존재할 것입니다.

아! 여러분, 사랑하는 자들이여!

---

4 베테르의 수기 원본 "uf"(127,9-10)은 Corin, Sermons II, 119에 의해서 라인강 하류 지방의 "of" = "oder"로서 받아들이게 된 것이다. 그래서 이해할 수 있는 텍스트가 이뤄진 것이다.

이런 결함은 현재 널리 퍼져 있습니다. 모든 사람이 재산을 축적하고 저장하며 지키려고 하는데, 이것은 얼마나 탐욕스러운가!

영적인 사람이든 세속적인 사람이든 모두 이것을 행합니다. 누구도 소유한 것에 만족하지 못하고, 누구나 어떻게든 더 많이 모을 방법을 생각합니다. 그래서 이들은 어리석게도 커다란 집을 세우고 장식합니다.

거기서 그들은 그들의 감각들을 충족시킬 귀중한 물건들, 즉 은으로 된 용기들, 장신구, 옷들과 아름다운 가재도구를 보관합니다. 또한, 그들은 그것으로부터 즐거움을 찾고 그와 동시에 자랑거리로 삼습니다.

그들은 일상의 죄들을 그들의 감각적인 욕망에 잘 붙들어 놓고, 때때로 오락을 즐기지 않은 것을 유감스러워합니다. 그래서 그들은 유흥이나 기분전환과 같은 경박한 만족을 구하면서 하나님을 찾거나 생각하지 않습니다.

아! 여러분, 사랑하는 자들이여!

이런 일들은 내외적으로 죽음의 죄 때문에 치명적인 손상에 빠지게 해 얼마나 심각한 변화를 가져올 것입니까!

여러분은 그것을 생각하거나 주목하기 전에 한 가지 일에 빠져듭니다.

나의 사랑하는 자들이여!

이것은 익숙한 장애물(gewohheitsmäßige Hindernisse)로서, 일부 사람들은 어쩔 수 없이 장애물을 가지고서 주님의 만찬에 참여합니다. 하지만, 모든 사람은 그의 편에 붙어 있으려 하고, 누구도 이 일들을 포기하지 않으려 합니다.

하지만, 그들은 하나님의 고유한 위로를 느끼지 못합니다. 그들은 밖으로 많이 행하지도 않고 다시 그들의 일들과 피조물로 돌아가며 (그런데도) 40년 혹은 50년 동안 영적인 가면을 씁니다.

이것은 그들이 (어린 시절에) 구원받게 될 수 있는지에 관한 문제라는 것을 기억하십시오! 피조적인 것에 익숙해진 그들의 근저는 의식적으로 그 속에 빠져들려고 하기 때문입니다. 이 사람들은 자신이 어떤 상태인지 잘 모르고 있다는 것을 기억하십시오!

물론 그들은 그것에 관해 앞에서 언급된 것을 잘 알고 있습니다.

"나는 이것을 (한때 한 번 정도) 가져야, 이것이든 저것이든 아무런 해를 끼치지 못할 것입니다."

그러므로 그들은 스스로 장애물에게 한 자리를 할당하는데, 장애물은 그들의 본성과 아주 잘 연합하기 때문에 (그것들을 고려해서) 더 이상 양심의 가책을 느끼거나 그것들에게 관심을 두지 않습니다.

이것은 하나님의 사역에 맞서는 성곽처럼 엄청나고 커다란 장애물들이고, 그 결과 그들은 더 이상 자신이 행한 것조차도 알지 못합니다. 피조물들이 인간을 가득 메우는 만큼 하나님은 인간으로부터 은총을 거두어들일 수 있는 분이기 때문입니다.

이제는 상황의 죄들(Gelegenheitssünde)에 접근해 보십시오!

즉, 어떤 사람이 살아있든 죽어있든 피조물에 의해서 점유되거나 구속되지 않은 것입니다. 인간은 항상 이것을 떠나려 준비하고, 또한 이것이 어떠한 것이 되었든 하나님이—인간, 친구들, 혹은 세속적인 일들—(인간의 애착을) 좋아하지 않는다는 것을 알고 있었습니다. 그렇지만 이런 사람은 그가 존재해야 하는 만큼 성장하지 못한 채, 본성의 결함을 통해 극복될 것과 그의 본성에서 이뤄지는 것을 극히 좋아하는 사람입니다.

이것은 분노, 자만심, 게으름, 경솔한 언변입니다. 그는 자신의 이와 같은 애착 때문에 실수를 하는데도, 상당한 독서를 하거나 먹거나 마시거나 혹은 부적절한 기쁨과 지나친 부지런함에 자기 자신을 위임하면서 부정합니다.

이런 죄들은 자기 자신에 대한 깊은 고려가 있으나, 또한 엄청난 죄들입니다. 이것들이 인간의 약함이나 부족한 관심으로부터 온 것이라면, 이것들은 하나님의 일과 비견해서 습관의 죄들보다 비교할 수 없을 정도로 더 작고 훨씬 더 사소한 장애물입니다. 경솔함이 악하다고 하더라도 그러한 사람의 근저는 순수하기 때문입니다.

그런데 이들 중 일부가 오늘이든 내일이든 주님의 만찬에 참여한 후 이것들에 주의하지 않으려고 한다면, 이것은 연합의 사랑스러운 만남을 해치고 신뢰를 축소해 안락한 마음을 흩뜨리기 때문에, 이 사람은 내적인 것 안에 사랑의 활동과 변용된 빛을 받아들일 수 없게 됩니다.

자신의 의지와 상관없는 죄를 짓는 사람이 그 안에서 쓰라린 참회한다면, 마치 이것이 오늘 일어난다고 해도 이것은 (주님의 만찬에 참여하는 데) 그를 결코 방해할 수 없습니다. 이것을 살펴봤을 때 (마음의) 쓰라림과 억압은 결함에 속한 많은 녹을 깨끗이 씻어 내기 때문입니다.

그런데 이 사람 중의 일부가 매우 조심하지 않고 수다와 같은 시간 낭비 혹은 무질서한 일을 통해 (죄에 대한 상황을 통해서) 흩어져 버린다면, 이것은 그가 거룩한 만찬에 참여하는 것을 방해합니다. 그래서 하나의 장애물은 또 다른 장애물에 이르도록 할 것입니다.

하지만, 이런 사람은 이런 문제 때문에 주님의 만찬에 참여하는 것을 절대 포기하지 않습니다. 이를테면 상황의 죄들이 어떤 사람을 난처하게 만들 수도 있으나, 그것은 거룩한 성만찬을 받지 말아야 하는 죄를 짓는 일은 아닙니다. 물론 그것은 다음 날 개선을 위해 애를 쓸 수도 있습니다.

또한, 사람이 어느 정도 잠들거나 먹었다면, (사랑스러운) 본성은 부당한 상황으로 유도할 수 있습니다. 우리는 때때로 무엇을 먹으면서 입안을 가득히 채우고 본성이 이것을 참을 수 있는지 알려고 해서는 안 됩니다.

나의 사랑하는 자들이여!

하나님이 이루 형용할 수 없는 거룩함으로 흘러 들어가거나 쇄도해야 하는 곳에서는 본성은 오로지 순수해야 합니다. 이런 특성을 소유한 것은 (거룩한 만찬 안에) 고귀하게 숨겨져 있는 보물의 거룩한 영향에 대한 장애물입니다.

또한, 선하고 순수한 사람들은 종종 게으르고 태만하나, 그들의 (고유한) 의지와는 정면 대치합니다. 그들은 실제로 좋아하는 것보다[5] 더 많은 잠을 구합니다. 그들 역시 거룩한 만찬을 받는 일을 그 일로 포기해서는 안 됩니다.

일부 사람들은 아직 또 다른 장애물이 남아 있는데도 고유한 편안함만을 추구합니다. 이것은 위로와 안전과 행복입니다. 또한, 이것들이 그들에게 제공되기만 한다면 그들은 결코 주의 만찬에 참여하지 않습니다.

그들은 하나님보다 자기 자신을 더 먼저 생각합니다. 이런 사람들은 외적으로 엄청난 타격을 가해 자신들을 종종 하나님에게 안내하면서, 마치 하나님이 그들에게 속한 것으로 여깁니다. 그 경우 하나님은 그들이 지옥의 고통을 견디듯이 그들에게 두려움으로 다가올 것입니다.

(하나님이) 그들에 대한 두 가지 시험 중 어떤 하나도 판결하지 않는다면—그것에 관해 확실히 한다면—연옥에 있는 처참한 형벌이 그들을 기다리고 있습니다. 이런 사람들은 앞으로 진척되지 못할 것입니다. 작년과 마찬가지로 올해에도 그럴 것입니다. 그들에게서 무엇도 기대해서는 안 됩니다.

그런데 일부 선한 사람들이 열정 혹은 (거룩한) 활동을 감각적으로 감지하지 못한다면 맹목적인 두려움에 둘러싸여 주의 식탁에 참여하

---

[5] Vetter, 128, 34: "me wenne ir fride"; LT, BT 안에선: "me wan in lieb sey"; 코린은 Sermons II, 122에서 앞선 인쇄본의 이러한 수기 원본을 받아들였다. 나 역시 그것을 여기서 의미상 따른 것이다.

는 것을 행하지 않은 일부 선한 사람들이 있습니다. 더욱이 그들은 눈에 띄는 어떠한 장애물을 발견하지 못합니다. 그렇지만 그들 역시 (길에 누워) 머물러 버립니다.

하지만 그들은 자신들의 근저와 감각들을 더욱더 순수하게 발견하기 때문에 하나님을 향해 위로 접근하는 자들은 (성만찬의) 고귀한 열매를 최상으로 받습니다. 그들은 하나님이 주시든 받으시든 하나님으로부터 떠나지 않으면서 그를 신뢰하고, 소유하든 굶든 그를 믿습니다.

그들은 하나님 안에서, 하나님은 그들 안에서 태어납니다. 그들이 내외적으로 유래하는 어떤 장애물을 만난다면, 그들은 오랜 갈등을 일으키면서까지 그것으로부터 재빠르게 벗어나 그곳에 머무르지 않습니다. 그들은 하나님을 사랑하고 그만을 (단지) 바랍니다. 그들은 하나님 안으로 침몰해 들어갑니다.

그들은 선물에 관심이 있는 것이 아니라 하나님에게만 관심을 둡니다. 그들은 하나님으로부터 만물을 받아들여 그것들을 다시 그에게로 짊어지고 갑니다. 이런 사람들 안에서 거룩한 성만찬은 고귀하고 놀라운 변용에 영향을 미칩니다. 그들에겐 (거룩한 만찬이) 가장 친밀하고 가까운 길입니다.

이런 사람이 매우 진지하게 주의 식탁에 갈 수 있으므로, 지금 그가 가장 하위의 천사의 제단으로 다가서는 단계로 이동하고 있다면, 그는 두 번째나 세 번째 혹은 네 번째 천사의 제단으로 편입될 수 있습니다.

그가 주님의 만찬에 더 자주 참여한다면, 그는 천사의 가장 높은 제단으로 상승하게 될 수 있을 것이고, 나아가 케라빔과 세라빔과 모든 천사의 본성 위까지 상승할 수 있을 것입니다.

하지만, 인간은 이것을 얻으려고 노력하는 것이 아니라 오직 하나님의 가장 사랑스러운 의지와 영광을 얻으려 애를 써야 합니다. 정화된 인간이 여기서 오로지 자기 자신과 모든 인간적인 성향을 넘어 상승해 하나님 안으로 끌려들어 가 그와 연합하게 되듯이, 이런 성만찬이 순수한 근저 안에서 일어나는 기적은 천사와 인간의 모든 인식력을 너머 있습니다.

이런 선물이 고귀하고 순수한 인간에게 성만찬으로 주어지지 않게 된다면 그는 영적으로 그것을 받는 데 만족해야 합니다. 거룩한 미사에 참여하든 병이 걸리든 혹은 항상 어디에 있든 그는 이것을 적어도 하루의 한 번씩 행해야 합니다.

아! 나의 사랑하는 자들이여!

우리가 우리 자신에게 향하는 것을 견디고 우리 안에서 은총을 인지할 때 우리는 하나님과 더불어 어떠한 기적을 행할 수 있는단 말입니까!

우리는 모든 것을 할 수 있고 진실로 하나님의 나라를 우리 안에서 발견할 수도 있을 것입니다. 하지만, 우리는 이것을 행하지 않습니다. 슬프게도 우리는 우리 자신을 외부로 향해 때때로 이것저것을 뒤따르는데, 그것은 모든 한계를 넘어서도록 할 것입니다. 그렇다면 이것 역시 여러분과 함께할 것입니까!

여러분은 부지런히 가득 채워 여기까지 다가와 하나님의 말씀을 들었고, 여러분은 제대로 보기도 전에 모든 것을 잃어버렸으며, 또한 다른 설교자를 뒤따르면서 여러분이 그 어떤 것에도 속하지 않는다는 것을 인지할 것입니다.

여러분이 외적인 일들에 향할 때 많은 것들이 불쾌한 소음에 속하게 됩니다. 우리는 가장 하위의 실체(Wesen)이자 나와 여러분, 여러분과 나는 흔들릴 수 있는 불안한 존재입니다.

나는 사람들이 남성스럽게 강력한 전향을 일으키고 변함없이 계속해서 머무르는 나라들 안에 있었습니다. 하나님의 말씀은 10년 동안 현세보다 일 년 동안 내세에서 더 많은 열매를 맺도록 합니다.

우리는 이 영광스러운 사람들에게서 기적과 커다란 은총의 (표지)를 봤습니다. 하지만 우리는 일부 나라들 안에서 매우 여성스럽게 행동합니다. 실현되지 않은 것을 그곳에서 원하는 것은 여기서 이런 민족들에 도달하고 싶어서 하는 것과 같습니다.

여러분은 여러분만을 생각하고 남이 말하는 것을 절대 듣지 않습니다. 그러므로 우리는 용기를 내서 (피조물들에서) 강력한 전향을 이행해야 하는데도, 우리에게서는 어떠한 것도 나올 수 없습니다.

우리가 하나님의 커다란 은총을 매우 경솔하게 다루는 것이 얼마나 비참함으로 가득할 것입니까!

육신 안에 있는 심장[6]이 누구를 그렇게 메마르게 할 수 있는단 말

---

6  베테르적 수기 원본 130, 14 "und sin lip"은 Corin, Sermons II, 125, 각주 2과 더

## 33 성만찬 설교(4): 주님의 만찬에 참여

입니까!

당신이 일부 수도원에서 이런저런 사람들이 즐겨 말하고 행했던 새로운 이야기를 좋아하는 것은 유감스러운 일입니다.

이런 바보 같은 행동들은 당신의 영혼 안에 계시는 하나님에게 형상이 되지 못하도록 합니다.[7] 하지만, 하나님에 관해서 즐겨 듣거나 말하는 자들은 그 (다른 것들)에 만족할 수 없고 (그러므로 그것들에 의해서) 부정적으로 판단 받게 될 것입니다.

나의 말을 들어라![8]

또한, 이런 장소를 벗어나 이런 사람들의 신뢰를 포기하십시오!

여러분은 침대에 누워 여러분의 마음[9]을 열고, 하나님에게 속하고 하나님의 뜻에 속하는 것이 무엇인지를 기다리면서 하나님을 따르십시오!

또한, 여러분은 하나님의 뜻이 무엇인지를 알지 못한다면 여러분

---

불어 "in sin lip" 보다 훌륭하게 변경된 것이다. 다음으로 번역상 필요한 그림은 결과로서 나온 것이다.

[7] 이 문장은 문자적인 번역 대신에 단어 "bilde" = "하나님과 영혼과의 연합을 방해하는 그러한 것들"의 설명을 이용해서 코란에 의한 "de sottes images"(Sermons II, 125) 혹은 Oehl에 의한 S. 65: "순수하게 왜곡된 효모"처럼 번역된 것이다.

[8] 수기 원본 "uffe mich"(cf, Strauch: Vetter 130, 18에 대한 PBB XLIV, 22)는 힐데하임의 Hs.를 통해서 논증된다. "op myne wort." 코린의 보완, Seemons II, 125는 필수적으로 생각되지 않는다.

[9] "entsliffent" 대신에 Sermons II, 125, 각주 수기 원본 "entsliessent"는 나에게 스트라우흐의 수기 원본: Vetter 130, 19에 대한 PBB XLIV, 22에 비해 선행적으로 이용될 수 있는 것처럼 보인다. cf, Ch. Schmidt, Wörterbuch der elsäßischen Mundart, S. 81 a. 이 구절은 이미 앞선 인쇄본 LT, BT의 편집자들과 마찬가지로 예를 들면 Lehmann과 Oehle과 같은 번역가들에게도 어려움들을 제공한다.

이 어떻게 행동할 수 있는지에 관한 좋은 조언을 나에게 받으십시오!

여러분이 두 가지 행동 혹은 두 가지 태도—어떠한 것을 행할지 혹은 어떠한 것을 버릴지—중에서 어떤 것을 선택하지 못하고, 혹은 여러분이 더욱더 좋은 것이 (하나님의 눈 안에) 있다는 것을 알지 못한다면 여러분은 먼저 여러분 스스로 검증해 보십시오!

그때 가장 확실한 것은 여러분의 본성이 흔히 불쾌한 것을 행하고 있을 것입니다. 본성의 경향을 받아들이는 것을 선택하는 일은 보다 안전하지 않은 길을 선택한다는 뜻입니다. 여러분이 본성과 본성의 즐거움으로 살면 살수록, 여러분은 더욱더 적게 하나님의 뜻을 따를 것이기 때문입니다. 여러분이 영으로 살려면 여러분은 더욱더 본성을 죽이는 것을 배워야 합니다.

그러므로 이것은 내가 (다른 것들의) 모든 특성을 넘어서는 성만찬에 관해서 여러분에게 말해야만 했던 이유입니다. 하지만, 이것은 성만찬의 유익함과 경건함, 하나님의 영광과 모든 축복 된 기쁨, 모든 사람의 건강과 죽음의 죄인들의 위대한 전향과 연옥에서 영혼들의 구원에 관해서 말하려고 했던 것에 비해 훨씬 뒤처진 일입니다.

우리는 횃불이 사정없이 태우듯 어떤 영이 하나님의 친구로 나타나 불타는 화염에 휩싸였다는 것을 읽습니다. 영은 이것이 단지 일어날 수 있는 것이라고 말했습니다. 그것은 주의 몸을 받는 데 주저했기 때문입니다.

그는 이루 형용할 수 없는 고통을 겪었습니다. 또한, 영은 덧붙여 말씀하십니다.

## 33 성만찬 설교(4): 주님의 만찬에 참여

당신이 나를 위해 예배 시 한 번씩 거룩한 만찬을 받길 원하느냐?

이것은 나에게 커다란 도움이 되느니라.

그 사람은 이것을 행했고, 영이 그에게 다음 날 다시 임했을 때, 그것은 태양보다 더 환하게 빛났습니다. 거룩한 영성체를 일 회 받은 것은 그를 참을 수 없는 고통에서 해방했고, 동시에 그는 영원한 생명으로 들어갔습니다.

오! 하나님이여!

우리 모두에게 선하게 살도록 은총을 주옵소서!

성부 아버지, 성자 아들과 성령이시여!

이것을 우리 모두에게 주옵소서!

아멘.

**34**

# 삼위일체 축제 후 두 번째 주일 설교:
## 세 종류의 잔치 초대자들[1]

(*Homo quidam fecit cenem magnam*, 눅 14:16)

> 이르시되 어떤 사람이 큰 잔치를 베풀고 많은 사람을 청하였더니
> (눅 14:16).

어떤 남자가 커다란 향연을 열기 위한 모든 준비를 마치고 손님들을 초대했습니다. 하지만 모든 손님이 초대를 거절했고 그에 대한 용서를 구했습니다.

첫째 사람은 토지를 구매하러 간다고 말했습니다.

---

[1] 삼위일체 축제일 이후 두 번째 주일 누가복음의 설교는—부자의 연회에 관한 비유—용서를 구하는 초대받은 자들을 통해서 설명된 세 종류의 연회 초대자들에 관해서 말하고 있다. 그들은 초대에 응하지 않았는데, 그 이유는 그들이 세상의 일들과 관련하고 있었기 때문이다. 베테르에 의해서 눅 4:16 ff.을 가진 설교의 텍스트 구절은 아마도 인쇄 잘못으로 제시된 것이다.

내가 당신에게 청하오니 나를 양해하소서!

둘째 사람이 말했습니다.

소 다섯 마리를 사러 갑니다. 내가 청하오니 나를 양해해주소서!

셋째 사람은 가정을 핑계로 대며, 결혼했기 때문에 갈 수 없다고 말했습니다.

하지만, 그는 전혀 양해를 구하지 않았습니다. 주님은 말씀하셨습니다.

그들 중 어느 사람도 나의 만찬을 맛보지 못할 것이니라.[2]

첫 번째로, 그레고리우스(Gregorius)가 제시하고 있는데, 우리 모두를 부르셨고 초대했던 이 향연은 가장 내적이고 가장 순수하며 가장 확실한 인식과 하나님의 나라가 존재하는 내적인 근저에 대해 인지하는 것과 이러한 근저 안에서 하나님의 활동하심과 내주하심을 식별하는 것, 그리고 우리가 사랑과 인식의 도움으로 경험을 하는 것을 뜻합니다.[3]

---

2  Vetter 317, 12에 의하면 수기 원본 "besitzet"는 공개적으로 "enbisset"에서 사라진 것이다. ndl.에 속하는 Corin, Wi 1, S. 225, 20-21 "ininbyst"이다.

3  AT에 따르면: "das sol man befinden mit der bekanntnuß vnd der lieb," AT의 복사

또 다르게 이해될 수 있지만, 이 향연은 (제단의) 존귀하고 거룩한 성만찬을 상징하는 것입니다.

세 번째 해설은 이런 향연에서 영원한 삶을 인식합니다. 그곳에서 참된 향연이 이뤄집니다. 피조물들이 시간성 안에서 매번 받아들이거나 영과 본성 안에서 받아들이는 모든 만찬은 세상에 존재할 수 있는 모든 만찬에 비해서 훨씬 더 적은 것입니다.

나의 사랑하는 자들이여!

항상 이런 값진 만찬에 도달하려고 하는 자는 특히 (그) 두 명의 다른 향연 참석자에 대해서 열정적으로 (그의 관심을) 가져야 합니다. 가르치는 선생들과 성인들은 말하기를, 천상의 만찬을 미리 맛보지 못한 자는 그것을 결코 (실제로) 맛볼 수 없을 것입니다.

하지만, 미리 맛보는 일이 많은 사람에게 동일하게 일어나는 것도 아닙니다. 또한 (실제적인) 향유 역시 전혀 같지 않습니다.

이것이 올바르다고 해도, 하나님은 일부 순수하고 의로운 사람들에게마저도 근저를 느낄 수 있는 지각을 전 생애 동안 주지 않습니다. 즉, 그들이 죽을 때까지 혹은 (천상의 향연)에 참여할 때까지 그들에게 주어지는 것은 가장 작은 빵의 만찬에 참여하는 정도일 것입니다. 그렇지만 이 사람들은 현세에서 흘러넘치는 충만함 안에서 (천상의 만찬을 미리 맛보는 것)을 경험했던 자들보다 수천 배 이상으로 위에

---

본 안에 있는 Corin, Wi 1, S. 226, 13. Corin의 편집본의 출판은 여기서 서로 벗어나간 것이다.

서 있습니다.

또한, 세상에서 셀 수 없는 계시들을 보유한 사람들이 있습니다. 그러나 그들은 그들에게서 유익함을 탈취하는 방식으로 계시들을 이용할 수 있습니다. 하지만, 이것을 받아들이지 않는 사람들은 천상의 만찬에서 (그 사람보다) 수백 배 하나님에게 가까이 있습니다. 하나님은 사랑의 정도에 따라 이 만찬을 나누고, 누구에게든 흔쾌히 도움을 제공하는 분이시기 때문입니다. 하지만, 이 근저를 맛보려고 하는 자는 순수하게 하나님으로 존재하지 않거나 그의 참된 근원이 하나님이 아닌 모든 것으로부터 마음과 감각을 돌려야 합니다.

두 번째 향연은 거룩한 성만찬, 즉 우리 주님의 몸입니다. 이 만찬은 충만한 은총과 행복이 필연적으로 뒤따르는 것으로, 전혀 말할 수 없고 모든 사람의 이해력을 너머 있습니다. 따라서 인간은 이 은총에 대해서 우리가 매일 은총을 보유하고 이용할 수 있는 것보다 훨씬 더 감사하게 여겨야 합니다.

우리는 거룩한 성만찬 안에서 우리 주님이 성 금요일에 온 세상을 만족하게 했는데도 일상에서 우리 주님의 죽음을 왜 새롭게 기념하는지에 관해 물을 수 있을 것입니다. 어떻게든 수천의 죄를 가진 세상이 있었다고 해도 주님은 모든 세상을 만족하게 하셨습니다. 우리 사랑의 주는 (우리를 향한) 끊임없는 사랑 때문에 그것을 원하셨습니다. 우리는 자신의 약함 때문에 매일 (새로운) 죄를 짓기 때문에, 그는 이렇게 사랑스러운 방법을 생각해 내셨습니다. 그래서 매일 새롭고 고귀하며 존엄한 희생이 인간의 죄들과 약함을 위해 이뤄지고 있습니다.

토마스의 말에 따르면, 인간이 전능하신 하나님[4]이 (우리를 위해) 죽으신 날에 얻었던 모든 열매와 유익함을 매일 모든 거룩한 미사에서 찾고, 우리 주님의 존귀하신 몸을 가치 있게 받는다면 모든 선한 인간은 이와 같은 열매와 유익함을 얻을 수 있습니다.

이 거룩한 성만찬은 죄를 쫓아내고 파괴하며 엄청난 새로운 은총을 제공합니다. 그것은 사람들을 성장하게 하고 덕스러운 삶으로 자라나도록 만듭니다. 이것은 미래의 타락과 함정에서 인간을 지켜주지만, 악은 끊임없이 인간에게 함정들을 놓습니다. 이런 강력한 도움과 보호가 없다면 인간은 영과 육에 따라 고통스럽게 타락할 수 있습니다.

또한, 연옥에 있는 영혼들 역시 성만찬의 커다랗고 놀라운 은총에 감사해야 합니다. 이런 증정을 통해서 그들이 빠르게 구원받는 거룩한 미사의 희생제가 없다면, 특히 이런 희생이 거룩하고 순수한 사제를 통해서 증정된다면, 수천의 많은 영혼은 어디까지나 불타오르는 불꽃 안에 누워있을 것입니다. 이것은 연옥 안에서 또한 이런 시간성 안에서 이해할 수 없는 커다란 기적을 일으킬 것입니다.

모든 사람이 이 희생제물과 연합되려면, 세상에 있는 한 모든 사제의 거룩한 미사, 특히 거룩한 사제들의 미사에 참여하려는 내적인 바

---

4   Wi 1 (Corin, S. 229, 24)와 Ge 1은 "unübertrefflich"를 "죽음," "oûerwirdiche doyt"fh 연결하지만 결코 옳은 것은 아니다. Hs. E에 따른 Vetter 318, 25dp의한 이해가 아마도 대처되고 있다. 번역은 AT를 다른 것이다.

람을 불러일으켜야 합니다. 그는 특히 거룩한 사제를 포함해 모든 사람을 통한 거룩한 성만찬을 받아야 하는데, 그들의 희생제는 주님께 매우 유쾌한 일입니다.

그는 그들 모두를 그것(?)에 참여시키려고 애를 쓰고는, 고인처럼 그의 기도 안에서 삶의 종말을 그들에게서 생각합니다. 인간은 언제든 출석하는 거룩한 미사에 참여할 뿐만 아니라, 이생에서도 저 생애에도 세상에서 제공되는 모든 거룩한 희생제에 참여할 것입니다.

또한, (하나님에게 내적으로 향하면 향할수록 내적인 인간은 이런 모든 미사에서 더 많은 열매를 획득할 수 있으므로), 내적인 인간이 거룩한 미사에 참여한다면 나는 스스로 생각을 가다듬을 수 있는 내적인 사람이 깊이 뉘우치고 그것에 만족할 수 있도록 조언을 아끼지 않았습니다.

하지만, 모든 한계를 넘어서 커다란 은총이 거룩한 성만찬에 내주하고 은총의 상태로 그곳에 존재하는 나와 몇몇 사람만이 종종 주의 식탁에 참여하는데, 매우 적은 열매만이 그에게 열리니 그것은 대체 어떻게 된 일입니까?

이것은 이들이 일상에서 그들의 결함을 열정을 다해 찾으려고 하지 않고, (마치) 잠든 상황에서만 보려 하는 데서 발생합니다. 이런 결함들은 은총과 그것의 작용을 위한 장애물입니다.

아! 여러분, 사랑하는 자들이여!

어떠한 결함을 보유하지 않도록 삶과 품행을 매우 가까이서 고찰해 보십시오! 하지만 특히 심사숙고하지 않은 무익한 말들을 주의하십시오!

모든 말은 무익한데, 영혼을 위한 유익함에 관한 생각은 말로는 부족하기 때문입니다. 인간은 그 자신이 갖추고 있는 능력으로써 그의 말을 검증해야 합니다.

은총의 활동을 방해하는 또 다른 장애물은 기도하는 마음이 (거룩한 만찬을 받을 동안) 사람에게 부족해지고, 그러한 기도하는 마음이 매우 쉽게 다른 일에 빠져들어 내부로 향하는 마음을 갖게 돼, 은총의 작용에서 벗어나는 것입니다. 물론 그것을 주의한 사람들에 의해서 거룩한 성만찬의 효용은 이틀에서 사흘 동안 영향을 미칠 것입니다.

이 열매에 관여하기를 원하는 자는 어둠의 땅인 애굽을 떠나 그가 기대한 맛을 소유한 천상의 떡을 받아야 합니다. 하지만, 백성들은 적은 양의 밀만 가지고 애굽을 떠났기에 이 떡은 선택된 백성에게도 제공되지 않았습니다.

유대인들이 밀을 완전히 소비했을 때 (비로소) 하나님은 그들에게 천상의 떡을 제공했고, 그들은 그 떡에서 그들의 마음이 갈망했던 맛을 발견했습니다. 만약 이들이 세상을 뒤로 한 채 애굽 땅을 떠나 물질과 세속적인 소행을 포기한다고 해도, 그것 자체가 영적인 삶으로의 전진이라고 잘못 생각한다면, 이들은 그 모든 완성 안에서 천상의 양식을 맛볼 수 없고 내적인 환희를 취할 수 없습니다.

그가 여전히 본성 혹은 피조물의 만찬에 속하는 것을 휴대하고, 여전히 외형을 향한 애착을 소유하고 있다면 말입니다.

내재성으로부터 무엇을 받아들였던 모든 사람은 완성을 위해서가 아니라 약함을 위해서 이런 애착을 잘 유념해야 하고 이런 존귀한 양식을 취해야 합니다. 이것은 마치 한 사람이 중병에 걸려 그의 생명을 걱정하는 것과 같은 일입니다. 그가 재력이 있고 그의 삶을 연장하는 것을 희망한다면, 그는 자신의 생명을 위한 금과 진주로 만든 값진 음료를 준비합니다. 하지만 그에게 이런 양식은 맛보는 것이 아니라 죽음에 대한 공포로 제공될 것입니다.

그러므로 이 사람은 이 고귀하고 값진 양식을 오로지 자신의 약함을 위해 먹어야 합니다. 그가 (영혼의) 죽음, 즉 창조된 사물에 대한 사랑을 소유하지 않도록 말입니다. 또한, 그 사람이 이 값지고 고귀한 음식을 맛보지 못한 상태로 물을 마신다면 차가운 물은 이 따뜻한 양식의 효능을 축소하고[5] 하락시킬 것입니다.

이렇게 완전히 동일하게 사람이 거룩한 만찬, 즉 고귀하고 숭고하며 가치 있는 양식을 섭취한 이후, 익숙하지 않은 이해로 그의 내적인 것에 대한 접근을 허락한다면, 이때 외적인 일들로 분주함과 흩어짐이 일어납니다. 그래서 인간은 거룩한 만찬을 정복하는 데 방해받게 됩니다. 식어버린 사랑은 사라집니다.

그러므로 이 사람들의 본성과 영은 그들의 내적인 것 안에서 신성한 활동에 집중할 수 있는 능력을 갖출 수 없습니다.

그런데 인간이 피조물에서 구분되기를 원할 때, 악이 다가와 그것

---

[5] Corin, Wi 1, S. 235, 23 안에 수기 원본 "verdempte"—그에 따른 번역 "minderte"—는 Hs. S와 인쇄본, LT, AT, KT 안에 있는 수기 원본 "verderbet"보다 선호되고 있다.

은 바보 같은 일⁶이라고 속삭입니다.

"당신은 물론 견디기 쉽지 않을 것입니다."

선택된 백성이 어떻게 행동했는지를 여기서 다룰 것입니다. 즉 모세가 그들을 애굽에서 인도했을 때 그는 애굽 사람들이 600전차를 타고 백성을 매우 급하게 뒤쫓는다는 것을 알았습니다.

그때 백성이 모세에게 말합니다.

> 아! 당신은 왜 우리를 애굽에서 떠나게 만들어, 우리 스스로 이 고통을 도저히 견딜 수 없게 만들어 우리를 여기서 죽게 하는가!

두려움이 많고 믿음이 적은 사람들은 이처럼 행합니다. 악이 그들에게 가까이 다가와 유혹의 많은 전차 아래에서 땅이 요동칠 때 그들은 생각합니다.

"(확실히) 그것은 바보 같은 짓입니다. 애굽 안에, 세상 안에, 피조물에 대한 집착 안에, 그것들에 관한 나의 애착 안에, 나의 영혼에 관한 두려움 안에 머무르는 것은 나에게 더욱 좋은 일입니다. 그렇게 해서 나는 그것들을 잃어버릴 수 있기 때문입니다."

하지만, 일부 사람들은 앞으로 진행하지 않습니다. 그들은 하나님을 전적으로 신뢰하고 있지 않기 때문입니다. 우리는 하늘에 계시는

---

6  수기 원본 "doirheit"(Corin, Wi I, S. 236,18-19와 AT에 상응해서, 같은 쪽 Z. 20)은 베테르의 이해 "trogheit" = 태만, 게으름보다 선호되고 있다. Vetter 320, 30을 보라.

유일한 아버지의 편에서 우리 주 예수 그리스도의 발아래 엎드려 청하고, 그에게 우리 자신을 전적으로 맡기고 위임해야 합니다.

우리가 그곳에 도달한다면 우리는 (하늘의) 만찬의 세 번째 의미에 관해서 알게 될 것입니다. 그를 위해 하나님은 우리를 도우실 것입니다.

아멘.

# 35

## 삼위일체 축제 후 세 번째 주일 설교(1):
## 하나님의 능하신 손 아래에서 겸손하라![1]

*(Carissimi, humilianmini sub potenti manu Dei*, 벧전 5:6)

> 그러므로 하나님의 능하신 손 아래에서 겸손하라
> 때가 되면 너희를 높이시리라(벧전 5:6).

사랑하는 자들이여!

하나님이 심판의 때에 여러분을 높이도록 여러분은 하나님의 강한 손아래 엎드리라!

여러분 모든 염려를 주님께 맡겨라!

그가 여러분을 돌볼 것이니라. 근신하라! 깨어있으라! 대적 마귀가 우는 사자처럼 두루 다니며 삼킬 자를 찾나니, 믿음을 통해 그를 대

---

[1] 이 설교는 (삼위일체 축제일 이후) 세 번째 주일 베드로의 서신을 설명하고 세 가지 덕들이—겸손, 하나님에 대한 사랑과 신중함—존재하며, 또한 악한 영이 우는 사자들 앞에서 깨어 있다는 것을 가르친다.

## 35 삼위일체 축제 후 세 번째 주일 설교(1): 하나님의 능하신 손 아래에서 겸손하라!

적하라!

여러분은 여러분 형제들도 세상에서 이와 같은 고난을 견뎌낸다는 것을 알라!

하지만, 하나님은 여러분을 영원한 영광으로 초대했느니라. 그는 예수 그리스도 안에서 여러분을 향한 그의 일을 온전케 하시고, 여러분을 굳세게 하시며, 또한 강하게 하시어 여러분이 그의 영광을 위해 약간의 고난을 받을 것이니라. 영예가 그에게 영원히 있을 것이니라.

이것은 교회의 사랑을 받은 베드로가 우리에게 (심사숙고하도록) 제시한 서신의 내용입니다. 우리는 거룩한 교회에서 제시하는 일 년의 과정 중 축제에 관한 모든 설명과 그것의 실행에 관한 온전한 가르침을 이 말씀 속에서 발견할 수 있습니다.

또한, 우리가 베드로의 서신의 가르침을 붙들 때 이 모든 것은 종결되고 도달될 것입니다.

베드로가 말합니다.

사랑하는 형제들이자 사랑하는 자들이여! 너희는 하나님의 강력한 손아래 엎드려라!

여기에 우리가 주목하고 소유해야 하는 세 가지 덕들이 있습니다. 모든 우리의 훈련, 실존과 우리의 삶은 이 세 가지의 덕을 완성하는 데 그 목적을 두어야 합니다. 만약 그것 중 하나라도 부족하게 된다면 우리의 모든 실존, 삶과 훈련은 우리에게 전혀 유용하지 않습니다. 우리의 모든 수고는 아무런 가치도 없어집니다.

첫 번째 덕은 우리를 (하나님 아래) 엎드리도록 한 베드로의 말에서 드러납니다. 이것은 인간의 삶의 모든 형태와 행동이 목적이 되도록 하는 토대를 이룹니다. 그렇지 않으면 모든 것은 붕괴합니다.

두 번째 덕은 하나님에 대한 참된 사랑입니다.

세 번째 덕은 신중함입니다.

인간은 이런 세 가지 덕의 도움을 받아 궁극의 완성에 도달합니다.

실제로 사랑과 자비의 하나님은 덕들을 우리의 본성에 선사하셨습니다. 그는 우리에게 그것들이 매우 필요하다는 것을 잘 알고 계셨기 때문입니다. 그래서 그는 그것들을 가장 은밀한 영역에 숨겨두시고 (그로써) 우리에게 (그 자신과) 매우 친밀한 관계를 제공하셨습니다. 우리는 우리의 교만 때문에 고귀하며 하나님의 것으로 덧입어진 영혼의 불꽃을 우리 스스로 인식하지 못했으나, 그것은 우리와 멀리 떨어져 있지만 실제로 우리에게 훨씬 더 가깝고 내적입니다.

우리의 본성이 질서를 잘 유지한다면 우리는 끊임없이 이런 덕들에 대한 원료를 우리 안에서 발견할 수 있습니다. 또한, 우리가 올바르게 행동하고 우리 스스로 머물러 있을 때 (우리 자신으로부터) 우리를 세 가지 덕의 도움을 받아 빠져나오도록 할 수 있습니다.

우리는 내외적인 사람들 안에 있는 겸손의 근원과 근거를 두 가지 면에서 발견합니다. 이것은 우리의 본성적인 약함과 우리의 죄를 짓는 경향들입니다. 그것들이 어떻게 존재하는지를 알기 위해서 인간은 본성이 어떤 물건이 필요하고, 그 안에서 어떻게 그것들을 사용하며 사라지게 되는지를 반드시 고찰할 필요가 있습니다.

(인간) 본성의 이러한 결핍은 우리 모두에게 잘 알려진 바입니다. 모든 것은 무 안에서 끝납니다. 우리가 무에서 나온 것처럼 우리는 다시 그곳으로 회귀합니다.

겸손의 두 번째 근거는 죄에 대한 우리의 경향입니다. 자기 자신 속에 머무르고 자기 자신만을 신뢰하는 자는 얼마나 철저하게 죄에 대한 경향과 관련되고, 그의 본성은 얼마나 이런 경향에 극단적으로 전해지게 됩니까!

또한, 우리는 하나님이 그를 돌보지 않는다면 그는 얼마나 약하고 나약한지, 얼마나 (그의 본성이) (악에) 집착하는지를 이루 형용할 수 없을 정도로 계속 발견합니다. 인간의 이러한 경향은 영원한 죽음과 지옥 안에 있는 마귀들과 함께 하는 공동체 안에서 끝나게 됩니다. 이것이 겸손을 위한 강력한 동인이 아니라면 숙고해 보십시오!

우리가 내외적으로든 우리 자신을 고찰하고, 우리가 우리에게 변명, 즉 우리가 선한 것을 소유하지도 않고, 할 수도 없다는 것을 거부한다면 우리의 본성은 우리를 겸손으로 인도할 것입니다.

두 번째 덕은 하나님을 향한 참된 사랑입니다.

이 덕은 하나님을 (인간) 본성에 이식했고 뿌리를 내렸습니다. 인간은 그의 본성에서 벗어나 사랑합니다. 그렇게 겸손은 인간 안에 이식되지 않습니다. 겸손은 외부로부터 그에게 다가옵니다. 하지만 사랑은 인간 안에 확고하게 설정돼 있습니다. 베다(Beda)는 인간에게 사랑이 없다면 영혼이 없는 것과 마찬가지라고 말했습니다.

　인간의 본성이 잘 정리된다면 인간은 자기 자신보다 하나님을 더 사랑해야 합니다. 하지만 애석한 일로서 인간은 그의 고귀한 본질을 매우 변화시켰기에 피조물들에 애착을 보이고, 오히려 본성의 창조자를 홀대하게 됩니다.

　세 번째 덕은 신중함입니다.

　그것은 이성에서 나온 것입니다. 인간은 이성적인 존재이기 때문입니다. 또한, 여러분은 여러분이 무슨 일을 시작하는지를 기억해 두십시오! 어떤 일이 신중함을 통해서 이뤄지지 않는다면, 이것은 좋지 못한 일입니다. 이 일은 하나님을 사랑하는 것이 아니기 때문입니다. 그러므로 베드로가 그의 서신에서 말합니다.

　　근신하고 깨어있으라!

　다시 말해 여러분의 신중함은 분별력을 가지고 행하되, 인간의 행위, 말들, 삶을 모든 장소에서, 모든 시대에 모든 사람과 반대로, 그리고 모든 방식으로, 내외적으로 인도해야 합니다.

　그렇다면 이제 여러분은 첫 번째 덕으로 되돌아가십시오!

　"너희는 하나님의 강력한 손 아래 엎드려라!

　그러면 하나님은 심판의 날에 너희를 높일 것이니라."[2]

---

[2] 베테르의 수기 원본, 323, 17 "erhoeret"는 "erhoehet"에서 사라져 있다. Ge 1는

## 35 삼위일체 축제 후 세 번째 주일 설교(1): 하나님의 능하신 손 아래에서 겸손하라!

하나님이 심판의 날에 겸손으로 가득 차 있지 않은 우리의 근저를 발견한다면, 우리는 그것에 불쾌할 것입니다. 그것은 성서에 기록돼 있기 때문입니다.

하나님은 교만한 자들을 미워하시고 겸손한 자들에게 그의 은총을 부으시니라.

어떤 사람의 겸손이 커지면 커질수록 (하나님의) 은총은 더욱더 커집니다. 그의 겸손이 적어지면 적어질수록 은총 또한 더욱더 적어질 것입니다. 하나님이 거만한 우리를 발견하시고 그것이 확실할 때, 그는 우리를 굴복시킵니다. 그가 스스로를 낮춘 우리를 발견한다면 그는 우리를 높일 것입니다. 낮춤은 높아짐을 낳습니다.

그러므로 여러분이 겸손하고 낮춘다면 여러분은 높아지게 됩니다. 하나님의 손은 매우 강력하고 현명하며 사랑스럽습니다. 하지만 우리는 약하고 맹목적이며 악하기 때문에 하나님 없이는 아무것도 할 수 없습니다.

베드로가 말합니다.

너희 모든 근심을 그에게 맡겨라!

---

fol. 115 "verhoecht"를 가진다.

그러면 하나님은 너희를 도우시리라.

만약 우리가 지각할 수 있는 신뢰할 수 있는 배려 외에 장점과 도움을 하나님에게 더 이상 가지려고 하지 않는다면, 우리 자신을 몇몇의 혼과 육의 번민에서 보호하거나 일상에서 우리를 위로하며 해방시키는 우리의 모든 영적이고 본성적인 곤경들 안에서 더 이상 주의하지 않는다면, 또는 우리가 우리 자신 안으로 향한 채 남아 있으려 한다면, 우리는 그의 것을 잘 알아봐야 합니다.

그래서 이것은 우리를 잘 움직이고 그에게 향하도록 유인할 것입니다. 언젠가는 걱정의 근원이 없어지도록[3] 만물이 그 안에서 연합되었지만, 하나님에 의해 정돈되거나 계획되지 않은 것은 아무리 사소하더라도 우리에게 이뤄질 수 없습니다.

만물이 하나님 안에서 하나가 되는 것은 겨우 이뤄질 수 있는 일이고 그 외에는 어떠한 일도 있을 수 없는 일입니다.

계속해서 베드로가 말합니다.

근신하고 깨어있으라!

악한 원수인 사자의 포효가 울려 퍼질 때, 짐승들은 공포감을 느끼

---

[3] Vetter 323, 33(Lehmann II, 129 아래)에 대한 레만의 번역 "ohne … sorgfältiges Auseinanderhalten"은 타울러의 의미를 전혀 전달해 주지 못한다.

## 35 삼위일체 축제 후 세 번째 주일 설교(1): 하나님의 능하신 손 아래에서 겸손하라!

고 바짝 엎드릴 것입니다. 이 경우, 사자는 그들을 덮쳐서 게걸스럽게 먹어치울 것입니다. 이와 마찬가지로 원수는 포효하면서 견고하지 않은 작고 약한 사람을 전복시킵니다. 이 경우 악은 땅바닥에 전복돼 사람을 게걸스럽게 먹어치워 버립니다.

그래서 베드로는 우리에게 깨어있으라고 말합니다. 우리는 오직 신앙을 통해서만 (원수의) 악한 공격에 맞설 수 있기 때문입니다.

인간은 포위된 도시의 거주민과 같은 처지에 있어야 합니다. 포위된 거주민이 도시에서 가장 안전한 곳과 위험한 곳이 어디인지를 알고 있다면, 그는 그곳에서 미리 극히 조심해야 합니다.

이것을 행하지 않는다면 그는 도시를 침략당할 수 있을 것입니다. 마찬가지로 인간은 악이 어디에 가장 많이 부가되는지, 또는 그의 본성에서 어떤 부분이 가장 약한지, 특히 그의 결함이 어디인지에 관해서 치밀하게 살피고 미리 조심해야 합니다.

이때 원수는 인간을 잘 정리되지 않은 슬픔으로 데려갈 것입니다. 왜냐하면, 슬픔과 두려움은 우리가 우리의 본성적인 결함과 죄짓는 경향들을 깊이 숙고한 즉시 엄습하기 때문입니다.

이 경우 악한 원수인 사자가 다가와 그에게 속삭입니다.

> 보라! 당신은 걱정과 불행 안에서 그렇게 자신의 삶을 소비하기를 원하는가?
> 아니라!
> 이것은 바보와 같은 짓이라. 다른 사람들처럼 기쁨 안에 살고, 당신

의 삶을 향유하라!
하나님은 당신에게 당신의 종말에 앞서 참회를 제공할 것입니다.
당신의 뜻에 따라 살고, 당신은 젊을 때 피조물을 향유하라!
나이가 든 당신은 항상 치료받을 수 있을 것이니라."

아! 나의 사랑하는 자들이여!
여러분은 어둠이 여러분에게 엄습하지 않도록 주의하십시오!
분별하고 담대하십시오!
또한, 누구도 그곳으로부터 되돌아올 수 없기에 주의하십시오!
여러분 안에서 발견되지 않는 것을 미리 주의하십시오!
그것에 관해서 우리 주님이 직접 말씀하십니다.

나의 하늘 아버지가 심지 않은 모든 식물은 뿌리째 뽑히게 될 것이니라(마 15:13).

아! 여러분, 사랑하는 자들이여!
이것을 이성적으로 숙고하십시오!
악한 원수는 사람들에게 몇 가지를 설득합니다. 인간은 생각하기를,
"아! 나는 고해신부를 가지고 있지. 이런 일 저런 일이 나에게 일어났습니다.
아! 내가 어떻게 해야 하는가?"

아닙니다. 나는 이런 설득을 매우 잘 인지하고 있습니다. 하지만 내가 당신에게 말하노니, 어떤 일이 당신에게 일어났다면 그것에서 벗어나 다시 만족하십시오! 당신의 마음을 하나님에게로 향하고 그러한 불안전한 생각에 어떤 관심도 두지 말며, 그들과 대화하지 말고 그들에게서 벗어나십시오!

몇 가지 곤경이 당신에게 다가올 것이고, 원수는 당신을 그것으로 데려갑니다. 마침내 원수가 사람을 절망으로 유도하면 인간이 말하기를,

"모든 것을 잃었습니다."

도대체 무엇을 행할 수 있는가?

하나님에게 그의 모든 걱정을 맡기는 일입니다.

당신은 하나님에게 닻을 내리십시오!

항해 중 곤경에 처하고 믿음을 상실한다면 라인강 바닥으로 돛을 던집니다. 그렇게 그들은 (위험에) 대처합니다. 원수가 인간에게 내외적으로 강하게 공격을 한다고 하더라도 마찬가지일 것입니다.

이 경우 인간은 만물을 포기하고 깊은 바닥으로 닻을 내려야 합니다. 이것은 하나님에 대한 완전한 신뢰와 기대를 뜻합니다. 만약 배가 정박하려고 한다면 선원들은 노를 동원해 모든 것을 공격해야 합니다. 즉, 당신이 영혼이나 육신의 곤경에 빠지더라도 당신은 항상 그렇게 행해야 합니다.

아! 인간이 그의 죽음의 날에 이 닻을 올바르게 움켜쥘 수만 있다면, 그가 하나님에 대한 신뢰와 기대 안에서 죽을 수만 있다면, 이것

이야말로 진정으로 축복 된 죽음이 아닙니까!

　인간은 다른 덕들처럼 하나님을 신뢰하는 것에 매우 익숙해져야 합니다. 이것은 그의 사망의 순간에 그를 도울 것입니다. 물론 그곳에 어떤 잘못된 신뢰가 있어서는 안 됩니다. 어떠한 인간이 잘못 살면서 하나님을 신뢰하기를 원하는 것은 성령을 거스르는 죄이고, 이는 앎과 의지를 갖추고 하나님의 자비를 구하면서 악을 행하는 것과 같은 일입니다.

　그렇지만은 않습니다. 여기서 참된 신뢰란 인간이 그의 무능력을 인식하고, 나아가 자기 자신에 관한 올바른 판단을 해 겸손과 사랑으로 가득 차 하나님의 도움에 자기 자신을 맡기는 것으로 이해할 수 있습니다.

　당신은 완전히 그리고 진실로 (당신 자신으로부터) 벗어나 이것을 기쁘게 행하십시오!

　하나님은 기쁘게 포기하는 자를 사랑하시기 때문입니다.

　당신은 이처럼 끊임없이 매우 선한 것을 행하는 자를 전적으로 신뢰하지 않겠다는 말입니까?

　당신이 인간이 되기 전부터 하나님은 당신의 약함을 알고 계셨습니다. 그는 당신이 죄를 지을 것을 알고 계셨으며, 심지어 이런 천성을 미리 알고 계셨습니다. 비록 그가 당신에게 매일 매 순간 끊임없이 드러나는 셀 수 없는 선한 것들에 대해 말하지 않는다고 하더라도, 당신은 그 천성 안에서 그의 고귀한 죽음을 통해 당신의 죄를 해결해야 합니다.

## 35 삼위일체 축제 후 세 번째 주일 설교(1): 하나님의 능하신 손 아래에서 겸손하라!

당신은 (모든 피조적인 것에서) 전향해 오로지 그에게 향하십시오!

어떤 유혹이든지 그것이 인간에게 다가서고 있다는 것을 아십시오!

당신이 어떠한 것을 행해야만 하는지 혹은 떠나야만 하는지에 흔들리는 동안 악한 원수는 결코 당신을 떠나지 않기에, 당신은 정복당할 위험에 노출돼 있습니다.

하지만, 당신은 악을 극복하길 원하십니까?

그렇다면 당신은 자신에게서 매우 담대하게 전향하십시오!

당신이 전향하는 동시에 또한 당신은 완전한 전향과 함께 더 이상 이런 것을 하지 않을 것이라고 말하십시오!

그러면 당신은 게임에서 승리하고 원수는 수치심을 느끼며 멀리 도망칠 것입니다. 인간이 언젠가 원수로부터 승리하게 된다는 것은 작은 모기 앞에서 엎드리고 피를 빨리는 잘 무장된 남자와 같습니다.

인간은 매우 강력한 무기를 소유하고 있기 때문입니다. 강력한 무기란 거룩한 믿음, 즉 성만찬과 하나님의 말씀과 모든 선한 사람들의 모범과 거룩한 교회의 기도이므로 다른 강력한 축성을 생각하지 않아도 됩니다.

인간이 오로지 깨어 저항하고, 그에게 매우 선한 것을 드러내는 하나님에게 용감하게 닻을 내리는 한, 이 모든 것과는 반대로 악의 능력은 곰에 대항하는 작은 모기보다도 작습니다.

여러분은 먼저 주의하십시오!

원수에게 저항하지 않고서 다른 세상에 들어간다면 여러분은 원수의 책략에 빠지게 될 것입니다. 또한, 원수는 여러분이 그를 따랐다는 것에 대해서 여러분에게 매우 엄중한 벌을 내립니다. 그러므로 그곳에서는 어떠한 귀환도 가능하지 않습니다. 그래서 인간은 전력을 다해 그의 근저를 알고 있어야 합니다. 그는 (실제로) 그 역으로 살고 있으면서 자기 자신을 속이기 때문입니다. 그는 하나님을 믿는 것처럼 사람들을 속이고 그의 값진 시간과 하나님의 은총을 소비해 버립니다.

그때 하나님은 악에는 능력, 인간에게는 어떤 선한 일을 행할 수 있는 것을 제공합니다. 여러분은 빛을 가지고 빛 안에서 배회하는 한 마리 주의하십시오!

어둠이 여러분을 지배하지 못하도록 깨어있고, (여러분의 영혼의) 근저를 내적으로 충분히 살피십시오!

이것을 행하지 않는 몇몇 사람들은 그들의 모든 활동을 외적인 것으로 향해 진행합니다. 내적인 것이 그들을 움직인다면 그들은 곧바로 출발해 또 다른 땅 혹은 장소로 이동할 것입니다. 그래서 그들은 무에 다가서고, 새로운 삶의 방식을 취하며 많은 사람이 그렇게 그들 자신의 몰락으로 치닫게 될 것입니다. 그들은 한때 가난의 생활에 빠져들고, 좁은 길로 가기를 원하며, 수도원에 입문하기를 원했습니다.

유명한 수도원에 입문해 그곳을 피난처로 삼아 독거 생활을 하는 자들은 아직 건재합니다. 그들은 가장 안전한 길을 갑니다. 또한, 수도원의 규칙은 당신의 고유한 삶의 규칙과 완전히 다른 어떤 것입니다. 그러므로 수도원에 입문하는 모든 자가 신적인 동기를 가지고 그곳으로 가는 것은 아니며, 또한 그들은 아주 잠시라도 그곳에 머무르고 싶다고 말합니다. "주여! 나는 내가 여기에 있다는 것을 당신에게 감사드립니다. 나는 당신께 계속 헌신하고는 감사드리며, 당신을 찬양하고 내가 어떻게 이곳에 왔든 상관없이 말입니다."

여러분은 순종의 진실한 정신 안에서 가장 작고 의미 없는 일을 수행한 사람이 그 자신의 의지[4]에 근거해 수행할 수 있는 모든 중대한 일을 수행한 사람보다 더 가치 있고 훌륭하며 칭찬받을 사람이라는 것을 기억하십시오!

누군가 새로운 일과 새로운 훈련을 시작하기를 원하고, 하나님의 영광을 촉진하기를 원한다면, 그는 하나님에게로 침몰해 들어가십시오!

또한, 그가 충분히 하나님의 은총을 가졌는지, 그를 움직이게 하는 것이 올바른 것인지, 그의 본성이 하나님을 뒤따르는지 그리고 그가 (사역이 그에게 가져오는) 부담을 질 수 있는지를 조심스럽게 시험해 보십시오!

그가 근저에 관심을 가져 외부에서 방황하지 않고, 무능함으로 향해 영혼의 근저 안을 살피면서, 이 근저를 진실로 자기 자신 안에서 발견하는지를 살펴야 합니다. (그때 바로 그것은) 참된, 본질적인 겸손, 사랑과 신중함입니다. 그가 이런 세 가지 덕을 가지고 있다면 하나님

---

[4] Hss. S와 Ge 1 안에 부가된 표현 "auf Grund seines eigenen Willens"는 순종의 영 안에서 성취된 사역과 "고유한 의지"에서 사역 사이에 놓여 있는 차이가 발생한다. 그것은 그런 이유에서 번역에 받아들인 것이다.

은 확실히 그 안에서 위대하고 놀라운 일에 영향을 미칠 것입니다.

베드로가 계속 말합니다.

"형제들이여! 여러분은 세상에 있는 형제들처럼 동일한 고난을 참고 있다는 것을 알라!"

여러분, 사랑하는 자들이여!

인간은 항상 고통을 견뎌내야 합니다. 그는 자신이 어디에 있든 원수로부터 계속해서 참아야 하고, 세상에서 봉사하는 자들[5] 역시도 고통을 감내해야 합니다. 여러분은 몇몇 거만한 영웅과 신입 독려가 어떻게 그의 삶을 숙고했고, 이러한 공로 안에서 어떻게 그것을 상실했는지, 육이 구더기에게, 영혼이 마귀에게 요구하는 것을 제외하고 다른 어떤 대가를 요청하는지를 생각해 보십시오!

그것을 위해 그에게 무엇을 제공할 것입니까?

따라서 여러분은 하나님의 뜻을 위해 잘 견딜 수 있어야 하고, 하나님은 자기 자신과 하나님의 나라와 영원한 생명을 여러분에게 주기를 원하고 자기 자신 스스로 참으셨습니다. 머리가 참아서 다른 지체들이 고통 없이 그곳에서 벗어날 수 있다면, 그것들은 부끄러워해야 합니다.

우리 사랑의 주님이 일상적으로 오욕과 멸시를 참아낸 만큼 그렇게 잘 참을 수 있는 자가 도대체 누구입니까?

---

[5] 여기서 번역에 기초를 두고 있는 Hs. S.의 이해는 아마도 Lehmann II, 133에 의해서 잘못된 입장의 번역보다 선행된 것이다.

## 35 삼위일체 축제 후 세 번째 주일 설교(1): 하나님의 능하신 손 아래에서 겸손하라!

그가 아직 참을 수 있다면, 그는 죽게 되었을 때보다 지금 훨씬 더 고통스러울 것입니다. 그는 중대한 맹세로 인해 하루에도 몇 번씩 십자가에 못 박히고, 그의 죽음과 상처를 비난받았기 때문입니다. 그의 고문과 상처는 생활 속에서 갱신되고, 값비싼 피는 모든 죽음의 죄들 때문에 새롭게 흘리게 됩니다.

세상과 피조물로 가득 차 있는 불결하고 더러운 냄새가 나며 악귀의 그릇에 스스로 담아두나 일상적으로 그의 순수하고 존귀하며 신적인 몸을 섭취하는 것은 그에게 이 얼마나 모멸감을 가하는 것입니까! 또한, 그가 고통을 감수할 수 있다 해도 (그의 몸의) 수령은 그에게 유대인들을 통해서보다 이런 사람을 통해서 얻은 아픔은 더 클 것입니다. 이들은 그가 그들의 하나님이고 창조자라는 것을 신앙 안에서 고백했으나, 유대인들은 이것을 알지 못했기 때문입니다.

또한, 그들의 친구들이 그들의 마음과 고통스러운 사랑 안에서 고통을 느끼듯이, 그들이 이런 고통을 육신에서 느낄 방법으로 참을 수 있다면, 이것은 그들의 마음에 상처를 입어 그들의 영혼과 골수에 사무칠 것입니다.

또한, 그들이 (이런 상황에) 육신의 죽음을 통해서 종말을 준비할 수 있다면, 죽음은 그들의 본성적인 삶보다 더 기쁜 일일 수 있습니다. 그것은 하나님에게 매우 사랑받은 주님이 수모를 당하고 능욕을 당하는 것을 보였기 때문입니다.

여러분, 사랑하는 자들이여!

이것을 요약해 보자면, 베드로가 우리에게 가르쳤던 것은 진실하

고 확실히 의로운 길입니다. 그가 말했듯이,

"우리는 겸손해야 합니다."

겸손은 우리의 기초이고, 사랑, 이성과 신중함은 우리의 건물이며, 우리는 이것을 기초 위에 세워야 합니다. 그래서 하나님은 우리를 심판의 때에 높일 것입니다.

이성의 속성에 따라 높아지고 그들의 높은 이해력으로 우쭐하며 여기서 제시된 방법을 따르지 않았던 많은 사람이 있습니다. 그들 모두는 아래로 추락하고 심연으로 빠져 들것입니다. 산이 높으면 높을수록 골짜기는 더욱더 깊기 때문입니다.

하나님이 우리를 높이고 우리에게 말씀하도록 우리가 모두 참된 근저 안에 머무르기를 원한다면

"형제들이여! 계속해서 상승하라!"

그를 위해 하나님은 우리 모두를 도우실 것입니다.

아멘.

# 36

## 삼위일체 축제 후 세 번째 주일 설교(2):
## 예수께로 가까이 나아온 세리와 죄인들¹

(*Erant appropinquantes ad Iesum*, 눅 15:1)

> 모든 세리와 죄인들이 말씀을 들으러 가까이 나아오니(눅 15:1).

이번 주의 복음서는 죄인들이 우리 주님께 가까이 다가온 것과 우리 주님이 그들을 하나의 비유로 표현했다는 것을 알려 주고 있습니다.

너희 중 백 마리 양을 가진 자가 있는데 만일 그가 백 마리 중 한 마리를 잃으면, 아흔아홉 마리를 들에 두고 잃어버린 그 한 마리를 찾

---

1 (삼위일체 축제 이후) 세 번째 주일 누가복음에서 인용된 두 번째 설교는 네 종류의 죄인들과 쓰라린 죽음에 관해서 언급하고, 다음으로 하나님이 선한 의지를 소유한 모든 사람에게 어떻게 갑자기 심한 불쾌감으로 찾아오는지를 (우리에게) 제시해 준다.

을 때까지 돌아다니지 않겠느냐?

그리고 그 한 마리의 양을 찾은 후 어깨에 메고 돌아와 그의 친구들과 이웃과 함께 기쁨을 나누기 위해 그들을 불러 모으니라.

이 말씀을 우리의 설교의 주제로 삼아보려 합니다!
나의 사랑하는 자들이여!
우리는 인간인 동시에 죄인인데, 죄가 없다고 말하는 자는 거짓말쟁이이고,
요한이 말하듯 진리가 그 안에 있지 않으니라(요일 1:8).
(따라서) 나는 (여러분에게) 네 종류의 죄인들이 있다는 것을 말하려고 합니다.

첫 번째 종류는 하나님을 경외하거나 사랑하지 않고 거대하고 심각한 죽음의 죄들 속에서 전 생애를 불법적으로 소비합니다. 또한, 이들은 하나님에게 무엇을 묻거나 들으려 하지도 않는 엄청나게 세속적이고 위법적이며, 선정적이고 감각적이며 야만적인 인간들입니다.
만약 그들이 어떤 미사를 드려야만 한다면 그들은 매우 조급한 마음을 가지고 그곳에 머무르는데, 그때 미사의 시간은 그들에게 상당히 지루하게 느껴질 것입니다. 그들은 하나님과 그의 영광과 관련이 있는 것과 하나님에게 속한 덕들과 관계된 것에는 결코 관심을 두지

않습니다.

이 사람들은 우리 주님께 가까이 다가와 금식 기간에 그의 거룩한 몸을 받고 있지만, 그들의 삶의 방식으로부터 떠나려는 확고한 의지를 갖추지는 않습니다.

그들은 지금까지 행한 것처럼 그렇게 살아가려고 합니다.

기억하십시오!

오히려 수천만의 마귀를 그들의 몸에 받아들이는 것이 그들에게는 더 좋을 것이라는 사실을 말입니다. 유대인들이 그것을 받았던 것처럼 그들이 우리의 주님의 몸을 받는다면 바울이 말합니다 (고전 11:27).

'우리 주님의 몸에 대해서 죄를 짓는 일'이 되기 때문입니다.

죽음의 죄의 상태로 거룩한 만찬에 참여하는 자.

나의 사랑하는 자들이여!

이런 사람들의 상황이 무슨 두려움과 걱정을 일으키는지를 여러분은 알고 있느냐! 이런 마음은 육신에 속해 있는 여러분을 메마르게 할 것입니다. 또한, 어떠한 고문, 불행, 무서운 심판과 두려움으로 가득 차 있는 곤경을 영원히 견뎌내야 하는 것을 그들 스스로가 알았다면 그들의 이성은 (그 생각들을) 견딜 수가 없습니다. 그들이 자신의 종말과 자신의 상태를 알고 있다면 불행과 위기는 비로소 그들 안에서 시작되므로, 그들은 의심에 빠지고 절망이 그들을 둘러싸게 만들어 영원히 버림받게 됩니다.

  또한, 조금 전에 일어났던 것처럼 그들 중 두세 사람들이 (무엇을 받아들여야 하는지를) 언급한다면 우리는 그들이 미쳐서 말한 것이라고 진술합니다. 이것은 그들이 현재 느끼고 있는 쓰라린 두려움과 또한 하나님의 무한하신 자비에서 나온 것이고 하나님은 그것으로 또 다른 사람들을 경고하십니다.

  이런 사람들에게는 그들을 주의 식탁에 참여하지 못하게 금지하고, 그것이 얼마나 그들에게 해로운지 말해 줄 수 있는 선한 고해신부가 필요합니다. 그들은 대단한 무참한 위기에서 용감한 선생과 고해신부가 필요하지만, 돌같이 굳어진 단단한 마음에서는 결코 발견될 수 없는 일입니다.

  두 번째 종류의 죄인들 역시 커다란 죄인들입니다. 하지만 그들은 외부로 향하는 것을 선한 것으로 생각해, (경건의) 인상적인 훈련들을 제시해 많은 선한 일들을 행하며 사람들에게 매우 선한 모범을 소개합니다.

  하지만, 그들은 위선자들이고 바리새인들처럼 행동하며, 자기의 의지[2]로 가득 차 있기 때문에 자기 자신과 만물들 중 그들의 것만을 사랑하고 교만해 떠나지도 않습니다. 이런 종류의 사람들은 역시나 커다란 죄인들이나, 그들 스스로는 자신에 대해 그렇게 생각하지 않습니다. 즉 그들은 자기 자신만을 사랑합니다.

---

[2] 여기서부터 베테르는 설교 71번까지 Hs. E 124를 따른다.

여러분, 사랑하는 자들이여!

이러한 사람들은 하나님을 불쾌하게 만드는 오로지 위험한 길들을 갑니다. 또한 그들은 하나님에게 향하는 동일한 방법들과 사역들로 멀리 떠나고, 말과 행동에서 겸손한 듯 선한 사역들을 행하고 덕 있는 외모를 지니고서도 하나님으로부터 멀어집니다. 그들은 허영심 안에서 자기 자신만을 향하기 때문에 영원한 손상을 입습니다.

자기 자신만을 좋아하는 이런 사람들은 어느 사람도 결코 그들 앞에서 떳떳할 수 없습니다. 그들은 다른 사람들을 심히 정죄합니다. 우리 주님이 결코 바리새인들을 바로 잡을 수 없었던 것과 마찬가지로 이들 역시 동일합니다. 그들은 (악한) 정죄로 가득하고 그들과 같은 방식으로 살지 않은 모든 사람을 공격합니다. 그들은 자신의 자아로 가득 차 있는 영적인 거만 안에 있기 때문입니다. 또한 (정확히) 이런 죄는 가장 높은 천사를 가장 깊은 심연으로 추락시킵니다. 그러므로 여러분은 영원한 죽음의 앞에 있는 것처럼 그것을 주의하십시오!

여러분은 여러분 자신을 향하고, 그곳을 겨냥하십시오!

또한, 누군가를 겨냥하는 것을 금하십시오!

아무리 모든 악의 일이 중요하다고 해도 여러분은 여러분 자신과 이웃들에게 그것을 죄송스럽게 여기고, 어떠한 동기와 상황에서도 그 누구에게도 죄를 범하지 않도록 하십시오!

그 사람들은 예수가 한 마리의 양을 찾기 위해서 들에 두고 왔던 아흔아홉 마리 양을 뜻합니다. 더 나아가 하나님은 결코 이런 어리석은 백성을 위해 어떠한 것도 지키지 않으시고, 백성을 돌보지도 않으십니다. 하나님이 복음서에서 말하듯이, 이런 사람을 알지 못합니다.

내가 너희를 알지 못하느니라(마 7:23; 25:12).

냉정하고 태만하며 소극적인 사람들은 세 번째 종류의 죄들에 속합니다. 모든 사람처럼 (또한) 그들은 거룩한 세례를 받았습니다. 하지만 하나님은 그들이 거룩한 교회가 제공했거나 금지했던 일들과 관련해 죽음의 커다란 죄들에 빠지는 것을 방지하셨습니다.

이후에 그들은 자기 자신을 떠나 하나님과 신성한 일들을 향한 열정을 품거나 진지함을 갖지 않습니다. 그들은 노래도 하고, 많은 책을 읽으면서 많은 책장에 온 힘을 다합니다. 하지만 그들의 곁에는 (하나님의) 생각(Empfindung)이나 은총이 없고, 그들은 피조물 가운데서 매우 좋은 감정을 가집니다.

그들은 피조물들을 사랑해 그들에게 만족을 느끼고 어울리며, 그것들 곁에서 마냥 좋아합니다. 그들은 자유로운 충동이나 어떠한 것에도 개의치 않고 피조물과의 관계에 친숙해지면서 그들이 발견할 수 있는 즐거움과 만족을 구합니다.

또한, 그들은 자신들에게 가능한 모든 방법, 즉 말과 행동, 그들의 의복과 행동, 몇 가지 방식과 삶의 방식, 움직이고 멈추는 행위 안에서의 선물, 사자들과 편지들 등을 위해 주의를 환기합니다. 따라서 그들은 자기 자신을 잃어버리고, 그들의 습관이나 감각을 조심하지 않습니다. 이 경우 그들은 결코 어떤 사망의 죄들을 가져오지도 않고, 의미 있는 것으로 생각되는 것 중 그 무엇도 죽음의 죄라고도 생각하지 않습니다.

그런데 하나님은 이런 사람들이 어떠한 상태에 빠져 있는지를 잘 알고 계십니다. 그들은 자기 자신을 경외하는 근거가 있습니다. 그들은 약한 위장을 가진 사람들처럼 그렇고 그런 사람들입니다. 불순하고 나쁜 양식은 그것 안에서 발견되는 부패하고 메마른 것이고, 그것은 스스로 나쁜 냄새를 풍기며 (입으로) 그들을 상승시킵니다. 그래서 그들은 자신에게 유익 좋은 양식을 더 이상 먹을 수 없고, 또한 모든 음식에 대한 좋은 맛이 그들에게서 사라졌기 때문에 그들은 어떤 것을 먹는다고 해도 별다른 맛을 느끼지 못합니다.

악이 그들 안에 있으므로 그들은 아마도 선한 일들을 쓰라린 것으로 생각하고, 흙과 불경한 것들을 먹으려는 욕망을 가진 임신한 여성들같이 그렇고 그런 사람들입니다. 이들은 메말라버린 사람들과 정말 동일하게 별반 다를 것이 없습니다.

그들의 애착과 내적인 삶의 위는 피조물의 쓰레기로 가득합니다. 그러므로 그들은 모든 신성하고 천상의 일들에 관한 맛을 잃어버렸고 그것들을 쓰고 맛없는 것으로 여깁니다. 그들은 그들의 내적인 근저에 (동시에) 죽든 살아있든 피조물들과 더불어 임신하게 되었습니다. 그러므로 그들의 욕망은 땅을 향하고 불결한 것들을 향해 다가섭니다. 또한, 그들의 양식은 향락이자 쓸모가 없는 것입니다.

가르치는 선생은 최초의 질료가 단지 그의 고유한 형상을 갈망한다고 말합니다. 임신한 어미의 육신 안에서 질료는 먼저 제한된 외적인 형상(Form)³이 없는 질료입니다. 이어서 질료는 동물적인 형상을 획득합니다. 이런 형상은 인간의 형상을 고대하고 갈망합니다. 이 질료가 사람의 형상을 받아들이고 나면, 그 형상은 영원하고 이성적인 형상과 하나님의 형상을 갈망하기 때문입니다. 형상을 완성하는 모든 형상 중에서 형상을 초월해 형성되지 않는다면 이 형상은 영원한 쉼을 다시 획득하지 못합니다. 이것은 하늘 아버지의 영원한 말씀입니다.

영혼은 불꽃, 예컨대 근저를 자기 자신 안으로 가져오지만, 하나님이 근저에 자기 자신을 선사하지 않으며 하나님은 근저의 갈망을 해결할 수 없습니다. 그런데도 하나님은 모든 일을 행하실 수 있으신 분입니다. 하나님이 영혼에 그가 천지를 창조했을 때의 모든 형상의 영을 주신다고 해도, 이것은 영혼에 여전히 만족스럽지 못하고 그것의 갈망을 멈출 수 없습니다.

영혼은 본성적으로 갈망을 갖습니다. 어리석은 사람들은 이런 근저를 망치고 이런 갈망을 억누르려 합니다. 마치 그들은 바람이 그들을 만족하게 할 수 있을 것으로 생각하듯이, 그들은 입만 크게 벌릴 뿐입니다. 그러므로 그들은 모든 신성한 일들을 맛보지 못합니다. 그것들의 맛의 풍미는 사라지고, 위의 통로(Magenkanal)는 썩게 됩니다. 그들은 영원한 죽음에 매우 가깝습니다.

---

3  이를 위해서 그 가르침이 Josef Gret OSB, Die aristotelisch-thomistisch Philosophie I, (Freiburg 1935) S. 146 ff.에서 발견된 것처럼 cf, 스콜라적 주제-형상-가르침이다.

나의 사랑하는 자들이여!

여러분은 이런 사람들이 그들의 본성적인 고귀함을 매우 낮추고, 허영심이 강한 바보 같은 짓으로 그들을 측량할 수 없는 선에서 벗어나게 해 그들의 근저에 매우 해를 끼쳤고 심히 메마르게 했다는 것을 생각해 보십시오!

이런 사람들이 그들의 죽음의 순간에 무엇을 행해야 하는지?

아! 그곳에서 일어날 위기와 슬픔은 모든 위기를 넘어서는 것입니다.

그러므로 신중하게 생각하십시오!

인간은 (그런데도) 만물, 즉 그가 내외적으로 소유한 모든 것을 하나님으로부터 받았습니다. 이것은 자연의 선물, 은총의 선물과 (영원한) 행복의 선물입니다. 인간은 사랑과 감사함과 찬양 안에서 이 모든 것을 하나님에게 다시 올려드리도록 모든 것을 받았습니다.

그러나 시간이 지나면서 영혼들은 무뎌지고, 결코 대단한 것을 만들지도 못하며, 하나님을 통해서 자신들에게 부여된 일상적인 죗값을 치릅니다.

인간이 하나님 앞에서 짓는 측량할 수 없는 죄에서 나온 것이 도대체 무엇입니까?

나의 사랑하는 자들이여!

계산서에 최종 할부금까지 청구될 것까지 예상해서 모든 것을 예의 주시하고 인식한다면, 여러분은 그것에서 나올 것이 무엇인지를 생각해 보십시오!

그 사람들은 바보 같은 젊은 여성들처럼 그것이 그들에게 똑같이 일어나지 않으리라고 생각합니다. 우리는 젊은 여성들 역시 무거운 죄들로부터 시작하는 것이 아니라 전혀 준비되지 않은 채 가벼운 죄부터 짓는다는 것을 알 수 있습니다. 하지만 그들은 준비되기를 원했으므로, 매우 선한 의지에 속해 있는 것처럼 보였습니다. 그러는데도 그들은 밖에 머물러야 했고, 배제되었으며, 그 말씀은 그들에게 전해졌습니다.

"내가 여러분을 알지 못하느니라."

아! 여러분이 그것을 어떻게 생각하든 진실로 그럴 일은 아닙니다! 맹목적인 사람들은 우리 주 예수 그리스도의 사랑스러운 실례, 즉 그의 고귀한 피가 놀면서 소비되고 열매 없이 머무를 수 있다고 생각합니다.

그렇지만 않습니다!

그럴 때, 그들은 좋아서 말합니다. 우리는 거룩한 종단과 거룩한 환경에 살고, 우리는 기도하고 독서를 합니다. (그러나) 당신은 사랑과 기도하는 마음 없이 이 모든 것을 행하고, 분산되고 맹목적이며 냉정한 마음으로 이 모든 일을 행합니다. 이런 상황에서 그들은 참회하고 주의 만찬에 참여합니다.

그들은 한 왕을 초대해 불결하고 악취 나는 돼지우리에 그를 앉혔던 (사람)처럼 행합니다. 그들이 주의 몸을 절대 받지 않는다면 그 사람들에게 수천 배 더 훌륭한 일일 것입니다.

한 사람이 다가와 삶에 처했던 엄청난 위험에 대해서 그들에게 경

고했지만, 사망의 순간이 대단히 걱정스러울지라도 그들은 여전히 그 위험을 감수하면서 말하기를,

"이는 한 명의 베긴회 수녀입니다."

그들은 이 사람들을 개혁자들이라고 말하지만, 유대인들과 이방인이 그리스도인들을 비난했고 욕했던 것처럼 그들을 조롱했습니다. 거짓된 그리스도인들을 굴욕적으로 다루고 조롱하는 사람들이 말합니다.

"우리에게 한 새로운 영이 나타나셨느니라! 이들은 어떠한 고귀한 영들이니라!"

그래서 그들은 영원하고 엄청난 손상을 예견하는 자들과 그들을 올바른 길로 데려가기를 원하는 자들을 초정합니다.

기억하십시오!

그 사람들이 참회와 신앙고백 없이 이런 상황에 머무른다면, 그들은 결코 하나님의 얼굴을 볼 수 없다는 것을 말입니다.

그들은 결코 악을 행하는 것을 원하지 않는다고 말할 것입니다. 당신은 이것을 선하다고 생각하느냐?

외적인 독서와 기도가 있을 때 당신은 당신의 작은 것, 외적인 것 그리고 동물적인 감각들을 가진 (텅 비어 있는) 껍질을 하나님에게 드리는 것입니다. 하지만 당신은 당신의 호의, 당신의 사랑, 당신의 의향을 자유 의지에 따라 피조물들에 제공합니다. 그렇지만 이러한 일들을 위해서 구원자는 어쩔 수 없이 죽임을 당하셨습니다.

이 모든 것을 위해서 그는 어떠한 붉은 동전[4]을 주지도 않을 것입니다. 이것은 그가 들에 두고 왔던 양들입니다. 약간의 열매도 그 양들로부터 기대될 수 없습니다. 하지만 기억하십시오!

하나님이 종말에 당신에게 참회의 은총을 제공할 경우, 커다란 두려움이 당신을 사로잡게 되지만 그래도 당신이 구원받게 되려면, 당신은 아마도 얼마 전까지 뜨거운 불로 타올랐던 (확실히) 견딜 수 없는 연옥을 참아야 합니다. 또한, 양들이 이 모든 것을 참았다면 그것들은 (천국에서) 버리고 떠나 있는 고요한 곳에 있는 하나님의 특별한 친구들로부터 멀리 떨어져 그들의 자리를 가질 것입니다.

이런 사람들은 죄인들이나, 자기 자신들을 그렇게 생각하지 않기 때문입니다. (왜냐하면) 그들은 그들의 외적인 삶으로, 그들의 외적인 무죄로 우리 주님께 가까이 다가서고, (그러나) 그들의 마음, 근저와 사랑은 우리 주님께 낯설고 그로부터 멀리 서 있기 때문입니다.

네 번째 종류의 죄인들은 축복 되고 사랑스러운 사람들입니다. 그들은 놀랍게도 다른 모든 사람보다 더 깊이 수많은 죽음의 죄들에 빠져있었다고 생각할지도 모릅니다. 나는 이러한 죄들의 수와 무거움을 한시도 간과하지 않습니다. 그것들은 (실제로) 그들의 근저에서 나와 우리 주님께 가까이 다가서고, 하나님이 순수하고 단순하게 나타나지 않거나 그곳에 그가 나타나지 않은 것에서 근본적으로 등을 돌립니다. 그들은 이렇게 마음과 근저를 하나님에게로 돌렸기 때문에,

---

[4] 문자적으로: "keine drei Bohnen": Vetter 138, 15를 참조.

만물 중 하나님을 사랑하고 그를 지향해, (그들의 영혼의) 근저에서 하나님만을 사랑하고 (창조된) 모든 사물 중 그만을 지향하도록 갈망합니다. 하나님이 그의 뜻에 따라 다룰 수 있도록 그들은 자기 자신을 어떻게든 내외적으로 하나님에게 위임합니다.

이런 사람들의 죄들에 관해서 하나님은 어떠한 변명을 바라지 않고 그들에 관해서 아무것도 알지 못합니다. 그들이 이런 죄들로부터 온전히 벗어났듯이, 하나님 역시 그렇습니다. 그들이 더 이상 그것들에 관해서 아는 것을 원하지 않을 때 하나님 역시 그렇게 알고 싶어서 하지 않습니다.

그것에 어떠한 (삶의) 방식이 있을까요?

인간은 진실로 말머리를 돌리지 않고서 그의 마음의 근저에서 하나님만을 의지하고 그 외에 누구도 그의 사상을 지향하지 않는다는 것을 자기 자신 안에서 발견합니다. 그는 모든 (창조된) 사물 중 유일하게 하나님을 갈망하고, 순수성 안에서 모든 사물보다 그를 사랑하며, 그의 모든 사역 안에서 그를 지향합니다. 그는 자기 자신 안에서 그가 알고 있었던 모든 것에 대한 폭넓은 뜻을 발견하고, 하나님은 모든 것을 그로부터 원할 것입니다. 모든 것이 어떠하든지 하나님은 모든 것을 이룰 것을 폭넓게 알고 계실 것입니다.

하나님이 그에게서 어떠한 것을 두고 떠나시기를 원하신다면 하나님은 모든 것을 내버려 두고 떠나실 것이고, 그것은 그가 세상에서 가장 사랑하는 것이라고 할 수 있습니다. 그가 그의 생각을 하나님을 따르는 데 집중하고, 하나님이 그를 직간접적으로 어떠한 길로 이동시키거나 인도하든지 그는 하나님이 그것을 원하는 방식으로 고통과 버리고 떠남을 통해서 기꺼이 그 길을 갈 것입니다.

　복음서는 그리스도가 이 양을 찾았다고 말합니다.

　이런 찾음을 어떻게 이해해야 합니까?

　하나님은 겸손하고 온유한 사람, 가난하고 순수한 사람, 침착함 안에 머물러 있는 떠나 있는 사람을 찾으시고 소유하시기를 원하십니다. 이것은 주저앉거나 가죽을 머리 위에 올려놓는 것을 뜻하지 않습니다.

　진실로 여러분, 사랑하는 자들이여!

　그렇지 않습니다!

　하지만 당신은 모든 일상적인 상황들에서 겸손을 배우기 위해서는 그것이 어디에서 오든지 혹은 그것이 누구를 통해서 오든지, 당신은 하나님이 당신을 찾고 밀어붙이며 없애도록 해야 합니다.

　잃어버린 것을 찾는 자는 그것을 한 장소에서 뿐만 아니라 이곳저곳 많은 장소에서 찾고, 그가 그것을 발견할 때까지 매우 오랫동안 찾을 것입니다. 그러면 하나님은 당신을 다양하게 찾아야 할 것입니다. 당신은 모든 방법, 즉 당신이 처해 있는 모든 운명에서, 또한 그것이 유래한 곳에서, 어떠한 경시나 굴욕 안에서 그가 그것을 누구를 통해서 원하는지를 발견하십시오!

　이것을 하나님이 보내신 것으로 받아들이십시오!

　그렇게 그는 당신을 찾습니다.

　하나님은 온유한 사람들을 소유하기를 원하십니다. 그러므로 당신은 고통 안에서 그것과 똑같을 정도로 자주 그리고 많이 이리저리 몸부림을 쳐야, 그곳에서 고통과 유리되고 온유함을 배울 것입니다.

하나님은 가난한 사람을 소유하기를 원합니다.

그에게 당신을 위임하십시오!

하나님은 당신으로부터 당신의 선, 친구, 친척이나 보물 등 그것이 무엇이든 당신이 의존하는 것을 받아들일 수 있습니다. 당신이 당신의 근저를 순수하고 가난하게 하나님에게 위임하게 하려고 말입니다. 하나님은 당신을 그곳에서 찾습니다.

당신을 발견하십시오!

하나님은 순수한 사람을 소유하기를 원하십니다. 하나님은 그를 찾으십니다. 즉 하나님은 당신을 만나거나 만날 수 있는 모든 곳에서, 모든 것이 흩어지거나 날아가 버리는 곳에서, 그것이 원수이든 친구이든, 어머니든 자매이든, 조카딸이든 숙모이든 누구를 통해서 다가오든 당신이 그것을 인간에 기원하는 것이 아니라 순수하게 하나님에게 기원한 것으로 받아들이게 만드십니다.

그렇게 해서 하나님은 당신이 스스로 그것을 찾도록 그는 매우 심한 혐오감을 가지고 당신을 찾아가 불편하게 합니다. 악과 게으름이 만든 상처가 있는 어떤 사람이 몇 군데에서 그것을 스스로 잘라내 고통스럽게 처리한다면, 아무리 나쁜 것이라도 그의 신상에는 어떠한 일도 생기지 않을 것입니다. 단지 악이 나가고 회복되기 위해서 그는 자신의 것을 소중히 여기지 않을 것입니다.

나의 사랑하는 자들이여!

여러분은 근저가 완전히 영원 안에서 건강하고 치유되기 위해서 동일하게 하나님이 여러분을 찾고 있는 폭력(Schläge)을 참으십시오!

그러나 고통이 갑자기 당신에게 내외적으로 엄습한다면 말하십시오!

"나의 사랑스럽고 유일하며 신뢰할 수 있는 친구를 환영하노라! 여기서 내가 당신의 것을 오해하지도 않고 당신의 것을 기대하지 않을 것입니다."

그와는 반대로 겸손히 당신을 부인하십시오!

이를테면, 하나님은 모든 사물 안에서 당신을 찾아내신다는 것을 아십시오!

그는 당신 안에서 떠나 있는 사람을 소유하길 원하십니다. 이때 정말로 하나님에게 당신을 양도하고, 떠나 있는 사람이 되십시오!

하나님은 경건 안에서 많고 열정적으로 훈련에 참여한 커다란 말이나 튼튼한 황소를 찾지 않으십니다. 그는 위대한 외적인 일들을 행하는 사람들 역시 찾지 않습니다. 하나님은 단지 겸손과 온유함, 즉 작은 사람들, 떠나 있는 사람들을 찾으시는데, 그들은 발견되는 장소가 어디냐에 따라 그들이 양인지 증명될 수 있습니다.

당신이 그러한 어린 양이 되고 어린 양으로 있기를 원한다면, 이것이 어떻게 존재하든 당신을 만나고 싶어서 하는 모든 것에 진실하고 균형 잡힌 평화들을 당신 안에 두십시오! 그들이 어떻게 다가오든 만물과 평화 안에서 당신은 당신의 것을 행하고 두려움 없이 있으십시오!

하나님에게 만물을 맡기고, 당신의 실수와 관련된 감각의 방식이 아니라 이성에 따라 당신을 온전히 그에게 위임하십시오!

또한, 당신은 감각들에 벗어나 그들에게 불쾌함을 표명하십시오!

그에게 그렇게 많이 속해 있지 않더라도 말입니다. 하지만, 감각적으로 커다란 장애물[5]이 있을 수 있습니다.

그러므로 하나님의 선물과 관련된 평화와 만물 안에서 당신을 지키십시오!

그는 당신에게 주기도 하고 받기도 하시는 분입니다. 계속해서 동일한 심령의 상태 안에 머무십시오! 따라서 당신이 하나님으로부터 만물을 동일하게 받아들인다면 당신은 버리고 있는 사람이 됩니다. 이것은 진실하고 완전한 평화 안에서 사랑과 고통, 신 것과 달콤한 것입니다.

나의 사랑하는 자들이여!

이것이 바로 사랑받은 양이고, 주인은 이 양을 찾았고 발견했습니다. 그는 아흔아홉 마리 양을 내버려두고 떠났습니다. 그는 이전에 99명의 자만한 사람들을 들에 두고 떠났고, 그곳에서는 열매가 전혀 발견될 수 없습니다.

즉, 이러한 자만하는 사람들 안에서는 아주 적은 양의 열매조차 없습니다. 그는 자신이 찾았던 수많은 양을 발견했을 때, 그것을 그의

---

5   Vetter 140, 52, Hs. Wi 1, AT 안에서도 명확한 구절은 없다. 수기 원본들은 더 이상 도움이 되지 않는다. 번역은 이 구절에서 의미적인 맥락을 제공하려 시도한 것이다. cf, Corin, Sermons II, 159, 각주. 1을 참조.

어깨 위에 메고 그의 친구들과 이웃들에게 가서 말합니다.

> 나와 함께 기쁨을 나누자! 내가 나의 (잃어버린) 양을 (다시) 찾았느니라.

친구들과 이웃들은 모두 천상의 무리입니다. 이들은 천사와 성인과 하늘과 땅에서 사랑받은 친구들입니다. 그들 모두는 이루 형용할 수 없는 기쁨을 가지고, 그들이 (다시 찾은) 양에 관해서 느끼는 기쁨은 말할 수 없습니다. 되찾은 양을 지배하는 이러한 기쁨은 어떠한 인간적인 이해로도 파악될 수 없고 이해될 수 없습니다. 이 기쁨은 참으로 심히 깊습니다.

이어서 그는 아름다운 양을 잡아 그것을 어깨에 메고 옵니다. 어깨는 몸체와 머리 사이에 있어 양쪽을 다 움직이게 합니다. 이것이 의미하는 것은 그가 이 사랑스러운 양을 거룩함을 넘어선 인성과 높이 찬양받은 신성 사이에 두는 것을 뜻합니다.

이처럼 거룩함을 넘어선 예수의 인성은 사람들에게 버팀목이 되고 그들을 영광스러운 신성으로 데려옵니다. 그의 사랑스러운 인성은 이런 사랑스러운 양을 돌보고 그들의 모든 사역 안에서 그들을 이끕니다.

이전까지 그들은 그들의 사역을 자기 자신 안에, 자기 자신 밖에서 행했습니다. 하지만 지금은 그들 안에서 하나님이 그들을 나르고, 그들을 통해서 모든 사역에 영향을 미칩니다. 그들은 말하고 살며 존재합니다. 하나님은 그들 안에서 모든 사역에 영향을 미칩니다. 그들은 하나님 안에서 살고 떠나 움직입니다.

그들은 인성에서 신성으로 옮겨가 다시 되돌아오고, 들어가거나 나오면서 푸른 초장을 발견합니다. 그때 영에 선물로 준 이런 환희와 기쁨은 모든 기쁨을 이해할 수 없도록 바꿔 놓고, 이 기쁨은 예전에 온 세상을 경험했고 모든 피조물이 이 세상에서 경험했던 모든 것(Summe)과는 정반대입니다. 물론 이것을 넘어서 가지는 가장 작은 기쁨은 커다란 대양과 비교할 때 한 방울의 물과 같은 것입니다.

복음서가 성인들과 천사들보다 죄인들의 개종에 더 많은 기쁨이 수백 수천 배 높다고 말했던 사람들이 있습니다. 하나님은 그들을 통해 영광을 받으시고 그 죄인들은 진실로 하나님에게 더 가까워지기 때문입니다

이제 우리에게 남겨진 숙제는 한 여성이 잃어버렸던 페니히(Pfennig)에 관한 비유입니다. 우리는 내일 이것에 관해 말할 것입니다.

참된 양으로서 우리를 찾으시고 진리 안에서 우리를 발견하시도록 우리 주님께 요청하십시오!

이를 위해 하나님은 우리를 도우실 것입니다!

아멘.

#  37

## 삼위일체 축제 후 세 번째 주일 설교(3):
## 한 드라크마를 잃은 여인[1]

(*Quae mulier habens dargamas decem* … , 눅 15:8 f.)

---

어떤 여자가 열 드라크마가 있는데 하나를 잃으면 등불을 켜고 집을 쓸며 찾아내기까지 부지런히 찾지 아니하겠느냐(눅 15:8).

---

앞에서 나는 죄인들이 주님께 어떻게 가까이 다가갔고, 어떻게 양을 잃어버렸으며, 어떻게 찾고 발견했는지에 관한 복음서의 일부를 여러분에게 말했습니다.

오! 나의 사랑하는 자들이여!

여러분이 하나님에게 순종 된 심령을 가지고 그를 통해서 모든 피조물 아래 인내를 가지도록 여러분이 원하는 것처럼 그것이 바뀐다

---

[1] 동일한 누가복음서에 또 다른 말씀, 즉 잃어버린 그로셴(10페니히)이 근간을 이루고 있는 이 설교는 다양한 종류의 따뜻한 사랑과 인간이 어떻게 하나님을 두 가지 방식으로 찾으며, 하나님이 모든 안락한 것들을 포기하는 인간을 어떻게 찾아내시는지를 언급한다.

면 여러분은 참된 겸손과 침묵과 고귀한 떠남과 고통에 대한 민감함에서 양들과 닮아야 합니다.

하나님이 당신을 찾거나 찾기를 원하듯이, 어떻게든, 누구를 통해서든, 자기 자신이나 다른 사람들을 통해서든, 말도 안 되는 말과 행동을 통해서든, 악한 원수나 천지에 있는 모든 피조물을 통해서든 당신이 의롭게 되지 않으면 누군가 당신을 얼마나 맹렬하게 공격할 것인지!

또한, 그가 이발사에게 인도되었을 때 당신은 온유한 어린 양이었고, 그의 입을 열지 않았던 사랑스러운 모범, 예컨대 우리 사랑스러운 주님이신 예수 그리스도를 따르십시오!

그러므로 주님이 당신을 찾도록 당신은 헛된 말과 일들로부터 당신을 잘라내야 합니다. 즉 당신은 그와 닮은 사랑스러운 어린 양이 돼 그가 그 어린 양을 그의 어깨에 메고 옮길 때, 당신은 신성화된 인성으로서 그의 모범에 따라 모든 온전한 목초지가 있는 신성한 곳으로 따라갈 것입니다. 이것은 특히 내적인 것입니다.

이때 기억하십시오!

당신이 그렇게 어린 양이 되었고 사랑스러운 모범인 우리 주 예수 그리스도를 뒤따른다면, 당신은 비로소 선하고 거룩한 사람이 됩니다.

그러나 당신이 고귀한 사람이 되는 것이 결정된 이후에 당신이 올라가야 할 높이는 측량될 수 없다는 것을 아십시오!

아! 여러분, 사랑하는 자들이여!

이 복음서는 한 여인이 동전을 잃어버렸고, 등을 켜서 동전을 찾았다는 것을 말하고 있습니다.

이 여인은 신성을 뜻합니다. 등은 (우리 주님의) 신성화된 인성이고, 동전은 영혼입니다.

이 동전은 세 가지 속성들을 가지고 있는데, 그것 중 하나라도 그에게 부족하다면 그것은 전혀 쓸모가 없습니다. 그것은 무게와 재료, 그리고 압인과 그림을 가져야 합니다. 이 모든 것은 그것을 불가피하게 소유해야 합니다. 그것은 반드시 금이나 은으로 만들어진 것이야 합니다. 그것은 이런 재료에서 나온 것이야 합니다.

아! 여러분, 사랑하는 자들이여!

이 동전은 얼마나 특별한 것입니까!

이것은 금화와 같고, 어떤 측량할 수 없는 것이며 이해할 수 없는 것의 사랑스러운 일부입니다. 이것은 반드시 (적절한) 무게를 지녀야 합니다.

그것의 무게는 측정될 수 없다는 것을 기억하십시오!

그것은 천국과 세상과 그곳에서 결정된 그 어떤 것보다 더 무겁습니다. 하나님은 이런 금화 안에 계시고, 그렇게 하면 하나님과 꼭 똑같이 무게감을 지녀야 하기 때문입니다.

금화의 인장[2]은 형용할 수 없는 사랑의 초월적인 존재와 더불어

---

2  코린은 Wi 1, S. 25에 대한 자신의 설명들 안에서 이러한 Hs. "muntze" = "Prägung" ["la frappe"]의 이해를 지원한다. 나는 말로 표현된 근거들을 고려했다.

인간의 영 안으로 침몰했는데, 이것은 그를 완전히 스스로 게걸스럽게 먹어 삼키고 마셨던 침몰당한 신성을 상징합니다.

이것이 발생해야 하면 당신은 반드시 훨씬 더 근접한 오솔길을 가야 하는데, 그 길은 고통스럽거나 활동적으로 인간이 그것을 어떻게 받아들이든지 외적인 인간이 찾을 수 있는 모든 것, 예컨대 형상들이나 형태들에서는 외형적인 인간의 경건 훈련을 넘어섭니다. 하지만 지금은 어떻게 되었습니까?

여성은 등을 켰고 온 집안을 샅샅이 뒤졌습니다.

이 등은 영원한 지혜에 점화됩니다. 여기서 우리는 여기서 점화된 것을 진심으로 신성한 사랑으로 이해합니다. 이 사랑은 점화되고 나면 불타오릅니다.

나의 사랑하는 자들이여!

여러분은 사랑이 무엇인지도 잘 알지 못하면서 그것을 사랑으로 여기고, 강력하게 느끼고 인지하며 또한 여러분은 그것으로부터 기쁨을 가진다고 생각합니다. 여러분은 그것을 사랑이라고 칭합니다. 하지만 그렇지 않습니다.

이것은 사랑이 아닙니다. 이것은 사랑의 종류에 속하는 것입니다. 만약 결핍과 탈취와 떠남에서 불타는 것을 감지한다면 이것은 사랑입니다.

당신이 반복되고 사라지지 않는 고통이 있는 곳에서 그것을 올바른 떠남과 더불어 인내하고, 결핍의 연소에서 아픔과 메마름의 고통을 동일한 떠남에서 견뎌내는 것이 사랑이지, 여러분이 생각하는 그것이 사랑은 아닙니다. 이것은 등의 점화를 뜻합니다.

(그러므로) 여성은 집을 뒤져 동전을 찾습니다.

이런 찾음은 인간 안에서 도대체 어떻게 일어납니까?

이와 같은 찾음 중에서 한 종류는 활동적으로 일어나고, 다른 한 종류는 고통스럽게 일어납니다. 인간은 활동적으로 무엇인가를 찾는데, 그것은 고통스러운 것입니다. 인간이 추구하는 찾음은 두 가지로 일어납니다.

**첫째**, 외적입니다.

**둘째**, 내적입니다.

후자의 것은 전자와 비교되지 않을 정도로 땅보다 하늘만큼 높습니다. 하나님이 인간에게 경고하고 인간을 몰아넣는 방식으로, 인간이 하나님을 찾는 외적인 찾음은 선한 공로의 외적 훈련 안에서 다양하게 존재합니다.

그것은 하나님의 친구들이 하나님을 대신하듯이, 특히 훈련하고 훈련할 수 있는 겸손, 온유함, 침묵과 떠남과 모든 다른 덕들과 같은 덕의 훈련을 통해서 일어납니다.

그런데 또 다른 종류의 찾음은 훨씬 더 높은 곳에 있습니다. 이 찾음은 주님이 그것을 우리에게 제시했던 것처럼, 인간이 근저와 가장 내적인 것으로 다가가서 주님을 찾으려는 데 있습니다.

이 경우 주님이 말씀하십니다.

하나님의 나라는 너희 안에 있느니라.

이런 나라를 발견하기를 원하는 자―또한 이는 매우 풍요로움을 가지는 그의 고유한 본질과 본성 속에 계시는 하나님입니다―는 하나님의 나라가 존재하는 곳에서 그것을 반드시 찾아야 합니다. 즉 하나님이 영혼보다 더 훨씬 더 가까이 있고 내적인 장소로서 (영혼의) 가장 내적인 근저입니다.

인간은 이런 근저를 반드시 찾아내고 발견해야 합니다. 인간은 이성으로 들어가야 하며, 그곳에서는 모든 감각과 감각적인 것들이 사라져야 합니다. 마찬가지로 이 모든 것은 (그에게) 감각들과 함께 발생하고 형상들과 형태들로 그 안으로 전달됩니다.

고유한 방식으로 환상, 상상력, 모든 감각적인 이해가 그 안으로 전달돼 모든 것은 반드시 상실돼야 합니다. 인간은 이성적인 방법과 효력에 따르고 있는 이성의 형상들과 작용들을 반드시 단념해야 합니다.

인간이 이 집에 다가와 하나님을 찾으면 곧바로 집은 바뀌게 되고, 이어서 하나님은 집을 찾는 그를 찾기 위해 온 집을 샅샅이 뒤질 것입니다. 그는 자신이 찾는 것을 발견할 때까지 이곳에서 하나를 던지고, 저곳에서 또 다른 하나를 던집니다.

그가 집 안으로 들어가 하나님을 가장 내적인 근저 안에서 찾으려고 한다면, 하나님은 곧바로 다가와 인간을 찾기 위해 샅샅이 집을 뒤질 것입니다.

지금 나는 어떤 이해하기 어려운 모든 생각을 여러분에게 전달하기 위해 계속 진지하게 독일어로 말하고 있습니다. 실제로 이 사람들만이 유일하게 이 의미를 이해하고, 무언가가 그것으로부터 드러나 분명해집니다. 그렇지 않다면 누구도 이해하지 못할 것입니다.

이런 들어감은 또한 그렇지 않을 때는 때때로 (이 집으로) 들어간 후 집을 다시 떠나고 피조물들과 함께 자기 자신을 형성하고 만듭니다.

(이때) 이 집을 둘러보는 일과 하나님이 인간을 찾으려는 방식이 여기에 존재합니다. 하나님이 사람에게 자신을 드러내신 그 모든 방식은 하나님이 이 집, 즉 내적인 근저를 다가선 사람에게서 완전히 빼앗는 것입니다.

그래서 모든 것은 마치 그가 그것을 결코 소유하지 못했던 것처럼 완전히 뒤바뀌게 됩니다. 다시 말해서 모든 방법, 등불들, 그리고 그곳에서 이전에 제공되었거나 공개되었거나 발생했던 모든 것은 이렇게 찾으려 할 때 철저하게 뒤바뀌게 되었습니다.

이것을 견뎌내는 일은 본성에 가능한 일이고, 이런 전환이 밤낮으로 일흔일곱 번씩 발생할 때, 인간이 견뎌내고 그것을 본성에 위임한다면, 이 일은 그가 여태껏 이해했거나 그에게 제공되었던 모든 것보다 유익한 일입니다. 그가 그것에 자기 자신을 위임할 수 있다면 인간은 이 전환을 통해 모든 사역과 방법들이 때때로 생각되었거나 발견되었던 계획보다 훨씬 더 폭넓게 이뤄질 수 있도록 진행합니다.

실제로 그것으로 향해 올바르게 다가서는 자들은 가장 사랑스러운 사람들이 되고, 그들이 매 순간마다 자기 자신들을 향하고 본성을 뛰어넘기를 원한다면 다가서는 일은 쉬울 것입니다.

　대다수 사람의 본성은 매우 끈적끈적해 계속 무언가를 가지기를 원하기 때문에, 그들은 무언가에 의존할 수 있고 멈추어 설 수도 있을 것입니다. 또한, 일부 사람들은 그렇게 떠나지 않은 채 끈끈합니다.

　그들은 타작마당을 준비해 타작하는 사람들과 같은 사정입니다. 타작마당은 고르고 울퉁불퉁하지 않을 때까지는 매우 둔탁하고 울퉁불퉁하며 이런 경우에 강력한, 단단한 빗자루를 가져야 (그것을) 예리하고 날카롭게 쓸어내어 처리해 나갈 수 있습니다.

　하지만, 타작마당이 울퉁불퉁하지 않는다면 단지 새털 빗자루로만 그 일을 행할 필요가 있습니다. 마찬가지로 일부 사람들은 울퉁불퉁하고 떠나지 않습니다. 하나님은 단단하고 날카로운 빗자루로 다양한 유혹과 고통에 서 있는 그들 위를 쓸어버리고, 그들 자신을 (그에게) 위임하도록 가르칩니다.

　하지만, 사랑스러운 사람들은 단순하고 떠나 있고, 그들의 일은 단지 자기 자신에서 벗어나는 것입니다. 또한, 그로부터 영화로운 사람들이 나오고, 본성이 쉼을 발견할 수 있으며, 영화로운 사람들은 발견하기를 바란다고 해도 이것에 의기소침해야 하거나 염려하지 않습니다.

　물론 자기 자신을 어떠한 것에 위임하거나 의존하지 않는 채 자기 자신만을 위해서 근저로 들어간다고 해도, 그들은 진실한 떠남 안에서의 가난과 벌거벗음 안에 머무르는 것입니다.

주님이 벌거벗고, 무조건 떠나 있기를 원했듯이, 그가 원한 모든 방법으로 그렇게 당신을 찾으십시오!

또한, 당신의 집을 바꾸십시오!

그렇지 않으면 어떠한 사람이 생각할 수 있거나 인식할 수 있는 것을 거쳐 금화가 발견될 수 있겠습니까!

아! 여러분, 사랑하는 자들이여!

그렇게 바뀌게 된 자는 그것은 모든 계획과 모든 사역과 방법들을 훨씬 넘어 서게 되는데, 이 방법들은 온 세상을 감각적인 종류와 감각적인 일에 영향을 미칠 뿐입니다. 우리 주님은 이것을 말씀으로 증명하십니다.

나에게 오기를 원하는 자는 자기 자신을 포기하고 나에게 올 것이니라.

그러므로 인간은 자기 자신을 반드시 포기하되, 진실한 진보에서 그를 방해하는 어떠한 것에도 결코 의지해서는 안 됩니다.

내려놓지 않은 사람들이 확고한 인장을 받고 다가와 단단하고 스스로 예리한 빗자루의 타격을 느낄 때 그들은 모든 것이 사라지게 된다고 생각하지만, 오히려 커다랗고 엄청난 시험들과 의심과 두려움에 빠져듭니다. 이어서 그들은 말합니다.

"아닙니다! 주여! 그 모든 것이 사라졌습니다. 나는 모든 빛과 은총을 빼앗겼습니다."

당신이 단순히 떠나 있는 사람이라면 그것은 당신에게 결코 좋을 리 없고 당신은 주님이 당신을 찾을 때보다 거기에 머무는 것이 더 좋을 리가 없습니다. 이것은 얼마나 당신에게 만족스럽고, 당신이 과연 참된 평화를 발견할 수 있을까! 그가 눈멀거나 어두운 곳에서, 춥거나 따듯한 곳에서, 가난하거나 항상 마음에 들어서 하는 곳에서, 소유하거나 포기하는 곳에서 당신을 정말로 원했던 말입니까!

그가 그곳에서 항상 당신을 찾으려고 한다면 당신은 발견될 수 있을까요!

아! 이런 길을 따르고 내외적으로 자기 자신을 하나님에게 위임하는 자가 누구이고, 여러분은 하나님이 이런 사람들과 함께 관계돼 있다는 것을 어떻게 생각합니까?

아! 그는 그들이 사랑으로 만물을 벗어나도록 이끕니다.

여러분 사랑스럽고 존귀한 자들이여!³

걱정하지 마십시오!

물을 마시고 잘 구운 빵을 먹고 사는 사람들도 있습니다. 그들 역시 목적을 이룬 것입니다. 여러분이 더 높이 다가설 수 없다면 여러분은 그것에 대해서 두려워할 필요가 없습니다.

이 동전은 무게와 인장을 반드시 가져야 합니다. 그것의 무게는 동전이 다시 근저 아래로 떨어지고 그것이 굴러 나온 만큼 모든 순수성이 오염되지 않은 채 근저로 침몰하고, 그것이 벗어났던 만큼 똑같이

---

3  여기서 아마도 혼합된 청중으로 고려될 수 있다.

단순하고 순수합니다.

　그 형상의 한 단면은 명백합니다.[4] 이 형상은 영혼이 하나님의 형상에 형성됐다는 것뿐만 아니라, 하나님이 고유하고 순수하며 신성한 존재 자체 안에 있는 동일한 형상이라는 것을 의미합니다. 바로 이런 형상 안에서 하나님은 자신을 사랑하고 인식하며 자기 자신을 향유합니다. 하나님은 영혼 안에 살고 존재하며 활동을 하십니다.

　이처럼 영혼은 신적인 것으로만 덧입혀져 있는 신성한 신의 형상과 같습니다. 영혼은 하나님의 은총으로 하나님이 본성에 속해 있는 모든 것이 되고, (더욱 자세히 말해서) 하나님과의 연합에서, 하나님에게 침몰하는 데서 모든 것이 되고, 영혼은 자기 자신을 거쳐 하나님 안으로 들어가게 됩니다.

　그곳에서 영혼은 신적인 것으로만 덧입혀지게 됩니다. 영혼이 자기 자신을 관찰할 수 있다면 그것은 자기 자신을 하나님으로 간주할 것입니다. 하나님과 영혼은 이와 같은 연합과 하나님의 은총을 통해 영혼을 보는 자는 옷, 색깔, 방법, 하나님의 본질, 은총을 통한 모든 것 안에 있는 영혼을 살피지만, 이것은 본성에 의한 것이 아니므로 그는 이런 상황 때문에 지극히 행복할 수 있습니다.

　또한, 역으로, 영혼을 영혼의 근저 안에서 보는 자, 의지적으로 그것의 사랑과 그것의 근저에 피조물들이 덧입혀진 영혼은 매우 잔인

---

[4] 베테르의 이해 146, 17은 사실로 말하지만 코린이 그것을 번역한 것처럼 촉구로는 말하지 않는다.

하고 고통받지 않도록 창조된 마귀와 전혀 다를 바 없이 창조된 것입니다.

모든 사람이 그를 올바른 형태 안에서 볼 수 있다면 영혼은 (모든 네 가지 바람들 안에서) 무서운 광경 앞에서 완전히 흔적 없이 사라질 수 있습니다. 또한, 그것이 (그것 죽음의 죄 안에 있는) 피조물들에 구속된 그것의 근저 안에서 발견된다면 영혼은 이러한 무서운 광경을 영원히 끊임없이 목격하고, 마귀와 똑같이 무익하고 두려움에 떨게 될 것입니다.

순수하고 신성하며 자유로운 영혼은 영원히 하나님처럼 생각될 것이고, 이런 연합 안에서 자기 자신 안에서든 자기 자신 밖에서든 그것의 모든 지복을 가져 자기 자신을 하나님으로 생각할 것입니다. 하나님과 영혼은 이런 일치 안에서 하나로 존재하기 때문입니다.

아! 주님이 그들을 자기 자신을 찾게 하고 발견하게 해 자기 자신 안으로 인도하고, 또한 이루 형용할 수 없게 주님과 연합하는 자들은 얼마나 축복 되고 넘치는 축복 되겠습니까!

이것은 모든 감각과 모든 인식력과 말들 안에 말할 수 있거나 생각할 수 있는 모든 것을 넘어섭니다.

그곳에 도달하기를 원하는 자는 이 길과 거리를 신중하게 걸어가야 실수를 범하지 않을 수 있습니다. 하지만, 이것을 행하지 않고 피조물들과 창조된 사물, 감각들 안에 머물러 있다면 그는 지금, 그리고 앞으로도 영원히[5] 잔류할 것입니다.

그런데도 우리가 (이런 모든 길을) 갈 수 있을까! 이를 위해서 주님은 우리를 도우려 할 것입니다.

아멘.

---

[5] 타울러가 여기서 저주를 생각하는 것인지의 질문에 관해서 견해들은 나뉜다. Kunisch, Textbuch, S. 85, 각주 2번은 이 질문을 긍정한다. Corin, Sermons II, 172, 각주 1번은 영원한 삶의 가장 낮은 단계로 생각한다.

# 38

## 삼위일체 축제 후 네 번째 주일 설교(1):
## 아버지의 자비로우심을 닮으라![1]

(Estote misericordes sicut et pater vestrer misericors est, 눅 6:36)

---

너희 아버지의 자비로우심 같이 너희도 자비로운 자가 되라(눅 6:36).

---

누가복음에서 우리 주님이 그의 제자들에게 말했던 것을 누가가 기록했습니다.

너희 아버지가 자비로운 것 같이 너희도 자비롭게 돼라!
너희가 심판받지 않으려거든 심판하지 마라!
용서받으려면 용서하라!

---

1 (삼위일체 축제일 이후) 네 번째 주일의 누가복음에 관한 설교는 우리가 자비롭고, 다른 사람들에 관한 정죄를 참고 우리의 결함을 감수하며, 내적인 인간이 되고, 하나님에게 기인하는 모든 것을 균형 잡힌 심령, 기쁜 일과 고통스러운 일에서 받아들일 수 있도록 우리를 가르친다.

너희가 받으려거든 주어라!

후히 되어 누르고 흔들어 넘치도록 너희에게 안겨 주리라.

너희가 헤아리는 헤아림으로 너희도 헤아림을 다시 받을 것이니라.

이 복음서에는 두 가지 일을 우리에게 가르치고 있습니다. 우리 주님은 우리가 무엇을 해야만 하는지를 맨 먼저 말씀하고 계십니다. 여기서 행함과 버려둠이 중요한 문제입니다. 여기서 말하는 행함이란 우리가 자비로워지도록 명령하는 것입니다. 버려둠은 우리가 그 누구도 정죄하지 않는 것입니다.

나의 사랑하는 자들이여!

나는 어제 어떤 사람이 다른 사람을 정죄한다면 그것이 얼마나 걱정스럽고 두려움을 일으키는지를, 모든 인간이 자기 자신을 주시해야 한다는 것을, 그가 어떻게 그것을 보호하시는지를 말했습니다. 진리의 입이 이것을 말씀하셨기 때문입니다.

너희가 헤아리는 헤아림으로 너희도 모든 방식으로 다시 헤아림을 받게 될 것이니라.

당신이 자주 자비롭다면 당신은 많은 자비로움을 경험할 것이고, 드물게 자비로우면 거의 자비로움을 경험하지 못할 것입니다. 하지만, 당신에게 자비로움이 부족하다면 당신은 어떠한 자비로움도 발견할 수 없습니다. 인간이 내적으로 이 자비로움을 인지하면, 그는 자기 이웃²에게 자비로움을 행하면서 그것을 유지합니다.

그것으로 인해 그는 항상 고통을 느끼는 이웃을 내외적으로 알고 인식하면서 이웃에게 신뢰를 받을 만한 동정을 근본적으로 느낍니다. 이것은 그가 하나님을 진심 어린 동정 안에서 그를 위로하도록 청하는 것과 같습니다. 또한, 당신이 그를 충고나 선물로, 또는 말과 행동으로 외적으로 도울 수 있다면, 당신이 그것을 할 수 있는 한³, 당신은 그것을 행하십시오!

내적인 자비로움으로든 외적인 자비로움으로든 어떤 일을 행하던 그에게 물론 선한 말을 하십시오!

당신이 극히 적게 행한다고 해도 그렇게 행한다면 당신은 이에 만족하고 자비로우신 하나님을 발견할 것입니다.

이때 다른 말씀이 있습니다.

> 당신이 심판받지 않으면 당신은 심판하지 말라!

여러분은 사람들이 아직도 이러한 결함을 많이 갖고 있는데, 그것이 결코 묘사할 수도 설명할 수 없을 정도 대부분 치명적인 손상을 입힌다는 것을 아십시오!

---

2   Hs. S의 수기 원본에 다른 것이다. cf, 148,3에 대한 Vetter를 참조.
3   Corin, Sermons II, 174를 통해서 Vetter 148, 8의 번역: "dans la mesure du possible"는 Lehmann I 155,6 "sofern es an dich kommt" 보다 나에게 선호될 수 있는 것처럼 보인다.

여러분이 원한 것처럼 매우 많은 선한 일들과 외부적으로 보일 수 있는 일들을 행하십시오! 그것들이 어떤 종류가 되었든지 간에 위대한 계획을 세우십시오!

여러분이 다른 사람들을 심판한다면 마귀는 여러분의 선한 행위들을 조롱할 것입니다. 그는 그 전에 이미 심판을 받았기 때문에 누구도 다른 사람들을 심판하는 자가 돼서는 안 됩니다. 인간이 다른 사람을 자신의 의지와 만족에 맞추도록 요청하는 것은 더할 수 없는 정도로 엄청난 무지에서 나온 일입니다. 그가 그것을 진척시킬 수 없다면 그가 어떻게 해야 하거나 그것을 자기 자신을 중심으로 즐겨 보듯이 그렇게 존재합니다.

인간이 하나님의 고유하고 완전한 자비로움을 무시하기를 원한다면, 그는 어떠한 사람의 결함을 쉽게 평가해버릴 것입니다. 어떤 다른 사람에게 어떤 것이 완전히 악하다는 것을 그 자체가 확실히 안다고 하더라도, 그는 자기 삶에서 그것에 관해서 결코 말해서는 안 됩니다.[4]

그가 그의 이웃의 눈에서 미세한 것을 뽑아내기 전에, 인간은 먼저 그 자신의 눈에서 들보를 제거해야 합니다.

여러분은 자신을 돌아보며 고유한 실수를 주의하되, 다른 사람의 실수에 관심을 두지 마십시오!

---

[4] Hs. Wi 1안에는 "nummer me draf gewagen." AT 안에선 "nicht vrtail fellen," 비슷하게 LT, KT 안에서. Hs. S는 타울러의 의미에 가장 근접해 있다. "nicht davon sprechen." cf, Corin, Wi 1, 텍스트와 S. 41,23, AT 안에 23번 줄에 대한 수기 원본을 참조.

"그러나 만일 당신이 당신의 직무를 통해서 정죄하는 일을 한다면, 시간과 기회를 인지하고, 친절한 용모와 호의를 가진 말로 선과 온유함 안에서 그것을 행하라!"

그레고리우스가 이것을 말했습니다. 신랄한 정죄는 교회의 재판관인 사제들에게 엄격하게 금지돼 있습니다.

여러분은 어떻게 감히 하나님과 사람들에 대해 심판을 내리는 것을 생각할 수 있습니까?

여러분이 이웃을 그렇게 정죄한다면, 어느 날 이뤄질 여러분 자신과 여러분의 일, 여러분 삶에 대한 하나님의 심판을 비난할 수 있을까!

여러분은 하나님 앞에서 그것을 더 바로잡을 수도 없고, 하나님은 여러분에게 무서운 심판자가 될 것인데 말입니다.

하나님을 위해서 혀를 조심하십시오!

불쾌한 험담들을 매우 자주 늘어놓는다는 것은 불행한 일이고, 이 때문에 여러분은 하나님의 은총과 영원한 지복을 잃어버립니다!

여러분의 말들이 하나님의 영광과 여러분의 유익함과 여러분의 내외적인 평화를 위해 유익한지를 자신에게 세 번씩 질문하지 않는다면 여러분은 결코 입을 열지 마십시오!

입 밖으로 나오는 말들 때문에 아주 엄청난 손상이 발생하므로, 거룩한 종단의 설립자들은 이것을 매우 강조해 수도원 곳곳에서 말하는 것을 금지했습니다. 단지 한 장소에서만 말하는 것이 허락되었고, 이것은 단지 특별한 허락에 불과합니다. 숙고 없는 말에서 발생하는 모든 손상은 온 세상을 말로 설명할 수 없는 일과 같습니다.

그다음으로[5] 성서는 온전한 척도에 관해서 말해 주고 있습니다. 이것은 인간의 영을 뜻하고, 그것으로 측정됩니다. 또한, 이 척도는 하나님이 어떠한 규모 안에서 당신에게 제공되는지를 규제하는 데 이용됩니다.

아! 여러분, 사랑하는 자들이여!

하나님은 계량 용기 안에서 매우 귀중하게 거주하시는 분이므로, 만약 그 용기가 매우 더럽고 오염돼 있으며 악취가 나는 게으름으로 가득 차 있다면 하나님은 그곳에 살 수가 없습니다.

그래도 그곳은 그의 적절하고 고유한 숙소가 있을 수 있습니다. 하지만 이 척도는 악취가 나는 일들, 세속적인 게으름과 더러움으로 가득합니다. 이런 영은 (인간의) 가장 커다란 손상에 저당을 잡히는 격입니다.

당신의 영은 당시의 기도 시간에 저당 잡히고, 당신은 그것을 지배하지 못하며, 하나님은 어떻게든 그곳으로 끌어들일 수 없습니다. 그렇지만 않습니다. 당신은 파수꾼들로 피조물들을 그곳에 앉혔기 때문입니다.

그러한 것들은 하나님의 출입을 허락하는지 합니다. 또한, 당신이 당신의 영의 참여 없이 그것을 위해 기도한다면 당신의 기도는 당신

---

[5] 베테르에 의하면 그것이 "vor"를 통해서 제시된 것처럼 "sodann"은 "vort"를 재진술한 것이다. cf, Corin, Neophilologus, 위의 면을 참조.

을 받아들인 것⁶이 아닙니다. 하나님은 그것의 일부가 아니기 때문입니다. 당신의 기도는 당신을 빠르게 지치게 하므로, 당신은 떠나도록 합니다.

저당을 잡힌 모든 목적, 모든 사랑, 모든 생각들, 피조물의 모든 호의로부터 당신의 영을 떼어내십시오!

하나님이 당신의 영 안으로 들어가야 한다면, 피조적인 것은 불가피하게 반드시 밖으로 나가야 하기 때문입니다.

당신의 영을 피조적인 것에서 비워내고, 유익하지 않은 일들에서 당신을 자유로워지도록 하십시오!

어떤 자유로운 영이 하나님에게로 상승하는 것보다 불은 더 솟구칠 수 없고, 한 마리 새도 더 높이 날아오를 수 없기 때문입니다. 또한, 나는 그것에 관해서 여러분에게 말합니다. 우리가 언젠가 하나님의 근저와 그의 가장 깊은 곳에 도달해야 한다면, 우리는 그 이전에 최소한 우리 자신의 근저와 우리의 가장 깊은 곳에 반드시 다가서야 하는데, 이것은 반드시 순수한 겸손 안에서 일어나야 합니다.

그때 영혼은 그것의 모든 결함과 모든 죄를 가지고 하나님에게로 올라가, 하나님의 존엄함의 현관 앞에서 취침하는데, 그때 하나님은 한없이 자비를 베푸십니다. 영혼이 선들, 하나님의 은총에서 나온 덕스러운 것에서 자기 자신 안에 발견한 모든 것과 더불어 하나님의 부요함의 현관 앞에 앉아 있을 때, 하나님의 선과 이루 형용할 수 없는

---

6  문자적인 대신에: "schmeckt dir nicht," Vetter 149,26을 참조.

사랑은 다양하게 흘러나옵니다.

　당신이 피조물들을 향한 편애와 집착에서 전력을 다해 자기 자신을 벗어나 행방 돼 하나님에게 상승했다 해도 사물들의 형상들이 당신을 방해한다는 것은 있을 수 있는 일이고, 가능하다고 해도 당신이 어떻게 할 수 없는 일이기도 합니다.

　당신은 이것을 하나님이 당신에게 위임한 하나의 훈련이라고 간주해야 합니다. 당신은 그곳에서 당신을 하나님에게 위임하고, 당신 자신에게 머물러 있으며, 벗어나는 것이 아니라 여기에서 인내하며, 매우 겸손하게 말하십시오!

　사랑의 주님이여!

　나에게 자비를 베푸소서!

　오! 사랑의 주여!

　나를 도우소서(Deus in adiutorium meum (intende)!

　당신 자신 안으로 들어가되, 또 다른 일을 시작하지[7] 말라!

　이런 장애물은 의심에 여지없이 자기 자신에게서 벗어나 해결합니다. 그것은 은을 파고 있는 곳에서 물이 솟아올라, 광물을 획득할 수 없는 것과 같습니다.[8] 그러나 능숙하게 그것을 잘 정돈하고 나면, 물

---

[7] 다양한 구두법에 따라서 한편으론 Vetter 150, 12와 Lehmann 1, 158에 의해서 그리고 다른 한편으론 LT와 KT처럼 Corin, Wi 1, S. 46, 25에 의해서 대립적인 의미가 발생한다. AT는 그 구절이 생략됐다! 사고 과정에 따라 Hs. Wi 1는 인쇄본 KT, LT보다 선행될 수 있다.

[8] 그것이 수기 원본들의 지배적인 수에 의하면 "anschwellen"라고 했어야 했는데, 레만의 번역 "vermischen"은 LT의 잘못된 수기 원본(1, 58)을 위임했다. Corin,

은 그곳으로부터 흘러나옵니다.

당신은 채광하며 소비했던 모든 비용을 지급할 수 있을 뿐만 아니라 커다란 이익을 가져오는 가치 있는 금속을 발견합니다.

그러므로 당신은 인내하되, 당신의 영과 마음과 반대로 당신을 괴롭히는 이런 억압과 형상들과 마음에 들지 않은 결함에 당신을 위임하십시오!

물론, 그것은 자기 자신으로부터 흘러나와 모든 수고에 대한 대가를 치르고, 당신은 그것을 통해서 위대한 선을 획득할 것입니다. 그 이후 우리 주님이 말씀하십니다.

> 아! 사랑하는 자여!
> 나는 당신에게 감사하고 당신 때문에 당신이 나의 고통을 응수하고 종말까지 인내했던 당신의 실수들과 더불어 나의 십자가의 무거운 짐을 지는 데 기쁨으로 도울 것입니다.
> 보라!
> 이제 당신은 나를 영원히 소유하라!

내적인 사람이 되기를 원한다면 당신은 반드시 하나의 엄청난 크기를 지녀야 합니다.

하지만 어떻게?

---

Wi 1, S. 47, 5와 설명 2는 mndl. "verwassen"로 제시한다.

진실로 외적인 사물이 내적인 삶을 싫어하는 한, 당신은 외적인 것들을 벗어나야 합니다. 당신의 모든 행동, 애착, 생각, 의도들, 말과 일, 옷들과 작은 보물들, 친구들과 친척들, 선과 영광, 편안함과 기쁨, 태도와 습관에서 당신 자신을 살피십시오!

진실로 고귀하고 내적인 사람이 되려면, 당신은 삶 안에서 하나님을 방해하고 당신 안에 사는 것과 활동하는 것을 방해하며 신적인 근원을 가지지 않는 모든 것들에서 벗어나야 합니다.

그러므로 당신은 외적인 (경건의) 훈련들을 검증해 보고 많은 주의를 기울이십시오!

외적인 경건 훈련들이 (당신의 길에서 내적인 삶으로 가는 데) 당신을 방해한다면 그것들을 벗어나십시오!

내가 금식과 깨어 있음에 관해서 말을 하지 않았습니까?

인간이 그것들을 참아낼 수만 있다면 그것들은 신성한 삶으로 향하는 엄청나게 큰 도움을 주기 때문입니다. 하지만, 어떤 사람이 약해 가벼운 두통이 있고 (이것이 현세의 나라에서 많은 사람에게서 있는 경우라면), 그것이 어떤 인간의 본성을 괴롭히고 그것을 망치도록 위협한다면 그는 금식을 포기하는 편이 나을 것입니다.

그것이 필요한 금식의 날이라면 당신은 고해신부로부터 허락을 받으십시오!

만약 이것이 가능하지 않다면 당신은 하나님으로부터 그것을 요청해, 다음 날 고해신부나 사제를 찾아가 그에게 무언가를 받는 편이 좋을 것 같습니다.

"내가 약하다는 생각이 들어서 나는 먹었습니다."

그러므로 나는 예외적으로 허락을 받았습니다. 거룩한 교회는 언제나 누구든지 그가 건강을 잃는 것을 원하거나 바라지 않았습니다.

나의 사랑하는 자들이여!

이것은 물론 분명하게 전해져 왔습니다. 그러므로 진리를 향하는 가장 올바른 길에서 외적인 것이든 내적인 것이든 육적인 것이든 영적인 것이든 어떠한 외모와 이름에 속하던 당신에게 장애가 되는 모든 것을 밖으로 밀어내십시오!

여러분이 잘 정돈된 방식에 따라 이 길을 앞서서 걷는다면, 여러분은 높은 완성의 단계에 도달할 수 있습니다. 그러면 여러분은 고귀한 사람이 될 수 있습니다.

그러나 이것 역시 절제된, 완전히 통제된 표준이 현존해야 합니다.

나의 사랑하는 자들이여!

내가 지금 무엇을 말하는지를 정확히 이해하라! 인간이 매우 잘 정리된 길을 걸으며 모든 장애물을 벗어났다면, 몇 가지 기쁜 일이 그에게 생겨납니다. 매우 커다란 환희와 기쁨이 그가 인지할 방법으로 그에게 수여되는데, 이런 향유는 영과 본성을 통해서 다가섭니다.

또한, 그의 보상, 위로, 하나님의 인지는 이루 형용할 수 없는 방법으로 이 세상의 모든 기쁨을 위임할 것입니다. 그때 사람 안에서 발생하는 것은 (매우) 기쁘고 환희로 가득 찰 것입니다. 하지만 더 나아가 영은 자신 안으로 침전되므로 이러한 압박이 영에 제공되는데, 마치 영은 그것들을 전혀 모르듯이 강요되고, 또한 그것들은 요동치는 만큼 영에 부여됩니다.

나아가 그는 모든 환희와 향유를 완전히 빼앗겼고, 모든 향유를 영에 완전히 빼앗아 버립니다. 인간이 (그러한 부담 중에도) 평화를 가지기를 원한다면 그는 이런 부족과 압박을 떠난 후 매우 자유롭게 받아들여, 어떠한 모든 향유도 유지하지 못합니다.

비록 하나님이 그것을 최근까지 유보하시기를 원했다고 하더라도, 그때 그는 떠남 안에서만 하나님으로부터 가난을 받아들이고 그것을 참아 낼 수 있으며, 하나님의 가장 사랑스러운 의지의 단순한 근저를 따를 수 있습니다.

아! 여러분, 사랑하는 자들이여!

이런 압박은 그곳에서 전혀 참을 수 없고, 매우 힘겹고 고통스러운 일입니다. 그러므로 사랑의 등불과 커다란 향유가 그것에 완전히 빼앗기게 된다면, 가난한 사람의 본성에 이 넓은 세상은 매우 좁게 되고 그것은 고통으로 메말라 버리게 돼 마치 온 세상이 등불들과 향유를 절대 가지지 않은 것처럼 돼 버릴 것입니다.

하지만, 일부 사람들은 이런 일들에 매우 집착하기 때문에, 포기를 쉽게 받아들일 수 없습니다. 고통에 대한 무기력함은 두 가지 원인이 있습니다.

**첫째**, 인간이 아직 그 자신의 자아의 근저까지 죽지 않았고, 아직 죽지 않는 데 있습니다.

**둘째**, 인간이 하나님께 여전히 무한한 신뢰를 두지 않은데 있습니다.

그러므로 어떤 그런 사람은 그렇게 떠나 있지 않고 돌발적으로 일어나 이런 억압에 순응할 수 없습니다. 또한, 이것은 그에게 엄청나게 큰 손실의 결과를 낳습니다.

그것을 의지하십시오!

하나님을 신뢰하십시오!

하나님은 당신을 의심 없이 구원할 것입니다.

겸손과 경외심을 지키십시오!

모든 존재의 저편에 서 있는, 단순하고 순수한 존재로서 유일하신 하나님만을 향한 당신의 갈망의 손을 펼치고, 이것보다 더 적은 어떤 것에도 만족하지 않은 채 당신만을 제공하십시오!

또한, 하나의 보석을 받고 아직도 이것만을 생각하며 그것과 더불어 즐기게 되고 그것 위에 그것을 쏟아붓고, 그에게 그것을 주었던 한 사람처럼 행동하지 마십시오!

주님 자신의 몇 가지 예외를 가지고 당신에게 즐거움을 약속하거나 맛이 좋게 하고픈 모든 것과 반대로 잠자는 자처럼 행동하십시오!

그때 흩날리거나 흔적 없이 사라질 수 있는 모든 것에 전혀 관심을 가지지 마십시오!

진실한 겸손, 당신의 무, 진정한 떠나면 안에 있는 하나님의 가장 사랑스러운 의지 안에서 완전히 굴복하십시오!

제자들은 스스로 주님을 향해 가고 그의 가장 사랑스러운 현현을 포기해야 하며, 주님의 현현은 그들에게 매우 엄청나고 거룩한 위로가 되었습니다. 그들은 더욱더 고귀한 선물을 받기 위해서 반드시 떠나야 합니다.

"더욱더 큰 것에게 자기 자신의 팔을 펼치면서."⁹

당신은 사랑의 바울이 말했던 것처럼 가장 높은 소명 중 가장 고귀한 소명으로 뻗어 나가되, 당신은 가치에서 그 이하이고 즐거움으로 가득 차고 기쁜 것에서 자유롭습니다. 그러므로 가난한 사람은 마치 그가 두 벽 사이에 끼어 있는 것처럼 느끼고, 마찬가지로 그는 어디에서도 공간을 갖지 못한 채, 포도 압착기 아래 놓여 눌린 사람과 같은 기분이 들것입니다.

당신 자신을 의지하고, 잘라내지 마십시오!

그것은 아직 가까이 있지 않지만, 곧바로 더 좋아지게 되고, 당신에게 유익할 것입니다!

당신은 단지 하나님의 뜻을 행하고 그의 뜻에 따라 불행한 고통을 매우 오랫동안 짊어질 때 당신은 이런 압박에서 자유롭게 될 것이고, 당신에게서 나온 것이라도 그의 마음에 드는 만큼, 당신은 다른 어떤 생각을 가져서는 안 됩니다.

또한, 우리 주님이 당신의 측은한 고통을 보는데, 당신이 이것을 짊어지고 담대하게 행동을 하며 그것을 체념하듯이 받아들이면—그것에 모든 것이 놓여 있습니다—주님은 충만함으로 다가와 자기 자신을 그곳 안으로 쏟아부으십니다.

다른 어떠한 것으로 그 용기는 채워지지 않는데, 그 이유는 그것이

---

⁹ Vetter 125, 19; Paulus, 빌 13을 참조.

여러 방면에서 솟아 넘쳐나 모든 것을 오직 자기 자신으로 존재하는 초월한 선으로부터 흘러넘치는 용기를 가져오기 때문입니다.

그 후에 영은 신성한 심연으로 넘쳐 흘러 갑니다. 그는 자기 자신을 쏟아붓고 그 이전처럼 똑같이 가득 찬 채 머무릅니다. 그것은 어떤 사람이 작은 항아리를 헤아릴 수 없을 정도로 큰 대양으로 침몰시키는 것과 같습니다. 그는 곧바로 가득 차 넘쳐 나지만, 또한 가득 찬 채 머물러 버립니다.

여기서 하나님은 영혼이 이전에 갈망했던 것을 넘어서서 영에 자기 자신을 넘쳐 흘러나게 제공합니다. 또한, 그가 위로받지 못할 고통 안에 있는 영혼을 발견한다면, 그는 아수르 왕에 의해서 쓰여 있는 것과 마찬가지로 행동해야 합니다. 그가 기뻐하고 사랑한 에스더가 창백한 얼굴로 자신 앞에서 그녀의 영을 마음대로 제어하지 못하고 다가와 절을 하며 서 있는 것을 봤을 때, 그는 그녀에게 금으로 된 왕홀을 제공했고, 왕관을 벗고 그녀에게 키스하며 통치권을 나눠 주었습니다.

이런 아수르는 하늘의 아버지입니다. 그는 자기 앞에 있는 창백한 용모의 사랑하는 영혼을 보고, 모든 위로를 마음대로 제어하지 못하며 그에게 다가와서 절하는 그녀의 영을 빼앗고, 곧바로 그는 그녀에게 금으로 된 왕홀을 제공하면서 그의 왕관을 벗으며—내가 여기서 비유로 말하고 실제적인 사건을 기술하는 것을 포기합니다—그녀에게 신적인 포옹하고 그 여자가 모든 약한 것을 넘어서도록 합니다.

아! 여러분은 그때 영 안에서 발생하는 것을 특별한 것으로 생각합니까?

하나님은 왕홀에 애착을 가진 영혼에 그의 독생하신 아들을 주시며, 가장 호의적인 입맞춤으로 모든 높은 존재를 넘어서는 성령의 사랑스러움이 영혼에 흘러 들어가도록 합니다. 그는 영혼에 그의 왕국을 나눠 줍니다. 즉 하나님은 영혼에 그의 나라의 권세, 하늘과 땅의 권세, 자기 자신의 권세를 주시고, 영혼은 여주인으로서 주인에게 속해 있는 모든 것을 소유하지만 하나님은 은총으로 부여한 존재하는 것과 본성적으로 소유하는 것으로 영혼 안에 존재하시는 분입니다.

그러므로 용기(Maß)가 넘쳐 흘러나 온 세상을 풍요롭게 할 것입니다.[10] 이런 사람들이 기독교 안에 부재했으면 세상은 잠시도 버틸 수 없었을 것입니다.

이런 사람들의 사역들은 온 세상이 앞서 성취할 수 있는 모든 사역보다 오히려 더 위대하고 훌륭하기 때문입니다. 실제로 하나님은 이런 사람들의 모든 일에 영향을 미치고, 나아가 그들의 일들이 하나님이 피조물보다 더 훌륭한 만큼 모든 사람의 일들을 넘어서도록 할 것입니다.

이 용기가 흘러넘치게 되므로, 그것은 모든 인지력, 즉 인간들과 천사들의 모든 인식력을 능가합니다. 여기서 진정하고 축복 된 기쁨이 지배하는데, 이것이 바울이 말한 평화입니다(빌 4:7). 여러분은 이

---

[10] 베테르의 수기 원본 153, 24 "gerichtet"는 그 밖의 수기 원본에 따라 교정돼야 한다. 형태 "gericht"는 "richen" = "reich werden"을 참조.

것이 말씀이라는 것을 알라! 하나님과의 관계는 여러분이 생각하는 것처럼 두려운 일이 아닙니다.

나의 사랑하는 자들이여!

여러분이 말하는 것을 들었던 이 길을 가려고 하는 자는 이 목적에 접근하는 것입니다. 하지만 또한 순수한 진리를 위해서 이것을 이용하십시오!

이 길을 가지 않는 어떠한 사람은 결코 살아 있는 진리에 다가서지 못합니다. 붉은 황동이 금처럼 그렇게 빛나듯이, 그는 이성적인 인식에 도달할 수 있지만, 그것은 심히 그것과는 구분돼 있습니다. 그래서 많은 잘못된 현상이 일어납니다. 하지만 여러분이 이 방식을 통해 살아 있는 진리를 길에서 발견할 수 있습니다.

그는 진실로 태양 빛이 들지 않은 정상 뒤에서 태양을 관찰하기를 원해 포도원을 세웠던 바보이자 태양에 등을 돌렸으며 태양으로부터 그의 얼굴을 돌려버렸던 한 사람일 것입니다. 이 경우 선하게 존재하기를 원하는 수백의 사람 중 단지 진리로 향하는 한 사람을 결코 발견하지 못할 것입니다.

완전하고 흘러넘치는 용기가 우리에게 수여될 수 있으므로, 우리가 방향을 바꾸도록 하나님은 우리를 도우실 것입니다.

아멘.

#  39

## 삼위일체 축제 후 네 번째 주일 설교(2): 아버지와 같이 자비로워라![1]

(*Estote misericordes sicut et pater vester misericors est*, 눅 6:36 f.)

---

너희 아버지의 자비로우심 같이 너희도 자비로운 자가 되라(눅 6:36).

---

우리 주님이 말씀하셨던 것을 이번 주의 복음서에서 읽습니다.

너희 아버지가 자비로운 것 같이 너희도 자비롭게 돼라!

용서받으려 한다면 용서하라!

너희가 받으려 한다면 너희는 주라!

너희가 헤아리는 헤아림으로 너희가 다시 헤아림을 받을 것이니라.

곧 후히 되어 누르고 흔들어 넘치게 너희에게 안겨 주리라.

---

[1] (앞선 설교에서) 이미 언급된 복음서의 두 번째 해설은 사람들에게 제공돼야 할 네 가지 용기와 신성한 사람의 두 가지 단계와 우리가 이웃을 위해서 어떻게 살아야 하는지를 말해 준다.

우선되는 말씀은 "너희 아버지가 자비로우신 것 같이 너희도 자비롭게 돼라!"

나의 사랑하는 자들이여!

이 덕은 지금까지 잘 알려지지 않았습니다. 모든 사람이 여러 방면에서 이웃들에 대해서 자비로워야 하고, 어떻게든 모든 사람은 선물과 관련될 뿐만 아니라 셀 수 없이 많은 결함을 긍휼히 여기고 참아내며 이런 일을 필요로 합니다. 그 대신에 또 다른 사람들은 (쓰라린) 심판을 가지고 다른 사람들 위에 군림하려고 합니다.

어떤 사람이 예기치 않은 불운을 만난다면 그의 이웃은 곧바로 그에게 다가가 존재하는 것에서 벗어나도록 합니다. 그의 이웃이 그에게 고통을 가중한다면 가장 나쁜 빛 안에서 고통은 악화하고 훨씬 더 억압적으로 나타나게 됩니다. 자기 자신에게 이 일을 올바르게 위임하기 전에 어떤 사람은 계속해서 많은 고통을 호소하는 악한 혀의 말은 곧바로 들을 수 있습니다.

불쌍한 인간이여!

당신은 숙고할 시간을 갖고, 최소한 당신이 무엇을 말하는지를 알 때까지 기다리십시오!

물론 당신이 그때 행한 것은 창피하고 수치스러운 일입니다.

당신에게 그러한 비판을 명령했던 자가 누구냐?

우리 주님은 말씀하십니다.

비판한 자에게 동일하게 비판을 받을 것이니라. 당신이 헤아림으로 당신은 다시 헤아림을 받게 될 것이니라(마 7:2).

그러나 이제 여기서 일단 중지하고 다른 이야기를 나눠 보도록 하십시오!

우리는 용기에 관해 주님이 말한 것을 함께 이해해 봅시다!

그는 네 종류의 용기를 언급하며 사람들에게 제공합니다. 이것은 어떠한 선하고 가득하며 인상적이고 흘러넘치는 용기입니다. 성인들이 이것을 말하기를, 선한 용기는 인간이 삶을 영위하되, 영원한 삶에 도달할 수 있다는 것을 뜻합니다.

그다음으로 가득한 용기는 육과 영혼이 최후 심판 이후 빛나게 되는 것을 말합니다. 인상적인 용기는 인간이 모든 성인의 지복에 참여한다는 것을 언급합니다. 넘쳐 흐르는 위대한 용기는 인간이 하나님과 직접적인 관계를 촉진하는 것을 뜻합니다.

그런데 우리는 아직도 또 다른 종류로서 이 차이점을 해설하려고 합니다. 그때 우리는 이 용기가 어떠한 것인지, 어떠한 용기가 측량될 수 있는지를 반드시 주의하십시오! 더 나아가 여기서 헤아리는 자는 누구입니까?

여기서 헤아림을 받게 되는 용기는 사랑의 능력, 즉 의지입니다. 이것은 인간의 공로와 삶과 영원한 지복을 헤아리는데 매우 적절하고 본질적인 용기입니다. 이러한 용기의 크기와 폭을 고려해 볼 때, 무엇도 그에게 받아들여지거나 첨가되지 않습니다. 또한, 당신의 특별한 (하나님의 은총을 통해서) 빛나는 비판의 능력은 무언가를 헤아릴 수 있습니다.

이 경우, 인간이 그의 의지를 하나님에게 향하고, 하나님의 계명들과 거룩한 교회의 계명들에 따라 살아가는 선한 용기에 관심을 가지십시오!

그러면 이것은 순서대로 거룩한 성만찬의 필요에 따라 믿음 안에 존재합니다. 그의 죄가 그에게 불쾌하나, 경건 안에서 확고한 의지로 결코 범죄를 범하지 않고, 일부 사람들만이 행하는 참회의 삶을 살며 그의 이웃을 하나님처럼 사랑할 것입니다.

나의 사랑하는 자들이여!

이것은 올바른 그리스도인의 삶과 그리스도인이라고 불리는 선한 용기입니다. 틀림없이 영원한 삶은 그러한 어떤 삶과 상응합니다. 그리고 이를 위해서 나는 여전히 어떤 것을 반드시 말해야 할 것 같습니다. 즉, 하나님은 다수의 사람을 이러한 용기에 초대했고 불렀습니다.

또한, (앞에서 말한 것) 이상으로 그는 누구에게도 갈망하지 않고, 이와 같은 동일한 사람들이 이러한 길에서 매우 순수하게 살았기에, (그들의 죽음 때) 연옥의 삶 없이 영원한 삶에 도달했다는 것이 불가피하게 일어날 수 있는 일입니다.

그러나 이것은 하나님에게 다가설 수 있는 가장 낮은 단계의 길입니다. 또 다른 사람들은 하나님에 의해서 훨씬 더 높은 단계로, 더 높은 목적으로 부름을 받게 되었습니다. 그렇지만 이 사람들은 연옥에 들어가 그곳에서 삶아지거나 구워지게 되고, 매우 무서운 고통을 겪게 되는데, 어떠한 심령도 그것을 제대로 표현하지 못할 것입니다.

하지만, 이것을 인내한다면 이런 사람은 그 사람들보다 수천 배 높은 단계에 도달할 것입니다. 한 사람이 영적인 삶을 시작한다면, 그는 많은 선한 외적인 일을 하려고 생각합니다. 이것은 기도, (하나님 앞에서) 자기를 낮추는 일, 금식과 이와 같은 훌륭한 경건의 훈련들 기타 등등입니다.

다음으로 그의 근저 안에서 인간이 하나님을 찾는 일에 최선을 다하는 방식으로 가득 찬 용기와 내적인 훈련이 그에게 제공됩니다. 그곳에 바로 하나님의 나라가 존재하기 때문입니다.

나의 사랑하는 자들이여!

이것은 달리는 일과 앉아 있는 것과는 다르게 첫 번째 종류의 삶을 사는 것입니다. 어떤 사람이 경건한 외적인 삶이 모든 내적인 삶을 방해하지 않도록 그곳으로 가져올 수 있다면, 이 두 종류의 삶의 태도는 하나의 종류 이상의 것을 기대합니다. 그러나 외적인 경건 훈련이 내적인 경건의 훈련을 방해한다는 것을 알게 되면 그 첫 번째 종류에서 궁극적으로 벗어나십시오!

여러분은 사제들이 금식 기간에 어떻게 처신할 것인지를 지켜보십시오!

그때 우리는 매우 많은 시편과 다양한 종류의 기도를 행합니다. 하지만 부활절에 우리는 의무적인 기도를 줄이고 온종일 (독서의 기도)로 단지 세 장의 시편들, 성무일도, 제단 기도합니다. 더 고차원적인 축제들에서 우리는 우리의 사랑의 여인 기도와 청원들을 생략합니다.

그러므로 내적인 전향의 커다란 축제 기간이 당신에게 선사될 때 당신의 외적인 경건 훈련이 방해된다면 언제든지 외적인 경건 훈련을 기꺼이 내던져 버리십시오!

내적인 기도는 존귀하고 신성한 사람이 되도록 하기 때문입니다. 당신을 가장 많이 사랑으로 유도하는 것, 즉 삶, 고통, (그리스도의) 신성한 상처들, 하나님의 본질, 성 삼위일체, 능력, 지혜, 하나님의 선, 하나님이 당신에게 입증한 선한 것을 당신 자신이 고찰하도록 조언해 보십시오!

당신은 당신을 가장 많이 자극하는 것으로 가득한 감사와 근저 안으로 침몰해 들어가 그곳에서 하나님을 기다리십시오!

사랑으로 실행된 이 훈련은 우리가 모든 외적인 훈련보다 훨씬 더 하나님을 잘 받아들일 수 있게 합니다. 어떤 훈련이 내적이면 내적일수록, 그것은 더욱더 훌륭합니다. 외적인 것은 그의 모든 능력을 내적인 것에서 받아들이기 때문입니다. 마치 당신이 훌륭한 포도주를 소유하는 것처럼, 한 마차 분량의 물을 고귀한 포도주로 변하도록 하는 데 이것으로 매우 충분합니다. 내적인 삶과 관계되는 이 삶으로부터 한 방울의 물은 모든 외적인 경건한 삶에 더 높은 가치를 제공합니다.

이 경우 커다랗고 폭넓은 용기를 소유한 사람들이 있습니다. 그들은 매우 심사숙고할 수 있고 내적으로 있을 수 있습니다. 하지만 그들의 깊이는 손가락의 두 마디 깊이에 지나지 않습니다. 그들에게는 겸손과 보편적인 사랑이 부족합니다. 아우구스티누스가 말합니다.

> 긴 시간 동안 수많은 공로도 (경건의 실천에서) 중요한 것이 아니라 사랑의 크기가 얼마나 되는지 중요합니다.

우리는 곡식과 포도를 심는 사람들에게 그것을 볼 수 있습니다. 그들은 최상의 것으로 어떤 것을 돌보지는 않고서도, 검은 빵을 먹거나 물을 먹습니다.

자 그럼! 우리는 축척되고 압축된 용기에 관해서 이야기해 보도록 합시다!

이것은 흘러나오는 사랑입니다. 이 사랑은 모든 것을 자기 자신에게로 끌어당깁니다. 이 세상의 모든 선한 일들, 모든 삶, 모든 고통. 사랑은 모든 악한 사람들과 선한 사람의 편에서 선을 발생시키는 모든 것을 사랑의 성유물(용기)[2]로 이끕니다.

말하자면 당신의 사랑이 어떠한 선을 행하는 자의 사랑보다 더 크다면, 이 일은 당신의 더 커다란 사랑 덕분에 선을 행하는 자보다 더 많이 당신의 소유가 될 것입니다.

아! 얼마나 많은 시편과 사제의 밤 기도들이 이뤄지고 있는가!

얼마나 많은 미사에서 낭독되고 찬양되는가!

---

2   Vetter 388,28에 대한 문자적으로: "ihr Gefäß"이다.

얼마나 위대한 희생제가 드리워지고 있는가!

그것들의 성과는 이 모든 것을 행하는 자에게 주어진 것이 아니라 (우리가 말하는) 사랑을 소유하는 자에게 주어집니다. 이 사람은 이런 모든 선을 그의 용기 안으로 눌러 넣습니다. 온 세상에 있는 그 무엇도 그를 외면할 수 없을 것입니다.

그것들의 목적이 하나님이 아니라 모든 사역인 것처럼, 이러한 일들에 대해서 하나님은 걱정하지 않습니다. 바울은 이에 관해서 말하기를,

> 내가 나의 소유의 모든 것을 가난한 자들에게 주고 내 몸을 불사르게 내주고도 사랑이 없다면 나는 아무것도 아니라.

모든 것은 사랑 안에 있습니다. 어떤 사람이 악을 행한다면 그것은 그에게 남아 있을 것입니다. 선은 사랑에 속합니다. 이것은 곡식을 한 용기에 다 쏟아부은 것과 같은 일이고, 그래서 타작하는 사람들은 달려가 모든 낱알이 하나를 이루도록 서로를 압축합니다.

또한, 사랑은 하늘에 있는 천사들과 성인들에 존재하고, 모든 순교자의 고통 속에 존재하는 모든 선을 자기 자신에게 끌어당깁니다. 또한, 더 나아가 하늘과 땅의 모든 피조물은 모든 선을 자기 자신 안에 가지고, 그것 중 매우 커다란 부분은 모든 선을 상실했거나 상실한 것처럼 보입니다.

그러나 그것은 사랑을 잃지 않습니다. 가르치는 선생들과 성인들

은 사랑이 영원한 삶의 매우 큰 부분을 지배한다고 말합니다. (그곳에서) 영혼이 사랑 자체보다 또 다른 더 많은 사랑을 소유하고 있다는 것을 인식한다면, 영혼이 사랑 자체를 소유하듯 이 영혼은 매우 기뻐할 것입니다. 또한, 어떤 사람이 (지상에서 그의 태도에 있어) 그 영혼과 비슷해지면 질수록 그의 행운은 영원한 삶에서는 더욱더 장엄하게 됩니다.

그 사람의 사랑의 용기가 실제로 선을 가장 많이 포함하고 있고, 그곳에서 그는 가장 많이 받아들이게 됩니다. 악한 원수는 이것을 싫어해 거짓된 정의로움을 그의 탓으로 돌리고, 이웃과 이웃의 행동이 무엇이든 무시하는 동시에 그들이 (이웃의 고유한 것들만큼) 선하지 않도록 사람들을 미혹합니다.

이 경우 이 사람은 사랑을 상실하고, (이웃의 행위가) 그렇고 그런 일이라고 판단합니다. 활에서 화살이 쏘아져 나가는 것처럼 손상을 일으키는 유독한 혀의 공격(Schuß)은 이와 같은 판단에서 나옵니다.

이런 화살은 어디로 날아갑니까?

그것은 당신 자신의 영혼을 향해 영혼에 영원한 죽음을 가져오고, 당신의 용기 안에 포함했던 모든 것을 쏟아 내게 하며 당신의 모든 것을 파괴합니다. 이것은 모든 다른 일 이상으로 매우 걱정스럽고 염려스러운 일입니다.

여러분의 혀를 주의하십시오!

원수가 당신에게 다가와 어떤 선한 사람에 대한 날카로운 판단을 내리려는 경향을 불어 넣습니다. 또한, 당신은 당신의 성향을 말합니다. 그의 사랑과 선한 선물, 즉 사랑의 가장 위대한 영역인 내적인 영역에 당신이 참여하면서 당신의 역할은 끝이 납니다. 선에 참여하는 것에 관해서 선지자가 말 하십니다.

그것은 완전히 기름처럼 머리에서 아론의 수염으로 흘러내리느니라 (시 132:2).

수염은 많은 털을 가지는데, 이 모든 것은 수염을 형성하며 부드러운 기름을 받아들이고, 기름은 수염으로 흘러 들어갑니다. 그러나 털의 가닥들은 전체 수염과 분리돼 있고, 그것의 길이가 아직 매우 짧다면 그것은 어떤 값비싼 성유를 지키지 못할 것입니다. 또한, 이것은 사랑과 관련돼 있습니다.

사랑이 다방면으로 사랑의 호의를 차별 없이 부여하는 한, 매우 오랫동안 모든 선의 값비싸고 부드러운 성유가 인간 안으로 흘러 들어갑니다. 하지만 당신이 어떤 사람이나 어떤 것을 사랑에 배제한다면, 당신은 이와 같은 기름을 전혀 받을 수 없습니다.

나의 사랑하는 자들이여!

여러분 사랑이 모든 사람에게 제공될 수 있도록 관심을 가지고, 그 모든 사람에게 모든 자비로운 친절로 대하십시오!

또한, 누구도 그의 평화[3]를 빼앗지 말고 가장 고귀한 교황에 의해

---

[3] Vetter 340,6에 대한 레만에 의해서 편찬된 사전의 S. 455에 따른 것이다.

서 헌정된 하나님의 성전을 파괴하지 말며, 하나님의 심판을 피하십시오!

유감스럽게도 (인간의) 본성은 형제의 사랑의 길에서 벗어나 있습니다. 어떤 사람이 그의 이웃에게서 뚝 떨어져 생각된다면, 그것은 아마도 그 사람에게 매우 고통스러울 일일 것입니다. (그러나) 그는 그것을 묵과하고 그 일이 일어나도록 내버려 둡니다. 그 경우에 그의 사랑은 매우 (반대로) 움직이게 됩니다.

여러분의 결함들을 살피십시오!

여러분 사랑이 어떠한지 관심을 가지십시오!

여러분이 세상에 머무는 동안 하나님에 대한 경외심을 배우십시오!

한번은 죽기 때문에, 모든 것은 지나갈 것입니다. 그때 여러분은 더 이상 아무것도 덧붙이거나 없앨 수 없습니다.

모든 성인과 하나님의 어머니, 그리고 그러한 사람을 위해 기도한다면 하나님의 어머니 자신은 피눈물을 쏟으실 것이고, 이것은 어떠한 도움도 되지 않을 수 있습니다.

그러므로 여러분은 주의하십시오!

하나님은 항상 우리를 기다리시고, 계속해서 우리에게 새로운 선물을 제공하기를 원하십니다. 우리가 지금 소홀히 하는 것은 우리에게 더 이상 주어지지 않게 될 것입니다. 올바른 사랑은 결코 어떠한 것을 소홀히 하는 것이 아닙니다. 이에 대해 바울이 말씀하십니다.

## 39 삼위일체 축제 후 네 번째 주일 설교(2): 아버지와 같이 자비로워라!

사랑은 무례하게 행하지 않고, 그것은 모든 것을 견디느니라 (고전 13:7).

이것은 여러분이 여기서 들었던 사람들 곁에 있습니다.

지금까지 우리는 충만한 용기에 관해서 말하고 있습니다. 이 용기는 내용물로 매우 가득 차 풍요로움과 풍성하므로 곳곳에서 흘러 넘쳐 납니다. 우리 주님은 이 용기를 (단지) 한 손가락으로 휘저어, 곧바로 (하나님의 선물에 그의 내용물은) 그것이 스스로 포함하고 있는 모든 것과 심지어 그 자신마저도 넘어서 흘러가도록 합니다.

그것은 어떤 것과 더불어 그것이 유출했던 근원으로 범람합니다. 그것은 직접 그곳으로 다시 들어가고, 그곳에서 완전히 사라지게 됩니다. 의지, 앎, 사랑, 인식, 이 모든 것이 넘쳐 나고, 모든 것은 하나님 안에서 사라져 하나님과 하나가 됩니다. 하나님은 이런 사람들 안에서 자신을 사랑하고 그들 안에서 모든 일에 영향을 미칩니다. 이런 넘쳐 흐름은 그들만을 붙들지 않습니다. 그들은 사랑이 활동하도록 열망으로 불타오릅니다.

"오 사랑의 주여!"

그들이 생각합니다.

당신이 (선한) 일을 행했고 그들의 이익을 취하지 않았던 불쌍한 죄들에 동정을 베푸소서! 당신의 풍부한 식탁에서 떨어진 빵부스러기를 그들에게 주고, 연옥에서만 그들을 전향시키소서!

오 주여! 그들에게 이런 빵부스러기라도 주소서!

그렇게 되면 그들의 용기는 모든 거룩한 교회와 선과 악을 덮어버릴 것입니다. 그들은 항상 (선에) 영향이 미치게 된 모든 것을 근저로 옮겨놓습니다. 그들은 언제나 일어났던 가장 적은 것에서 가장 큰 것에 이르기까지 어떤 것도 잃지 않게 됩니다. 그들은 어떤 기도도 작은 기도, 어떤 (선한) 실례도, 가장 작은 신앙의 행위도 잃지 않게 될 것입니다.

그들은 활동적인 사랑 안에서 하나님을 향해 모든 것을 옮겨놓고, 모든 천사와 성인들은 하늘나라에서 소유할 그 모든 것을 하늘 아버지께 바칩니다. 그들의 사랑, 축복, 아무것도 그들의 용기의 넘쳐 흐름을 피할 수 없습니다.

나의 사랑하는 자들이여!

우리가 이런 사람들을 가지지 않았다면 그것은 우리에게 심히 나쁜 상황에 속하는 것입니다.

우리는 이런 용기를 모조리 획득하고 싶다고 우리 주님께 기도해야 합니다!

아멘.

# 40

## 삼위일체 축제 후 다섯 번째 주일:
## 너희는 한마음을 가져라!¹

(*Carissimi, estote unaimes in oratione*, 벧전 3:8)

---

> 마지막으로 말하노니 너희가 다 마음을 같이하여 동정하며
> 형제를 사랑하며 불쌍히 여기며 겸손하며(벧전 3:8).

---

오늘 주일 베드로 서신의 말씀을 읽을 수 있습니다.

나의 사랑하는 자들이여!

기도 안에서 한마음을 가지라!²

여기서 그는 모든 일 중 가장 유익하고 마음에 들며 가장 고귀한 일에 관심을 둡니다

---

1 삼위일체 이후 다섯 번째 주일 서신서의 설교는 전력을 다해 위를 향해 갈망하고, 영 안에서 기도하며, 또한 우리가 우리의 모든 행위를 거룩하게 행할 것을 가르치고 우리의 내적인 삶의 세 단계를 제시한다.
2 "기도하는 영혼의 일치"는 타울러의 설교 주요 동기로서 역할을 한다. 그러므로 일반적인 번역에서 벧전 3:8의 참뜻이 아니다.

기도는 우리가 세상에서 시작할 수 있는 가장 경이롭고 훌륭한 행위입니다.

여러분은 기도가 무엇이고 기도의 본질과 특성이 무엇인지, 어떠한 장소에서 어떻게 어디에서 기도해야 하는지를 생각해 보십시오!

즉, 기도란 무엇입니까?

성인들과 가르치는 선생들이 말했던 것처럼 그것의 본질은 하나님에게로 영의 상승입니다. 우리 주님이 스스로 말씀하셨던 것처럼 기도해야 하는 장소는 영의 안입니다.

그래서 나는 기도의 특성과 관련해서 우리가 어떻게 기도해야 하는지, 어떻게 준비해야 하는지, 어떻게 도대체 행해야 하는지를 조금이나마 언급하려고 합니다. 기도하기를 원하는 모든 사람은 그의 외적인 감각들을 자신에게 향하는지를 살피고, 그의 영이 완전히 하나님을 향해 있는지에 관심을 가져야 합니다. 이런 관심은 세 단계로 이뤄질 수 있습니다.

이것은 가장 높은 단계, 가장 낮은 단계, 중간 단계입니다.

어떤 사람의 기도를 위해서 그에게 가장 유익한 것이 무엇인지를 생각하고, 가장 훌륭하고 올바르며 참된 예배에 그가 집중할 수 있는 것이 무엇인지를 검증하는 일은 누구에게나 선한 일입니다. 그는 이 방법과 훈련을 이용해야 합니다.

하지만 여러분은 기억하십시오!

참되고 올바른 기도로 방향을 전환하고자 하는 모든 선한 사람은 그의 기도가 진리 안에서 들리게 하려고 모든 시간적이고 외적인 일들과 신적으로 존재하지 않는 것, 즉 친구들에서든 낯선 자들에서든 모든 것들로부터 등을 돌려야 합니다.

옷이든 보석이든 혹은 그것의 진실한 근원이 하나님이 아닌 모든 것과 모든 헛된 것에서 그는 방향을 바꿔야 합니다. 더 나아가 그는 자기 말과 그의 변화에 관심을 가지며 모든 내외적인 무질서로부터 그것을 지켜야 합니다.

즉, 인간은 참된 기도를 준비해야 합니다. 베드로가 한마음으로 기도하라고 말할 때, 그것은 기도하는 사람의 영이 하나님에게만 집중하며 인간이 자신의 근저와 영의 응시를 온전히 현존하는 하나님에게 방향을 바꾸고, 하나님에 대해서는 참고 사랑하는 마음으로 의존하는 것을 뜻합니다.

오! 여러분, 사랑하는 자들이여!

우리는 우리의 자신의 것이라고 지칭하는 모든 것을 하나님으로부터 받은 것입니다. (우리가 행할 수 있는) 가장 작은 것도 우리가 받았던 모든 것도 다시 하나님에게로 내적으로 향한 응시와 나눠져 있지 않은 채 하나인 영과 더불어 위로 향해야 합니다.

다시 말해서 인간은 그의 모든 내외적인 능력들을 다해서 그것들 모두를 하나님에게 위로 옮겨놓아야만 합니다.

이것은 참된 기도의 올바른 방법입니다. 그러나 여러분은 참된 기도가 외견 상 입으로 중얼거리거나, 시편 기도와 사제의 밤 기도하며 손가락으로 묵주를 돌리면서 이런저런 자신의 의견을 제시하는 것으로 생각하지 마십시오!

진실로 알아 두시기 바랍니다!

거룩한 교회의 지시에 따라 기도하는 사람들의 매일 기도를 제외하고 감각 때문에 여러분의 기도를 방해하는 모든 기도 혹은 모든 일이 겉으로 얼마나 자주, 얼마나 위대하게, 얼마나 선하게 보이든 여러분은 그것을 담대하게 무시해 버리십시오!

이것과 별도로 당신의 참되고 본질적인 기도를 방해하는 모든 것을 최후에는 떠나십시오!

어떠한 공동체의 커다랗고 어려운 외적인 기도가 그 어떤 근저에서 위임되는 일이 때때로 발생합니다.

그들의 외향성을 가진 구송기도가 내적인 기도에 방해받은 내적인 어떤 사람은 그때 어떻게 행동해야 합니까?

여러분은 둘 다를 버리고, 아무것도 남겨두지 마십시오!

하지만 어떻게 말입니까?

그는 자기 자신에만 집중하되, (하나님을 향해) 상승한 영과 전력을 다해, 하나님의 현존의 내적인 관상으로, 모든 다른 사물 앞에서 하나님의 가장 사랑스러운 의지를 향한 내적인 갈망을 가지고 그의 내적인 근저 안으로 향하도록 하십시오!

그는 자기 자아 안에서 모든 사람과 창조된 사물에서 벗어나야 하고, 하나님의 변용된 의지 안으로 점점 더 깊게 흘러 들어가야 합니다. 그러므로 인간은 그에게 위임되었던 모든 사물을 그곳으로 충실하게 옮기되, 하나님이 거기서 그의 영광을 받으시고 찬미하시고, 기도하는 자에게 부탁한 인간들에게 유익함과 위로를 선사하도록 갈망해야 합니다.

예컨대, 당신은 마치 구두로 천 명의 사람들의 기도했을 때 훨씬 더 훌륭하게 기도한 것입니다.

영 안에서의 기도는 모든 외적인 기도를 훨씬 능가합니다. 아버지는 그 영 안에서의 기도하는 자를 원하시고, 모든 다른 기도는 이런 자에게 유익하기 때문입니다.

또한, 이것이 이런 자에게 유익하지 않다면 그것을 단연코 떠나십시오!

하지만 이 모든 것이 이 사람에게 유익한 일이어야 합니다. 이것은 돔 성당을 설립하는 것과 같은 일입니다. 몇 가지 일의 방식은 여기에 속합니다. 수백 명 이상의 사람들이 돔에서 일을 할 수 있을 것이고, 몇 가지 지침이 이에 속합니다.

이 사람 중의 일부는 돌을 나르고, 다른 일부는 모르타르와 같은 다양한 재료들을 운반합니다. 그들의 모든 봉사는 돔이 완성된다는 공로로 이뤄지고, 모든 것은 하나님의 집이 됩니다.

또한, 모든 경비는 기도 때문에 발생합니다. 이런 몇 가지 일들과 방법들은 한 가지 목적을 위해서 유익합니다. 우리가 영 안에서 내적으로 기도한다면, 모든 것은 도움이 돼 이것에 도움이 되었던 훌륭한 결론에 이르게 됩니다.

또한, 인간이 잘 훈련을 받지 않았는데도, 외적인 기도가 어렵지 않게 내적인 기도로 유도하지 않고서도 이것은 외적인 기도를 훨씬 능가합니다. 이것이 다른 것을 방해하지 않는다면 즐거움과 활동은 하나님 안에서 하나가 될 것입니다.

　이를테면 가장 고귀한 활동과 가장 순수한 즐거움은 (상호 교환적인) 방해 없이 유일한 일치가 있고, 우리가 길 위의 다른 것에 서지 않도록 모든 것은 가장 고귀한 척도 안에 있습니다. 활동은 (세 신성한) 위격들 안에 놓여 있고 쾌락은 단순히 존재하는 것들 안에 놓여 있습니다.

　그의 아버지의 신분 속성에 따라 (고찰된) 하늘 아버지는 순수한 활동이십니다. 그 안에 있는 모든 것은 활동입니다. 그는 그 자신의 인식 안에서 사랑하는 아들을 낳으신 분이기 때문입니다.

　둘 다는 성령의 이해할 수 없는 포옹 안에서 발현되십니다. 그 둘의 사랑은 위격들의 영원하고 본질적인 활동이고, 그것에 따라 자기 자신에서 존재하는 존재이자 단순한 존재입니다. 그곳에는 그의 신성한 존재의 침묵하는 단순한 즐거움과 삶(Zehren)이 존재하고 활동과 향유는 하나님 안에서 하나입니다.

　따라서 하나님은 그의 닮음에 따라 모든 피조물을 활동적으로 만들었습니다. 이것은 하늘과 태양과 별들입니다. 그 이후 그는 자기 방법에 따라 모든 사물을 훨씬 넘어 천사와 인간을 활동적으로 만들었습니다. 작은 한 송이의 꽃이나 풀의 줄기조차 없는 곳에서 커다란 하늘, 태양, 별과 달 모두는 활동하고, 특히 하나님은 자기 자신을 통해서 활동하십니다.

　그런데 하나님의 형상대로 만들어진 고귀하고 가치 있는 인간이 활동적이지 않는다면, 그는 자신의 능력들과 하나님의 존재에 따라 그와 비교될 수 있도록 하나님의 형상에 따라 하나님 안에서 만들어질 수 있습니까?

고귀한 피조물(인간)은 비이성적인 피조물, 하늘보다 훨씬 더 품위 있게 활동적일 것입니다. 또한, 이것들은 닮음과 관련해서 활동과 관상 안에서 인간을 본받아야 합니다. 인간이 전력으로 하위의 능력과 상위의 능력을 다해 어떠한 방향으로 향한다고 하더라도, 그는 항상 활동적입니다.

또한, 그의 모든 능력은 그것들의 적절한 대상에 영향을 미칩니다. 그것들이 하나님 혹은 피조물들에서 나온 것이라면, (인간의) 능력들은 그에게 제공된 것에 따라 그것들에 영향을 미칩니다.

이 경우, (그의 행동의) 모든 대상을 신성하고 천상적으로 만들고, 모든 시간적인 사물에 등을 돌리는 자는 그것과 더불어 신성화될 것입니다. 우리 주 예수 그리스도[3]의 고귀하고 사랑스러운 영혼은 끊임없이 상위의 능력 안에서 신성에 정향 돼 있습니다.

영혼은 처음 그것이 탄생한 시점부터 이미 이 목적에 정향돼 있습니다. 지금 존재하는 것처럼 영혼은 축복 되고 향락적이었습니다. 또한, 그의 하위의 능력들에 따라 그는 활동적이었고, 역동적이었으며 고통스러웠고 (그의 삶 안에서) 즐거움, 활동, 그리고 고통이 혼재돼 있었습니다.

우리 주님이 십자가에 못 박혀 죽었을 때, 그는 자기 상위의 능력

---

[3] 베테르에 의해서 앞서 제시된 구두법의 변경을 고려한 것이다.

들 안에서 오늘날에도 소유하고 있는 동일한 즐거움을 소유했습니다. 이때 활동과 즐거움이 하나가 되는 신성한 것들에 대한 탐닉 안에서 가장 신뢰하는 자로서 그를 뒤따른 자들은 본질적이고 영원한 즐거움 안에서 그들의 죽음 이후 그와 가장 닮게 될 것입니다.

오! 여러분, 사랑하는 자들이여!

이런 고귀한 일을 소홀히 하고 그들의 고귀한 능력들을 이용하지 않은 채 내버려 두는 사람들은 자기 자신 스스로 커다랗고 특별한 걱정을 발생시키는 손상을 입습니다. 그들은 걱정스럽게 삽니다.

이런 사람은 중요한 시간을 잃고 나서는, 연옥에서 끊임없이 참을 수 없는 형벌을 받으며, 영원 안에서 보응을 적절하게 받을 것입니다. 왕에게 신뢰를 받은 관계를 위해 보내지지도 않았고, 왕의 침실에서 개인적인 섬김에 어울리지 않은 위대한 농부처럼 그 정도 권리가 그들에게 발생할 수 있습니다.

이것은 수천 배 혹은 그 이상으로 자만심이 강한 외적인 인간들에게는 어울리지 않은 일이거니와, 하나님의 고귀하고 신뢰받은 친구들이 하나님 안에서 영원히 어떻게 거주하는지를 영원히 생각할 수도 없습니다.

또한, 내적으로든 외적으로든 하나님 없이 사는 이런 나태한 자들은 (곧바로) 악한 영들의 유혹을 받기도 하고 그들 자신에게도 유혹에 커다란 기회를 제공합니다.

이전에 우리는 인간이 활동적이면서 향락적인 것을 하나님과 같이 공유한다고 말했습니다. 이것은 내적인 인간이 하나님을 향한 내적이고 완전하며 순수한 갈망에서 하나님에 대한 변화 없는 신뢰를 뜻합니다.

앉아 있지만 움직이듯이, 이러한 갈망은 외적으로 하나님의 갈망과는 구분됩니다. 이것은 현세적이고 내적이며 관상적인 갈망입니다. 그것은 즐거움과 내재성을 공유합니다. 이외에도 그것은 위기와 유익함에 따라 외적인 활동을 따릅니다.

그렇지만 그것은 내재성에서 벗어나 다시 그곳으로 회귀합니다. 이 경우 내재적인 것은 많은 동료과 고용된 사람들을 자기 휘하에 두는 작업반장처럼 매우 빠르게 외적인 것을 감독합니다. 그들 모두는 작업반장의 지시에 따라 일합니다. 그러나 그 자신은 그들과 함께 일을 하지 않습니다.

그는 드물게 단지 들러서 그들의 일을 검사합니다. 그가 그들에게 규칙과 형식을 부여하고 나면, 그들은 맡은 일을 합니다. 그런데도 그는 그들이 행했던 모든 것이 단지 한 것일 뿐이고, 그의 지시와 장인의 신분 때문이었다고 말합니다.

모든 것은 지시되었기 때문입니다. 그는 계명과 지시를 제공했습니다. 즉 그것은 일을 실행했던 사람들의 일이라기보다 더 근본적으로 그의 일입니다.

그는 내적으로 향하게 된 변용된 인간처럼 행동해야 합니다. 즐거움에 따라 그는 내적입니다. 그는 이성의 빛으로 빠르게 외적인 능력들을 조망하고 그것들의 효력에 따라 그것들을 지시합니다. 그는 내적으로 침몰해 들어가게 되고 하나님에 관한 즐거운 신뢰 안으로 녹아 들어가게 되며, 자유 안에 머무르게 됨으로 그의 행동을 방해받지 않게 됩니다.

그렇지만 그의 모든 외적인 행위는 내적인 것에 도움이 되므로, 이것을 위해 유익하지 않은 어떠한 사소한 일도 없습니다. 그래서 (그러한 사람의) 모든 다양한 행동은 선한 일이라 칭해집니다.

"신비의 몸"(Corpus mysticum)이라고 불리는 규칙이 거룩한 교회 안에 있습니다. 신성한 몸, 그것의 머리는 그리스도입니다. 우리의 육신은 많은 지체를 가지고 있습니다. 그것 중 하나는 눈입니다. 그것은 모든 육신을 보지만 자기 자신을 보지는 못합니다.

그것 중 다른 것은 입입니다. 그것은 자기 자신을 위해서가 아닌 몸을 위해서 먹고 마십니다. 마찬가지로 그것은 손과 발과 같이 매우 많고 다양한 지체들을 가지고 있습니다.

또한, 모든 것은 각자의 고유한 일을 가지고, 머리 아래에 예속돼 있습니다. 따라서 종소리나 양초의 빛처럼 아무리 작고 하찮은 것이라도 전체 기독교에서 내적인 일의 완성에 유익하지 않은 일은 없습니다.

여러분, 사랑하는 자들이여!

여러분은 여러분 자신이 지체를 다스리는 것과 마찬가지로 커다란 일치를 통해 신비적인 몸을 다스려야 합니다. 하지만 여러분은 마치 자기 자신만을 위해 그곳에 있는 것처럼 다른 사람들에게 고통이나 억압을 부가해서는 안 됩니다.

모든 사람은 반드시 자기 자신을 주의해야 합니다. 모든 사람은 각각의 사람들을 위해, 또한 각각의 사람들은 모든 사람을 위해서 존재해야 합니다. 만일 우리가 이러한 (신비의) 몸 안에서 우리 자신을 알고 있는 것보다 더 고귀한 한 지체를 알아야만 한다면 말입니다.

우리는 우리 자신보다 그것을 더 훌륭하게 평가해야 합니다. 우리가 팔이나 손보다 머리나 심장, 눈을 더 조심하듯이 사랑은 하나님의 지체 아래에서 자유로운 동인으로 나왔기 때문에, 우리가 그의 모든 이웃을 친절한 사랑으로 기뻐하면 할수록 그것은 고귀한 머리인 그리스도께 더욱더 가치 있고 사랑스러운 일이 될 것입니다.

우리는 주님이 (이웃에게 부가하기를[4]) 원했던 모든 것을 마치 나의 것처럼 생각했습니다. 만일 내가 그 자신이 사랑하는 것보다 더 그것을 사랑한다면, 그것은 그의 것보다 나의 것이 더 많습니다. 그가 가지고 있는 악은 그에게 남아 있습니다. 내가 그[5] 안에서 사랑하는 선은 근본적으로 나에게 속합니다.

하나님은 바울이 무아지경에 빠지도록 그에게 주기로 결정했으나 나에게 주려 하지 않았습니다. 하나님의 뜻을 향유하는 황홀경은 내 안에서보다 그 안에서 더 사랑스러울 것입니다.

내가 그 안에서 그것을 진실로 사랑하고, 내가 그 안에서 하나님이 그에게 확실히 행했던 모든 것을 내 안에서도 사랑한다면, 그의 모든

---

[4] 괄호 안에 들어 있는 단어들은 나우만에 기인한 것이다. 단어들은 명료함을 돕는다.
[5] Vetter 159, 9: "blibt"을 나우만(Naumann)과 레만(Lehmann)에 의해서 가정적으로 번역했다.

것은 나의 것이 될 것입니다. 내가 바다 저편에서 사는 어떤 사람과 반대로 행동을 한다면 그는 나의 원수가 될 것입니다. 이런 일치는 영적인 사랑에 속합니다.

그러므로 나는 하늘과 땅, 모든 하나님의 친구들, 그리고 머리 안에 있는 모든 선으로 부요하게 될 것입니다. 하늘과 땅, 천사들과 성인들 안에 있는 모든 지체를 포함해 머리가 실제적이고 근본적으로 소유하는 모든 것은 내 안으로 흘러 들어 올 것입니다.

내가 사랑 안에서의 이런 고귀한 우두머리에 종속돼 하나님의 의지로 형성되고 이런 거룩한 육신 안에 지체들과 동일하게 되듯이, 내가 완전히 거룩한 육신과 동일하게 되고 그곳에서 형성되며 나의 고유한 자아에서 해방될 것입니다.

정말로 여러분은 주의하십시오!

여기에서 우리가 그의 뜻에 따라 하나님을 사랑하는지 또는 우리 자신과 우리의 것들을 얼마만큼 사랑하는지 매우 명백하게 드러납니다. 금처럼 빛나는 것이 종종 근저, 자기 자신 안에서 고찰될 때 그것은 동처럼 가치가 없어질 것입니다. 하지만 이 세상의 모든 사물을 소유했지만, 그것을 완전히 포기했던 자들은 진실로 영이 가난한 자들입니다.

아! 여러분, 사랑하는 자들이여!

항상 자기 자신을 향한 변함없는 사랑과 동일한 기쁨, 동정은 세상에서 매우 드문 일입니다.

이제 나는 인간이 하위, 중간, 최상위의 단계로서 소유할 수 있는

(신비적인 삶의) 세 단계에 관해서 말하려고 합니다. (우리를) 서슴없이 하나님에게 가장 근접한 거리로 인도하는 내적인 삶의 덕입니다.

첫 번째 단계는 형용할 수 없는 선물의 놀라운 일들과 계시들과 하나님의 숨겨져 있는 선의 유출에 인간이 전적으로 집중하는 것입니다.

이때 "환호"(iubilatio)라고 칭하는 (영혼의) 상태가 발생합니다.

두 번째 단계는 고통스러운 벌거벗음(Entblößung)의 영을 위탁하는 하나님의 특별한 탈취(Entziehung)입니다.

세 번째 단계는 신의 형태와 같은 삶으로, 자기 자신 스스로에서 존재하는 하나님의 영과 창조된 영의 연합으로 넘어감(Übergang)입니다. 우리는 이것을 진정한 방향전환이라고 부를 수 있는데, 진실로 이 목적에 도달하려고 하는 자들은 그들이 언젠가 하나님을 잃을 수 있다는 생각조차 하지 않습니다.

우리는 하나님이 어떻게 우리에게 값진 사랑의 표식을 하늘과 땅의 기적들 안에서 제공했고, 또 어떻게 많은 선행을 우리와 피조물들에 드러내셨는지를 열심히 관찰한 후 환호하며 첫 번째 단계에 도달합니다.

즉, 우리는 모든 것이 어떻게 푸르게 되고 꽃을 피우며 하나님으로 가득 차고, 나아가 하나님의 이해할 수 없는 온유함은 어떻게 모든 피조물을 그의 커다란 선물로 듬뿍 부으셨는지를 고려하면서 첫 번째 환희에 도달합니다.

우리는 하나님이 어떻게 사람을 찾아 인도하시며 양도하셨는지, 그가 그를 어떻게 부르셨고 훈련을 하셨는지, 그가 인간을 어떤 강한 인내심으로 기다리고 고대하시는지를 생각하면서 그것에 도달합니다.

그가 인간을 위해 어떻게 스스로 인간이 되셨고 고난을 받으셨는지, 그의 삶, 그의 영혼과 자기 자신을 우리를 위해서 어떻게 내주셨는지, 그가 얼마나 그 자신과 형용할 수 없는 가까움으로 사람을 부르셨는지, 인간이 삼위일체를 영원히 향유하기 위해 거룩한 삼위일체가 인간의 어떠한 것을 기대하며 기다렸는지를 숙고해 보면서 그것에 도달합니다.

인간이 사랑스러운 인식 안에서 이것을 고려한다면 그 안에서 하나의 커다랗고 유익한 기쁨이 발생합니다. 그리고 이 사물을 정확한 사랑 안에서 고찰한 인간은 내적인 기쁨에 매우 압도당하게 돼, 약한 몸은 기쁨을 유지할 수 없고 (그것을) 고유하고 특별하게 일으킵니다.

그러나 그가 이것을 행하지 않는다면 마치 그는 그가 이미 종종 관찰했거나 느낀 것처럼 입에서 흘러나온 피에 의해 뭉개지고 무너질 것입니다. 그때 우리 주님은 그에게 그의 커다랗고 자비로운 선을 선사하시므로, 그는 내적인 영역들 안에서 하나님과 연합을 경험합니다. 따라서 하나님은 그를 유혹해 끌어낸 다음, 그의 자아와 둘 사이에 존재하는 모든 비유 사성 때문에 그를 자기 자신에게로 끌어당깁니다.

그런데 하나님은 자신의 자녀들과 함께 어떤 것을 창조해 만들고,

길 위에 그들 위해 장애물들을 놓아두어, 외적인 커다란 훈련들과 일들의 애착으로 뿔뿔이 흩어져 버릴 것을 모든 사람에게 금할 것입니다.

왜냐하면, 여러분은 그것으로 자신을 파멸시키기 때문입니다. 수도원 원장은 쓸모없는 사람의 문제가 아니라면 합창 기도가 끝나면 한 형제가 어디로 가는지를 묻지 말아야 합니다. 하지만 그는 반드시 일과 길을 감독해야 합니다.

어느 날 우리 주님은 그의 특별한 친구 중 한 사람에게 그의 신성한 입맞춤을 했습니다. 하나님 친구의 영이 말합니다.

> 진실로 주여! 이것을 나에게서 거두소서!
> (내가 그때 받은) 기쁨은 나를 밖으로 데려가고, 나는 당신에게 더 이상 유익하지 않을 수 있나이다. 내가 가난한 영혼들을 위해서 무엇을 청할 수 있고, 그들이 (나의 기도를 통해서) 연옥에 머무는 기간을 어떻게 짧게 할 수 있으며, 이 가난한 죄인들을 위해서 어떻게 기도하리니까?

죄인들과 가난한 영혼들은 자기 자신을 도울 수 없습니다. 그러나 우리는 아직 세상에 사는 그들을 돕기 위해 달려가야 합니다. 하나님은 우리의 도움으로 그들을 도우실 수 있습니다. 그의 공의는 대가를 요구하시기 때문입니다.

또한, 이것은 여전히 시간성 안에 존재하는 하나님의 친구들의 의

무입니다.

이런 하나의 근저를 위해 매우 커다란 위로를 포기하려는 바로 그 사람은 어떠한 사랑을 소유하고 있을지!

두 번째 단계에 관해 말할 수 있습니다.[6]

하나님은 인간을 모든 (세속적인) 일들에서 매우 잘 빼내셨고, 인간을 더 이상 자녀가 아니라 그의 육체의 약함을 회복시켜 강하게 하셨을 때, 진실로 그에게 선하고 건강한 붉은 빵을 제공합니다. 그는 인간이 되셨고 때가 다가왔기 때문입니다. 성인에게는 딱딱하고 강력한 음식이 유익하고 좋습니다.

그는 더 이상 우유나 빵이 필요하지 않습니다. 이 경우 야생의 길은 그에게 매우 어둡고 외롭게 보입니다. 하지만 하나님은 그를 이 길로 인도하십니다. 또한, 이 길 위에서 하나님은 그에게 언젠가 주었던 모든 것을 (다시) 돌려받습니다.

그래서 인간은 하나님에 관해서 아무것도 알지 못한다는 것을 그 자신에게 매우 잘 양도하게 될 것입니다. 이런 곤궁에 빠졌음으로, 그가 올바른 길에 서 있는지, 유일하신 하나님이 그에게 계시는지 혹은 계시지 않는지, 그 스스로 살아 있는지를 알지 못하기 때문에, 그는 심히 아픔에 빠져 이 넓은 세상을 심히 좁게 볼 것입니다.

그는 더 이상 어떠한 감정이나 앎을 하나님으로부터 갖지 않고, 나아가 그에게 다른 모든 것은 혐오스럽게 됩니다. 그것은 마치 그가

---

6  Vetter 161, 17-18에 대한 Hs. E의 수기 원본에 따른 것이다.

두 벽 사이에 끼어 등 뒤에서는 검에 의해 위협을 받고, 정면에서는 창에 의해 위협을 받는 것처럼 그에게 매우 좋지 못한 일입니다.

그가 도대체 무엇을 해야 합니까?

그는 등 뒤에서도 정면에서도 피할 수 없습니다. 그는 주저앉아서 외칠 수 있을 뿐입니다.

"심히 고통스러우니 하나님이 가득 찬 은총으로 당신에게 입 맞추어 주소서!"

이 사람들이 살고 있는 곳이 지옥이라면 이것은 지옥 이상일 것으로 생각했습니다. 이곳에는 사랑해야 하고 사랑하는 선이 부족합니다.

이 경우, 인간에게 말할 수 있는 것은 어떤 돌멩이조차도 그를 위로하지 못한다는 것입니다. 하지만 그는 피조물들에 관해서 어떤 것을 훨씬 더 적게 말하는 것을 듣기를 원합니다. 하나님에 대한 그의 인지와 느낌이 이전보다 강해지면 질수록, 박탈의 쓰라림과 비참함은 더 이상 견딜 수 없을 정도로 커질 것입니다.

아! 용기를 내십시오!

주님은 틀림없이 함께하실 것입니다.

참되고 살아 있는 믿음의 줄기에 의지하십시오!

그것은 곧바로 좋아질 것입니다. 하지만 이런 고통 안에 있는 불쌍한 영혼은 계속되는 어둠이 언젠가 빛이 될 수 있다는 것을 이해할 수 없습니다.

우리 주님이 이처럼 견딜 수 없는 고통을 인간에게 잘 준비했다면―이것은 모든 사람이 시작할 수 있었던 (모든 경건) 훈련들 이상으로 그를 준비시킵니다―주님은 다가와 (인간을) 세 번째 단계로 상승시킵니다.

세 번째 단계로 높일 것입니다.

이때 주님은 그의 옷을 매우 정확하게 벗기고 그에게 진리를 보도록 할 것입니다. 그때 태양이 밝은 광채로 떠오르며 모든 위기에서 그를 벗어나게 할 것입니다. 인간은 죽음에서 생명으로 회귀한 인간처럼 느낄 것입니다. 그곳에서 주님은 인간을 그의 자아에서 벗어나 자기 자신―주님―안으로 인도합니다.

이때 하나님은 그에게 그의 모든 불행에 대한 대가를 치르시고 그의 모든 상처를 치유하시며, 인간을 그의 인간적인 속성에서 신성한 속성으로, 모든 (세속적인) 비참에서 신적인 안전함으로 옮기십니다. 인간은 매우 경건하므로, 인간 안에서 하나님은 존재하고 활동하는 모든 것에 영향을 미치고 존재합니다.

이때 이 사람은 하나님의 은총 안에서 그의 본성적으로 더욱 높게 올라가 매우 적절하게 하나님의 본질에 속하게 됩니다. 이런 상태에서 인간은 그가 알고 있고 여전히 감지하며 스스로 어떤 것을 느끼고 있다는 것을 잃어버린 것처럼 느낍니다. 그는 단순하고 유일한 존재로만 인식될 뿐입니다.

오! 나의 사랑하는 자들이여!

그곳에 진실로 도달한다는 것은 올바른 겸손과 포기의 가장 깊은 근저에 도달하는 것을 말합니다. 이것은 진실로 감각들을 통해 파악할 수 있는 (모든 것을) 능가합니다. 말하자면 여기서 우리는 고유한 무의 가장 진실한 인식을 합시다.

그리고 겸손의 근저로 가장 깊이 침몰해 들어갑니다. 왜냐하면, 침몰이 깊어지면 질수록, 더욱더 상승하기 때문입니다. 높이와 깊이는 여기서 하나이자 동일합니다. 또한, 인간이 인간적인 불손한 태도나 다른 방법으로 이 높이에서 자기 자신의 자아로 떨어진다면 그것은 루시퍼와 같이 타락할 것입니다.

또한, 이 단계에서 서신서가 하나님과 하나가 된다고 말하는 참된 (내적인) 기도의 일치에 도달할 것입니다. 이것이 우리 모두에게 주어지도록 하나님은 우리를 도우실 것입니다.

아멘.

## 요한네스 타울러의 영성설교 Ⅱ

영혼을 노래했던 위대한 영성가 타울러의 외침!
그 영혼은 하나님의 신성을 찾아 미로의 길을 떠나는 순례자.

타울러와 함께 걷는 영적인 순례 끝에서 만날 수 있는
하나님과 예수의 심장을 만나시길.

오! 그대 영혼이여
참기쁨과 평안을 누릴 수 있으리라.